会计从业资格考试辅导用书

U0747210

# 会计基础
# 财经法规与会计职业道德
# 初级会计电算化

## 会计从业资格考试三科合一精品 **10** 套卷

索晓辉 编著

**三科合一** *名师·名题·高分·高效*

中国纺织出版社

## 内 容 提 要

本书专为参加会计从业资格考试的考生在复习备考阶段进行模拟考试之用，包括了会计从业资格考试所要求的全部 3 个科目《会计基础》、《财经法规与会计职业道德》和《初级会计电算化》，严格依据财政部最新颁布的《会计从业资格考试考试大纲》编写。数位资深专家根据无纸化考试的新特点，为每一科目编写了 10 套模拟试卷。这些试卷中的习题以历年考试真题为基础编写，题型、难度、考察特点均体现了无纸化考试的最新要求；每道习题均科学设计，精心安排，并给出精彩的答案解析，非常便于考生查缺补漏，掌握考试的知识点；这些习题涵盖了考试大纲要求的所有考点，考生通过完成本书的全部习题，可以达到全面复习、迅速提升应试能力的效果。

**图书在版编目（CIP）数据**

会计基础、财经法规与会计职业道德、初级会计电算化会计从业资格考试三科合一精品 10 套卷/索晓辉编著. —北京：中国纺织出版社，2014.4

ISBN 978-7-5180-0390-7

Ⅰ.①会… Ⅱ.①索… Ⅲ.①会计—资格考试—习题集 Ⅳ.①F23-44

中国版本图书馆 CIP 数据核字（2013）第 320876 号

策划编辑：丁守富　　　特约编辑：周爱霞　　　责任印制：何　艳

中国纺织出版社出版发行

地址：北京市朝阳区百子湾东里 A407 号楼　邮政编码：100124

销售电话：010—87155894　传真：010—87155801

http://www.c-textilep.com

E-mail：faxing@c-textilep.com

官方微博 http://weibo.com/2119887771

廊坊市华北石油华星印务有限公司印刷　各地新华书店经销

2014 年 4 月第 1 版第 1 次印刷

开本：787×1092　1/16　印张：18.5

字数：551 千字　　定价：58.00 元

# 前　言

模拟考试是考生复习备考过程中必不可少的一个环节。模考是一个衡量学习水平、查缺补漏的过程，也是一个提升应试能力的过程。最为重要的是，模考可以积累信心，在潜移默化中为良好的考场发挥打下基础。

为了帮助广大读者科学地安排模考，迅速提升应试能力，我们以财政部最新颁布的《会计从业资格考试大纲》为依据，精心编写了这本《会计从业资格考试三科合一精品10套卷》。作为《会计从业资格考试三科合一标准化辅导教材》的姊妹篇，也采用了三科合一的形式，将《会计基础》、《财经法规与会计职业道德》和《初级会计电算化》三个考试科目汇编到一本书中，每个科目包括我们精心编写的10套模拟试卷。

具体来说，这10套试卷具有以下特色：

## 一、专业权威实用

为保证本书的专业性、权威性和实用性，我们组建了一个包括会计实务界人士、会计培训专家和高校教师在内的专家委员会，全程参与了本书的论证、编写和审校过程，保证了本书的权威与专业。

## 二、覆盖全部考点

在习题训练时，如果习题不能覆盖所有的考点，很容易在复习中遗漏知识点而失分。本书在编写过程中，首先对教材进行条分缕析，归纳出所有的考点，然后根据考点进行习题的设计与编写，这就保证了本书的习题覆盖了所有的考点，能够帮助读者进行全面的习题训练。

## 三、精彩答案解析

在习题训练的过程中，不仅要知道答案错对，更要知道为什么错，这就需要题目不仅要配答案，而且要有答案解析。本书对每一道习题均作了答案解析，通过深入浅出、简明扼要的讲解，帮助考生加深对考点的理解，理清思路，提高应试能力。同时，也非常有利于初学人士自学。

本书内容丰富，希望广大考生能够结合本系列丛书正确理解和全面掌握应试考点，在学习中及时进行归纳总结，加深对考点的理解。尽管我们认真编写，力求为广大考生提供最好的图书，但限于时间和水平，本书难免存在一些缺点和错误，敬请广大考生批评指正。

编　者

2014 年 2 月 18 日

# 目　　录

# 科目三　《初级会计电算化》·············· 181

# 会计从业资格考试三科合一
# 精品 10 套卷

## 科目一
## 《会计基础》

会计从业资格考试《会计基础》
模拟试卷(一)

会计从业资格考试《会计基础》
模拟试卷(二)

会计从业资格考试《会计基础》
模拟试卷(三)

会计从业资格考试《会计基础》
模拟试卷(四)

会计从业资格考试《会计基础》
模拟试卷(五)

会计从业资格考试《会计基础》
模拟试卷(六)

会计从业资格考试《会计基础》
模拟试卷(七)

会计从业资格考试《会计基础》
模拟试卷(八)

会计从业资格考试《会计基础》
模拟试卷(九)

会计从业资格考试《会计基础》
模拟试卷(十)

# 会计从业资格考试《会计基础》模拟试卷（一）

一、单项选择题（下列各小题备选答案中，只有一个符合题意的正确答案。本类题共20分，每小题1分。多选、错选、不选均不得分）

1. 现金流量表中，现金流量的正确分类方法是（　）。

A. 经营活动、投资活动和筹资活动现金流量

B. 现金流入、现金流出和非现金活动

C. 直接现金流量和间接现金流量

D. 营业活动现金流量和非营业活动现金流量

2. 企业的以下经济业务中，会引起资产与负债同时增加的业务是（　）。

A. 企业接受投资人的投资款

B. 企业从银行取得短期借款

C. 企业用银行存款偿还应付货款

D. 企业从银行提取现金

3. 下列凭证属于外来原始凭证的是（　）。

A. 领料单　　　　B. 发料汇总表

C. 上交税金的收据　D. 汇总记账凭证

4. 若企业将拥有所有权的住房无偿提供给公司职工使用，确认应付职工薪酬时，"应付职工薪酬"科目的应记入金额是（　）。

A. 住房在相应期间应该计提的折旧金额

B. 住房在相应期间计提的折旧和减值准备金额之和

C. 住房在相应期间计提的减值准备金额

D. 估计的住房出租的租赁费用金额

5. 下列会计记录错误能通过试算平衡发现的是（　）。

A. 漏记了某项经济业务

B. 重计某项经济业务

C. 某项经济业务在账户记录中，颠倒了记账方向

D. 所有账户借方发生额比所有账户贷方发生额多记1 000元

6. 将各种会计核算组织程序相比较，它们的主要区别是（　）。

A. 填制记账凭证的依据和方法不同

B. 登记明细分类账的依据和方法不同

C. 登记总账的依据和方法不同

D. 编制会计报表的依据和方法不同

7. 某企业资产总额为100万元，负债为20万元，在将10万元负债转作投入资本后，资产总额为（　）。

A. 100万元　　　　B. 130万元

C. 80万元　　　　D. 90万元

8. 科目汇总表的缺点是（　）。

A. 按每一贷方科目编制汇总转账凭证，不利于会计核算的日常分工

B. 登记总分类账的工作量较大

C. 科目汇总表能反映账户的对应关系，便于查对账目

D. 科目汇总表不能反映账户的对应关系，不便于查对账目

9. 某企业以拥有所有权的住房无偿提供给公司职工使用，已知该住房的购入原价为5 000 000元，公司对该住房采用直线法计提折旧，预计该住房的使用年限为50年。问本年末确认应付职工薪酬时，计入应付职工薪酬贷方科目的金额是（　）。

A. 40 000元　　　　B. 60 000元

C. 80 000元　　　　D. 100 000元

10. 某企业发生的下列各项业务，不影响其营业利润的是（　）。

A. 销售产品的收入

B. 存货跌价损失

C. 出租无形资产的价款收入

D. 所得税费用增加

11. 某企业对行政管理部门的小轿车进行大修理，并支付修理费用高达30 000元。该企业会计人员对此的会计处理为（　）。

A. 将该后续支出资本化，计入小轿车成本

B. 将该后续支出费用化，计入管理费用科目

C. 将该后续支出费用化，计入营业外支出科目

D. 将该后续支出费用化，计入其他业务成本科目

12. "物资采购"科目核算企业购入的材料、商品的采购成本，本科目的期末借方余额表示（　）。

A. 在途物资的实际成本

B. 在途物资的计划成本

C. 本期采购物资的实际成本

D. 本期采购物资实际成本与计划成本的差异

13. 某企业营业收入为1 050 000元，营业成本为660 000元，税金及附加为130 000元，销售费用为

40 000 元，财务费用为 30 000 元，管理费用为 15 000 元，投资收益为 2 000 元，营业外收入为 100 000 元，营业外支出为 55 000 元，所得税费用为 66 000 元，该企业本月营业利润为（　　）。

  A. 175 000 元　　　　B. 200 000 元

  C. 134 000 元　　　　D. 173 000 元

14. 根据 13 题资料计算，该企业本月利润总额为（　　）。

  A. 175 000 元　　　　B. 200 000 元

  C. 220 000 元　　　　D. 218 000 元

15. 根据 13 题资料计算，该企业本月净利润总额为（　　）。

  A. 154 000 元　　　　B. 134 000

  C. 152 000 元　　　　D. 210 000 元

16. 某单位购入设备一台，价款 100 万元，用银行存款支付 60 万元，另 40 万元则签发了商业汇票。对这一经济业务，单位应编制的记账凭证为（　　）。

  A. 编制一张转账凭证

  B. 编制一张收款凭证

  C. 编制一张付款凭证

  D. 编制一张转账凭证和一张付款凭证

17. 我国《企业会计准则》规定，资产负债表采用（　　）格式。

  A. 报告式　　　　B. 直接式

  C. 间接式　　　　D. 账户式

18. 长期资产的购建和处置活动，应在现金流量表的（　　）中反映。

  A. 经营活动　　　　B. 投资活动

  C. 筹资活动　　　　D. 融资活动

19. 某企业在财产清查中，盘亏现金 1 000 元，其中 400 元应由出纳员赔偿，另外 600 元无法查明原因。现经批准后，转销现金盘亏的会计分录为（　　）。

  A. 借：待处理财产损溢　　　　1 000
      贷：库存现金　　　　　　　　1 000

  B. 借：管理费用　　　　　　　　600
      营业外支出　　　　　　　　400
      贷：库存现金　　　　　　　　1 000

  C. 借：管理费用　　　　　　　　600
      其他应收款　　　　　　　　400
      贷：库存现金　　　　　　　　1 000

  D. 借：管理费用　　　　　　　　600
      其他应收款　　　　　　　　400
      贷：待处理财产损溢　　　　　1 000

20. 现金出纳人员发生变动时，应对其保管的现金进行清查，这种财产清查属于（　　）。

  A. 全面清查和定期清查

  B. 局部清查和不定期清查

  C. 全面清查和不定期清查

  D. 局部清查和定期清查

二、多项选择题（下列各小题备选答案中，有两个或两个以上符合题意的正确答案。本类题共 20 分，每小题 2 分。多选、少选、错选或不选均不得分）

21. 下列组织可以作为一个会计主体进行会计核算的有（　　）。

  A. 企业内部某生产车间　　B. 合伙企业

  C. 子公司　　　　　　　　D. 企业集团

22. 下列属于"未达账项"的情况有（　　）。

  A. 银收企未收　　　　B. 银付企未付

  C. 企收银未收　　　　D. 企付银未付

23. 订本式账簿的主要优点有（　　）。

  A. 避免账页散失　　　B. 防止任意抽换账页

  C. 灵活安排分工记账　　D. 防止记账错误

24. 依据《企业会计准则》的规定，下列有关无形资产的表述中，正确的有（　　）。

  A. 企业应当严格区分研究阶段和开发阶段，研究阶段的支出全部费用化计入当期损益，开发阶段的支出符合资本化条件的应当确认为无形资产

  B. 符合资本化条件的开发支出确认为无形资产，有利于企业科技创新和可持续发展

  C. 企业应当充分披露确认为无形资产的开发支出和计入当期损益的研发支出金额

  D. 无形资产应当按照预计使用寿命分期摊销，摊销金额计入当期损益；存在减值迹象的，应当进行减值测试

25. 确认费用的方法包括（　　）。

  A. 按其与营业收入的直接联系确认费用

  B. 按一定的分配方式确认费用

  C. 在支出发生时直接确认为费用

  D. 在资产寿命周期结束前转为费用

26. 下列各项中属于企业资金退出的有（　　）。

  A. 购买原材料　　　　B. 偿还债务

  C. 向投资者分配利润　　D. 向国家上交税金

27. 下列各项中，构成企业留存收益的有（　　）。

  A. 资本溢价　　　　B. 未分配利润

  C. 任意盈余公积　　　D. 法定盈余公积

28. 下列各项中，在贷方登记的有（　　）。

A. 费用的增加   B. 收入的增加

C. 负债的增加   D. 资产的减少

29. X 企业销售一批产品，增值税发票上的商品售价为 300 000 元，增值税额 51 000 元，货到后买方发现商品质量不合格，要求在价格（考虑增值税）上给予 3% 的折让，则（  ）。

A. 共实现主营业务收入 300 000 元

B. 共实现主营业务收入 291 000 元

C. 确认了增值税销项税额共计 51 000 元

D. 实际收到款项 340 470 元

30. X 企业某生产车间核定的备用金金额为 5 000 元，以库存现金拨付。2010 年 4 月 14 日报销日常管理支出 3 800 元，则（  ）。

A. 拨付时借记"其他应收款——备用金" 5 000 元

B. 拨付时借记"应收账款——备用金" 5 000 元

C. 报销时确认"制造费用" 3 800 元

D. 报销时确认"生产成本" 3 800 元

**三、不定项选择题**（下列各小题备选答案中，有一个或一个以上符合题意的正确答案。本类题共 20 分，每小题 2 分。多选、少选、错选或不选均不得分）

31. 关于会计分录的表述中，正确的有（  ）。

A. 借贷方向、账户名称和金额构成会计分录的三要素

B. 会计分录可以分为简单分录和复合分录

C. 多借多贷的会计分录，除特殊情况外，一般不使用

D. 在实际工作中，编制会计分录是通过填制原始凭证来完成的

32. 下列各项中，关于账账核对的说法正确的是（  ）。

A. 账账核对是指核对不同会计账簿之间的账簿记录是否相符

B. 期末总分类账簿应与所属明细分类账簿进行核对

C. 期末总分类账簿应与序时账簿相核对

D. 期末明细分类账簿之间应进行核对

33. 下面各项中，关于财产清查结果处理的基本要求有（  ）。

A. 分析产生差异的原因和性质，提出处理建议

B. 积极处理多余积压财产，清理往来款项

C. 总结经验教训，建立健全各项管理制度

D. 及时调整账簿记录

34. 在"固定资产清理"账户借方登记的

是（  ）。

A. 转入清理的固定资产净值

B. 转入清理的固定资产原值

C. 发生的清理费用

D. 由保险公司或过失人承担的损失

35. X 企业本月应付职工薪酬总额为 205 000 元，其中，车间生产工人工资 150 000 元，车间管理人员工资 20 000 元，厂部行政管理人员工资 15 000 元，从事专项工程人员工资 10 000 元，福利人员工资 5 000 元，生产工人其他福利 5 000 元。则下列说法正确的是（  ）。

A. 借记"生产成本" 150 000 元

B. 借记"制造费用" 20 000 元

C. 借记"管理费用" 20 000 元

D. 借记"在建工程" 10 000 元

36. 原始凭证和记账凭证在内容上有一些共性要求。但下列项目中，只属于记账凭证而不属于原始凭证的内容是（  ）。

A. 填制日期

B. 会计分录的借贷科目及其金额

C. 接受凭证的单位名称

D. 经济业务的内容摘要，实物数量和金额

37. 下列属于资产类科目的是（  ）。

A. 预付账款   B. 制造费用

C. 预收账款   D. 资本公积

38. 下列（  ）不是反映营业损益的账户。

A. 主营业务收入  B. 营业税金及附加

C. 营业外支出   D. 其他业务成本

39. 下列关于会计对象的表述，说法错误的是（  ）。

A. 凡是特定单位能够以货币表现的经济运动都是会计的对象

B. 企业会计的对象就是企业的资金运动

C. 行政事业单位会计的对象是业务收入和业务支出

D. 企业的资金运动，表现为资金运用的过程

40. 下列各项中，关于企业持有交易性金融资产期间对于被投资单位宣告发放的现金股利或企业在资产负债表日按分期付息、一次还本债券投资的票面利率计算的利息，会计处理错误的是（  ）。

A. 应当确认为应收项目，计入"应收股利"或"应收利息"科目，并计入投资收益

B. 应当确认为应收项目，计入"应收股利"或"应收利息"科目，并冲减交易性金融资产成本

C. 应当确认为应收项目，计入"应收股利"或"应收利息"科目，并冲减管理费用

D. 应当确认为应收项目，计入"应收股利"或"应收利息"科目，并冲减财务费用

**四、判断题（对的在括号内打"√"，错的打"×"。本类题共 20 分，每小题 1 分。不判断、判断结果错误的均不得分，也不倒扣分）**

41. 企业支付现金，可从企业库存现金限额中支付或从开户银行中提取或从本企业的现金收入中直接支付。（　　）

42. 财务会计报告包括会计报表及其附注和其他应当在财务会计报告中披露的相关信息和资料。（　　）

43. 试算平衡检查账户记录是否正确，其依据在于会计基本等式的恒等关系和借贷记账法的借贷记账规则。（　　）

44. 基本生产车间使用的固定资产，所计提的折旧应计入制造费用，并最终进入产品的生产成本。（　　）

45. 企业预提短期借款利息时，记入"预提费用"账户的贷方。（　　）

46. 企业借入长期借款用于改扩建工程，其利息予以资本化时，记入"长期借款"的贷方。（　　）

47. 期末 A 种原料的账面成本为150 000元，可变现净值为156 000元，计提的存货跌价准备为6 000元。（　　）

48. 企业发生的所有经济业务事项都需要进行会计记录和会计核算。（　　）

49. 在中国境内的外商投资企业、外国企业和其他外国组织的会计记录，必须使用中文而不能使用其他任何国家的文字。（　　）

50. 当"应付账款"账户的余额在贷方时，为债务结算账户，余额在借方时，为债权结算账户。（　　）

51. 明细账一般使用活页式账簿，以便于根据实际需要随时添加空白账页。（　　）

52. 银行提取现金，既可编制现金收款凭证，也可编制银行存款付款凭证。（　　）

53. 企业的现金清查小组应当在出纳人员不在场的情况下对企业现金进行定期或不定期清查。（　　）

54. 一般存款账户可以办理现金的收付。（　　）

55. 生产车间管理人员的职工薪酬属于管理性费用，不能计入产品成本。（　　）

56. 企业用资本公积转增实收资本后，使所有者权益总额增加。（　　）

57. 本期发生的管理费用和制造费用均会影响本期损益。（　　）

58. 收入类账户与费用类账户一般没有期末余额，但有期初余额。（　　）

59. 对于涉及"现金"和"银行存款"之间的经济业务，一般只编制收款凭证，不编制付款凭证。（　　）

60. 科目汇总表可以反映账户之间的对应关系，但不能起到试算平衡的作用。（　　）

**五、计算分析题（本类题共 2 小题，每小题 10 分，共 20 分）**

61.（一）资料：假设 S 企业 2010 年 12 月 31 日的资产负债表简表如下（单位：元）：

| 资产 | 金额 | 负债及所有者权益 | 金额 |
|---|---|---|---|
| 货币资金 | 12 000 | 短期借款 | 18 000 |
| 交易性金融资产 | 54 000 | 应付账款 | （3） |
| 应收账款 | 26 000 | 应交税费 | 16 000 |
| 存货 | （1） | 长期借款 | 35 000 |
| 流动资产合计 | 121 000 | 负债合计 | （4） |
| 长期股权投资 | （2） | 实收资本 | 345 000 |
| 固定资产 | 320 000 | 资本公积 | 52 000 |
| 无形资产 | 5 000 | 所有者权益合计 | 397 000 |
| 合计 | 498 000 | 合计 | （5） |

（二）要求：根据以上资料，对以下 5 个问题分别作出正确的选择。

（1）存货的金额是（　　）元。

A. 29 000　　　　　　　B. 30 000

C. 31 000　　　　　　　D. 32 000

（2）长期股权投资的金额是（　　）元。

A. 45 000　　　　　　　B. 52 000

C. 62 000　　　　　　　D. 72 000

（3）应付账款的金额是（　　）元。

A. 32 000　　　　　　　B. 45 000

C. 28 000　　　　　　　D. 60 000

（4）负债合计的金额是（　　）元。

A. 91 000　　　　　　　B. 111 000

C. 201 000　　　　　　　D. 101 000

（5）负债及所有者权益合计的金额是（　　）元。

A. 498 000　　　　　　　B. 598 000

C. 698 000　　　　　　　D. 398 000

62. （一）甲公司2月末总账账户余额如下（单位：元）：

| 科目名称 | 金额 | 科目名称 | 金额 |
|---|---|---|---|
| 银行存款 | 340 751.95 | 库存现金 | 5 085.85 |
| 原材料 | 122 060.40 | 短期借款 | 50 858.50 |
| 应付账款 | 10 171.70 | 实收资本 | 305 151.00 |
| 资本公积 | 81 373.60 | 盈余公积 | 20 343.40 |

假设该公司3月份发生下列经济业务（不考虑相关税费）：

（1）经批准用资本公积50 858.50元转增资本。

（2）购入原材料一批，计20 343.40元，料已入库，款未付。

（3）以银行存款支付前欠货款10 171.70元。

（4）从银行提取现金2 034.34元，备用。

（5）收到投资人追加投资101 717.00元，存入银行。

（6）从银行借入短期借款20 343.40元，直接归还前欠购货款。

该公司的记账凭证分为收款、付款和转账三大类，已经完成了填制记账凭证、记账、结账以及试算平衡等工作。

（二）要求：根据以上资料，对以下5个问题分别作出正确的选择。

（1）该公司"应付账款"账户3月份借方发生额合计数为（　）元。

A. 50 120.17　　　　　　B. 50 119.14

C. 30 515.10　　　　　　D. 19 327.08

（2）该公司"银行存款"账户3月末借方余额为（　）元。

A. 579 786.90　　　　　B. 467 898.20

C. 430 262.91　　　　　D. 205 468.34

（3）该公司3月份试算平衡表中的"本期借方发生额合计"应该为（　）元。

A. 579 786.90　　　　　B. 467 898.20

C. 430 262.91　　　　　D. 205 468.34

（4）该公司3月份试算平衡表中的"期初借方余额合计"为（　）元。

A. 579 786.90　　　　　B. 467 898.20

C. 430 262.91　　　　　D. 205 468.34

（5）该公司3月份试算平衡表中的"期末贷方余额合计"应该为（　）元。

A. 579 786.90　　　　　B. 467 898.20

C. 430 262.91　　　　　D. 205 468.34

# 模拟试卷（一）参考答案与精讲解析

**一、单项选择题**

1. 【参考答案】A

【解析】现金流量按照交易的性质可分为经营活动现金流量、投资活动现金流量、筹资活动现金流量。故选A。

2. 【参考答案】B

【解析】从银行提取现金，会引起一种资产增加、另一种资产减少，但资产总额是不变的；用银行存款偿还应付货款会引起资产减少的同时负债减少；接受投资人的投资款会引起资产增加，同时所有者权益也增加，但负债没有变。从银行取得短期借款，会引起资产与负债同时增加。故答案为B。

3. 【参考答案】C

【解析】领料单、发料汇总表、上交税金的收据属于原始凭证，其中领料单、发料汇总表属于自制原始凭证。故选C。

4. 【参考答案】A

【解析】因为公司拥有住房所有权，属于公司的固定资产，因此必须按期计提折旧，又因为住房的受益对象是公司员工，所以选A项。

5. 【参考答案】D

【解析】试算平衡是指为保证会计账务处理的正确性，根据"资产＝负债＋所有者权益"的恒等关系以及借贷记账法的记账规则，检查账户记录是否正确的一种方法。根据发生额试算平衡法，当借方发生额和贷方发生额不相等时，才会检查出记录错误。故选D。

6. 【参考答案】C

【解析】常用的会计核算组织程序主要有记账凭证核算形式、汇总记账凭证核算形式、科目汇总表核算形式、日记总账核算形式，主要区别在于登记总账的依据和方法不同。故选C。

7. 【参考答案】A

【解析】将负债转作投入资本后，负债减少，所有者权益增加，根据会计等式"资产＝负债＋所有者权益"，资产总额没有发生变化，因此A选项正确。

8. 【参考答案】D

【解析】科目汇总表的缺点是：科目汇总表不能反映账户的对应关系，不便于查对账目。

9. 【参考答案】D

【解析】企业将拥有的住房无偿提供给职工使用的，应当根据受益对象，将该住房每期应计提的折旧计入相关资产成本或当期损益，同时确认应付职工薪酬。所以本题中，记入应付职工薪酬贷方科目的金额是 $5\,000\,000 \div 50 = 100\,000$（元）。故选 D。

10. 【参考答案】D

【解析】利润包括营业利润、利润总额和净利润。营业利润 = 营业收入 - 营业成本 - 营业税金及附加 - 销售费用 - 管理费用 - 财务费用 - 资产减值损失 + 公允价值变动收益（减去公允价值变动损失）+ 投资收益（减去投资损失），因此，ABC 选项均会影响到营业利润。所得税费用影响的是净利润，因此，D 选项符合题意。

11. 【参考答案】B

【解析】企业发生的固定资产后续支出，如果不满足固定资产确认条件，即不符合资本化的条件，则应该予以费用化，即在发生时直接计入当期损益。固定资产的大修理、中小修理等维护性支出，就属于这种情况。所以，该题中的修理费用支出应该费用化，并计入管理费用科目，因为轿车归属于行政管理部门。故选 B。

12. 【参考答案】A

【解析】企业采购一批原材料，如果已经验收入库，就借记"原材料"。如果没有验收入库，就借记"物资采购"或者"在途物资"。其中，"物资采购"采用的是计划成本进行核算的，而"在途物资"则是采用实际成本进行核算。"物资采购"科目的期末借方余额表示在途物资的实际成本，A 选项符合题意。

13. 【参考答案】D

【解析】该企业本月营业利润 = 营业收入 - 营业成本 - 税金及附加 - 期间费用 - 投资收益 = $1\,050\,000 - 660\,000 - 130\,000 - (40\,000 + 30\,000 + 15\,000) - 2\,000 = 173\,000$（元）。

14. 【参考答案】D

【解析】该企业本月利润总额 = 营业利润 + 营业外收入 - 营业外支出 = $173\,000 + 100\,000 - 55\,000 = 218\,000$（元）。

15. 【参考答案】C

【解析】该企业本月净利润 = 利润总额 - 所得税费用 = $218\,000 - 66\,000 = 152\,000$（元）。

16. 【参考答案】D

【解析】银行支付 60 万元，编制付款凭证，签发商业汇票的 40 万元，编制转账凭证。

17. 【参考答案】D

【解析】账户式的资产负债表一般是在报表左方列示资产类项目，右方列示负债类和所有者权益类项目，从而使资产负债表左右两方平衡。我国企业一般采用账户式的资产负债表。

18. 【参考答案】B

【解析】长期资产的购建和处置活动，应在现金流量表的投资活动中反映。

19. 【参考答案】D

【解析】确定由出纳员赔偿的部分，应视为"其他应收款"，"其他应收款"增加 400 元，因此借记"其他应收款"400 元；同时无法查明原因的盘亏视为"管理费用"，"管理费用"增加 600 元，因此借记"管理费用"600 元；转销现金盘亏1 000元，因此贷记"待处理财产损溢"1 000元。

20. 【参考答案】B

【解析】现金出纳人员发生变动，对其保管的现金进行清查，按清查范围属于局部清查，按清查时间属于不定期清查。

二、多项选择题

21. 【参考答案】ABCD

【解析】上述各选项中有的是独立的法人单位，如合伙企业、子公司；有的不是独立的法人单位，如企业内部某生产车间；另外，企业集团内可能包含若干个法人单位。但只要它们进行独立的会计核算，就可以作为一个会计主体。故答案为 ABCD。

22. 【参考答案】ABCD

【解析】"未达账项"是由于双方记账时间不一致而发生的一方已经入账，而另一方尚未入账的款项，以上四种都属于"未达账项"的情况。所以答案为 ABCD。

23. 【参考答案】AB

【解析】订本账是在启用之前就已将账页装订在一起，并对账页进行了连续编号的账簿。这种账簿的优点是可以避免账页散失，防止账页被抽换，从而保证账簿资料的安全和完整；其缺点是同一账簿在同一时间只能由一人登记，不便于记账人员分工记账。

24. 【参考答案】ABC

【解析】使用寿命不确定的无形资产在持有期间

内不需要摊销，但应在每个会计期间进行减值测试。D 表述不准确。

**25.【参考答案】ABC**

【解析】确认费用的方法包括按其与营业收入的直接联系确认费用、按一定的分配方式确认费用、在支出发生时直接确认为费用。

**26.【参考答案】BCD**

【解析】企业用货币资金购买原材料，企业的资金从货币资金形态转化为储备资金形态，属于资金的循环与周转环节。而企业向国家上交税金、偿还债务、向投资者分配利润属于资金的退出。

**27.【参考答案】BCD**

【解析】留存收益包括盈余公积和未分配利润两部分，盈余公积包括法定盈余公积和任意盈余公积。故答案为BCD。

**28.【参考答案】BCD**

【解析】费用的增加记在账户的借方，收入的增加、负债的增加和资产的减少要记在贷方。

**29.【参考答案】BD**

【解析】发生销售折让时，如按规定允许扣减当期销项税额，应同时用红字冲减"应交税费——应交增值税"账户的"销项税额"专栏。故选BD。

**30.【参考答案】AC**

【解析】备用金通过其他应收款核算；拨付备用金时借记其他应收款；报销时按部门记入相应的费用，题中是某生产车间，故记入制造费用。故选AC。

**三、不定项选择题**

**31.【参考答案】ABC**

【解析】会计分录是指对某项经济业务标明其应借应贷账户及其金额的记录，简称分录。编制会计分录的环节是将经济业务以会计语言描述的重要环节，编制会计分录还能够保证账户记录的正确性，便于日后的检查和分析。每一笔分录应包括以下内容（会计分录的三要素）：（1）账户的名称，即会计科目；（2）记账方向的符号，即借或贷；（3）记录的金额。按照所涉及账户的多少，会计分录可分为简单会计分录和复合会计分录，在实际工作中，会计分录是根据各项经济业务的原始凭证，通过编制记账凭证确定的。故选ABC。

**32.【参考答案】ABCD**

【解析】账账核对是指核对不同会计账簿之间的账簿记录是否相符。主要包括：

（1）总分类账簿有关账户的余额核对。总分类账各账户的借方期末余额合计数与贷方期末余额合计

数应核对相等。

（2）总分类账簿与所属明细分类账簿核对。总分类账的借、贷方本期发生额和期末余额与所属明细分类账的借、贷方本期发生额和期末余额之和应核对相等。

（3）总分类账簿与序时账簿核对。现金日记账和银行存款日记账期末余额应与总分类账的库存现金、银行存款期末余额核对相符。

（4）明细分类账簿之间的核对。会计部门财产物资明细分类账期末余额与财产物资保管和使用部门的有关财产物资明细分类账期末余额应核对相符。故全选。

**33.【参考答案】ABCD**

【解析】经过财产清查之后，发现的盘盈、盘亏的差异，应及时进行处理。财产清查结果处理的基本要求主要有：（1）分析产生差异的原因和性质，提出处理建议；（2）积极处理多余积压财产，清理往来款项；（3）总结经验教训，建立健全各项管理制度；（4）及时调整账簿记录，保证账实相符。ABCD选项全正确。

**34.【参考答案】AC**

【解析】"固定资产清理"账户借方登记转入清理的固定资产净值和发生的清理费用以及结转的清理净收益。故选AC。

**35.【参考答案】BCD**

【解析】本题的会计处理应为：

| 借：生产成本 | 155 000 |
|---|---|
| 　制造费用 | 20 000 |
| 　管理费用 | 20 000 |
| 　在建工程 | 10 000 |
| 　贷：应付职工薪酬——工资 | 205 000 |

故选BCD。

**36.【参考答案】B**

【解析】会计分录的借贷科目及其金额只属于记账凭证而不属于原始凭证。

**37.【参考答案】A**

【解析】制造费用属于损益类，预收账款属于负债类，资本公积属于所有者权益类。

**38.【参考答案】C**

【解析】按照损益与企业的生产经营活动是否有关，损益类账户可以分为反映营业损益的账户和反映非经常性损益的账户。本题中，营业外支出属于反映非经常性损益的账户。故选C。

**39.【参考答案】CD**

【解析】行政事业单位不直接从事物质资料的生产和销售，因此，经费收入和经费支出构成了行政事业单位的主要经济活动，也是行政事业单位资金运动的主要形式，也就是行政事业单位会计的对象，因此，C选项说法错误。企业的资金运动，表现为资金投入、资金运用和资金退出三个过程，D选项说法错误。

40.【参考答案】BCD

【解析】企业持有交易性金融资产期间对于被投资单位宣告发放的现金股利或企业在资产负债表日按分期付息、一次还本债券投资的票面利率计算的利息，应当确认为应收项目，计入"应收股利"或"应收利息"科目，并计入当期投资收益。故本题答案为BCD。

**四、判断题**

41.【参考答案】×

【解析】企业支付现金，可从企业库存现金限额中支付或从开户银行中提取，不得从本企业的现金收入中直接支付。本题说法错误。

42.【参考答案】√

【解析】财务会计报告同时还包括资产负债表、利润表（或业务收支明细表）、现金流量表等报表。本题说法正确。

43.【参考答案】√

【解析】借贷记账法以会计恒等式为基本依据，保证了"有借必有贷，借贷必相等"，这就确保了每一项经济业务所编制的会计记录中的借方发生额与贷方发生额之间必然存在平衡相等的关系，此为试算平衡的理论依据。本题说法正确。

44.【参考答案】√

【解析】固定资产应当按月计提折旧，并根据用途计入相关资产的成本或当期损益。基本生产车间使用的固定资产所计提的折旧计入制造费用，最终计入生产成本；管理部门使用的固定资产，所计提折旧计入管理费用；销售部门使用的固定资产，所计提的折旧计入销售费用。本题说法正确。

45.【参考答案】×

【解析】企业预提短期借款利息时，应借记"财务费用"，贷记"应付利息"。本题说法错误。

46.【参考答案】√

【解析】企业借入长期借款用于改扩建工程的，其利息予以资本化时，应借记"在建工程"，贷记"长期借款"。本题说法正确。

47.【参考答案】×

【解析】可变现净值高于账面成本，不应计提存货跌价准备。本题说法错误。

48.【参考答案】×

【解析】会计核算必须以实际发生的交易或事项为依据。但并不是发生的所有交易都需要进行会计核算，如签订合同或协议的经济业务事项。因此本题说法错误。

49.【参考答案】×

【解析】在中国境内的外商投资企业、外国企业和其他外国组织的会计记录应当使用中文，并可以同时使用一种外国文字，以便于使用外国文字的人员更好地阅读和利用，因此本题说法错误。

50.【参考答案】√

【解析】应付账款属负债类科目，债务增加记贷方，债务减少记借方；当余额在贷方时，为债务结算账户，当余额在借方时，为债权结算账户。因此本题说法正确。

51.【参考答案】√

【解析】活页式账簿是指平时使用零散账页记录经济业务，将已使用的账页用账夹夹起来，年末将本年所登记的账页装订成册并连续编号的账簿。其优点是便于记账分工，节省账页，且登记方便。采用活页式账簿，可以根据实际增添账页，不会造成浪费，使用比较灵活，便于分工记账。凡是明细分类账都适宜使用活页式账簿，以便于根据实际需要，随时添加账页。因此本题说法正确。

52.【参考答案】×

【解析】将现金存入银行或者是从银行提取现金，为了避免重复记账，一般只编制付款凭证，不编制收款凭证，因此本题说法错误。

53.【参考答案】×

【解析】现金清查时，出纳人员必须在场。

54.【参考答案】×

【解析】一般存款账户可以办理现金缴存，但不得办理现金支取。

55.【参考答案】×

【解析】生产车间管理人员直接从事产品生产的管理，不同于企业行政管理人员的间接管理，因而，生产车间管理人员的职工薪酬虽然属于管理性质费用，但应计入产品成本，通过"制造费用"账户进行核算。

56.【参考答案】×

【解析】企业用资本公积转增实收资本后，资本公积减少的同时实收资本等额增加，使得所有者权益总额不变。

57.【参考答案】×

【解析】本期制造费用不一定会影响本期损益。

58.【参考答案】×

【解析】收入类账户与费用类账户期初无余额。

59.【参考答案】×

【解析】对于涉及"现金"和"银行存款"之间的经济业务,一般只编制付款凭证。

60.【参考答案】×

【解析】科目汇总表可以起到试算平衡的作用,但不能反映账户之间的对应关系。

**五、计算分析题**

61.(1)【参考答案】A

【解析】存货 = 121 000 - 12 000 - 54 000 - 26 000 = 29 000(元)。

(2)【参考答案】B

【解析】长期股权投资 = 498 000 - 121 000 - 320 000 - 5 000 = 52 000(元)。

(3)【参考答案】A

【解析】应付账款 = (498 000 - 345 000 - 52 000) - 18 000 - 16 000 - 35 000 = 32 000(元)。

(4)【参考答案】D

【解析】负债合计 = 498 000 - 345 000 - 52 000 = 101 000(元)。

(5)【参考答案】A

【解析】负债及所有者权益合计(5)= 资产合计 = 498 000(元)。

62.(1)【参考答案】C

【解析】该公司"应付账款"账户3月份借方发生额合计数为:10 171.70 + 20 343.40 = 30 515.10(元)。

(2)【参考答案】C

【解析】该公司"银行存款"账户3月末借方余额为:340 751.95 - 10 171.70 - 2 034.34 + 101 717.00 = 430 262.91(元)。

(3)【参考答案】D

【解析】该公司3月份试算平衡表中的"本期借方发生额合计"为:50 858.50 + 20 343.40 + 10 171.70 + 2 034.34 + 101 717.00 + 20 343.40 = 205 468.34(元)。

(4)【参考答案】B

【解析】该公司3月份试算平衡表中的"期初借方余额合计"为:340 751.95 + 122 060.40 + 5 085.85 = 467 898.20(元)。

(5)【参考答案】A

【解析】该公司3月份试算平衡表中的"期末贷方余额合计"为所有账户的期末贷方余额合计:0(应付账款)+ 30 515.10(资本公积)+ 71 201.90(短期借款)+ 457 726.50(实收资本)+ 20 343.40(盈余公积)= 579 786.90(元)。

# 会计从业资格考试《会计基础》模拟试卷（二）

**一、单项选择题（下列各小题备选答案中，只有一个符合题意的正确答案。本类题共 20 分，每小题 1 分。多选、错选、不选均不得分）**

1. 某企业只生产和销售甲产品，4 月份发生以下费用，领用材料 6 万，生产工人工资 2 万，制造费用 1 万，总部行政管理部门物料消耗 1.5 万，专设销售机构固定资产折旧费 0.8 万。假定甲产品当月投产当月完工，也没期初在产品。则该企业 4 月份的完工甲产品的生产成本为（　　）万元。

A. 8 　　　　　　　　　B. 9

C. 10.5 　　　　　　　D. 11.3

2. 下列各项中属于科目汇总表账务处理程序与汇总记账凭证账务处理程序共同优点的是（　　）。

A. 保持科目之间的对应关系

B. 简化总分类账登记工作

C. 进行所有科目余额的试算平衡

D. 总括反映同类经济业务

3. 会计的事中监督是指在经济业务发生过程中（　　）的工作，以督促经济业务的进程按计划进行。

A. 纠偏查弊 　　　　　B. 查账改账

C. 财产清查 　　　　　D. 账实核对

4. 下列余额表示方法中，错误的是（　　）。

A. ￥508.00

B. ￥86.07

C. 人民币伍拾陆元捌角伍分整

D. 人民币柒拾陆元整

5. 下列对税务部门统一印制增值税专用发票的描述中，正确的是（　　）。

A. 属于通用原始凭证 　B. 属于专用原始凭证

C. 属于累计凭证 　　　D. 属于汇总原始凭证

6. 企业以银行存款偿还所欠贷款，下列表述中，正确的是（　　）。

A. 资产项目之间此增彼减

B. 权益项目之间此增彼减

C. 资产项目和权益项目同增

D. 资产项目和权益项目同减

7. 某企业"应付账款"明细账期末余额情况如下："应付账款——X 企业"贷方余额 200 000 元，"应付账款——Y 企业"借方余额 180 000 元，"应付账款——Z 企业"贷方余额 300 000 元。假设该企业"预付账款"明细账均为借方余额。则期末资产负债

表"应付账款"项目的余额为（　　）元。

A. 80 000 　　　　　　B. 320 000

C. 500 000 　　　　　　D. 680 000

8. 下列不属于错账更正方法的是（　　）。

A. 平行登记法 　　　　B. 红字更正法

C. 补充登记法 　　　　D. 划线更正法

9. 下列关于记账凭证账务处理程序，汇总记账凭证账务处理程序和科目汇总表账务处理程序一般步骤表述中，不是三者共有步骤的是（　　）。

A. 根据记账凭证登记总分类账

B. 根据原始凭证、汇总原始凭证和记账凭证，登记各种明细分类账

C. 期末现金日记账、银行存款日记账和明细分类账的余额同有关总分类账的余额核对相符

D. 期末根据分类账和明细分类账的记录编制会计报表

10. 宏发公司于 2012 年 1 月 1 日发行 4 年期公司债券，面值 5 000 万元，按照面值发行（不考虑发行费用）。该债券票面年利率为 6%，到期一次还本付息。2012 年年末该债券应确认的利息费用为（　　）。

A. 300 万元 　　　　　B. 200 万元

C. 100 万元 　　　　　D. 100 万元

11. 下列各项中，不属于总分类科目的是（　　）。

A. 销售费用 　　　　　B. 应收账款

C. 辅助材料 　　　　　D. 工程物资

12. 小王出差回来报销差旅费 2 600 元，原借 3 000 元，交回多余现金 400 元，下列关于给报销业务的会计分录中正确的是（　　）。

A. 借：库存现金 　　　　　　　　400

　　　管理费用 　　　　　　　2 600

　　　贷：银行存款 　　　　　　　　3 000

B. 借：库存现金 　　　　　　　　400

　　　管理费用 　　　　　　　2 600

　　　贷：其他应收款 　　　　　　　3 000

C. 借：管理费用 　　　　　　　3 000

　　　贷：其他应收款 　　　　　　　3 000

D. 借：管理费用 　　　　　　　3 000

　　　贷：应收账款 　　　　　　　　3 000

13. 企业因计量不准造成的产品盘亏，已报经批准后，应借记（　　）科目。

A. 库存商品 　　　　　B. 待处理财产损溢

C. 管理费用　　　　D. 营业外支出

14. 下列报表中，属于对内会计报表的是(　　)。

A. 资产负债表　　　B. 产品生产成本价表

C. 利润表　　　　　D. 现金流量表

15. 下列各项中，应该永久保管的会计档案是(　　)。

A. 原始凭证　　　　B. 总账

C. 月度财务报告　　D. 年度财务报告

16. 会计凭证可以分为原始凭证和记账凭证，其分类的依据是(　　)。

A. 填制的方式

B. 取得的来源

C. 编制的程序和用途

D. 反映经济业务的内容

17. 汇总记账凭证账务处理程序适用于(　　)的企业。

A. 规模较小，经济业务不多

B. 规模较大，经济业务不多

C. 规模较小，经济业务较多

D. 规模较大，经济业务较多

18. 下列关于会计凭证保存年限的说法，正确的是(　　)。

A. 在会计年度终了后，由会计部门保存三个月

B. 在会计年度终了后，由会计部门保存六个月

C. 在会计年度终了后，由会计部门保存一年

D. 在会计年度终了后，由会计部门保存三年

19. 登记账簿过程中，第一账页的最后一行及下一页第一行都要办理转页手续，下列关于该做法的主要目的的表述中，正确的是(　　)。

A. 便于查账

B. 防止遗漏

C. 防止隔页

保持账簿记录的连续性

20. 某企业 2012 年 12 月 31 日结账后的"库存现金"科目余额为10 800元，"银行存款"科目余额为 4 320 000 元，"其他货币资金"科目余额为 1 200 000元。则该企业 2012 年 12 月 31 日资产负债表中的"货币资金"项目应填列金额为(　　)元。

A. 5 530 800　　　　B. 4 330 800

C. 5 520 000　　　　D. 1 200 000

二、多项选择题（下列各小题备选答案中，有两个或两个以上符合题意的正确答案。本类题共 20 分，每小题 2 分。多选、少选、错选或不选均不得分）

21. 下列关于会计基本假设的表述中，正确的

有(　　)。

A. 会计主体确立了会计核算的空间范围

B. 持续经营与会计分期确立了会计核算的时间长度

C. 货币计量为会计核算提供了必要手段

D. 没有会计主体，就不会有持续经营，没有持续经营就不会有会计分期，没有货币计量就不会有现代会计

22. 保管期限为 15 年的有(　　)。

A. 原始凭证　　　　B. 现金日记账

C. 月度财务报告　　D. 总账

23. 借贷记账法的贷方表示(　　)。

A. 资产的增加　　　B. 成本的减少

C. 所有者权益的增加　D. 负债的增加

24. 下列各项税金中，不通过"营业税金及附加"科目核算的有(　　)。

A. 增值税　　　　　B. 营业税

C. 企业所得税　　　D. 个人所得税

25. 财务会计报告的编制应当(　　)。

A. 真实可靠　　　　B. 相关可比

C. 全面完整　　　　D. 编报及时

26. 下列各种账簿中，属于出纳人员可以登记和保管的有(　　)。

A. 库存现金日记账　B. 银行存款日记账

C. 库存现金总账　　D. 银行存款总账

27. 下列各项中，属于账账核对常见的做法有(　　)。

A. 核对所有总账的借方发生额合计和贷方发生额合计是否相符

B. 核对总账余额和所属明细账余额合计是否相符

C. 核对库存现金日记账和银行存款日记账余额分别与其总账余额是否相符

D. 核对银行存款日记账和银行对账单是否相符

28. 企业预付款采购物资，下列业务中，应当贷记"预付账款"科目的有(　　)。

A. 向供应单位预付款项

B. 收到所购物资确认物资成本

C. 补付预付不足的货款

D. 收回多余的货款

29. 企业取得收入时，可能影响到的会计要素有(　　)。

A. 收入　　　　　　B. 资产

C. 负债　　　　　　D. 所有者权益

30. 下列选项中，以"资产 - 负债 = 所有者权益"这一会计恒等式为理论依据的有（　　）。

A. 编制利润表　　　B. 复式记账

C. 编制资产负债表　D. 成本计算

三、不定项选择题（下列各小题备选答案中，有一个或一个以上符合题意的正确答案。本类题共 20 分，每小题 2 分。多选、少选、错选或不选均不得分）

31. 下列项目中，不属于会计核算方法的是（　　）。

A. 复式记账　　　　B. 成本计算

C. 财产清查　　　　D. 编制财务预算

32. 下列各项中，属于会计档案的有（　　）。

A. 会计凭证　　　　B. 会计账簿

C. 会计报表　　　　D. 会计报表附注

33. 下列等式正确的有（　　）。

A. 全部账户本期借方发生额合计 = 全部账户本期贷方发生额合计

B. 全部账户的借方期末余额的合计 = 全部账户的贷方期末余额合计

C. 全部账户的借方期初余额的合计 = 全部账户的贷方期初余额合计

D. 某一总账账户的期末余额 = 该总账账户所属的所有明细期末账账户余额的合计

34. 下列关于原始凭证的说法中，正确的有（　　）。

A. 职工公出借款凭据，必须附在记账凭证之后

B. 职工公出借款凭据，收回借款时，应当另开收据或者退还借据副本，不得退还原借款凭证

C. 经上级部门批准的经济业务，应当将批准文件作为原始凭证附件

D. 经上级有关部门批准的经济业务，如果批准文件需要单独归档，应当在凭证上注明文件的批准机关名称、日期和文号

35. 企业每月月末计提短期借款利息时，应（　　）科目。

A. 借记财务费用　　B. 贷记财务费用

C. 借记应付利息　　D. 贷记应付利息

36. 企业向投资者分配利润时，应（　　）科目。

A. 借记盈余公积　　B. 贷记利润分配

C. 借记利润分配　　D. 贷记应付股利

37. 会计科目与账户的本质区别在于（　　）。

A. 反映的经济内容不同

B. 记录资产和权益的内容不同

C. 记录资产和权益的方法不同

D. 会计账户有结构，而会计科目无结构

38. 下列引起资产和负债同时发生变化的有（　　）。

A. 用银行存款归还前欠货款

B. 从银行提取现金

C. 盈余公积转增资本

D. 向银行借入半年期借款并存入银行

39. 下列关于原始凭证审核内容的表述中，正确的有（　　）。

A. 原始凭证所记录经济业务是否符合有关的计划和预算

B. 原始凭证的内容是否齐全

C. 原始凭证各项金额的计算及填写是否正确

D. 原始凭证的填制是否及时

40. 下列各项中，属于财产清查结果处理步骤的有（　　）。

A. 核准数字，查明原因

B. 调整凭证，做到账实相符

C. 调整账簿，做到账实相符

D. 进行批准后的账务处理

四、判断题（对的在括号内打"√"，错的打"×"。本类题共 20 分，每小题 1 分。不判断、判断结果错误的均不得分，也不倒扣分）

41. 现代会计不再局限于记账、算账等一些基础的会计工作，还需要参与企业的经营管理，进行经营决策，因此会计人员也是管理工作者。（　　）

42. 会计主体假设要求甲企业只能核算甲企业的经济业务，包括甲企业股东投入到甲企业的股本，但不能把甲企业股东个人的收入、支出作为甲企业的收入、支出核算。（　　）

43. 不同的账务处理程序的不同之处在于登记总分类账的依据和程序不同。（　　）

44. 无论采用何种账务处理程序，都应根据总分类账和明细分类账的记录编制会计报表。（　　）

45. 当月增加的固定资产，从下月起计提折旧；当月减少的固定资产，从下月起不再计提折旧。（　　）

46. 费用明细账在月末结账时，要结出本月发生额和余额，在摘要栏内注明"本月合计"字样。并在下面通栏划单红线。（　　）

47. 企业应当在资产负债表日对应收款项的账面价值进行检查，有客观证据表明该应收款项发生减值的，应当将该应收款项的账面价值减记至预计未来现金流量现值，减记的金额确认减值损失，计提坏账准备。（　　）

48. 出纳人员不得兼任稽核、会计档案保管和收入、支出、费用等账目登记工作。（　　）

49. 自制原始凭证都应由会计人员填制，以保持原始凭证填制的正确性。（　　）

50. 借方科目所反映的经济内容增加记借方，减少记贷方，资产类科目都属于借方科目。（　　）

51. 过去的交易或事项是指企业在过去的一个时期里，计划在未来一个时期从银行提取现金，购买股票、计发工资等业务活动。（　　）

52. 编制试算平衡表时，只有期初余额而没有本期发生额的科目也应当包括在内。（　　）

53. 本期发生的管理费用和制造费用均会影响本期损益。（　　）

54. 收入类账户与费用类账户一般没有期末余额，但有期初余额。（　　）

55. 企业财产的定期清查一般在期末进行，可以是全面清查，也可以是局部清查。（　　）

56. 账户式结构指的是资产负债表按上下顺序依次排列资产、负债及所有者权益项目。（　　）

57. 对于涉及"现金"和"银行存款"之间的经济业务，一般只编制收款凭证，不编制付款凭证。（　　）

58. 科目汇总表可以反映账户之间的对应关系，但不能起到试算平衡的作用。（　　）

59. 其他类会计档案包括银行存款余额调节表、银行对账单、其他应保存的会计核算专业资料等。（　　）

60. 可变现净值既可以用于对存货的计量，也可以用于对可供出售金融资产的计量。（　　）

**五、计算分析题（本类题共 2 小题，每小题 10 分，共 20 分）**

61. （一）资料：甲企业 2011 年 1 月 5 日销售货物一批计价款10 000元，增值税税率17%，收到购买单位支票一张，收讫后存入银行，会计人员根据审核无误的原始凭证填制银行存款收款凭证。

**收款凭证**

借方科目：银行存款　2011 年 1 月 5 日　收字第 1 号

| 摘要 | 贷方科目 | | 金额 | 记账 |
|---|---|---|---|---|
| | 一级科目 | 二级或明细科目 | | |
| 销售甲产品 | 主营业务收入 | 甲产品 | (1) | |
| | 应交税费 | 应交增值税 | (2) | |
| 合计 | | | (3) | |

会计主管　记账　稽核　填制　出纳　交款人

甲企业 2011 年 1 月 12 日购入 A 材料一批，买价 6 000元，增值税税率17%，开出支票一张支付购货款，会计人员根据审核无误的原始凭证填制银行存款付款凭证。

**付款凭证**

贷方科目：银行存款　2011 年 1 月 12 日　付字第 1 号

| 摘要 | 借方科目 | | 金额 | 记账 |
|---|---|---|---|---|
| | 一级科目 | 二级或明细科目 | | |
| 购买材料 | 材料采购 | A 材料 | (4) | |
| | 应交税费 | 应交增值税 | (5) | |
| 合计 | | | | |

会计主管　记账　稽核　填制　出纳　领款人

（二）要求：根据以上资料，对以下 5 个问题分别作出正确的选择。

（1）上述资料中（1）处的金额应为（　　）元。

A. 1 700　　　　　　B. 8 300

C. 10 000　　　　　D. 11 700

（2）上述资料中（2）处的金额应为（　　）元。

A. 1 700　　　　　　B. 8 300

C. 10 000　　　　　D. 11 700

（3）上述资料中（3）处的金额应为（　　）元。

A. 1 700　　　　　　B. 8 300

C. 10 000　　　　　D. 11 700

（4）上述资料中（4）处的金额应为（　　）元。

A. 1 020　　　　　　B. 4 980

C. 6 000　　　　　　D. 7 020

（5）上述资料中（5）处的金额应为（　　）元。

A. 1 020　　　　　　B. 4 980

C. 6 000　　　　　　D. 7 020

62. （一）资料：某公司为增值税一般纳税企业，主要生产和销售甲产品，适用税率17%，所得税率25%，不考虑其他相关税费，该公司 2011 年发生以下业务：

（1）销售甲产品一批，该批产品的成本 16 万元，销售价格 40 万元，专用发票注明增值税 6.8 万元，产品已经发出，提货单已交给买方，货款和增值税款尚未收到。

（2）当年分配并发放职工工资 40 万元，其中生产工人工资 24 万元，车间管理人员工资 8 万元，企业管理人员工资 8 万元。

（3）本年出租一台设备，租金收入 8 万元。

（4）本年度计提固定资产折旧 8 万元，其中计入制造费用的固定资产折旧 5 万元，计入管理费用的折旧2万元，出租设备折旧1万元。

（5）用银行存款支付销售费用1万元。

（6）在本年年末的财产清查中发现账外设备一台，其市场价格2万元，经批准转作营业外收入。

（二）要求：根据以上资料，对以下5个问题分别作出正确的选择。

（1）该公司2011年度的营业收入为（　　）元。

A. 400 000　　　　　B. 468 000

C. 480 000　　　　　D. 548 000

（2）该公司2011年度的营业成本为（　　）元。

A. 160 000　　　　　B. 170 000

C. 560 000　　　　　D. 640 000

（3）该公司2011年度的营业利润为（　　）元。

A. 200 000　　　　　B. 240 000

C. 840 000　　　　　D. 348 000

（4）该公司2011年度的利润总额为（　　）元。

A. 200 000　　　　　B. 220 000

C. 350 000　　　　　D. 360 000

（5）该公司2011年度的净利润为（　　）元。

A. 150 000　　　　　B. 165 000

C. 262 500　　　　　D. 270 000

# 模拟试卷（二）参考答案与精讲解析

**一、单项选择题**

1.【参考答案】B

【解析】完工甲产品的生产成本 = 6 + 2 + 1 = 9万，其中总部行政管理部门物料消耗应该计入"管理费用"，专设销售机构固定资产折旧费应该计入"销售费用"，都不计入生产成本。

2.【参考答案】A

【解析】科目汇总表账务处理程序与汇总记账凭证账务处理程序共同优点的是简化总分类账登记工作。

3.【参考答案】A

【解析】会计的基本职能是进行会计核算和实行会计监督。会计监督按其与经济活动过程的关系，分为事前、事中和事后监督，事中监督就是在过程中对计划、预算执行等所做的控制，控制实际上是纠偏查弊，故选A最准确。选项B和C是纠偏查弊中的一部分，选项D是财产清查的一种方法。

4.【参考答案】C

【解析】大写金额数字到元或角为止的，在"元"或"角"之后应写"整"或"正"字；大写金额数字有分的，分字后面不写"整"字。

5.【参考答案】A

【解析】税务部门统一印制增值税专用发票属于通用原始凭证。

6.【参考答案】D

【解析】企业以银行存款偿还所欠贷款使得资产中的"银行存款"和权益项目中的"贷款"同减。

7.【参考答案】B

【解析】期末资产负债表"应付账款"项目的余额 = 200 000 − 180 000 + 300 000 = 320 000（元）。

8.【参考答案】A

【解析】平行登记法是登记总账和明细账的一种方法。

9.【参考答案】A

【解析】记账凭证账务处理程序是根据记账凭证登记总分类账，汇总记账凭证账务处理程序是根据各种汇总记账凭证登记总分类账，科目汇总表账务处理程序是根据科目汇总表登记总分类账，三者不相同。

10.【参考答案】A

【解析】应确认的利息费用 = 面值 × 票面年利率 = 5 000 × 6% = 300（万元）。

11.【参考答案】C

【解析】辅助材料不属于总分类科目。

12.【参考答案】B

【解析】相关会计分录应该是：

借：库存现金　　　　　　　　　　400

　　管理费用　　　　　　　　　2 600

　　　贷：其他应收款　　　　　　　　　3 000

13.【参考答案】C

【解析】企业因计量不准造成的产品盘亏，已报经批准后，应该计入管理费用科目。

14.【参考答案】B

【解析】产品生产成本价表属于对内会计报表，其他的三个都是对外会计报表。

15.【参考答案】D

【解析】年度财务报告应该永久保管。

16.【参考答案】C

【解析】会计凭证按编制的程序和用途不同，可以分为原始凭证和记账凭证。

17. 【参考答案】D

【解析】汇总记账凭证账务处理程序适用于规模较大、经济业务较多的企业。

18. 【参考答案】C

【解析】会计凭证在会计年度终了后，由会计部门保存一年。

19. 【参考答案】D

【解析】登记账簿过程中，第一账页的最后一行及下一页第一行都要办理转页手续，该做法的主要目的是为了保持账簿记录的连续性。

20. 【参考答案】A

【解析】货币资金 = 库存现金 + 银行存款 + 其他货币资金 = 10 800 + 4 320 000 + 1 200 000 = 5 530 800（元）。

二、多项选择题

21. 【参考答案】ABCD

【解析】会计主体确立了会计核算的空间范围，持续经营与会计分期确立了会计核算的时间长度，货币计量为会计核算提供了必要手段，没有会计主体，就不会有持续经营，没有持续经营就不会有会计分期，没有货币计量就不会有现代会计，四个选项都是正确的。

22. 【参考答案】AD

【解析】根据《会计档案管理办法》的规定：原始凭证和总账保管期限为15年；日记账保管期限为15年，但现金日记账和银行存款日记账保管期限为25年；月度财务报告保管期限为3年。

23. 【参考答案】BCD

【解析】借贷记账法的贷方表示资产、成本和费用的减少，负债和所有者权益的增加。

24. 【参考答案】ACD

【解析】"营业税金及附加"核算反映企业经营主要业务应负担的营业税、消费税、城市维护建设税、资源税、土地增值税和教育税附加等税金。增值税通过"应交税费——应交增值税"科目核算，所得税都通过"应交税费——应交所得税"科目核算。

25. 【参考答案】ABCD

【解析】单位编制的财务会计报告应当真实可靠、相关可比、全面完整、编报及时、便于理解。

26. 【参考答案】AB

【解析】出纳人员可以登记和保管日记账。

27. 【参考答案】ABC

【解析】账账核对主要包括：

（1）总分类账簿有关账户的余额核对。总分类账各账户的借方期末余额合计数与贷方期末余额合计数应核对相等。

（2）总分类账簿与所属明细分类账簿核对。总分类账的借、贷方本期发生额和期末余额与所属明细分类账的借、贷方本期发生额和期末余额之和应核对相等。

（3）总分类账簿与序时账簿核对。现金日记账和银行存款日记账期末余额应与总分类账的库存现金、银行存款期末余额核对相符。

（4）明细分类账簿之间的核对。会计部门财产物资明细分类账期末余额与财产物资保管和使用部门的有关财产物资明细分类账期末余额应核对相符。

28. 【参考答案】BD

【解析】收到所购物资确认物资成本和收回多余的货款应该贷记"预付账款"科目，向供应单位预付款项和补付预付不足的货款都应该借记"预付账款"科目。

29. 【参考答案】ABC

【解析】企业取得收入时，可能影响到的会计要素有资产、负债和收入。

30. 【参考答案】BC

【解析】复式记账和编制资产负债表都以"资产－负债＝所有者权益"这一会计恒等式为理论依据。

三、不定项选择题

31. 【参考答案】D

【解析】会计核算的基本方法包括设置会计科目和账户、复式记账、填制和审核会计凭证、登记账簿、成本计算、财产清查和财务报表七种方法，编制财务预算属于管理会计的范畴，不包括在会计核算的方法中。

32. 【参考答案】ABCD

【解析】会计凭证，会计报表，会计账簿，会计报表附注都属于会计档案。

33. 【参考答案】ABCD

【解析】选项ABC是试算平衡的等式，选项D是总账户与其所属的明细账户之间的等式关系。

34. 【参考答案】ABCD

【解析】职工公出借款凭据，必须附在记账凭证之后；职工公出借款凭据，收回借款时，应当另开收据或者退还借据副本，不得退还原借款凭据；经上级部门批准的经济业务，应当将批准文件作为原始凭证附件；经上级有关部门批准的经济业务，如果批准文件需要单独归档的，应当在凭证上注明文件的批准机关名称、日期和文号。

35.【参考答案】AD

【解析】企业每月月末计提短期借款利息时：

借：财务费用

贷：应付利息

36.【参考答案】CD

【解析】企业向投资者分配利润时：

借：利润分配

贷：应付股利

37.【参考答案】D

【解析】会计科目和账户口径一致、内容相同，所不同之处在于账户有结构和格式，而会计科目没有。

38.【参考答案】AD

【解析】A 项资产与负债同时减少，D 项资产与负债同时增加，BC 项为内部变动，不引起资产负债的变动。

39.【参考答案】ABCD

【解析】ABCD 为正确选项。

40.【参考答案】ACD

【解析】财产清查结果处理步骤如下：（1）分析产生差异的原因和性质，提出处理建议。（2）积极处理多余积压财产，清理往来款项。（3）总结经验教训，建立健全各项管理制度。（4）及时调整账簿记录，保证账实相符。

四、判断题

41.【参考答案】√

42.【参考答案】√

43.【参考答案】√

44.【参考答案】√

45.【参考答案】√

46.【参考答案】√

47.【参考答案】√

48.【参考答案】√

49.【参考答案】×

【解析】是由单位内部的人员填制，但不一定是会计人员。

50.【参考答案】×

【解析】资产类科目不一定都是借方科目，累计折旧就是贷方科目。

51.【参考答案】×

【解析】过去的交易或事项形成的是指现实的资产，而非预期的资产，题干中"计划在未来一个时期从银行提取现金，购买股票，计发工资等"是预

期的而非现实的。

52.【参考答案】√

53.【参考答案】×

【解析】本期制造费用不一定会影响本期损益。

54.【参考答案】×

【解析】收入类账户与费用类账户期初无余额。

55.【参考答案】√

56.【参考答案】×

【解析】账户式资产负债表在报表的左方列示资产类的各个项目数额，而在其右方列示负债类和所有者权益的各个项目数额，并使资产负债表左右两方的数额保持平衡。

57.【参考答案】×

【解析】对于涉及"现金"和"银行存款"之间的经济业务，一般只编制付款凭证。

58.【参考答案】×

【解析】科目汇总表可以起到试算平衡的作用，但不能反映账户之间的对应关系。

59.【参考答案】√

60.【参考答案】×

【解析】可变现价值只适用于计价那些为销售而持有的资产，例如商品、投资以及企业经营上不再使用的机器设备等。

五、计算分析题

61.（1）【参考答案】C

【解析】（1）处应填写的金额 = 10 000

（2）【参考答案】A

【解析】（2）处应填写的金额 = 10 000 × 17% = 1 700

（3）【参考答案】D

【解析】（3）处应填写的金额 = 10 000 + 1 700 = 11 700

（4）【参考答案】C

【解析】（4）处应填写的金额 = 6 000

（5）【参考答案】A

【解析】（5）处应填写的金额 = 6 000 × 17% = 1 020

62.（1）【参考答案】C

【解析】该公司 2011 年度的营业收入 = 400 000 + 80 000 = 480 000

（2）【参考答案】B

【解析】该公司 2011 年度的营业成本 = 160 000 + 10 000 = 170 000

（3）【参考答案】A

【解析】该公司 2011 年度的营业利润 = 480 000 - 170 000 - 80 000 - 20 000 - 10 000 = 200 000

（4）【参考答案】B

【解析】该公司 2011 年度的利润总额 = 200 000 + 20 000 = 220 000

（5）【参考答案】B

【解析】该公司 2011 年度的净利润 = 220 000 - 220 000 × 25% = 165 000

# 会计从业资格考试《会计基础》模拟试卷（三）

**一、单项选择题**（下列各小题备选答案中，只有一个符合题意的正确答案。本类题共20分，每小题1分。多选、错选、不选均不得分）

1. 凯悦公司本月应付职工工资总额为600 000元，其中车间生产工人工资400 000元，车间管理人员工资100 000元，公司行政管理人员工资80 000元，销售人员工资20 000元。计提工资时应借记"生产成本"科目（　　）元。

A. 20 000　　　　　　B. 80 000

C. 100 000　　　　　　D. 400 000

2. 根据第1题资料，凯悦公司计提工资时应借记"管理费用"科目（　　）元。

A. 20 000　　　　　　B. 80 000

C. 100 000　　　　　　D. 400 000

3. 下列各项中，不属于记账凭证应具备的基本内容或要素的是（　　）。

A. 记账凭证的名称

B. 经济业务所涉及的会计科目及其记账方向、经济业务的金额

C. 记账标记

D. 单位财务公章

4. 由于非正常损失导致存货的盘亏一般应作为（　　）处理。

A. 营业外支出　　　　B. 财务费用

C. 管理费用　　　　　D. 坏账损失

5. 会计档案保管期限分为永久和定期两类，其中（　　）年属于《会计档案管理办法》中规定的定期保管期限。

A. 3　　　　　　　　B. 15

C. 20　　　　　　　　D. 25

6. 某企业"固定资产"账户期末余额为800 000元，"累计折旧"账户期末余额为280 000元，"固定资产减值准备"账户期末余额为0，则该企业资产负债表中"固定资产"项目的"期末余额"为（　　）元。

A. 280 000　　　　　　B. 520 000

C. 800 000　　　　　　D. 1 080 000

7. 借贷记账法下发生额试算平衡的原因是（　　）。

A. 由"有借必有贷，借贷必相等"的记账规则决定的

B. 由"资产＝权益"的会计等式决定的

C. 由账户的结构决定的

D. 由账户反映的经济业务内容决定的

8. 会计科目与账户之间的区别在于（　　）。

A. 记录资产和权益的增减变动情况不同

B. 记录资产和负债的结果不同

C. 两者的经济内容不同

D. 账户有结构而会计科目无结构

9. 会计人员编制记账凭证的依据是（　　）。

A. 审核无误的会计凭证

B. 外来的原始凭证

C. 自制的原始凭证

D. 审核无误的原始凭证

10. 不同账务处理程序的主要区别是（　　）。

A. 登记明细账的依据不同

B. 登记总账的依据不同

C. 登记日记账的依据不同

D. 编制会计报表的依据不同

11. 更换现金保管人员时所进行的清查属于（　　）。

A. 定期清查和局部清查

B. 定期清查和全部清查

C. 不定期清查和全部清查

D. 不定期清查和局部清查

12. 以下各项中，属于企业保存25年的会计档案是（　　）。

A. 会计凭证　　　　　　B. 银行存款日记账

C. 月度财务报告　　　　D. 年度财务报告

13. 下列会计档案保管期满时，仍不能销毁的是（　　）。

A. 会计移交清册

B. 涉及未了事项的原始凭证

C. 计算机输出的月度报表

D. 涉及未了事项的月度报表

14. 下列不影响"营业利润"计算的项目是（　　）。

A. 其他业务收入　　　　B. 财务费用

C. 管理费用　　　　　　D. 营业外支出

15. 2011年4月9日的原始凭证，财务部门移交给会计档案管理部门的最迟时间是（　　）。

A. 2012年1月1日　　　　B. 2012年4月8日

C. 2012 年 4 月 9 日　　　　D. 2013 年 1 月 1 日

16. 从银行提取现金的经济业务，应根据（　　）登记现金日记账的收入栏。

A. 现金收款凭证

B. 现金付款凭证

C. 银行存款收款凭证

D. 银行存款付款凭证

17. 银行代企业支付的水电费，银行已入账，企业未收到通知，未入账且未用补记，在编制调节表时，该笔金额应在（　　）。

A. 企业日记账上加　　　B. 银行对账单上加

C. 企业日记账上减　　　D. 银行对账单上减

18. 某企业"长期借款"账户月末余额为 300 000 元，其中 20 000 元将于一年内到期；"应付债券"账户月末余额为 200 000 元，其中 60 000 元将于一年内到期。则该企业资产负债表中"一年内到期的非流动负债"项目的"期末余额"为（　　）元。

A. 80 000　　　　　　　B. 140 000

C. 280 000　　　　　　　D. 500 000

根据以下资料完成 19 ～ 20 题：

长江公司向黄河公司销售一批商品，开具的增值税专用发票上注明的价款 70 000 元，增值税 11 900 元，代垫运杂费 2 000 元，该批商品成本为 48 000 元，货已发出，款项未收。黄河公司已收到货物并作为原材料入库。长江公司和黄河公司均为增值税一般纳税人，假设代垫运杂费不考虑增值税。

19. 长江公司取得的主营业务收入为（　　）元。

A. 48 000　　　　　　　B. 70 000

C. 72 000　　　　　　　D. 81 900

20. 长江公司主营业务成本为（　　）元。

A. 48 000　　　　　　　B. 70 000

C. 72 000　　　　　　　D. 81 900

**二、多项选择题（下列各小题备选答案中，有两个或两个以上符合题意的正确答案。本类题共 20 分，每小题 2 分。多选、少选、错选或不选均不得分）**

21. 下列应计入营业外支出的有（　　）。

A. 罚款支出

B. 非常损失

C. 公益性捐赠支出

D. 向投资者支付利润

22. "库存商品"科目用于核算企业库存产品和（　　）收发结存情况。

A. 外购商品

B. 存放在门市部准备出售的商品

C. 发出展览的商品

D. 寄存在外的商品

23. 下列属于自制原始凭证的有（　　）。

A. 领料单　　　　　　　B. 发货单

C. 收料单　　　　　　　D. 发票

24. 企业上缴（　　）时，应借记"应交税费"科目。

A. 营业税　　　　　　　B. 教育费附加

C. 企业所得税　　　　　D. 城市维护建设税

25. 账账相符的内容包括（　　）。

A. 账簿记录与记账凭证相符

B. 全部总分类账户的借方余额合计与贷方余额合计相等

C. 总账余额与其所属明细账户余额之和相等

D. 银行存款日记账余额与银行对账单余额相等

26. 下列可用于对企业库存商品进行清查的方法有（　　）。

A. 实地盘点法　　　　　B. 发函询证法

C. 技术推算法　　　　　D. 对账单核对法

27. 收入按照性质不同可分为（　　）。

A. 主营业务收入

B. 商品销售收入

C. 提供劳务收入

D. 让渡资产使用权收入

28. 下列属于利润分配形式的有（　　）。

A. 提取盈余公积金　　　B. 提取法定公益金

C. 分配现金股利　　　　D. 所得税费用

29. 自制原始凭证按其填制手续不同，可分为（　　）。

A. 一次凭证　　　　　　B. 汇总凭证

C. 通用凭证　　　　　　D. 累计凭证

30. 下列属于非流动资产的有（　　）。

A. 短期投资　　　　　　B. 固定资产

C. 无形资产　　　　　　D. 长期待摊费用

**三、不定项选择题（下列各小题备选答案中，有一个或一个以上符合题意的正确答案。本类题共 20 分，每小题 2 分。多选、少选、错选或不选均不得分）**

31. 资产负债表中可根据总账账户余额直接填列的项目有（　　）。

A. 交易性金融资产　　　B. 应付票据

C. 实收资本　　　　　　D. 应收账款

32. （　　）不应计入产品成本而应计入当期损益。

A. 管理费用　　　　　　B. 销售费用

C. 制造费用　　　　D. 财务费用

D. 贷记应交税费

33. 在各种不同账务处理程序中，不能作为登记总账依据的是(　　)。

A. 记账凭证　　　　B. 汇总记账凭证

C. 汇总原始凭证　　D. 科目汇总表

34. 下列有关财产清查的做法中，符合要求的有(　　)。

A. 库存现金每月清点一次

B. 单位主要负责人离任前进行局部清查

C. 债权债务每年核对两次

D. 单位撤销前进行全面清查

35. 汇总记账凭证账务处理程序与科目汇总表账务处理程序的相同点是(　　)。

A. 登记总账的依据相同

B. 记账凭证的汇总方法相同

C. 保持了账户间的对应关系

D. 简化了登记总分类账的工作量

36. 各单位应建立健全会计档案的查阅、复制登记制度，包括(　　)。

A. 只要本单位会计主管批准，就可以提供查阅或者复制会计档案

B. 各单位保存的会计档案一般情况下不得借出

C. 借出的会计档案，会计档案管理人员要按期如数收回

D. 查阅或者复制会计档案的人员，可根据实际需要作出相应记号

37. 试算平衡的结果如果借贷相等，并不能完全肯定记账没有错误，因为有些会计处理错误并不会影响借贷双方的平衡。不会影响到借贷双方平衡关系的错误事项主要有(　　)。

A. 某个业务被重记

B. 某个业务被漏记

C. 某个账户被漏记

D. 某个业务用错账户

根据以下资料完成 38～40 题：

南江公司向北海公司销售一批商品，开具的增值税专用发票上注明的价款 100 000 元，增值税 17 000 元，该批商品的成本为 63 000 元，货已发出，款未收。北海公司已收到货物并作为原材料入库。南江公司和北海公司均为增值税一般纳税人。

38. 南江公司取得主营业务收入时应(　　)科目。

A. 借记应收账款

B. 借记主营业务成本

C. 贷记主营业务收入

D. 贷记应交税费

39. 南江公司结转销售成本时应(　　)科目。

A. 借记应收账款

B. 借记主营业务成本

C. 贷记应交税费

D. 贷记库存商品

40. 北海公司购入材料时应(　　)科目。

A. 借记原材料　　　　B. 借记应交税费

C. 借记应付账款　　　D. 贷记应付账款

**四、判断题（对的在括号内打"√"，错的打"×"。本类题共 20 分，每小题 1 分。不判断、判断结果错误的均不得分，也不倒扣分）**

41. 除结账和更正错账的记账凭证可以不附原始凭证外，其他记账凭证必须附原始凭证。(　　)

42. 在没有纳税调整事项情况下，应纳税所得额与税前利润相等。(　　)

43. 年终更换新账时，新旧账簿有关账户之间的转记金额，应该编制记账凭证。(　　)

44. 取得交易性金融资产发生的交易费用，应当在发生时计入交易性金融资产的成本。(　　)

45. 银行存款余额调节表不属于会计档案。(　　)

46. 采用累计原始凭证可以减少凭证的数量和记账的次数。(　　)

47. "本年利润"账户年末可能是借方余额，也可能是贷方余额。(　　)

48. 收款凭证左上角"借方科目"处，应填写"库存现金"或"银行存款"。(　　)

49. 会计要素是对会计对象进行的基本分类，会计科目是对会计要素具体内容进行分类的项目。(　　)

50. 总分类账和明细分类账一律是根据记账凭证登记的。(　　)

51. 企业在日常工作中发生的待处理财产损溢，通常必须在月度财务报告编制处理完毕。(　　)

52. 购买实物的原始凭证，必须由购买人以外的第三者查证核实后，会计人员才能据以入账。(　　)

53. 资本公积是指企业收到的投资者超出其在注册资本中所占份额的投资，以及直接计入当期利润的利得和损失等。(　　)

54. 科目汇总表不仅能起到试算平衡作用，而且可以反映账户之间的对应关系。(　　)

55. 现金日记账的"日期"栏，是指记账凭证的

日期，应与现金实际收、付日期一致。（　　）

56. 在科目汇总表账务处理程序下，如果在月份内某一贷方科目的转账凭证不多时，也可以不编制汇总转账凭证，直接根据转账凭证登记总分类账。（　　）

57. 费用明细账在月末结账时，要结出本月发生额和余额，在摘要栏内注明"本月合计"字样。并在下面通栏划单红线。（　　）

58. 无论何种账务处理程序，第一步都是根据审核无误的原始凭证或汇总原始凭证编制记账凭证。（　　）

59. 会计以货币作为唯一计量单位。（　　）

60. 对于库存现金，出纳人员应每日清点核对一次，对于银行存款要根据银行对账单每月至少核对一次。（　　）

**五、计算分析题（本类题共 2 小题，每小题 10 分，共 20 分）**

61. （一）资料：海泰公司 2012 年 3 月 15 日购入一台不需要安装设备并投入生产车间使用，取得的增值税专用发票上注明的设备价款 50 000 元，增值税 8 500 元。海泰公司采用年限平均法计提折旧，该设备预计使用 10 年，预计净残值率为 4%，2013 年 3 月 25 日，海泰公司将该设备出售给东方公司，开具的增值税专用发票上注明的设备价款 41 000 元，增值税 6 970 元。假设增值税不计入该设备价值，再无其他税费，也无减值准备。

（二）要求：根据以上资料，对以下 5 个问题分别作出正确的选择。

（1）2012 年 3 月 15 日，海泰公司购入设备时应借记"固定资产"科目（　　）元。

A. 41 500　　　　　　B. 50 000

C. 58 500　　　　　　D. 56 970

（2）该设备每月应计提的折旧额为（　　）元。

A. 400.00　　　　　　B. 416.67

C. 487.50　　　　　　D. 500.00

（3）该设备每月应计提折旧时应借记（　　）科目，贷记"累计折旧"科目。

A. 制造费用　　　　　B. 管理费用

C. 生产成本　　　　　D. 其他业务成本

（4）2013 年 3 月 25 日，将该设备转入清理时应借记"固定资产清理"科目（　　）元。

A. 45 200　　　　　　B. 43 200

C. 41 000　　　　　　D. 36 200

（5）2013 年 3 月 25 日，将该设备转入清理时应贷记"固定资产"科目（　　）元。

A. 58 500　　　　　　B. 50 000

C. 45 200　　　　　　D. 41 000

62. （一）资料：大秦公司"账存实存对比表"显示：

（1）库存现金短缺 1 000 元，其中：300 元属于出纳员责任所致，应由其赔偿；其余 700 元无法查明原因。

（2）库存商品盘盈 3 000 元，属于收发计量不准所致。

（3）原材料盘亏及毁损 5 000 元，其中：1 000 元属于收发计量不准所致；2 600 元属于非常损失（其中 2 100 元应由保险公司赔偿）；其中 1 400 元属于自然损耗。

（4）账外机器一台，该机器的当前市场价格 8 000 元，根据其新旧程度估计价值已损耗 2 000 元。

（5）盘亏机器两台，其账面原值 55 000 元，已提折旧 16 000 元。

（二）要求：根据以上资料，对以下 5 个问题分别作出正确的选择。

（1）大秦公司对盘亏及毁损的财产物资，在批准处理之前应借记"待处理财产损溢——待处理流动资产损溢"账户（　　）元。

A. 1 000　　　　　　B. 3 000

C. 5 000　　　　　　D. 6 000

（2）大秦公司对盘盈的财产物资，在批准处理之前应贷记"待处理财产损溢"账户（　　）元。

A. 1 000　　　　　　B. 3 000

C. 5 000　　　　　　D. 6 000

（3）大秦公司对盘亏及毁损的财产物资，在批准处理之后应借记"管理费用"（　　）元。

A. 2 400　　　　　　B. 3 000

C. 3 100　　　　　　D. 395 000

（4）大秦公司对盘盈的财产物资，在批准处理之后应贷记"管理费用"（　　）元。

A. 2 400　　　　　　B. 3 000

C. 3 100　　　　　　D. 395 000

（5）大秦公司对盘盈盘亏的财产物资，在批准处理之后应借记"营业外支出"（　　）元。

A. 500　　　　　　B. 1 400

C. 39 000　　　　　　D. 39 500

# 模拟试卷（三）参考答案与精讲解析

## 一、单项选择题

1. 【参考答案】D

【解析】车间生产工人工资 400 000 元计入生产成本，车间管理人员工资 100 000 元计入制造费用，公司行政管理人员工资 80 000 元计入管理费用，销售人员工资 20 000 元计入销售费用。

2. 【参考答案】B

【解析】该科目应包括上述的公司行政管理人员工资 80 000 元。

3. 【参考答案】D

【解析】不需要单位财务公章，但是会计主管、记账、审核、出纳、制单等有关人员需要签章。

4. 【参考答案】A

【解析】由于非正常损失导致存货的盘亏，经批准后作为营业外支出处理。

5. 【参考答案】C

【解析】《会计档案管理办法》中规定的定期保管期限为 20 年。

6. 【参考答案】B

【解析】期末余额 520 000 ="固定资产"账户期末余额 800 000 －"累计折旧"账户期末余额 280 000 －"固定资产减值准备"账户期末余额 0

7. 【参考答案】A

【解析】在借贷记账法下，无论何种类型的经济业务，其处理都是"有借必有贷，借贷必相等"，这种规则决定了发生额试算平衡。

8. 【参考答案】D

【解析】本题考查会计科目与账户的关系。会计科目与账户是既有联系又有区别的两个不同的概念；两者口径一致，性质相同，都是体现对会计要素具体内容的分类；会计科目是账户的名称，是设置账户的依据，账户是会计科目的具体运用。两者的区别是：会计科目仅仅是账户的名称，是账户的构件，本身不存在结构；而账户则有一定的格式和结构。

9. 【参考答案】D

【解析】根据审核无误的原始凭证编制记账凭证。

10. 【参考答案】B

【解析】主要账务处理程序有四种：记账凭证账务处理程序，汇总记账凭证账务处理程序，科目汇总表账务处理程序和多栏式日记账账务处理程序，各种会计账务处理程序的主要区别在于登记总分类账的依据和方法不同。

11. 【参考答案】D

【解析】更换财产物资保管人员时所进行的清查是根据实际需要对财产物资所进行的临时性清查，即不定期清查，不定期清查一般是局部清查。

12. 【参考答案】B

【解析】会计凭证保存 15 年，银行存款日记账保存 25 年，月度财务报告保存 3 年，年度财务报告永久保存。

13. 【参考答案】B

【解析】《会计档案管理办法》规定，对于保管期满但未结清的债权债务以及涉及其他未了事项的原始凭证不得销毁，应单独抽出，另行立卷，由档案部门保管到未了事项完结止。

14. 【参考答案】D

【解析】营业利润 = 营业收入 － 营业支出 － 营业税金及附加 － 资产减值损失 + 公允价值变动损益 + 投资收益 － 销售费用 － 管理费用 － 财务费用，而其他业务收入包括在营业收入中。

15. 【参考答案】C

【解析】原始凭证归档期限为一年。

16. 【参考答案】B

【解析】银行存款转为现金应填制银行存款付款凭证。

17. 【参考答案】C

【解析】该未达账项属于银行已入账（记了存款的减少），而企业未入账（未记减少），故应当在企业日记账上减去该笔金额，进行调节。

18. 【参考答案】A

【解析】"一年内到期的非流动负债"项目的"期末余额" 80 000 ="长期借款"账户将于一年内到期款 20 000 +"应付债券"账户将于一年内到期款 60 000。

19. 【参考答案】B

【解析】主营业务收入应为发票上注明价款 70 000 元，不包括增值税及代垫运杂费。

20. 【参考答案】A

【解析】主营业务成本为商品成本 48 000 元。

## 二、多项选择题

21. 【参考答案】ABC

【解析】罚款支出，非常损失和公益性捐赠支出属于营业外支出，向投资者支付利润属于利润分配。

22.【参考答案】ABCD

【解析】库存商品包括企业库存的产成品、外购商品、自制商品产品、存放在门市部准备出售的商品、发出展览的商品以及存放在外库的商品等。

23.【参考答案】ABC

【解析】ABC项为自制原始凭证。

24.【参考答案】ABCD

【解析】企业上交营业税，教育费附加，企业所得税和城市维护建设税时都应借记"应交税费"科目，并在二级科目反映相关明细科目。

25.【参考答案】BC

【解析】账账相符，就是要求各单位要定期核对不同会计账簿之间的记录是否相符，包括总账有关账户的余额核对，总账与明细账核对，总账与日记账核对，会计部门的财产物资明细账与财产物资保管、使用部门的有关明细账核对等。

26.【参考答案】AC

【解析】库存商品属于实物资产。实物的清查主要是通过实地盘点进行，包括实地盘点法、技术推算法。故答案为AC。

27.【参考答案】BCD

【解析】收入按照性质不同包括商品销售收入、提供劳务收入和让渡资产使用权收入。

28.【参考答案】ABC

【解析】当企业实现盈利时，首先应按规定税率计算应缴纳的所得税，对扣除所得税后的净利润再进行利润分配，按公司法的规定提取法定盈余公积金和法定公益金，然后由股东大会决定提取任意盈余公积金及分配现金股利或向投资者分配利润，剩余部分构成未分配利润。在我国所得税作为企业的一项费用而不作为利润的分配形式。

29.【参考答案】ABD

【解析】自制原始凭证按其填制手续不同可分为三种：一次凭证、累计凭证和汇总凭证。

30.【参考答案】BCD

【解析】交易性金融资产为流动资产。

**三、不定项选择题**

31.【参考答案】ABC

【解析】前面三个选项均根据总账账户余额直接填列，应收账款应根据总账账户余额与备抵账户余额填列。

32.【参考答案】ABD

【解析】管理费用、销售费用、财务费用记入当期损益。

33.【参考答案】C

【解析】记账凭证账务处理程序根据记账凭证登记总账，汇总记账凭证账务处理程序根据各种汇总记账凭证登记总账，科目汇总表账务处理程序根据科目汇总表登记总分类账。

34.【参考答案】CD

【解析】出纳人员应每日清点现金，可见A错；单位主要负责人离任前应进行全面清查，可见B错；CD都符合有关财产清查的做法。

35.【参考答案】D

【解析】汇总记账凭证账务处理程序与科目汇总表账务处理程序的相同点是简化了登记总分类账的工作量。

36.【参考答案】BC

【解析】经本单位负责人批准，才可以提供查阅或者复制会计档案；查阅或者复制会计档案的人员，严禁在会计档案涂画。

37.【参考答案】ABD

【解析】ABD项不影响借贷双方平衡关系。

38.【参考答案】ACD

【解析】借：应收账款　　　　　117 000

　　　贷：主营业务收入　　　100 000

　　　　　应交税费——应交增值税（销

　　　　　　项税额）　17 000

39.【参考答案】BD

【解析】借：主营业务成本　　　63 000

　　　贷：库存商品　　　　　63 000

40.【参考答案】ABD

【解析】借：原材料　　　　　　100 000

　　　应交税费——应交增值税（进项税

　　　　　额）　17 000

　　　贷：应付账款　　　　　117 000

**四、判断题**

41.【参考答案】√

42.【参考答案】√

43.【参考答案】×

【解析】年终更换新账时，新旧账簿有关账户之间的转记金额，不需编制记账凭证。

44.【参考答案】×

【解析】取得交易性金融资产发生的交易费用，应该在发生时冲减投资收益。

45.【参考答案】×

【解析】银行存款余额调节表属于会计档案。

46.【参考答案】√

47.【参考答案】√

48.【参考答案】√

49.【参考答案】√

50.【参考答案】×

【解析】总分类账可根据记账凭证逐笔登记，也可根据经过汇总的科目汇总表或汇总记账凭证等登记；明细账则可依据记账凭证、原始凭证或汇总原始凭证登记。

51.【参考答案】√

52.【参考答案】√

【解析】购买实物的原始凭证，必须由购买人以外的第三者查据核实后，会计人员才据以入账。这样要求，目的是明确经济责任，保证账物相符，防止盲目采购，避免物资短缺和流失。

53.【参考答案】×

【解析】资本公积是企业收到的投资者的超出其在企业注册资本所占份额，以及直接计入所有者权益的利得和损失等。

54.【参考答案】×

【解析】科目汇总表不能反映账户之间的对应关系。

55.【参考答案】√

【解析】正常情况下，当天现金收支就要根据原始凭证当天做记账凭证，然后根据记账凭证登记现金日记账，所以日期应该是一致的。

56.【参考答案】×

【解析】在汇总记账凭证账务处理程序下，如果在月份内某一贷方科目的转账凭证不多时，也可以不编制汇总转账凭证，直接根据转账凭证登记总分类账。

57.【参考答案】√

58.【参考答案】×

【解析】如果是依据汇总原始凭证编制记账凭证，那么第一步就是根据原始凭证编制汇总原始凭证。

59.【参考答案】×

【解析】会计以货币作为统一的计量单位，并不是唯一的计量单位。

60.【参考答案】√

**五、计算分析题**

61.（1）【参考答案】B

【解析】设备为生产车间使用，增值税列入增值税进项税额，不计入固定资产原价，故借记"固定资产"科目 50 000 元。

（2）【参考答案】A

【解析】年折旧额 = 固定资产原价 ×（1 - 预计净残值率）= 50 000 ×（1 - 4%）/10 = 4 800，每月应提折旧额 = 年折旧额/12 = 4 800/12 = 400。

（3）【参考答案】A

【解析】生产车间设备折旧应计入制造费用。

（4）【参考答案】A

【解析】借：固定资产清理　　　45 200
　　　累计折旧　　　　　4 800
　　　贷：固定资产　　　　　　50 000

（5）【参考答案】B

【解析】答案见上题解析。

62.（1）【参考答案】D

【解析】现金和存货（原材料）属于流动资产，该公司在批准处理之前应借记"待处理财产损溢——待处理流动资产损溢"账户：1 000 + 5 000 = 6 000（元）。

（2）【参考答案】B

【解析】该公司在批准处理之前应贷记"待处理财产损溢"账户，即盘盈的库存商品金额 3 000 元。

（3）【参考答案】C

【解析】该公司在批准处理之后应借记"管理费用"：700 + 1 000 + 1 400 = 3 100（元）。

（4）【参考答案】B

【解析】该公司在批准处理之后应贷记"管理费用"的金额，即为盘盈的库存商品金额 3 000 元。

（5）【参考答案】D

【解析】该公司在批准处理之后应借记"营业外支出"：500 +（55 000 - 16 000）= 39 500（元）。

# 会计从业资格考试《会计基础》模拟试卷（四）

一、单项选择题（下列各小题备选答案中，只有一个符合题意的正确答案。本类题共20分，每小题1分。多选、错选、不选均不得分）

1. 会计核算体系的起点是（　　）。

A. 填制和审核会计凭证

B. 设置会计科目和账户

C. 登记账簿

D. 会计预测

2. 下列属于反映企业财务状况的会计要素是（　　）。

A. 收入　　　　　　　B. 所有者权益

C. 费用　　　　　　　D. 利润

3. 工业企业在销售产品、提供劳务等经营业务中所产生的收入称之为（　　）。

A. 利润总额　　　　　B. 营业收入

C. 投资收益　　　　　D. 营业外收入

4. 在会计核算上对应收账款计提坏账准备，其所具体运用的会计原则是（　　）。

A. 权责发生制原则　　B. 谨慎性原则

C. 配比原则　　　　　D. 清晰性原则

5. 关于会计账户的设置，下列选项中正确的是（　　）。

A. 账户设置以会计科目为依据，并要服从会计报表对会计信息的要求

B. 账户设置以会计报表为依据，并要服从报表对总账和明细账的要求

C. 账户设置以会计主体为依据，并要服从会计主体对会计信息的要求

D. 账户设置以会计假设为依据，并要服从会计核算对货币计量的要求

6. 下列项目中不属于营业外支出的是（　　）。

A. 出售固定资产净损失

B. 固定资产盘亏

C. 无形资产摊销

D. 捐赠支出

7. 各个会计主体应当按照国家统一会计制度的规定组织会计核算，提供的会计信息具可比性，是（　　）的要求。

A. 政策性原则　　　　B. 可比性原则

C. 一贯性原则　　　　D. 相关性原则

8. 下列不属于会计核算环节的是（　　）。

A. 确认　　　　　　　B. 审核

C. 计量　　　　　　　D. 记录

9. "限额领料单"属于（　　）。

A. 一次性凭证　　　　B. 外来凭证

C. 汇总原始凭证　　　D. 累计凭证

10. 需要结计本月发生额的账户，结计"过此页"的本页合计数应当是（　　）。

A. 自本月初起至本页末发生额合计数

B. 自本月初起至本页末止的累计数

C. 本页末余额

D. 本页的发生额合计

11. 职工报销医药费应借记（　　）科目，贷记现金科目。

A. 生产成本　　　　　B. 制造费用

C. 管理费用　　　　　D. 应付福利费

12. 下列费用中，不应记入产品成本的有（　　）。

A. 直接材料费　　　　B. 直接人工费

C. 期间费用　　　　　D. 制造费用

13. 银行存款的清查，主要是将（　　）进行核对。

A. 银行存款日记账与总账

B. 银行存款日记账与银行存款收、付款凭证

C. 银行存款日记账与银行对账单

D. 银行存款总账与银行存款收、付款凭证

14. 现金清查方法应采用（　　）。

A. 实地盘点法　　　　B. 实地盘存制

C. 账面价值法　　　　D. 技术推算法

15. 企业销售产品时，以银行存款代购货方垫付的包装费、运杂费时，应借记（　　）账户。

A. 银行存款　　　　　B. 其他应收款

C. 营业费用　　　　　D. 应收账款

16. 下列支出中不属于资本性支出的是（　　）。

A. 购买机器设备、房屋、商标权的支出

B. 购买材料的运输、保险、装卸费、关税的支出

C. 购买国库券、上市公司股票、基金的支出

D. 在建工程在达到预定可使用状态之前的借款利息

17. 下列错误中可以通过试算平衡来发现的有（　　）。

A. 只登记借方金额，未登记贷方金额

B. 借贷双方的发生额同时多记了相同金额

C. 漏记了某项经济业务

D. 应借账户和应贷账户都作了反方登记

18. 对于收入类账户，下列说法中正确的是( )。

A. 借方登记收入的结转数

B. 借方登记所取得的收入

C. 若有余额在借方，属于资产

D. 若有余额在贷方，属于负债

19. 股份有限公司溢价发行股票时，实际收到的款项超过股票面值总额的数额，计入( )科目进行核算。

A. 实收资本　　　　B. 短期借款

C. 资本公积　　　　D. 盈余公积

20. 资产负债表中"未分配利润"项目是( )。

A. "本年利润"账户余额

B. "利润分配"账户余额

C. "本年利润"账户余额－"利润分配"账户余额

D. "本年利润"账户贷方余额－"利润分配"账户借方余额＋"利润分配"账户贷方余额

**二、多项选择题（下列各小题备选答案中，有两个或两个以上符合题意的正确答案。本类题共 20 分，每小题 2 分。多选、少选、错选或不选均不得分）**

21. 会计核算的基本假设应包括( )。

A. 持续经营　　　　B. 会计主体

C. 会计分期　　　　D. 货币计量

22. 下列科目符合权责发生制原则的是( )。

A. 预提费用　　　　B. 待摊费用

C. 坏账准备　　　　D. 累计折旧

23. 下列经济业务中，会引起等式左右两边同时发生增减变动的有( )。

A. 收到应收销货款存入银行

B. 购进材料尚未付款

C. 用存款偿还长期借款

D. 接受投资人追加投资

24. 总分类账户与明细分类账户平行登记的要点包括( )。

A. 依据相同　　　　B. 方向相同

C. 期间相同　　　　D. 金额相同

25. 下列使企业资产总额不变的业务有( )。

A. 完工产品验收入库

B. 生产产品领用材料

C. 资本公积转增资本

D. 从银行中提取现金

26. 下列项目中，可以采用数量金额式格式的是( )。

A. 银行存款日记账

B. 应收账款明细分类账

C. 库存商品明细分类账

D. 材料明细分类账

27. 在借贷记账法下，成本费用类账户的结构表现为( )。

A. 借方记增加　　　　B. 贷方记增加

C. 贷方记减少　　　　D. 期末结转后无余额

28. 账务处理程序是对( )按照一定的形式和方法相结合的方式。

A. 会计科目　　　　B. 会计凭证

C. 会计账簿　　　　D. 会计报表

29. 企业购入的固定资产，其入账价值应是买价加上与购置固定资产有关的( )。

A. 运输费　　　　B. 安装费

C. 增值税　　　　D. 包装费

30. 在借贷记账法下，用来进行试算平衡的公式中，正确的有( )。

A. 资产账户借方发生额合计＝负债账户贷方发生额合计

B. 全部账户借方发生额合计＝全部账户贷方发生额合计

C. 全部账户借方余额合计＝全部账户贷方余额合计

D. 每类账户借方发生额合计＝每类账户贷方发生额合计

**三、不定项选择题（下列各小题备选答案中，有一个或一个以上符合题意的正确答案。本类题共 20 分，每小题 2 分。多选、少选、错选或不选均不得分）**

31. 复式记账法是以( )为记账基础的一种记账方法。

A. 试算平衡

B. 资产和权益平衡关系

C. 会计科目

D. 经济业务

32. 下列计入账户借方的是( )。

A. 资产的增加额

B. 负债的增加额

C. 所有者权益的增加额

D. 费用的增加额

33. 会计等式反映了会计要素之间的关系，这是（　　）的理论基础。

A. 复式记账　　　　B. 试算平衡

C. 财产清查　　　　D. 编制会计报表

34. 长期借款所发生的利息支出，可能借记的科目有（　　）。

A. 销售费用　　　　B. 财务费用

C. 在建工程　　　　D. 管理费用

35. 2010 年 3 月 20 日，甲公司从乙公司购入原材料 500 000 元，已验收入库，货款已以银行存款支付 380 000 元，尚欠 120 000 元。会计分录为（　　）。

A. 借：原材料　500 000 元

B. 贷：银行存款　380 000 元

C. 贷：应收账款　120 000 元

D. 贷：应付账款　120 000 元

36. 资产负债表中，根据总账账户的余额计算填列的项目是（　　）。

A. 货币资金　　　　B. 存货

C. 应收账款　　　　D. 实收资本

37. 各种原始凭证必须具备的基本内容包括（　　）。

A. 凭证名称、填制日期和编号

B. 应借、应贷会计科目名称

C. 经济业务的基本内容

D. 填制和接受凭证单位的名称

38. 每一个账户都有（　　）。

A. 期初余额　　　　B. 期末余额

C. 本期增加额　　　D. 本期减少额

39. 会计凭证的意义是（　　）。

A. 记录经济业务，提供记账依据

B. 明确经济责任，强化内部控制

C. 监督经济活动，控制经济运行

D. 汇总业务数据，编制会计报表

40. 下列属于资产的特征是（　　）。

A. 资产是由于过去或现在的交易或事项所形成的

B. 资产必须能够用货币计量其价值

C. 资产能够给企业带来未来经济利益

D. 资产一定具有具体的实物形态

**四、判断题（对的在括号内打"√"，错的打"×"。本类题共 20 分，每小题 1 分。不判断、判断结果错误的均不得分，也不倒扣分）**

41. 会计是以货币为主要计量单位，反映和核算一个单位经济活动的一种经济管理工作。（　　）

42. 持续经营假设是假设企业可以长生不老，即使进入破产清算，也不应该改变会计核算方法。（　　）

43. 发生额试算平衡，是指某一个账户借方发生额等于贷方发生额。（　　）

44. 会计的基本职能是核算和监督，而核算职能则是会计的首要职能。（　　）

45. 会计预测是会计决策的基础和前提，体现了现代会计方法体系的特点。（　　）

46. 一个企业只能选择一家银行的一个营业机构开立一个基本存款账户，不得在多家银行机构开立基本存款账户。（　　）

47. 单式记账法有时即使登记在两个账户中，但这两个账户之间的记录也没有直接的联系。（　　）

48. 会计分期产生了权责发生制和收付实现制。（　　）

49. "经济越发展，会计越重要"，对经济决策、强化经济监督，防范财务风险、落实经济责任、提高经济效益及扩大对外开放交流都具有重大作用。（　　）

50. 在所有的账户中，左方均登记增加额，右方均登记减少额。（　　）

51. 为了适应企业管理精细化的要求，每一个总账科目下都应设置明细科目。（　　）

52. 未提足折旧提前报废的固定资产，应补提折旧。（　　）

53. 不论发生什么样的经济业务，都不会破坏会计等式两边会计要素总额的平衡关系。（　　）

54. 从银行提取现金业务一方面引起了现金的增加，另一方面引起了银行存款的减少，故应编制现金收款凭证和银行存款付款凭证。（　　）

55. 自制原始凭证都是一次凭证，外来原始凭证绝大多数是一次凭证。（　　）

56. 如果取得交易性金融资产所支付的价款中包含已宣告但尚未发放的现金股利或已到付息期但尚未领取的债券利息的，应单独确认为应收项目，不构成交易性金融资产的成本。（　　）

57. 资产负债表是反映企业某一特定日期经营成果的会计报表。（　　）

58. 实收资本代表一个企业的实力，是创办企业的"本钱"，它反映企业所有者投入企业的外部资金来源。（　　）

59. 与固定资产有关的后续支出，不符合固定资

产确认条件的，应当在发生时计入当期损益。（　）

60. 科目汇总表账务处理程序亦称"记账凭证汇总表账务处理程序"，是根据记账凭证定期汇总，编制科目汇总表，并据以登记总分类账的一种账务处理程序。

**五、计算分析题（本类题共 2 小题，每小题 10 分，共 20 分）**

61.（一）资料：某企业本月营业收入为 1 515 000 元，营业外收入为 100 000 元，投资收益为 60 000 元，营业成本为 760 000 元，营业税金及附加为 30 000 元，营业外支出为 80 000 元，管理费用为 40 000 元，销售费用为 30 000 元，财务费用为 15 000 元，所得税费用为 180 000 元。

（二）要求：根据以上资料，对以下 5 个问题分别作出正确的选择。

（1）下列应计入营业外收入的有（　）。
A. 销售辅助材料收入　　B. 固定资产盘盈收入
C. 收到的捐赠物资　　　D. 债务重组收益

（2）下列不属于营业税金及附加的是（　）。
A. 消费税　　　　　　　B. 车船税
C. 营业税　　　　　　　D. 印花税

（3）该企业本月营业利润为（　）。
A. 720 000 元　　　　　B. 700 000 元
C. 540 000 元　　　　　D. 110 000 元

（4）该企业本月利润总额为（　）。
A. 720 000 元　　　　　B. 700 000 元
C. 540 000 元　　　　　D. 110 000 元

（5）该企业本月净利润为（　）。
A. 720 000 元　　　　　B. 700 000 元
C. 540 000 元　　　　　D. 110 000 元

62.（一）资料：宏达公司 3 月末总账账户余额：银行存款 335 000，库存现金 5 000，原材料 100 000，短期借款 50 000，应付账款 10 000，实收资本 300 000，资本公积 80 000。

该公司 4 月份发生下列经济业务：
（1）收到投资人追加投资 100 000 元，存入银行。
（2）购入原材料一批，计 20 000 元，原材料已入库，尚未付款。
（3）以银行存款支付前欠购货款 10 000 元。
（4）从银行提取现金 2 000 元，备用。
（5）经批准用资本公积 50 000 元转增实收资本。

宏达公司原记账凭证为收款、付款和转账三大类。该公司已经完成了填制记账凭证、记账、结账以及试算平衡等工作。

（二）要求：根据以上资料，对以下 5 个问题分别作出正确的选择。

（1）宏达公司 4 月份第（4）项业务的记账凭证编号为（　）。
A. 转字第 3 号　　　　B. 收字第 2 号
C. 付字第 3 号　　　　D. 付字第 2 号

（2）宏达公司"银行存款"账户 4 月末借方余额为（　）元。
A. 423 000　　　　　B. 335 000
C. 100 000　　　　　D. 12 000

（3）宏达公司 4 月份"试算平衡表"中的"本期借方发生额合计"为（　）元。
A. 350 000　　　　　B. 240 000
C. 182 000　　　　　D. 1 180 600

（4）宏达公司 4 月份"试算平衡表"中的"期末借方余额合计"为（　）元。
A. 550 000　　　　　B. 440 000
C. 202 000　　　　　D. 120 600

（5）对于宏达公司 4 月份第（3）项业务，正确的会计分录是（　）。
A. 借：应付账款　10 000
B. 贷：银行存款　10 000
C. 借：原材料　10 000
D. 借：物资采购　10 000

# 模拟试卷（四）参考答案与精讲解析

**一、单项选择题**
1.【参考答案】B
【解析】设置会计科目和账户是会计核算体系的起点。
2.【参考答案】B
【解析】反映财务状况的会计要素包括资产、负债和所有者权益；反映经营成果的会计要素包括收入、费用和利润。
3.【参考答案】B
【解析】收入按其性质不同，可以分为销售商品收入、提供劳务收入和让渡资产使用权收入，都统称为营业收入。

4. 【参考答案】B

【解析】谨慎性原则要求企业在进行会计核算时，应当保持必要的谨慎，不高估资产或收益，也不低估负债或费用，不预计任何可能的收益，但如果有合理的基础可以估计的，应合理核算可能发生的费用和损失。所以答案为B选项。

5. 【参考答案】A

【解析】账户是根据会计科目设置的、具有一定格式（即结构）、用以分类反映会计要素增减变动情况及其结果的载体。

6. 【参考答案】C

【解析】选项C一般应该计入管理费用，另外三个选项都属于营业外支出。营业外支出包括固定资产盘亏、处理固定资产净损失、出售无形资产损失、债务重组损失、非常损失、罚款支出、捐赠支出等，其中处理固定资产净损失包括固定资产出售、报废和毁损的净损失。

7. 【参考答案】B

【解析】可比性原则要求企业的会计核算应当按照国家统一的规定进行，使所有企业的会计核算都建立在相互可比的基础上。

8. 【参考答案】B

【解析】会计核算是指会计以货币为主要计量单位，通过确认、计量、记录和报告等环节，反映特定会计主体的经济活动，向有关各方提供会计信息。

9. 【参考答案】D

【解析】"限额领料单"是在单位内部流转的凭证，是自制原始凭证。自制原始凭证按其填制手续不同，又可分为一次凭证、累计凭证、汇总凭证三种。"限额领料单"是多次使用的累计领发料凭证。

10. 【参考答案】A

【解析】结转"过此页"的本页合计数为自本月初起至本月末发生额合计数。

11. 【参考答案】D

【解析】职工报销医药费应借记应付福利费科目。

12. 【参考答案】C

【解析】期间费用是指不能直接归属于某个特定产品成本的费用，在发生的当期从损益中扣除。期间费用包括直接从企业的当期产品销售收入中扣除的销售费用、管理费用和财务费用。

13. 【参考答案】C

【解析】银行存款日记账的账面余额，应同开户银行寄送会计主体的银行对账单相核对，一般应每月至少核对一次。

14. 【参考答案】A

【解析】库存现金采用实地盘点法进行清查，即通过盘点确定现金的实存数，然后将实存数与现金日记账的账面余额进行核对，以查明账实是否相符及盈亏情况。所以答案为A选项。

15. 【参考答案】D

【解析】代购货方垫付包装费、运杂费，是与货款一起结算的，所以新会计准则将代垫包装费、运杂费一起纳入应收账款进行核算。

16. 【参考答案】B

【解析】材料属于易耗性的资产，一般使用寿命在一年以内，故购买材料的运输、保险、装卸费、关税的支出不属于资本性的支出。其他选项均属于资本性的支出。

17. 【参考答案】A

【解析】A选项使借贷方余额不等，可以通过试算平衡来发现。

18. 【参考答案】A

【解析】收入类账户的贷方登记所取得的收入，借方登记收入的结转数，所以答案是A选项。

19. 【参考答案】C

【解析】股份有限公司溢价发行股票时，实际收到的款项超过股票面值总额的数额，作为股本溢价，计入"资本公积"科目进行核算。所以答案为C选项。

20. 【参考答案】D

【解析】未分配利润是期初未分配利润加上本期实现的净利润，减去提取的各种盈余公积和分出的利润后的余额。

## 二、多项选择题

21. 【参考答案】ABCD

【解析】会计核算的基本假设有会计主体、持续经营、会计分期和货币计量四项。所以答案为ABCD。

22. 【参考答案】AB

【解析】权责发生制也称应计制或应收应付制，它是以收入、费用是否发生而不是以款项是否收到或付出为标准来确认收入和费用的一种记账基础。按照权责发生制的要求，凡是当期已经实现的收入和已经发生或应当负担的费用，不论款项是否收付，都应当作为当期的收入和费用；凡是不属于当期的收入和费用，即使款项在当期收付，也不应当作为当期的收入和费用。

23. 【参考答案】BCD

【解析】A 资产内部一增一减，B 资产和负债同时增加，C 资产和负债同时减少，D 资产和所有者权益同时增加。

24.【参考答案】ABCD

【解析】总分类账户与明细分类账户平行登记的要点包括所依据会计凭证相同、借贷方向相同、所属会计期间相同、计入总分类账户的金额与计入其所属明细分类账户的合计金额相等。所以答案为 ABCD。

25.【参考答案】ABCD

【解析】ABD 选项都是资产内部的转移，C 选项是权益内部的变化，均没有引起资产总额的变化。

26.【参考答案】CD

【解析】银行存款日记账和应收账款明细分类账通常采用三栏式明细账，库存商品明细分类账和材料明细分类账可以采用数量金额式格式。所以答案为 CD。

27.【参考答案】ACD

【解析】成本费用类账户借方记增加、贷方记减少、期末结转后无余额。

28.【参考答案】BCD

【解析】账务处理程序是指会计凭证、会计账簿、会计报表相结合的方式。会计凭证、会计账簿、会计报表之间的结合方式不同，就形成了不同的账务处理程序。所以答案为 BCD。

29.【参考答案】ABD

【解析】自 2009 年 1 月 1 日起，增值税一般纳税人购入固定资产增值税可以抵扣。其他三项均属于购买固定资产的价外费用，需要计入固定资产的成本。

30.【参考答案】BC

【解析】试算平衡分为发生额试算平衡法与余额试算平衡法。

**三、不定项选择题**

31.【参考答案】B

【解析】本题考核复式记账法的记账基础。资产和权益平衡关系是复式记账法的基础。

32.【参考答案】AD

【解析】账户借方登记：资产的增加额、负债的减少额、所有者权益的减少额、收入的减少额、费用的增加额；贷方登记：资产的减少额、负债的增加额、所有者权益的增加额、收入的增加额、费用的减少额。

33.【参考答案】ABD

【解析】会计等式反映各会计要素数量关系的等式，它反映了各会计要素之间的联系，是复式记账、

试算平衡和编制会计报表的理论依据。

34.【参考答案】BC

【解析】企业生产经营期间发生的长期借款的利息支出，应作为财务费用核算；购建固定资产而专门借入的款项，所发生的利息，在所购建的固定资产达到预定可使用状态之前发生的，应当在发生时予以资本化，计入相应的固定资产成本，记入"在建工程"账户；在所购建的固定资产达到预定可使用状态之后发生的，应当于发生当期确认为财务费用。所以答案为 BC。

35.【参考答案】ABD

【解析】尚欠 120 000 元对于甲公司来说是负债，应贷记应付账款。

36.【参考答案】A

【解析】本题考核资产负债表项目的填列。资产负债表中，根据总账账户的余额计算填列的项目是货币资金。

37.【参考答案】ACD

【解析】原始凭证所包括的基本内容，通常称为凭证要素，主要有：原始凭证名称、填制凭证的日期、凭证的编号、接受凭证单位名称（抬头人）、经济业务内容（含数量、单价、金额等）、填制单位签章、有关人员（部门负责人、经办人员）签章、填制凭证单位名称或者填制人姓名、凭证附件。所以答案为 ACD。

38.【参考答案】ABCD

【解析】每一个账户都有期初余额、期末余额及发生额（本期增加额或减少额）。

39.【参考答案】ABC

【解析】会计凭证的意义包括：记录经济业务，提供记账依据；明确经济责任，强化内部控制；监督经济活动，控制经济运行。

40.【参考答案】BC

【解析】选项 A 的表述不正确，资产不是由现在的交易或事项所形成的。选项 D 明显不正确，例如无形资产属于资产，但没有具体的实物形态。

**四、判断题**

41.【参考答案】×

【解析】会计是以货币为主要计量单位，反映和监督一个单位经济活动的一种经济管理工作。

42.【参考答案】×

【解析】持续经营只是一个假定，任何企业在经营中都存在破产、清算等不能持续经营的风险，如果判断企业不会持续经营下去，就应当改变会计核算的

原则和方法，并在企业财务会计报告中作相应披露，以达到如实披露企业实际情况的目的。

43.【参考答案】×

【解析】发生额试算平衡，是指本期所有账户借方发生额合计与贷方发生额合计相等。

44.【参考答案】√

【解析】会计核算与会计监督两大基本职能关系密切、相辅相成。会计核算职能是会计的首要职能，是会计监督的基础。会计核算工作的好坏，直接影响到会计信息质量的高低，并为会计监督提供依据。

45.【参考答案】√

46.【参考答案】√

【解析】上述说法符合国家对基本存款账户的有关规定。

47.【参考答案】√

48.【参考答案】√

【解析】由于会计分期，才产生了当期与以前期间、以后期间的差别，才使不同类型的会计主体有了会计确认和计量的基准，形成了权责发生制和收付实现制两种不同的会计基础，进而出现了折旧、摊销等会计处理方法。

49.【参考答案】√

【解析】上述关于会计的作用的表述是正确的。

50.【参考答案】×

【解析】例如"应付账款"左方登记减少额，右方登记增加额。

51.【参考答案】×

【解析】明细科目是对总分类科目作进一步分类、提供更详细更具体会计信息的科目。根据核算与管理的需要决定是否设置明细科目。

52.【参考答案】×

【解析】提前报废的固定资产，不再补提折旧，其净损失计入企业的营业外支出。

53.【参考答案】√

【解析】任何经济业务在会计等式两边登记的金额都是相等的，所以不论发生什么样的经济业务，都不会破坏会计等式两边会计要素总额的平衡关系。

54.【参考答案】×

【解析】从银行提取现金业务，应编制银行存款付款凭证，不再编制现金收款凭证，否则会导致重复记录。

55.【参考答案】×

【解析】外来原始凭证都是一次凭证，自制原始凭证绝大多数是一次凭证。

56.【参考答案】√

【解析】取得交易性金融资产所支付的价款中包含已宣告但尚未发放的现金股利或已到付息期但尚未领取的债券利息的，应计入"应收股利"或者"应收利息"科目。

57.【参考答案】×

【解析】资产负债表是反映企业某一特定日期财务状况的会计报表。

58.【参考答案】√

【解析】实收资本是实际投入企业的资本，它是企业注册登记的法定资本总额的来源，它表明所有者对企业的基本产权关系。

59.【参考答案】√

【解析】与固定资产有关的后续支出，符合固定资产确认条件的，应当予以资本化，不符合条件的计入当期损益。

60.【参考答案】√

**五、计算分析题**

61.（1）【参考答案】BCD

【解析】销售辅助材料取得的收入应计入"其他业务收入"科目。

（2）【参考答案】BD

【解析】房产税、土地使用税、车船税及印花税计入"管理费用"科目。

（3）【参考答案】B

【解析】营业利润＝营业收入－营业成本－营业税金及附加－销售费用－管理费用－财务费用－资产减值损失＋公允价值变动收益（－公允价值变动损失）＋投资收益（－投资损失）＝1 515 000－760 000－30 000－40 000－30 000－15 000＋60 000＝700 000（元）。

（4）【参考答案】A

【解析】利润总额＝营业利润＋营业外收入－营业外支出＝700 000＋100 000－80 000＝720 000（元）。

（5）【参考答案】C

【解析】净利润＝利润总额－所得税费用＝720 000－180 000＝540 000（元）。

62.（1）【参考答案】D

【解析】第（1）项业务应编制收款凭证，第（2）项业务应编制转账凭证，第（3）、（4）项业务应编制付款凭证。所以宏达公司4月份第（4）项业务的记账凭证编号应为付字第2号。

（2）【参考答案】A

【解析】业务（1）（3）（4）均涉及银行存款的变化，宏达公司"银行存款"账户 4 月末借方余额 = 335 000 + 100 000 − 10 000 − 2 000 = 423 000（元）。

（3）【参考答案】C

【解析】每项经济业务都会涉及借贷方，且借贷方发生额相等，所以本期借方发生额 = 100 000 + 20 000 + 10 000 + 2 000 + 50 000 = 182 000（元）。

（4）【参考答案】A

【解析】4 月末银行存款余额 = 335 000 + 100 000 − 10 000 − 2 000 = 423 000元，4 月末库存现金余额 = 5 000 + 2 000 = 7 000 元，4 月末原材料余额 = 100 000 + 20 000 = 120 000 元，所以宏达公司 4 月份"试算平衡表"中的"期末借方余额合计" = 423 000 + 7 000 + 120 000 = 550 000（元）。

（5）【参考答案】AB

【解析】以银行存款支付前欠购货款使得银行存款和应付账款同时减少。

# 会计从业资格考试《会计基础》模拟试卷（五）

**一、单项选择题**（下列各小题备选答案中，只有一个符合题意的正确答案。本类题共20分，每小题1分。多选、错选、不选均不得分）

1. 下列经济业务中，会引起资产与负债同时增加的业务是（    ）。

A. 从银行提取现金

B. 从银行取得短期借款

C. 用银行存款偿还应付货款

D. 接受投资人的投资

2. 借贷记账法下的"借"表示（    ）。

A. 费用增加　　　B. 负债增加

C. 所有者权益增加　　　D. 收入增加

3. 单位的债权一般包括各种（    ）等。

A. 短期借款　　　B. 应付和预收款

C. 应收和预付款　　　D. 债券

4. 企业在进行现金清查时，查出现金溢余，并将溢余数记入"待处理财产损溢"科目。后经进一步核查，无法查明原因，经批准后，对该现金溢余正确的会计处理方法是（    ）。

A. 将其从"待处理财产损溢"科目转入"管理费用"科目

B. 将其从"待处理财产损溢"科目转入"营业外收入"科目

C. 将其从"待处理财产损溢"科目转入"其他应付款"科目

D. 将其从"待处理财产损溢"科目转入"其他应收款"科目

5. 下列账簿每年不必更换一次的是（    ）。

A. 现金日记账　　　B. 银行存款日记账

C. 应收账款明细账　　　D. 总账

6. 下列原始凭证中属于外来原始凭证的有（    ）。

A. 提货单　　　B. 发出材料汇总表

C. 购货发票　　　D. 领料单

7. （    ）账务处理程序是最基本的账务处理程序，是其他账务处理程序的基础。

A. 记账凭证　　　B. 科目汇总表

C. 日记总账　　　D. 汇总记账凭证

8. 应收账款账户的期初余额为借方3 000元，本期借方发生额9 000元，本期贷方发生额8 000元，该账户的期末余额为（    ）。

A. 借方4 000元　　　B. 贷方8 000元

C. 贷方5 000元　　　D. 借方5 000元

9. 企业用现金支付办公用品费780元，会计人员编制的付款凭证为借记管理费用870元，贷记现金870元，并登记入账。对当年发生的该项记账错误应采用的更正方法是（    ）。

A. 红字更正法

B. 重编正确的付款凭证

C. 划线更正法

D. 补充登记法

10. 错账更正时，划线更正法的适用范围是（    ）。

A. 记账凭证中会计科目或借贷方向错误，导致账簿记录错误

B. 记账凭证正确，登记账簿时文字或数字错误

C. 记账凭证中会计科目或借贷方向错误，所记金额大于应记金额，导致账簿记录错误

D. 记账凭证中会计科目或借贷方向错误，所记金额小于应记金额，导致账簿记录错误

11. 现金日记账中，"凭证字号"不可能出现（    ）。

A. 现收　　　B. 现付

C. 银收　　　D. 银付

12. 单位负责人对本单位的会计工作和会计资料的真实性和完整性负责，体现（    ）。

A. 权责发生制　　　B. 配比原则

C. 一贯性原则　　　D. 客观性原则

13. "应付账款"账户的期末余额等于（    ）。

A. 期初余额 + 本期借方发生额 - 本期贷方发生额

B. 期初余额 - 本期借方发生额 + 本期贷方发生额

C. 期初余额 + 本期借方发生额 + 本期贷方发生额

D. 期初余额 - 本期借方发生额 - 本期贷方发生额

14. 根据内部控制制度的要求，出纳人员不可以（    ）。

A. 登记现金和银行存款日记账

B. 保管库存现金和各种有价证券

C. 保管会计档案

D. 保管空白收据、空白支票以及有关印章

15. 根据我国公司法的规定，有限责任公司和股份有限公司应按照净利润的（　　）提取法定盈余公积。

A. 10%　　　　　　　　　B. 15%

C. 5% ~ 10%　　　　　　　D. 25%

16. 下列不是科目汇总表账务处理程序的优点的是（　　）。

A. 减轻了登记总账的登记工作

B. 可以对发生额进行试算平衡

C. 简明易懂，方便易学

D. 反映账户之间的对应关系，便于查对账目

17. 资产负债表中，可以根据总账科目余额直接填列的项目是（　　）。

A. 交易性金融资产　　　B. 预收账款

C. 预付账款　　　　　　D. 其他应收款

18. 关于试算平衡法的下列说法不正确的是（　　）。

A. 包括发生额试算平衡法和余额试算平衡法

B. 试算不平衡，表明账户记录肯定有错误

C. 试算平衡了，说明账户记录一定正确

D. 理论依据是"有借必有贷、借贷必相等"

19. 某企业进行现金清查时，发现现金实有数比账面余额多 100 元。经反复核查，长款原因不明。正确的处理方法是（　　）。

A. 归出纳员个人所有　　　B. 冲减管理费用

C. 确认为其他业务收入　　D. 确认为营业外收入

20. 下列属于静态会计等式的是（　　）。

A. 收入 - 费用 = 利润

B. 资产 = 负债 + 所有者权益

C. 资产 = 负债 + 所有者权益 + 利润

D. 资产 = 负债 + 所有者权益 +（收入 - 费用）

**二、多项选择题（下列各小题备选答案中，有两个或两个以上符合题意的正确答案。本类题共 20 分，每小题 2 分。多选、少选、错选或不选均不得分）**

21. 下列属于编制会计分录时需要考虑的有（　　）。

A. 分析经济交易或事项涉及的会计科目

B. 确定涉及哪些会计科目，是增加还是减少

C. 确定哪个（或哪些）会计科目记借方，哪个（或哪些）会计科目记贷方

D. 确定应借应贷会计科目是否正确，借贷方金额是否相等

22. 订本式账簿的主要优点有（　　）。

A. 避免账页散失　　　B. 防止任意抽换账页

C. 灵活安排分工记账　　D. 防止记账错误

23. 下列各种工作的错误，应当用红字更正法予以更正的是（　　）。

A. 在登记账簿时，将 256 元误记为 265 元，记账凭证正确无误

B. 在填制记账凭证时，误将"应收账款"科目填为"应付账款"，并已登记入账。

C. 在填制记账凭证时，误将 3 000 元填作 300 元，尚未入账

D. 记账凭证中的借贷方向用错，并已入账

24. 造成企业银行存款日记账余额小于银行对账单余额的情形有（　　）。

A. 企业已入账，但银行尚未入账的收入款项

B. 企业已入账，但银行尚未入账的支出款项

C. 银行已入账，但企业尚未入账的收入款项

D. 银行已入账，但企业尚未入账的支出款项

25. 下列存款中，应在"银行存款"账户反映的是（　　）。

A. 在工商银行的存款

B. 银行本票存款

C. 在非银行金融机构的存款

D. 信用证存款

26. 下列属于流动资产的有（　　）。

A. 存货　　　　　　B. 无形资产

C. 长期应付款　　　D. 应收账款

27. 下列各项属于其他业务成本的是（　　）。

A. 转让无形资产使用权应交的营业税

B. 捐赠支出

C. 罚款支出

D. 经营租出固定资产所发生的折旧

28. 下列各项中，属于资产清查制度内容的主要有（　　）。

A. 资产清查的组织

B. 对资产清查中发现问题的处理方法

C. 资产清查的范围、期限和方法

D. 对资产管理人员的奖惩办法

29. 根据《人民币银行结算账户管理办法》的规定，企业可以开设的银行结算账户有（　　）。

A. 基本存款账户　　　B. 一般存款账户

C. 专用存款账户　　　D. 临时存款账户

30. 多栏式明细账账页格式适用于（　　）账户。

A. 应收账款　　　B. 管理费用

C. 主营业务收入　　D. 制造费用

**三、不定项选择题**（下列各小题备选答案中，有一个或一个以上符合题意的正确答案。本类题共20分，每小题2分。多选、少选、错选或不选均不得分）

31. 总分类账户和明细分类账户平行登记的要点包括（　　）。
A. 所依据的原始凭证相同
B. 方向相同
C. 期间相同
D. 借贷金额相等

32. 财产清查结果处理的要求（　　）。
A. 分析产生差异的原因和性质，提出处理建议
B. 积极处理多余挤压财产，清理往来款项
C. 总结经验教训，建立健全各项管理制度
D. 及时调整账簿记录，保证账实相符

33. 会计人员在审核支出凭单时发现有漏记的项目，则该原始凭证所反映的经济业务是（　　）。
A. 不合法
B. 不合理
C. 不完整
D. 不正确

34. 下列各项中，属于记账凭证审核的内容有（　　）。
A. 金额是否正确
B. 项目是否齐全
C. 科目是否正确
D. 书写是否正确

35. 各种记账凭证必须具备的基本内容包括（　　）。
A. 会计分录
B. 记账凭证的名称、填制日期、编号
C. 经济业务摘要
D. 所附原始凭证张数及有关责任人签名

36. 下列项目中，影响固定资产折旧数额大小的因素有（　　）。
A. 计提折旧基数
B. 折旧年限
C. 折旧方法
D. 预计净残值

37. 下列关于会计核算基本前提表述正确的有（　　）。
A. 会计分期确定了会计核算的时间范围
B. 一个会计主体必然是一个法律主体
C. 货币计量为会计核算提供了必要手段
D. 会计主体确立了会计核算的空间范围

38. 下列不采用订本式账簿的是（　　）。
A. 总分类账
B. 现金日记账
C. 银行存款日记账
D. 固定资产明细账

39. 下列属于流动负债的是（　　）。
A. 预收账款
B. 预付账款
C. 在超过1年的一个营业周期内偿还的债务
D. 将于1年内到期的长期借款

40. 资产负债表的格式主要有（　　）。
A. 单步式
B. 账户式
C. 报告式
D. 多步式

**四、判断题**（对的在括号内打"√"，错的打"×"。本类题共20分，每小题1分。不判断、判断结果错误的均不得分，也不倒扣分）

41. 根据总账与明细账的平行登记要求，每项经济业务必须在同一天登记明细账和总账。（　　）

42. 备用金的核算分为定额制和非定额制两种。定额制是指根据使用部门和人员的实际工作需要，先核定其备用金定额并依此拨付备用金，使用后再付给现金，补足其定额的制度。（　　）

43. 资产负债表是反映企业某一特定时期财务状况的会计报表。（　　）

44. 所有经济业务的发生，都会引起会计恒等式两边发生变化。（　　）

45. 实收资本代表一个企业的实力，是创办企业的"本钱"，它反映企业所有者投入企业的外部资金来源。（　　）

46. 按照权责发生制原则的要求，凡是本期实际收到款项的收入和付出款项的费用，不论是否归属于本期，都应当作为本期的收入和费用处理。（　　）

47. 调整账户不能离开被调整账户，有调整账户就必然有被调整账户。（　　）

48. 企业在销售商品时，如果商品的成本不能可靠地计量，则不能确认相关的收入。（　　）

49. 按照我国的会计准则，负债不仅指现时已经存在的债务责任，还包括某些将来可能发生的、偶然事项形成的债务责任。（　　）

50. 在借贷记账法下，某一特定时日全部账户期末借方余额之和等于全部账户期末贷方余额之和。（　　）

51. 只要企业拥有某项财产物资的所有权就能将其确认为资产。（　　）

52. 一个账户上期的期末余额转入本期即为本期的期初余额。（　　）

53. 生产车间管理人员的工资属于管理性费用，不能计入产品成本。（　　）

54. 原始凭证不得外借，但经本单位领导批准，可以复印，不必登记。（　　）

55. 鸿运公司2009年3月"主营业务成本"账户和"其他业务成本"账户的本期发生额分别为

450 000元和 150 000 元，则 2009 年 3 月利润表中"营业成本"项目的本期金额为 600 000 元。（　　）

56. 所有者权益是指企业投资人对企业资产的所有权。（　　）

57. 划线更正法适用于登账后发现的记账凭证科目或金额错误引起的账簿记录错误。（　　）

58. "收入 – 费用 = 利润"反映的是资金运动的动态方面，反映的是某一会计期间的经营成果，反映一个过程，是编制利润表的依据。（　　）

59. 如果遗失了从外单位取得的原始凭证，应及时向开具单位请求重新开具。（　　）

60. 银行汇票存款、银行本票存款和商业汇票存款，均必须通过"其他货币资金"账户核算。（　　）

**五、计算分析题（本类题共 2 小题，每小题 10 分，共 20 分）**

61.（一）资料：2010 年 3 月 1 日，甲公司收到一批订单，要求在本月底之前生产完成 A 产品和 B 产品各 200 件。甲公司如期完成任务，所有产品已于 3 月 31 日入库。本月其他资料如下：

（1）领用某种材料 5 000 千克，其中 A 产品耗用 3 000 千克，B 产品耗用 2 000 千克，该材料单价 100 元。

（2）生产 A 产品发生的直接生产人员工时为 4 000 小时，B 产品为 2 000 小时，每工时的标准工资为 10 元。

（3）生产车间发生管理人员工资、折旧费、水电费等 90 000 元。假定该车间本月仅生产了 A 和 B 两种产品，甲公司采用生产工人工时比例法对制造费用进行分配。

（二）要求：根据以上资料，对以下 5 个问题分别作出正确的选择。

（1）A 产品应分配的制造费用为（　　）元。

A. 15 000　　　　　　　B. 30 000

C. 45 000　　　　　　　D. 60 000

（2）B 产品应分配的制造费用为（　　）元。

A. 15 000　　　　　　　B. 30 000

C. 45 000　　　　　　　D. 60 000

（3）A 产品的生产成本为（　　）元。

A. 200 000　　　　　　B. 400 000

C. 350 000　　　　　　D. 450 000

（4）B 产品的生产成本为（　　）元。

A. 200 000　　　　　　B. 250 000

C. 350 000　　　　　　D. 450 000

（5）产品完工后，完工产品生产成本应结转进入（　　）账户。

A. 制造费用　　　　　　B. 库存商品

C. 主营业务成本　　　　D. 本年利润

62.（一）资料：甲企业在编制年度财务会计报告进行的财产清查结果如下：

（1）盘亏材料一批，计 5 000 元，经查明原因，属于非常损失的是 4 000 元，另外 1 000 元为自然损耗。

（2）盘亏现金 1 000 元，经查明原因，400 元应由出纳员赔偿，另外 600 元无法查明原因。

（二）要求：根据以上资料，对以下 5 个问题分别作出正确的选择。

（1）企业在编制年度财务会计报告前进行的财产清查，一般应进行（　　）。

A. 重点清查　　　　　　B. 全面清查

C. 局部清查　　　　　　D. 抽样清查

（2）材料等存货的一般采用的清查方法为（　　）。

A. 实地盘点法　　　　　B. 核对账目法

C. 询证函法　　　　　　D. 技术推算法

（3）库存现金的清查方法为（　　）。

A. 实地盘点法　　　　　B. 核对账目法

C. 询证函法　　　　　　D. 技术推算法

（4）经批准后，转销材料盘亏的会计分录为（　　）。

A. 借：管理费用　　　　　　　　　5 000
　　　贷：待处理财产损溢　　　　　　　5 000

B. 借：营业外支出　　　　　　　　5 000
　　　贷：待处理财产损溢　　　　　　　5 000

C. 借：管理费用　　　　　　　　　4 000
　　　　营业外支出　　　　　　　　1 000
　　　贷：待处理财产损溢　　　　　　　5 000

D. 借：管理费用　　　　　　　　　1 000
　　　　营业外支出　　　　　　　　4 000
　　　贷：待处理财产损溢　　　　　　　5 000

（5）现经批准后，转销现金盘亏的会计分录为（　　）。

A. 借：待处理财产损溢　　　　　　1 000
　　　贷：库存现金　　　　　　　　　　1 000

B. 借：管理费用　　　　　　　　　　600
　　　　营业外支出　　　　　　　　　400
　　　贷：库存现金　　　　　　　　　　1 000

C. 借：管理费用　　　　　　　　　　600

| | |
|---|---|
| 其他应收款　　　　　400 | 其他应收款　　　　　400 |
| 　贷：库存现金　　　　　1 000 | 　贷：待处理财产损溢　　1 000 |
| D. 借：管理费用　　　　600 | |

# 模拟试卷（五）参考答案与精讲解析

**一、单项选择题**

**1.【参考答案】B**

【解析】从银行提取现金，会引起一种资产增加、另一种资产减少，但资产总额不变；用银行存款偿还应付货款，会引起资产减少的同时负债减少；接受投资人的投资，会引起资产增加的同时所有者权益增加；只有从银行取得短期借款，会引起资产与负债同时增加。所以答案为 B 选项。

**2.【参考答案】A**

【解析】在借贷记账法下，资产和费用的增加以及负债、所有者权益、收入的减少记借方，因此 A 选项正确。

**3.【参考答案】C**

【解析】应收和预付款项都属于单位的债权。

**4.【参考答案】B**

【解析】无法查明原因的现金溢余，经批准后计入"营业外收入"科目。所以答案为 B 选项。

**5.【参考答案】C**

【解析】应收账款明细账不必每年都更换。

**6.【参考答案】C**

【解析】购货发票是由供货单位开具的，是外来原始凭证。提货单、发出材料汇总表和领料单属于自制原始凭证。因此，正确项为 C。

**7.【参考答案】A**

【解析】记账凭证账务处理程序是指对发生的经济业务，都要根据原始凭证或汇总原始凭证编制记账凭证，然后根据记账凭证直接登记总分类账的一种账务处理程序，是最基本的账务处理程序，是其他账务处理程序的基础。

**8.【参考答案】A**

【解析】期末借方余额＝期初借方余额＋本期借方发生额－本期贷方发生额＝3 000＋9 000－8 000＝4 000（元），因此，A 选项正确。

**9.【参考答案】A**

【解析】记账后，发现记账凭证和账簿中所记金额大于应记金额，而应借、应贷的会计科目并无错误，应用红字更正法进行更正。

**10.【参考答案】B**

【解析】AC 适用红字更正法，D 适用补充登记法。

**11.【参考答案】C**

【解析】涉及"现金"和"银行存款"之间的经济业务，一般只编制付款凭证，不编制收款凭证，在从银行提取现金备用的业务中可能出现"银付"凭证字号，唯一不可能出现的是"银收"凭证字号。

**12.【参考答案】D**

【解析】会计核算的客观性包括真实性和可靠性两方面的意义，是指会计核算应当以实际发生的交易或事项为依据，如实反映企业财务状况、经营成果和现金流量。

**13.【参考答案】B**

【解析】"应付账款"的贷方登记增加数，借方登记减少数。

**14.【参考答案】C**

【解析】出纳人员不得兼管稽核、会计档案保管和收入、费用、债权债务账目的登记工作。

**15.【参考答案】A**

【解析】根据我国公司法的规定，有限责任公司和股份有限公司应按照净利润的10%提取法定盈余公积，计提的法定盈余公积达到注册资本的50%时，可以不再提取。所以答案为 A 选项。

**16.【参考答案】D**

【解析】科目汇总表的编制和使用较为简便，根据科目汇总表一次或分次登记总分类账，可以大大减少登记总分类账的工作量，而且科目汇总表还可以起到试算平衡的作用，从而保证账簿登记的正确性。其缺点是：科目汇总表不能反映账户的对应关系，不便于查对账目。

**17.【参考答案】A**

【解析】BCD 都属于往来科目，需要根据有关科目减去其备抵科目余额后的净额填列。

**18.【参考答案】C**

【解析】试算平衡了，不一定说明账户记录绝对正确，因为有些错误不会影响借贷双方的平衡关系。如：漏记某项经济业务；重记某项经济业务；对相互对应的账户都大于或小于正确金额的数字进行记账

（借贷错误巧合，正好抵消）；对应账户的同方向串户（同方向记错账户）；记错方向，借、贷相反，等等。

19.【参考答案】D

【解析】原因不明的长款应计入"营业外收入"。

20.【参考答案】B

【解析】A属于动态会计等式，CD的会计等式本身就有问题，因此正确答案是B。

## 二、多项选择题

21.【参考答案】ABCD

【解析】以上都属于编制会计分录时需要考虑的问题。所以答案为ABCD。

22.【参考答案】AB

【解析】订本账是在启用之前就已将账页装订在一起，并对账页进行了连续编号的账簿。这种账簿的优点是可以避免账页散失，防止账页被抽换，从而保证账簿资料的安全和完整，其缺点是同一账簿在同一时间只能由一人登记，这样不便于记账人员分工记账。

23.【参考答案】BD

【解析】记账后，发现记账凭证中的应借、应贷会计科目或金额有错误，致使账簿记录错误，可用红字更正法予以更正。

24.【参考答案】BC

【解析】根据等式，银行存款日记账余额＋银收企未收－银付企未付＝银行对账单余额＋企收银未收－企付银未付，可知正确答案是BC。

25.【参考答案】AC

【解析】BD选项均在"其他货币资金"科目反映。

26.【参考答案】AD

【解析】B属于非流动资产，C属于非流动负债，只有AD属于流动资产。所以答案为AD。

27.【参考答案】AD

【解析】BC选项均计入"营业外支出"。

28.【参考答案】BCD

【解析】资产清查制度的主要内容包括：（1）财产清查的意义和种类；（2）财产清查的期限和程序、方法和要求；（3）财产清查中发现问题的处理程序、报批手续；（4）对财产管理人员的奖惩制度等。

29.【参考答案】ABCD

【解析】银行存款账户分为基本存款账户、一般存款账户、专用存款账户和临时存款账户四类。所以答案为ABCD。

30.【参考答案】BCD

【解析】多栏式明细账适用于物资采购明细分类核算、营业外支出明细分类核算、生产成本明细分类核算、产品销售收入以及费用类明细分类核算等。

## 三、不定项选择题

31.【参考答案】ABCD

【解析】平行登记是对所发生的每一笔经济业务，都要以会计凭证为依据，一方面记入有关总分类账户，另一方面要记入该总分类账户所属的明细分类账户的方法。平行登记的要点是同期、同向、等额，即所属会计期间相同、借贷方向相同、记入总分类账的金额与记入明细账的合计金额相等。

32.【参考答案】ABCD

【解析】以上四个选项均是资产清查结果处理的要求。

33.【参考答案】C

【解析】本题考核原始凭证完整性的审核。原始凭证的完整性是指审核原始凭证填写的项目内容是否符合规定的要求，是否填列齐全，手续是否完备，有关经办人员是否都已签名或盖章，是否经过有关主管人员审批同意，凭证联次是否正确。

34.【参考答案】ABCD

【解析】记账凭证的审核应注意以下几点：内容是否真实、项目是否齐全、科目是否正确、金额是否正确、书写是否正确。因此正确选项是ABCD。

35.【参考答案】ABC

【解析】各种记账凭证必须具备的基本内容包括：会计分录、记账凭证的名称、填制日期、编号以及经济业务摘要。

36.【参考答案】ABCD

【解析】影响固定资产折旧数额大小的因素有四个：计提折旧基数、折旧年限、折旧方法、固定资产预计净残值。所以答案为ABCD。

37.【参考答案】ACD

【解析】法律主体必是会计主体，会计主体不一定是法律主体，B选项错误。其余选项都是关于会计核算基本前提的正确表述。

38.【参考答案】D

【解析】总分类账和现金、银行存款日记账都要采用订本账，选项D固定资产明细账一般采用卡片账。

39.【参考答案】ACD

【解析】预付账款属于流动资产。

40.【参考答案】BC

【解析】资产负债表一般有两种格式：报告式和账户式。账户式的资产负债表一般是在报表左方列示资产类项目，右方列示负债类和所有者权益类项目，从而使资产负债表左右两方平衡。我国企业一般采用账户式的资产负债表。

**四、判断题**

41.【参考答案】×

【解析】平行登记中的"期间相同"，是指对每项经济业务在记入总分类账户和明细分类账户过程中，可以有先有后，但必须在同一会计期间全部登记入账。

42.【参考答案】√

【解析】上述关于备用金的表述正确。

43.【参考答案】×

【解析】资产负债表是反映企业某一特定日期财务状况的会计报表。

44.【参考答案】×

45.【参考答案】√

【解析】实收资本是实际投入企业的资本，它是企业注册登记的法定资本总额的来源，它表明所有者对企业的基本产权关系。

46.【参考答案】×

【解析】按照收付实现制的要求，凡是本期实际收到的款项的收入和付出款项的费用，不论是否归属于本期，都应当作为本期的收入和费用处理。按照权责发生制的要求，凡是本期实现的收入和发生的费用，不论款项是否实际收到或实际付出，都作为本期的收入和费用入账。

47.【参考答案】√

【解析】略。

48.【参考答案】√

【解析】按照收入与费用配比的原则，与同一项销售有关的收入与成本应在同一会计期间予以确认。如果成本不能可靠计量，相关的收入就不能确认。

49.【参考答案】×

【解析】负债必须是现时义务，将来可能承担的义务不是负债。

50.【参考答案】√

【解析】由会计基本等式的平衡关系可知。

51.【参考答案】×

【解析】资产是指企业过去的交易或者事项形成的、由企业拥有或控制的、预期会给企业带来经济利益的资源，而该题中只是满足"拥有财产物资"这一个条件，所以是不正确的。

52.【参考答案】√

【解析】略。

53.【参考答案】×

【解析】生产车间管理人员直接从事产品生产的管理，不同于企业行政管理人员的间接管理，因而生产车间管理人员的工资虽然属于管理性费用，但应计入产品成本，通过"制造费用"账户进行核算。

54.【参考答案】×

【解析】向外单位提供的原始凭证复制件，应在专设的登记簿上登记，并由提供人员和收取人员共同签名、盖章。

55.【参考答案】√

【解析】利润表中"营业成本"项目本期金额包括"主营业务成本"账户和"其他业务成本"账户的本期发生额。

56.【参考答案】×

【解析】企业所有者权益是指企业资产扣除负债后，由所有者享有的剩余权益，代表企业投资人对企业净资产的所有权。

57.【参考答案】×

【解析】记账后，发现记账凭证中的应借、应贷会计科目或金额有错误，致使账簿记录错误，可用红字更正法予以更正。

58.【参考答案】√

【解析】该题针对"会计等式"知识点进行考核。

59.【参考答案】×

【解析】从外单位取得的原始凭证遗失时，应取得原签发单位盖有公章的证明，并注明原始凭证的号码、金额、内容等，由经办单位会计机构负责人、会计主管人员和单位负责人批准后，才能代作原始凭证。

60.【参考答案】×

【解析】银行汇票存款和银行本票存款计入其他货币资金科目；商业汇票存款计入应收票据科目。

**五、计算分析题**

61.（1）【参考答案】D

【解析】A产品应分配的制造费用 = 90 000 ÷（4 000 + 2 000）× 4 000 = 60 000（元）

（2）【参考答案】B

【解析】B产品应分配的制造费用 = 90 000 ÷（4 000 + 2 000）× 2 000 = 30 000（元）

（3）【参考答案】B

【解析】A产品的生产成本 = 3 000 × 100 +

$4\,000 \times 10 + 60\,000 = 400\,000$（元）

（4）【参考答案】B

【解析】B 产品的生产成本 $= 2\,000 \times 100 +$ $2\,000 \times 10 + 30\,000 = 250\,000$（元）

（5）【参考答案】B

【解析】完工产品成本转入"库存商品"，待产品销售后再转入"主营业务成本"，期末"主营业务成本"转入"本年利润"账户。

62.（1）【参考答案】B

【解析】年终结算前，应对财产进行全面清查。

（2）【参考答案】A

【解析】实地盘点法，是指在财产物资存放现场逐一清点数量或用计量仪器确定其实存数的一种方法。其适用的范围较广，大多数财产物资的清查都可以采用这种方法。

（3）【参考答案】A

【解析】库存现金采用实地盘点法进行清查，即通过盘点确定现金的实存数，然后将实存数与现金日记账的账面余额进行核对，以查明账实是否相符及盈亏情况。

（4）【参考答案】D

【解析】非常损失应计入营业外支出，自然损耗应计入管理费用。

（5）【参考答案】D

【解析】由出纳员赔偿的应计入其他应收款，无法查明原因的计入管理费用。

# 会计从业资格考试《会计基础》模拟试卷（六）

一、单项选择题（下列各小题备选答案中，只有一个符合题意的正确答案。本类题共 20 分，每小题 1 分。多选、错选、不选均不得分）

1. 实收资本账户属于( )账户。

A. 资产类　　　　　B. 负债类

C. 所有者权益类　　D. 收入类

2. 复式记账法，是对每一笔经济业务事项都要在( )相互联系的账户中进行登记，系统地反映资金运动变化结果的一种记账方法。

A. 一个　　　　　　B. 两个

C. 三个　　　　　　D. 两个或两个以上

3. 会计凭证按照编制的程序和用途不同，分为( )。

A. 外来原始凭证和自制原始凭证

B. 专用凭证和通用凭证

C. 一次性凭证和累计凭证

D. 原始凭证和记账凭证

4. 下列不属于原始凭证审核的内容是( )。

A. 合法性　　　　　B. 完整性

C. 公允性　　　　　D. 真实性

5. 将现金送存银行时，一般只填制( )。

A. 转账凭证　　　　B. 现金收款凭证

C. 银行存款收款凭证　D. 现金付款凭证

6. 固定资产明细账采用( )。

A. 订本式账簿　　　B. 卡片式账簿

C. 活页式账簿　　　D. 多栏式明细分类账

7. "生产成本"明细分类账账页格式适宜采用( )。

A. 三栏式　　　　　B. 数量金额式

C. 借方多栏式　　　D. 贷方多栏式

8. 将各种会计核算组织程序相比较，它们的主要区别是( )。

A. 填制记账凭证的依据和方法不同

B. 登记明细分类账的依据和方法不同

C. 登记总账的依据和方法不同

D. 编制会计报表的依据和方法不同

9. 单位改变隶属关系之前的财产清查适用( )。

A. 局部清查　　　　B. 定期清查

C. 实地清查　　　　D. 全面清查

10. 商业汇票不适用于( )。

A. 在银行开立存款账户的法人

B. 具有真实交易关系的组织

C. 具有真实债权债务关系的组织

D. 个人

11. 企业期末存货计价如果过低，会使得当期收益( )。

A. 增加　　　　　　B. 减少

C. 可能增加，可能减少　D. 无影响

12. 当月购入的固定资产，计提折旧的时间应该是( )。

A. 当月　　　　　　B. 下月

C. 下年　　　　　　D. 不计提

13. 长期借款的期限在( )以上。

A. 3 个月　　　　　B. 6 个月

C. 1 年　　　　　　D. 3 年

14. 下列会计报表中，属于反映企业特定日期财务状况的会计报表是( )。

A. 利润表　　　　　B. 所有者权益变动表

C. 资产负债表　　　D. 现金流量表

15. 资产负债表中"应收账款"项目期末数应根据( )所属明细账的借方余额之和再减去"坏账准备"账户贷方余额填列。

A. "应收账款"总账和"预付账款"总账

B. "应收账款"总账和"预收账款"总账

C. "应付账款"总账和"预收账款"总账

D. "应付账款"总账和"预付账款"总账

16. 担任会计机构负责人（会计主管人员）的，除取得会计从业资格证书外，还应当具备会计师以上专业技术职务或者从事会计工作( )年以上。

A. 1　　　　　　　B. 2

C. 3　　　　　　　D. 5

17. 根据《会计档案管理办法》，各种明细账的保管期限为( )。

A. 5 年　　　　　　B. 10 年

C. 15 年　　　　　D. 25 年

18. 下列各项中，能够引起负债和所有者权益同时发生变动的是( )。

A. 董事会提出股票股利分配方案

B. 发行债券公司将可转化债券转为资本

C. 计提长期债券投资利息

D. 以盈余公积转增资本

19. 下列会计记录错误能通过试算平衡发现的是( )。

A. 漏记了某项经济业务

B. 重计某项经济业务

C. 某项经济业务在账户记录中，颠倒了记账方向

D. 所有账户借方发生额比所有账户贷方发生额多记 1 000 元

20. 下列经济业务中，不应填制付款凭证的是( )。

A. 从银行提取现金

B. 购买材料未付款

C. 购买材料预付定金

D. 以银行存款支付前欠单位货款

二、多项选择题（下列各小题备选答案中，有两个或两个以上符合题意的正确答案。本类题共 20 分，每小题 2 分。多选、少选、错选或不选均不得分）

21. 在会计核算中，及时性原则是指( )。

A. 及时收集会计信息　B. 及时处理会计信息

C. 及时传递会计信息　D. 及时调整会计政策

22. 计量是一种模式，它包括( )方面的内容。

A. 计量单位　　　　B. 计量属性

C. 计量目的　　　　D. 计量方法

23. 下列账户的四个金额要素中，属于本期发生额的是( )。

A. 期初余额　　　　B. 本期增加额

C. 本期减少额　　　D. 期末金额

24. 下列关于会计分录的书写格式说法正确的是( )。

A. 先借后贷　　　　B. 左右错开

C. 借贷方文字对齐　D. 借贷方金额对齐

25. 会计凭证按照格式可以分为( )。

A. 通用凭证　　　　B. 专用凭证

C. 累计凭证　　　　D. 汇总凭证

26. 我国常用的账务处理程序主要包括( )。

A. 记账凭证账务处理程序

B. 汇总记账凭证账务处理程序

C. 科目汇总表账务处理程序

D. 记账凭证汇总表账务处理程序

27. 下列名称等同于实地盘存制的是( )。

A. 以存计耗　　　　B. 盘存计耗

C. 以存计销　　　　D. 盘存计销

28. 下列固定资产中不应计提折旧的有( )。

A. 房屋及建筑物

B. 在用的机器设备

C. 已提足折旧继续使用的固定资产

D. 以经营租赁方式租入的固定资产

29. 商业汇票按其是否带息，可以分为( )。

A. 带息票据　　　　B. 无息票据

C. 不带息票据　　　D. 普通票据

30. 长期借款利息核算时，涉及的账户包括( )。

A. 管理费用　　　　B. 财务费用

C. 长期借款　　　　D. 在建工程

三、不定项选择题（下列各小题备选答案中，有一个或一个以上符合题意的正确答案。本类题共 20 分，每小题 2 分。多选、少选、错选或不选均不得分）

31. 下列内容中( )不在"其他货币资金"科目核算。

A. 外埠存款　　　　B. 银行承兑汇票

C. 银行汇票存款　　D. 信用卡存款

32. "物资采购"科目核算企业购入的材料、商品的采购成本，本科目的期末借方余额表示( )。

A. 在途物资的实际成本

B. 在途物资的计划成本

C. 本期采购物资的实际成本

D. 本期采购物资实际成本与计划成本的差异

33. 下列错误中，能通过试算平衡查找的有( )。

A. 某项经济业务未入账

B. 某项经济业务重复记账

C. 应借应贷账户中借贷方向颠倒

D. 应借应贷账户中借贷金额不相等

34. 企业确实无法支付的应付账款，应从"应付账款"科目转入( )科目。

A. 其他业务收入　　B. 营业外收入

C. 资本公积　　　　D. 盈余公积

35. 企业以银行存款偿还上年计提的长期借款利息，此项业务应借记的账户是( )。

A. 财务费用　　　　B. 长期借款

C. 在建工程　　　　D. 管理费用

36. 在下列有关账项核对中，属于账账核对的内容是( )。

A. 银行存款日记账余额与银行对账单余额的核对

B. 银行存款日记账余额与总账的银行存款余额的核对

C. 总账借方发生额合计与其明细账借方发生额合计的核对

D. 总账贷方余额合计与其明细账贷方余额合计的核对

37. 财产清查按其清查的对象和范围可分为( )。

A. 全面清查　　　　　B. 定期清查

C. 临时清查　　　　　D. 局部清查

38. 下列各项中，构成应收账款入账价值的有( )。

A. 确认商品销售收入尚未收到的价款

B. 代购货方垫付的运杂费

C. 销售货物发生的现金折扣（总价法）

D. 销售货物发生的商业折扣

39. 下列主体中，可以作为会计主体的有( )。

A. 某外资独资企业　　B. 某合伙律师事务所

C. 某科技大学　　　　D. 某集团的一个事业部

40. 下列关于会计对象的表述，说法错误的是( )。

A. 凡是特定单位能够以货币表现的经济运动都是会计的对象

B. 企业会计的对象就是企业的资金运动

C. 行政事业单位会计的对象是业务收入和业务支出

D. 企业的资金运动，表现为资金运用的过程

**四、判断题（对的在括号内打"√"，错的打"×"，每小题1分，共20分。不答、错答不得分也不扣分）**

41. 会计主体前提为会计核算确定了空间范围，会计分期前提为会计核算确定了时间范围。( )

42. 预提费用账户的余额一般在贷方，如果在借方则表示待摊费用。( )

43. 账户的格式分为左右两方，左方表示增加，右方表示减少。( )

44. 委托加工材料不必在账簿中登记。( )

45. 自制原始凭证都是一次凭证，外来原始凭证绝大多数是一次凭证。( )

46. 会计发现本单位自己记录的前年记账凭证有错误，会计不必用红字冲销，直接填制一张更正的记账凭证即可。( )

47. 资产负债表的格式主要有账户式和报告式两种，我国采用的是报告式，据此编制财务会计报告。( )

48. 记账凭证填制完经济业务事项后，如有空行，应当自金额栏最后一笔金额数字下的空行处至合计数的空行处用文字表示注销。( )

49. 记账凭证账务处理程序适用于规模较大、经济业务较多的单位。( )

50. 财产清查可以是全面清查也可以是局部清查。( )

51. 在各种不同账务处理程序下，会计报表的编制依据都是相同的。( )

52. 现金流量表的"现金"单指库存现金。( )

53. 对于保管期限满但未结清的债权债务原始凭证和涉及其他未了事项的原始凭证，可以销毁。( )

54. 没有账户，会计科目就失去了设置的依据。( )

55. 原始凭证金额有错误的，应当由出具单位更正，更正处应当加盖出具单位印章。( )

56. 每日经济业务登记完毕，应结计现金日记账的当日余额，并以账面余额同库存现金的实存额进行核对，检查账实是否相符。( )

57. 如果账簿记录发生错误，应根据错误的具体情况，采用规定的方法予以更正，不得涂改、挖补、刮擦或用药水更改字迹。( )

58. 盈余公积是指企业按规定从营业利润中提取的各种积累资金。( )

59. 年终更换新账时，新旧账簿有关账户之间的转记金额，应该编制记账凭证。( )

60. 各单位销毁会计档案由档案部门自行完成。( )

**五、计算分析题（本类题共2小题，每小题10分，共20分）**

61. （一）资料：某企业在财产清查中发现：

（1）盘盈现金20 000元，其中12 000元属于应支付给其他公司的违约金，剩余盘盈金额无法查明原因。

（2）盘亏某商品3 500元，经查明部分是由于保管人员过失造成的毁损，应由过失人赔偿1 500元，其余为自然灾害造成。

（二）要求：根据以上资料，对以下5个问题分别作出正确的选择。

（1）无法查明原因的现金盘盈应该转入( )科目。

A. 营业外收入　　　　B. 管理费用

C. 其他应付款　　　　　D. 营业外支出

（2）财产清查中查明的存货盘亏，根据不同的原因，报经审批后可能列入的账户有（　　）。

A. 营业外支出　　　　B. 其他应收款

C. 管理费用　　　　　D. 营业外收入

（3）库存现金盘盈的账务处理中可能涉及的科目有（　　）。

A. 库存现金　　　　　B. 管理费用

C. 其他应付款　　　　D. 营业外收入

（4）关于上述盘盈的现金，以下账务处理中正确的有（　　）。

A. 借：库存现金　　　　　　　20 000

　　　贷：待处理财产损溢　　　　　20 000

B. 借：待处理财产损溢　　　　12 000

　　　贷：其他应付款　　　　　　12 000

C. 借：待处理财产损溢　　　　12 000

　　　贷：其他应收款　　　　　　12 000

D. 借：待处理财产损溢　　　　8 000

　　　贷：营业外收入　　　　　　8 000

（5）以下关于存货盘亏的处理中不正确的有（　　）。

A. 借：待处理财产损溢　　　　3 500

　　　贷：库存商品　　　　　　　3 500

B. 借：其他应收款　　　　　　1 500

　　营业外支出　　　　　　　2 000

　　　贷：库存商品　　　　　　　3 500

C. 借：其他应收款　　　　　　1 500

　　营业外支出　　　　　　　2 000

　　　贷：待处理财产损溢　　　　3 500

D. 借：其他应收款　　　　　　1 500

　　管理费用　　　　　　　　2 000

　　　贷：待处理财产损溢　　　　3 500

62.（一）资料：XYZ 公司于 2011 年 12 月 9 日出售其持有的 D 公司股票，售价为 130 万元。该股票 XYZ 公司作为交易性金融资产核算，出售时交易性金融资产的成本明细科目有借方余额 100 万元，公允价值变动明细科目有借方余额 20 万元。

（二）要求：根据以上资料，对以下 5 个问题分别作出正确的选择。

（1）我国企业会计准则规定，公司的交易性金融资产期末应采用的计量属性是（　　）。

A. 历史成本　　　　　B. 公允价值

C. 可变现净值　　　　D. 重置成本

（2）企业取得的交易性金融资产，期末公允价值下降时可能涉及的科目有（　　）。

A. 应收利息　　　　　B. 公允价值变动损益

C. 投资收益　　　　　D. 交易性金融资产

（3）下列各项中，不构成交易性金融资产入账价值的有（　　）。

A. 买价

B. 手续费

C. 支付的对价中包含的被投资方已宣告但尚未发放的现金股利

D. 印花税

（4）企业出售该交易性金融资产应该确认的投资收益为（　　）万元。

A. 30　　　　　　　　B. 10

C. 20　　　　　　　　D. 50

（5）XYZ 公司出售股票的分录正确的有（　　）。

A. 借：银行存款　　　　　　　　　130

　　　贷：交易性金融资产——成本　　　100

　　　　　　　　——公允价值变动

　　　　　　　　　　　　　　　　20

　　　　　投资收益　　　　　　　　10

B. 借：公允价值变动损益　　　　20

　　　贷：投资收益　　　　　　　　20

C. 借：投资收益　　　　　　　　20

　　　贷：公允价值变动损益　　　　20

D. 借：银行存款　　　　　　　　130

　　交易性金融资产——公允价值变动

　　　　　　　　　　　　　　　20

　　　贷：交易性金融资产——成本　　100

　　　　　投资收益　　　　　　　　50

# 模拟试卷（六）参考答案与精讲解析

**一、单项选择题**

1.【参考答案】C

【解析】所有者权益类账户包括实收资本、资本公积、盈余公积和未分配利润。故答案为 C。

2.【参考答案】D

【解析】复式记账法是指对发生的每一项经济业务，都要以相等的金额，在相互联系的两个或两个以上账户中进行记录的记账方法。这样就能清楚地反映一项经济业务的来龙去脉，即资金从何处来，又往何处去。故选D。

**3.【参考答案】D**

【解析】会计凭证可按不同的标准进行分类，但按照编制的程序用途不同，分为原始凭证和记账凭证。故选D。

**4.【参考答案】C**

【解析】原始凭证审核的内容包括真实性的审查、合法性的审查、合理性的审查、完整性的审查、正确性的审查、及时性的审查。故选C。

**5.【参考答案】D**

【解析】对于现金和银行存款之间的业务划转，为避免重复记账，一般只填制付款凭证。故选D。

**6.【参考答案】B**

【解析】会计账簿按外表形式分为订本式、活页式、卡片式。卡片账是将账户所需格式印刷在硬卡上，通常是由若干零散的、具有专门格式的硬纸卡片组成的账簿。严格而言，卡片账也是一种活页账，只不过它不是装在活页账夹中，而是保存在卡片箱内。使用时，应在卡片上连续编号、加盖有关人员的印章、置放在卡片箱内，以保证其安全并可以随时取出和放入。它的优缺点与活页账相同。在我国，一般只对固定资产明细账采用卡片账形式，如固定资产明细分类账。故选B。

**7.【参考答案】C**

【解析】多栏式明细分类账是根据经济业务的特点和经营管理的需要，在账页上设置若干专栏，集中反映某明细账户核算资料的账簿。这种账簿一般适用于登记明细账目多、借贷方向单一的费用成本账户的明细分类核算，如物资采购、生产成本、制造费用等。故选C。

**8.【参考答案】C**

【解析】常用的会计核算组织程序主要有记账凭证核算形式、汇总记账凭证核算形式、科目汇总表核算形式、日记总账核算形式，主要区别在于登记总账的依据和方法不同。故选C。

**9.【参考答案】D**

【解析】全面清查是指对企业的全部财产进行盘点和核对，一般适用以下几种情况：（1）年终决算前，为确保年终决算会计资料真实、正确，需进行全面清查。（2）单位撤销、合并或改变隶属关系前，中外合资、国内联营以及企业实行股份制改造前，为了明确经济责任，需进行全面清查。（3）开展全面清产核资、资产评估等活动，为了摸清家底，准确

地核定资产，需进行全面清查。（4）单位主要负责人调离工作前。故选D。

**10.【参考答案】D**

【解析】商业汇票适用于A、B、C，不适用于个人，故选D。

**11.【参考答案】B**

【解析】期末存货计价过低，会使得倒轧出的本期耗用存货计价过高，从而使得当期收益减少，故选B。

**12.【参考答案】B**

【解析】在实际工作中，企业一般应按月计提固定资产折旧。企业在实际计提固定资产折旧时，当月增加的固定资产，当月不提折旧，从下月起计提折旧；当月减少的固定资产，当月照提折旧，从下月起不提折旧。固定资产提足折旧后，不论能否继续使用，均不再计提折旧；提前报废的固定资产，也不再补提折旧。故选B项。

**13.【参考答案】C**

【解析】长期借款是企业向银行或其他金融机构借入的偿还期在一年以上（不含一年）的各种借款。长期借款一般用于固定资产的购建、改扩建工程、大修理工程以及流动资产的正常需要等方面，是企业的一项长期负债。故选C。

**14.【参考答案】C**

【解析】资产负债表是反映企业某一特定日期财务状况的财务报表，是一个静态报表、时点报表。利润表、现金流量表和所有者权益变动表是反映企业一定时期内资金耗费和收回情况以及经营成果等情况的财务报表。故选C。

**15.【参考答案】B**

【解析】资产负债表中"应收账款"项目，应根据"应收账款"账户和"预收账款"账户所属明细账户的期末借方余额合计数，减去"坏账准备"账户中有关应收账款计提的坏账准备期末余额后的金额填列。故选B。

**16.【参考答案】C**

【解析】按照《中华人民共和国会计法》规定，担任会计机构负责人（会计主管人员）的，除取得会计从业资格证书外，还应当具备会计师以上专业技术职务或者从事会计工作1年以上。只有C符合题意。

**17.【参考答案】C**

【解析】《会计档案管理办法》规定，会计账簿类档案（包括总账、明细账和日记账）的保管期限

为15年。故选C。

18.【参考答案】B

【解析】将可转换公司债券转化为资本，负债减少，所有者权益增加；董事会提出股票股利分配方案不影响所有者权益变动；计提长期债券投资利息，增加资产和投资收益；以盈余公积转增资本，在所有者权益内部发生转化，减少盈余公积，增加实收资本或股本。故选B。

19.【参考答案】D

【解析】试算平衡是指为保证会计账务处理的正确性，根据"资产＝负债＋所有者权益"的恒等关系以及借贷记账法的记账规则。根据发生额试算平衡法，当借方发生额和贷方发生额不相等时，才会检查出记录错误。故选D。

20.【参考答案】B

【解析】购买材料未付款需要填制转账凭证，因此B选项符合题意。

**二、多项选择题**

21.【参考答案】ABC

【解析】及时性要求企业对于已经发生的交易或者事项，应当及时进行会计确认、计量和报告，不得提前或者延后。会计信息的价值在于帮助使用者作出经济决策，具有时效性。即使是客观、可比、相关的会计信息，如果不及时提供，对于会计信息使用者也没有任何意义，甚至可能误导会计信息使用者。在会计核算中坚持及时性原则，一是要求及时收集会计信息，即在经济业务发生后，及时收集整理各种原始单据；二是及时处理会计信息，及时编制财务报告；三是及时传递会计信息。故选ABC。

22.【参考答案】AB

【解析】计量包括计量单位和计量属性两方面的内容。故答案为AB。

23.【参考答案】BC

【解析】本期发生额包括本期增加额和本期减少额。故选BC。

24.【参考答案】ABCD

【解析】会计分录的书写格式是：上借下贷，左右错开。具体表现为：先借后贷，左右错开，在一借多贷或一贷多借和多借多贷的情况下，借方或贷方的文字要对齐，金额也要对齐。故选ABCD。

25.【参考答案】AB

【解析】按照格式，会计凭证可分为通用凭证和专用凭证。根据填制手续和内容分为累计凭证和汇总凭证。故选AB。

26.【参考答案】ABCD

【解析】我国常用的账务处理程序主要有记账凭证账务处理程序、汇总记账凭证账务处理程序和科目汇总表账务处理程序。其中，科目汇总表账务处理程序又称记账凭证汇总表账务处理程序。故选项为ABCD。

27.【参考答案】ABCD

【解析】实地盘存制应用于工业企业，称为"以存计耗"、"盘存计耗"；用于商品流通企业，称为"以存计销"或"盘存计销"。故全选。

28.【参考答案】CD

【解析】除以下情况外，企业应对所有固定资产计提折旧：1.已提足折旧仍继续使用的固定资产；2.按规定单独估价作为固定资产入账的土地。需要注意的是，企业以融资租赁方式租入的固定资产和以经营租赁方式租出的固定资产，应当计提折旧；企业以融资租赁方式租出的固定资产和以经营租赁方式租入的固定资产，不应当计提折旧。故选CD。

29.【参考答案】AC

【解析】商业汇票按其是否带息，分为带息票据和不带息票据。故选AC。

30.【参考答案】BCD

【解析】长期借款利息核算时，涉及的账户包括财务费用、长期借款、在建工程，借记"财务费用"、"在建工程"、"财务费用"，贷记"应付利息"，差额贷记"长期借款——利息调整"，与利息费用无关。故选项为BCD。

**三、不定项选择题**

31.【参考答案】B

【解析】其他货币资金是指除现金、银行存款以外的其他各种货币资金。包括外埠存款、银行汇票存款、银行本票存款、信用证存款、信用卡存款和存出投资款等。"银行承兑汇票"属于"应收票据"科目，因此B选项符合题意。

32.【参考答案】A

【解析】企业采购一批原材料，如果已经验收入库，就借记"原材料"；如果没有验收入库，就借记"物资采购"或者"在途物资"。其中，"物资采购"采用的是计划成本进行核算的，而"在途物资"则是采用实际成本进行核算。"物资采购"科目的期末借方余额表示在途物资的实际成本，A选项符合题意。

33.【参考答案】D

【解析】试算平衡是通过账户余额或发生额合计

数之间的平衡关系，检验记账工作是否正确的一种方法。在借贷记账法下，试算平衡的内容包括：（1）检查每次会计分录的借贷金额是否平衡。（2）检查总分类账户的借贷发生额是否平衡。（3）检查总分类账户的借贷余额是否平衡。因此能通过试算平衡查找应借应贷账户中借贷金额不相等，D选项符合题意。

**34.【参考答案】B**

【解析】企业如有将应付账款划转出去或者确实无法支付的应付账款，应按其账面余额，借记"应付账款"科目，贷记"营业外收入——其他"科目。B选项正确。

**35.【参考答案】B**

【解析】长期借款利息的计提会影响到企业的资产和负债，因此通常在计提长期借款利息时，将其作为"长期借款"科目来处理，B选项符合题意。

**36.【参考答案】BCD**

【解析】账账核对是指核对不同会计账簿之间的账簿记录是否相符。包括：（1）总分类账簿有关账户的余额核对；（2）总分类账簿与所属明细分类账簿核对；（3）总分类账簿与序时账簿核对；（4）明细分类账簿之间的核对。账实核对是指各项财产物资、债权债务等账面余额与实有数额之间的核对。包括：（1）现金日记账账面余额与库存现金数额是否相符；（2）银行存款日记账账面余额与银行对账单的余额是否相符；（3）各项财产物资明细账账面余额与财产物资的实有数额是否相符；（4）有关债权债务明细账账面余额与对方单位的账面记录是否相符。据此，A项属于账实核对。BCD项属于账账核对。

**37.【参考答案】AD**

【解析】财产清查按其清查的对象和范围可分为全面清查和局部清查，按其清查时间可以分为定期清查和不定期清查。

**38.【参考答案】AB**

【解析】应收账款的入账价值包括：价款、增值税和代垫的杂项费用。商业折扣在销售商品时就已经发生了，所以应该按照扣除商业折扣后的净额确认应收账款和主营业务收入的入账价值，总价法下，应该按照未扣除现金折扣的总值来确认应收账款的入账价值。

**39.【参考答案】ABCD**

【解析】会计主体是指会计所核算和监督的特定单位或者组织，是会计确认、计量和报告的空间范围。也就是说，会计主体可以是独立法人，也可以是非独立法人；可以是企业，也可以是事业和行政单位；可以是企业，也可以是企业内部某一单位或企业中的一个特定的部分；可以是单一企业，也可以是由几个企业组成的企业集团。如：事业单位、独资企业、合伙企业和企业集团等。因此，ABCD选项都属于会计主体。

**40.【参考答案】CD**

【解析】行政事业单位不直接从事物质资料的生产和销售，因此，经费收入和经费支出构成了行政事业单位的主要经济活动，也是行政事业单位资金运动的主要形式，也就是行政事业单位会计的对象，因此，C选项说法错误。企业的资金运动，表现为资金投入、资金运用和资金退出三个过程，D选项说法错误。

**四、判断题**

**41.【参考答案】√**

【解析】会计主体是指会计所核算和监督的特定单位或者组织，是会计确认、计量和报告的空间范围。因此，会计主体前提为会计核算确定了空间范围。会计分期是指将一个会计主体持续经营的生产经营活动划分为一个个连续的、长短相同的期间。因此，会计分期前提为会计核算确定了时间范围。

**42.【参考答案】√**

【解析】预提费用账户的贷方登记预提的数额，借方登记费用的发生数额，余额一般在贷方，表示已经预提但尚未发生或支付的数额。如借方有余额就表示待摊费用。

**43.【参考答案】×**

【解析】账户分为左方、右方两个方向，一方登记增加，另一方登记减少。至于哪一方登记增加、哪一方登记减少，取决于所记录经济业务和账户的性质，不能一概而论。

**44.【参考答案】×**

【解析】委托加工材料应在备查账簿中登记。

**45.【参考答案】×**

【解析】一次凭证指一次填制完成、只记录一笔经济业务的原始凭证。一次凭证是一次有效的凭证。外来原始凭证都是一次凭证，自制原始凭证绝大多数是一次凭证。

**46.【参考答案】√**

【解析】已经登记入账的记账凭证，在年内发现填写错误时，用红字填写一张与原内容相同的记账凭证冲销，同时再重新填写一张正确的记账凭证。发现以前年度记账凭证有错误的，不必用红字冲销，应直接填制一张更正的记账凭证。

**47.【参考答案】**×

**【解析】**资产负债表的格式主要有账户式和报告式两种。我国企业的资产负债表采用账户式结构。财务会计报告和资产负债表不是同一个概念，资产负债表是财务会计报告的一部分。

**48.【参考答案】**×

**【解析】**记账凭证填制完经济业务事项后，如有空行，应当自金额栏最后一笔金额数字下的空行处至合计数上的空行处划线注销。

**49.【参考答案】**×

**【解析】**记账凭证财务处理程序简单明了，易于理解，总分类账可以较详细地反映经济业务的发生情况。其缺点是：登记总分类账的工作量较大。记账凭证财务处理程序适用于规模较小、经济业务量较少的单位。汇总记账凭证账务处理程序适用于规模较大、经济业务较多的单位。题干说法错误。

**50.【参考答案】**√

**【解析】**按财产清查的范围分为全面清查和局部清查。

**51.【参考答案】**√

**【解析】**不同账务处理程序下，期末会计报表的编制都是根据总分类账和明细分类账的记录编制的。

**52.【参考答案】**×

**【解析】**现金流量表的"现金"不单指库存现金，而是货币资金。

**53.【参考答案】**×

**【解析】**对于保管期限满但未结清的债权债务原始凭证和涉及其他未了事项的原始凭证，不得销毁，应单独抽查立卷，由档案部门保管到未了事项完结时为止。

**54.【参考答案】**×

**【解析】**会计科目是设置账户的依据，是账户的名称，账户是会计科目的具体运用。没有会计科目，账户就失去了设置的依据。没有账户，就无法发挥会计科目的作用。因此本题错误。

**55.【参考答案】**×

**【解析】**原始凭证有错误的，应当由出具单位重开或更正，更正处应当加盖出具单位印章；原始凭证金额有错误的，应当由出具单位重开，不得在原始凭证上更正。因此本题错误。

**56.【参考答案】**√

**【解析】**出纳人员每天逐笔登记已发生的经济

业务，且按日结出余额。在"借或贷"栏内写明"借"或"平"字。现金日记账余额每天还要与库存现金进行核对。因此本题正确。

**57.【参考答案】**√

**【解析】**登记账簿中发生的差错，一经查找出就应立即更正。账簿记录发生错误，不准涂改、挖补、刮擦或者用药水消除字迹，不准重新抄写，而必须根据错误的具体情况，采用规范的方法予以更正。

**58.【参考答案】**×

**【解析】**盈余公积是指公司按照规定从净利润中提取的各种积累资金。本题说法错误。

**59.【参考答案】**×

**【解析】**年终结账时，各账记的年末余额都要以同方向直接记入新账的账户中，并注明"上年结转"字样，无须编制记账凭证。

**60.【参考答案】**×

**【解析】**会计档案的销毁是一项严肃的工作，各单位必须严格按照《会计法》和《会计档案管理办法》的规定进行，因此本题说法错误。

**五、计算分析题**

**61.（1）【参考答案】**A

**【解析】**本题考核库存现金盘盈的账务处理。

**（2）【参考答案】**ABC

**【解析】**本题考核存货盘亏的账务处理。

**（3）【参考答案】**ACD

**【解析】**本题考核库存现金盘盈的账务处理。

**（4）【参考答案】**ABD

**【解析】**C项错在贷方应该是"其他应付款"。

**（5）【参考答案】**BD

**【解析】**B项分录不正确，正确的分录应为：

借：其他应收款 1 500

营业外支出 2 000

贷：待处理财产损溢 3 500

D项自然灾害造成的损失计入营业外支出。

**62.（1）【参考答案】**B

**【解析】**我国企业会计准则规定，公司的交易性金融资产应该按公允价值进行后续计量。

**（2）【参考答案】**BD

**【解析】**企业取得的交易性金融资产，期末公允价值下降时分录为：

借：公允价值变动损益

贷：交易性金融资产——公允价值变动

**（3）【参考答案】**BCD

**【解析】**购买交易性金融资产时支付的手续费、

印花税应该直接计入当期投资收益；选项 C 应该通过应收股利科目核算。

（4）【参考答案】A

【解析】企业出售该交易性金融资产应该确认的投资收益 = 130 − （100 + 20） + 20 = 30（万元）。

（5）【参考答案】AB

【解析】XYZ 公司出售股票的分录为：

借：银行存款                        130

    贷：交易性金融资产——成本        100

                  ——公允价值变动    20

        投资收益                   10

借：公允价值变动损益             20

    贷：投资收益                20

# 会计从业资格考试《会计基础》模拟试卷（七）

**一、单项选择题**（下列各小题备选答案中，只有一个符合题意的正确答案。本类题共 20 分，每小题 1 分。多选、错选、不选均不得分）

1. 现金流量表中，现金流量的正确分类方法是（　　）。
   A. 经营活动、投资活动和筹资活动现金流量
   B. 现金流入、现金流出和非现金活动
   C. 直接现金流量和间接现金流量
   D. 营业活动现金流量和非营业活动现金流量

2. 企业的以下经济业务中，会引起资产与负债同时增加的业务是（　　）。
   A. 企业接受投资人的投资款
   B. 企业从银行取得短期借款
   C. 企业用银行存款偿还应付货款
   D. 企业从银行提取现金

3. 下列凭证属于外来原始凭证的是（　　）。
   A. 领料单　　　　　B. 发料汇总表
   C. 上交税金的收据　　D. 汇总记账凭证

4. 若企业将拥有所有权的住房无偿提供给公司职工使用，确认应付职工薪酬时，"应付职工薪酬"科目的应记入金额是（　　）。
   A. 住房在相应期间应该计提的折旧金额
   B. 住房在相应期间计提的折旧和减值准备金额之和
   C. 住房在相应期间计提的减值准备金额
   D. 估计的住房出租的租赁费用金额

5. 对金额有错误的原始凭证，正确的做法是（　　）。
   A. 由出具单位在原始凭证上更正
   B. 由出具单位在原始凭证上更正，并加盖出具单位印章
   C. 由出具单位重开
   D. 本单位代替出具单位进行更正

6. 食品厂有一堆散装的食品，适合采用的财产清查方法是（　　）。
   A. 实地盘点法　　　B. 技术推算法
   C. 抽样盘存法　　　D. 函证核对法

7. 某企业 1 月初库存现金的借方期末余额是 1 000 元，1 月份库存现金借方增加 1 500 元，贷方增加 1 600 元。问 1 月末库存现金的期末余额是（　　）。

A. 贷方 900 元　　　　B. 借方 900 元
C. 借方 1 000 元　　　D. 贷方 1 000 元

8. 某工业企业期末对库存商品甲进行实地盘点得到的结存数量是 900 件，已知该存货期初结存数量是 800 件，存货历史成本单价是 10 元，查阅库存商品甲的明细账簿得到本期借方发生额合计为 10 000 元，那么本期领用库存商品甲的成本共计（　　）元。
   A. 10 000　　　　　B. 9 000
   C. 8 000　　　　　D. 7 000

9. 某公司 2008 年的税后净利润为 2 400 000 元，根据会计法规定，按 10% 提取法定盈余公积。同时，公司章程规定，按 5% 提取任意盈余公积。提取盈余公积的会计处理是（　　）。
   A. 借：利润分配——未分配利润　360 000
   　　贷：盈余公积——法定盈余公积 240 000
   　　　　盈余公积——任意盈余公积 120 000
   B. 借：利润分配——未分配利润　360 000
   　　贷：盈余公积　　　　　　　　360 000
   C. 借：本年利润——未分配利润　360 000
   　　贷：盈余公积——法定盈余公积 240 000
   　　　　盈余公积——任意盈余公积 120 000
   D. 借：未分配利润　　　　　　　360 000
   　　贷：盈余公积——法定盈余公积 240 000
   　　　　盈余公积——任意盈余公积 120 000

10. 某企业月末编制试算平衡表时，因漏算一个账户，计算的月末借方余额合计为 150 000 元，月末贷方余额合计为 160 000 元，则漏算的账户为（　　）。
   A. 借方余额　　　　B. 贷方余额
   C. 没有漏算　　　　D. 余额为 20 000 元

11. 收回货款 2 000 元存入银行，记账凭证错误填写为 20 000 元，并已入账。正确的更正方法是（　　）。
   A. 采用划线更正法，借记银行存款 18 000，贷记应收账款 18 000
   B. 用红字借记银行存款 20 000，贷记应收账款 20 000
   C. 用蓝字借记应收账款 18 000，贷记银行存款 18 000
   D. 用红字借记银行存款 18 000，贷记应收账款

18 000

12. 某企业7月初库存现金余额为1 007元，7月份发生的与库存现金有关的经济业务如下：（1）收回甲公司所欠零星货款200元；（2）职工出差预借差旅费1 000元；（3）从银行提取现金1 000元。那么7月末该企业库存现金余额应为（　　）元。

A. 贷方1 207　　　　　B. 借方1 207

C. 借方1 007　　　　　D. 贷方1 007

13. X企业1月初应计提折旧的固定资产总额为18万元，当月新增固定资产2万元，当月减少固定资产10万元，则该月应计提折旧的固定资产总额为（　　）万元。

A. 28　　　　　B. 18

C. 20　　　　　D. 10

14. X公司年末"应收账款"科目的借方余额为100万元，"预收账款"科目贷方余额为150万元，其中，明细账的借方余额为15万元，贷方余额为165万元。"应收账款"对应的"坏账准备"期末余额为8万元，该企业年末资产负债表中"应收账款"项目的金额为（　　）万元。

A. 165　　　　　B. 150

C. 115　　　　　D. 107

15. 利润分配账户按用途和结构分属于（　　）。

A. 所有者权益类账户　B. 损益类账户

C. 调整账户　　　　　D. 财务成果账户

16. 填制原始凭证时应该做到大小写数字符合规范，填写正确，如小写金额为"￥3 008.40"，大写金额应为（　　）。

A. 人民币叁仟零捌元肆角整

B. 人民币叁仟零捌元肆角

C. 叁仟零捌元肆角整

D. 叁仟零捌元肆角整

17. 下列各项中，不应在利润表"营业收入"项目列示的是（　　）。

A. 政府补助收入　　　B. 设备安装劳务收入

C. 代销品销售收入　　D. 固定资产出租收入

18. 会计人员在审核原始凭证时发现有一张外来原始凭证金额出现错误，其正确的更正方法是（　　）。

A. 由经办人员更正并报单位负责人批准

B. 由出具单位更正并在更正处加盖公章

C. 由审核人员更正并报会计机构负责人审批

D. 由出具单位重新开具

19. 某企业资产总额100万元，本期发生下列经济业务：（1）用银行存款购买原材料20万元；（2）用银行存款偿还企业的贷款10万元；（3）实际收到前期赊销款15万元。则期末该企业资产总额是（　　）。

A. 55万元　　　　　B. 85万元

C. 90万元　　　　　D. 105万元

20. 向南方建材厂购买材料一批，取得增值税专用发票上注明价款5万元、增值税0.85万元，以一张面值5.85万元、利率6%、期限为4个月的商业承兑汇票付款，则以下对该张带息商业汇票描述错误的是（　　）。

A. 以商业汇票支付货款时按面值贷记"应付票据"科目

B. 应按期计提利息，记入当期"财务费用"

C. 票据到期时按到期值支付票款，到期值与账面余额的差额记入当期"财务费用"

D. 票据到期无力付款，按票据票面值转为"应付账款"

二、多项选择题（下列各小题备选答案中，有两个或两个以上符合题意的正确答案。本类题共20分，每小题2分。多选、少选、错选或不选均不得分）

21. 下列关于会计等式的说法中，正确的是（　　）。

A. "资产＝负债＋所有者权益"是最基本的会计等式，表明了会计主体在某一特定时期所拥有的各种资产与债权人、所有者之间的动态关系

B. "收入＝费用－利润"这一等式动态地反映经营成果与相应期间的收入和费用之间的关系，是企业编制利润表的基础

C. "资产＝负债＋所有者权益"这一会计等式说明了企业经营成果对资产和所有者权益所产生的影响，体现了会计六要素之间的内在联系

D. 企业各项经济业务的发生并不会破坏会计基本等式的平衡关系

22. 下列属于负债类会计科目的有（　　）。

A. 短期借款　　　　　B. 应付职工薪酬

C. 应付票据　　　　　D. 营业税金及附加

23. 填制原始凭证时，符合书写要求的是（　　）。

A. 阿拉伯数字前面应当书写货币种符号

B. 币种符号与阿拉伯金额数字之间不得留有空白

C. 大写金额有分的，分字后面要写"整"或"正"字

D. 汉字大写金额可以用简化字代替

24. 按经济用途和使用情况综合分类，企业的固定资产可以分为（　　）。

A. 生产经营用固定资产、非生产经营用固定资产

B. 租出固定资产、融资租入固定资产

C. 不需用固定资产

D. 未使用固定资产、土地

25. 下列资产负债表各项目中，属于流动负债的有（　　）。

A. 预收账款

B. 其他应交款

C. 预付账款

D. 一年内到期的长期借款

26. 在"固定资产清理"账户借方登记的是（　　）。

A. 转入清理的固定资产净值

B. 转入清理的固定资产原值

C. 发生的清理费用

D. 由保险公司或过失人承担的损失

27. 下列各项中，不应该计入产品成本的是（　　）。

A. 行政部门的办公费用

B. 车间管理人员的工资

C. 行政管理人员的工资

D. 生产工人的工资

28. 下面关于担任初级会计师的基本条件的说法，正确的有（　　）。

A. 取得硕士学位，具备履行初级会计师职责的能力

B. 大学本科毕业，在财务会计工作岗位上见习 1 年期满

C. 大学专科毕业并担任会计员职务 3 年以上

D. 中等专业学校毕业，担任会计员职务 4 年以上，并通过初级会计师专业技术职务资格考试

29. 下列资本公积项目中，可以直接用于转增资本的有（　　）。

A. 关联交易差价　　B. 股权投资准备

C. 外币资本折算差额　D. 资本（股本）溢价

30. 根据《企业会计准则第 9 号——职工薪酬》的规定，属于企业职工的范围有（　　）。

A. 全职职工　　B. 兼职职工

C. 临时职工　　D. 董事会成员

三、不定项选择题（下列各小题备选答案中，有一个或一个以上符合题意的正确答案。本类题共 20 分，每小题 2 分。多选、少选、错选或不选均不得分）

31. 下列账户中，期末余额一般在借方的是（　　）。

A. 销售费用　　B. 应收账款

C. 预收账款　　D. 盈余公积

32. 下列属于存货的是（　　）。

A. 原材料　　　B. 在产品

C. 半成品　　　D. 库存商品

33. 下列各项中，关于账账核对的说法正确的是（　　）。

A. 账账核对是指核对不同会计账簿之间的账簿记录是否相符

B. 期末总分类账簿应与所属明细分类账簿进行核对

C. 期末总分类账簿应与序时账簿相核对

D. 期末明细分类账簿之间应进行核对

34. 某企业 1 月份发生下列支出：预付全年房屋租金 36 000 元；支付上年第 4 季度银行借款利息 16 200 元；以现金 520 元购买行政管理部门使用的办公用品；预提本月应负担的银行借款利息 4 500 元。按权责发生制确认的本月费用为（　　）。

A. 57 200 元　　　　B. 8 020 元

C. 24 220 元　　　　D. 19 720 元

35. X 企业本月应付职工薪酬总额为 205 000 元，其中，车间生产工人工资 150 000 元，车间管理人员工资 20 000 元，厂部行政管理人员工资 15 000 元，从事专项工程人员工资 10 000 元，福利人员工资 5 000 元，生产工人其他福利 5 000 元。则下列说法正确的是（　　）。

A. 借记"生产成本"150 000 元

B. 借记"制造费用"20 000 元

C. 借记"管理费用"20 000 元

D. 借记"在建工程"10 000 元

36. 某企业销售商品一批共计售价为 200 万元，增值税销项税额为 34 万元。该企业对购买方给定的现金折扣条件为"2/10，1/20，N/30"。如果购货方在第 18 天付款。那么购货方享受的现金折扣金额（考虑增值税）是（　　）。

A. 4. 68 万元　　　　B. 2. 34 万元

C. 1. 17 万元　　　　D. 0 万元

37. 某企业某生产车间核定的备用金金额为 5 000 元，以库存现金拨付。2010 年 4 月 14 日报销日常管

理支出3 800元，则( )。

A. 拨付时借记"其他应收款——备用金"5 000元

B. 拨付时借记"应收账款——备用金"5 000元

C. 报销时确认"制造费用"3 800元

D. 报销时确认"生产成本"3 800元

38. 下列( )不是反映营业损益的账户。

A. 主营业务收入　　B. 营业税金及附加

C. 营业外支出　　D. 其他业务成本

39. 下列资产负债表项目中，可根据相应总账账户期末余额直接填列的是( )。

A. 固定资产　　B. 应交税费

C. 长期股权投资　　D. 预付账款

40. X企业销售一批产品，增值税发票上的商品售价为300 000元，增值税额51 000元，货到后买方发现商品质量不合格，要求在价格（考虑增值税）上给予3%的折让，则( )。

A. 共实现主营业务收入300 000元

B. 共实现主营业务收入291 000元

C. 确认了增值税销项税额共计51 000元

D. 实际收到款项340 470元

**四、判断题（对的在括号内打"√"，错的打"×"。本类题共20分，每小题1分。不判断、判断结果错误的均不得分，也不倒扣分）**

41. 企业支付现金，可从企业库存现金限额中支付或从开户银行中提取或从本企业的现金收入中直接支付。( )

42. 财务会计报告包括会计报表及其附注和其他应当在财务会计报告中披露的相关信息和资料。( )

43. 试算平衡检查账户记录是否正确，其依据在于会计基本等式的恒等关系和借贷记账法的借贷记账规则。( )

44. 基本生产车间使用的固定资产，所计提的折旧应计入制造费用，并最终进入产品的生产成本。( )

45. 因职工失职给企业造成一定损失或因企业财产等遭受意外而向保险公司收取的赔款应通过"其他应收款"核算。( )

46. 对于次要的会计信息，在不影响会计信息真实性和不至于误导使用者做出正确判断的前提下，可以适当合并，简化处理。( )

47. 账页是账簿用来记录经济业务事项的载体。( )

48. 财产清查后，如果发现盘盈或盘亏，应直接调整账簿记录，以保证账实相符。( )

49. 对库存现金进行日清月结是避免出现长短款的重要措施。( )

50. 年数总和法又称直线法，是将固定资产的折旧均衡地分摊到各期的一种方法。( )

51. 企业的短期借款利息数额较大，而且是到期一次支付时，需要按月计提计入"应付利息"。( )

52. 资产负债表、利润表、所有者权益变动表和现金流量表属于向企业外部提供会计信息的报表。( )

53. 发票、飞机票、火车票和银行收付款通知一样，都属于外来原始凭证。( )

54. N企业在进行库存现金清查中，发现库存现金实存数大于账面余额200元，则应借记"待处理财产损溢"200元。( )

55. 外购固定资产应当按照其重置成本进行初始计量。( )

56. 企业在销售过程中发生的广告费、商品维修费及销售部门产生的办公用品支出全部都属于销售费用。( )

57. 流动性强弱是根据资产转换为现金或负债到期清偿所需时间来衡量的。( )

58. A企业接受一批订单，在这个过程中，经济合同、收料单、成本计算单、出库单等都属于原始凭证。( )

59. G企业购入一台设备，该设备需安装，取得增值税专用发票注明买价为140万元，增值税额为23.8万元，支付的运费为5 000元，支付安装费3 000元，则固定资产入账价值为164.6万元。( )

60. 商业承兑汇票到期，承兑人违约拒付或无力支付票款，企业收到银行退回的商业承兑汇票、委托收款凭证、未付票款通知书或拒绝付款证明等，将到期票据的票面金额转入"应付账款"。( )

**五、计算分析题（本类题共2小题，每小题10分，共20分）**

61.（一）资料：浦发公司2011年12月31日总分类账户本期发生额和余额对照表（试算平衡表）如下：

**总分类账户本期发生额和余额对照表（试算平衡表）**

2011 年 12 月 31 日 单位：元

| 账户名称 | 期初余额 | | 本期发生额 | | 期末余额 | |
|---|---|---|---|---|---|---|
| | 借方 | 贷方 | 借方 | 贷方 | 借方 | 贷方 |
| 现金 | 7 200 | | 1 200 | 3 600 | 4 800 | |
| 银行存款 | 96 000 | | (1) | 75 600 | 166 800 | |
| 库存商品 | 60 000 | | 26 400 | 38 400 | 48 000 | |
| 应收账款 | (2) | | 94 200 | 100 800 | 96 000 | |
| 无形资产 | 118 200 | | 28 800 | 27 000 | 120 000 | |
| 实收资本 | | 180 000 | | 36 000 | | 216 000 |
| 盈余公积 | | 48 000 | 24 000 | 12 000 | | 36 000 |
| 短期借款 | | 60 000 | 42 000 | | | 18 000 |
| 长期借款 | | 96 000 | 10 200 | 79 800 | | 165 600 |
| 合计 | 384 000 | 384 000 | (3) | (4) | (5) | 435 600 |

（二）要求：根据以上资料，对以下 5 个问题分别作出正确的选择。

（1）项目（1）的金额应该为（　　）元。

A. 146 400　　　　　B. 136 200

C. 112 200　　　　　D. 206 400

（2）项目（2）的金额应该为（　　）元。

A. 174 600　　　　　B. 186 600

C. 102 600　　　　　D. 246 600

（3）项目（3）的金额应该为（　　）元。

A. 384 000　　　　　B. 94 200

C. 373 200　　　　　D. 435 600

（4）项目（4）的金额不可能为（　　）元。

A. 384 000　　　　　B. 373 200

C. 94 200　　　　　　D. 435 600

（5）项目（5）的金额应该为（　　）元。

A. 435 600　　　　　B. 384 000

C. 373 200　　　　　D. 417 600

62.（一）资料：某公司 7 月份发生下列经济业务（不考虑相关税费）。

（1）销售材料一批，货款 2 000 元，当即存入银行。

（2）销售产品一批，货款 5 000 元，当即收到 4 000 元存入银行，其他货款暂欠。

（3）预付 7～12 月的固定资产租金 3 000 元。

（4）收到 3 月份的应收销货款 2 000 元。

（5）收到购货单位预付的购货款 4 000 元，10 月交货。

（二）要求：根据以上资料，对以下 5 个问题分别作出正确的选择。

（1）按收付实现制计算，该公司 7 月份的收入为（　　）元。

A. 14 000　　　　　B. 12 000

C. 1 000　　　　　　D. 6 000

（2）按收付实现制计算，该公司 7 月份的费用不应该为（　　）元。

A. 3 500　　　　　B. 3 000

C. 1 000　　　　　D. 500

（3）按权责发生制计算，该公司 7 月份的收入为（　　）元。

A. 14 000　　　　　B. 12 000

C. 7 000　　　　　　D. 6 000

（4）按权责发生制计算，该公司 7 月份的费用不应该为（　　）元。

A. 3 500　　　　　B. 3 000

C. 1 000　　　　　D. 500

（5）按权责发生制计算，该公司 7 月份的利润为（　　）元。

A. 6 500　　　　　B. 5 000

C. 7 000　　　　　D. 7 500

# 模拟试卷（七）参考答案与精讲解析

**一、单项选择题**

1.【参考答案】A

【解析】现金流量按照交易的性质可分为经营活动现金流量、投资活动现金流量、筹资活动现金流量。故选 A。

2.【参考答案】B

【解析】从银行提取现金，会引起一种资产增加、另一种资产减少，但资产总额是不变的；用银行存款偿还应付货款，会引起资产减少的同时负债减

少；接受投资人的投资款，会引起资产增加，同时所有者权益也增加，但负债没有变。从银行取得短期借款，会引起资产与负债同时增加。故答案为 B。

3.【参考答案】C

【解析】领料单、发料汇总表、上交税金的收据属于原始凭证，其中领料单、发料汇总表属于自制原始凭证。故选 C。

4.【参考答案】A

【解析】因为公司拥有住房所有权，属于公司的

固定资产，因此必须按期计提折旧，又因为住房的受益对象是公司员工，所以选A项。

5.【参考答案】C

【解析】对于真实、合法、合理但内容不够完整，填写有错误的原始凭证，应退回给有关经办人员，由其负责将凭证补充完整、更正错误或重开后，再办理正式会计手续。对金额有错误的原始凭证，必须由出具单位重开。故选C。

6.【参考答案】B

【解析】财产清查包括货币资金和实物的清查。实物的清查方法主要有实地盘点法和技术推算法两种。技术推算法是指利用技术方法推算财产物质实存数的方法。这种方法适用于堆存量大、价值低廉、难以逐一清点或计量的实物财产。因此散装的食品适合采用的财产清查方法是技术推算法。故选B。

7.【参考答案】B

【解析】库存现金期末余额 = 期初借方余额 + 借方增加额 - 贷方增加额 = 1 000 + 1 500 - 1 600 = 900（元）。故选B。

8.【参考答案】B

【解析】根据实地盘存方法依据的存货等式：本期销货成本 = 期初存货成本 + 本期购货成本 - 期末存货成本 = 8 000 + 10 000 - 9 000 = 9 000（元），故选B。

9.【参考答案】A

【解析】提取盈余公积时，应该借记"利润分配——未分配利润"账户，贷方应该分两个明细科目，分别为法定盈余公积和任意盈余公积的数额。故选A。

10.【参考答案】A

【解析】借贷记账法的记账规则为：有借必有贷，借贷必相等。本题中试算时，借贷双方金额不相等，贷方比借方多出10 000元，说明借方再补记10 000元时，才能达到试算平衡。故选A。

11.【参考答案】D

【解析】本题应该采用红字更正法更正，即原来账户已经借记银行存款20 000，贷记应收账款20 000，只需红字冲销掉多记的金额，分录还是借记银行存款，贷记应收账款，数额为20 000 - 2 000 = 18 000（元）。所以D选项正确。

12.【参考答案】B

【解析】库存现金作为资产类账户，借方登记库存现金的增加数，贷方登记库存现金的减少数，期末余额在借方，反映期末库存现金的实有数。所以，本题中，该企业期末借方余额 = 期初借方余额 + 库存现金增加数 - 库存现金减少数 = 1 007 + （200 + 1 000） - 1 000 = 1 207（元），且为借方余额。故选B。

13.【参考答案】A

【解析】企业在计提固定资产折旧时，当月增加的固定资产，当月不计提折旧，从下月起计提折旧；当月减少的固定资产，当月照提折旧，从下月起不再计提。故选A。

14.【参考答案】D

【解析】资产负债表中应收账款项目，应根据应收账款、预收账款账户的所属明细账户的期末数填列。100 + 15 - 8 = 107（万元）。故选D。

15.【参考答案】C

【解析】所有者权益类账户、损益类账户是按照会计要素进行分类的。按照用途和结构分类，利润分配属于调整账户，是本年利润的备抵账户。故选C。

16.【参考答案】A

【解析】在填制原始凭证时，大小写金额必须相符且填写规范。大写金额前必须添加"人民币"字样，大写金额到元或角为止的，后面要写"整"或者"正"字。故选A。

17.【参考答案】A

【解析】选项A应记入"营业外收入"，选项BCD作为收入记入到利润表的"营业收入"中。故选A。

18.【参考答案】D

【解析】外来原始凭证金额有错误的，只能由原出具单位重新出具。故选D。

19.【参考答案】C

【解析】100 - 20 + 20 - 10 + 15 - 15 = 90（万元）。故选C。

20.【参考答案】D

【解析】票据到期无力付款，按票据的账面余额转为"应付账款"。故选D。

二、多项选择题

21.【参考答案】BD

【解析】A应该是反映某一时点的静态情况，而非某一特定期间的动态情况；C错在这一会计等式并没有反映全部的会计要素。故选BD。

22.【参考答案】ABC

【解析】营业税金及附加属于损益类科目，其他三项均属于负债类项目。故选ABC。

23.【参考答案】AB

【解析】大写金额到元或角为止的，后面要写

"整"或"正"字;有分的,不用写。汉字大写金额不允许用简化字代替。故选AB。

24.【参考答案】ABCD

【解析】按经济用途和使用情况综合分类,企业的固定资产可以分为七大类:生产经营用固定资产、非生产经营用固定资产、租出固定资产、融资租入固定资产、不需用固定资产、未使用固定资产和土地。故ABCD全选。

25.【参考答案】ABD

【解析】预付账款属于企业的流动资产,预收账款与其他应交款是企业的流动负债,一年内到期的长期借款由于期限不足一年,所以也属于企业的流动负债。

26.【参考答案】AC

【解析】"固定资产清理"账户借方登记转入清理的固定资产净值和发生的清理费用以及结转的清理净收益。故选AC。

27.【参考答案】AC

【解析】应当计入产品成本的只包括直接材料、直接人工和制造费用。B属于"制造费用",D属于"直接人工"。而AC应当计入"管理费用"。故选AC。

28.【参考答案】ABD

【解析】关于担任初级会计师的基本条件,需大学专科毕业并担任会计员职务2年以上。故选ABD。

29.【参考答案】CD

【解析】外币资本折算差额与资本(股本)溢价可以直接用于转增资本,而关联交易差价与股权投资准备不可以直接转增资本,只有在转入"资本公积——其他资本公积"后才可以转增资本。

30.【参考答案】ABCD

【解析】职工薪酬中的"职工"是指:与企业订立劳动合同的所有人员,包括全职、兼职和临时职工;虽未与企业订立劳动合同但由企业正式任命的人员,如董事会成员、监事会成员等;虽与企业未订立劳动合同或企业未正式任命,但为企业提供与职工类似服务的人员。

### 三、不定项选择题

31.【参考答案】AB

【解析】资产类、费用类的期末余额一般是借方余额,负债类、所有者权益类和收入类的期末余额一般为贷方余额,其中销售费用是费用类账户,应收账款是资产类账户,预收账款是负债类账户,盈余公积是所有者权益类。故选AB。

32.【参考答案】ABCD

【解析】存货包括各类原材料、在产品、半成品、库存商品、商品以及周转材料等。故全选。

33.【参考答案】ABCD

【解析】账账核对是指核对不同会计账簿之间的账簿记录是否相符,包括:总分类账簿有关账户的余额核对,总分类账簿与所属明细分类账簿核对,总分类账簿与序时账簿核对,明细分类账簿之间的核对。故全选。

34.【参考答案】B

【解析】预付全年房屋资金36 000元作为待摊费用,本月应摊销3 000元,计入本月费用;支付上年第4季度银行借款利息16 200元属于上年的财务费用;以现金520元购买行政管理部使用的办公用品应计入管理费用;本月应负担的银行借款利息4 500元计入财务费用;故按权责发生制确定的本月费用为8 020元(3 000 + 520 + 4 500)。故答案为B。

35.【参考答案】BCD

【解析】本题的会计处理应为:

借:生产成本　　　　　　　　155 000

　　制造费用　　　　　　　　 20 000

　　管理费用　　　　　　　　 20 000

　　在建工程　　　　　　　　 10 000

　　贷:应付职工薪酬——工资　　　　　205 000

故选BCD。

36.【参考答案】B

【解析】根据我国《企业会计准则》的规定,企业的应收账款按照总价法确定。所以应收账款的入账价值,即200 + 34 = 234(万元)。又在第18天付款享受1%的现金折扣。所以,现金折扣金额 = 234 × 1% = 2.34(万元)。故选B。

37.【参考答案】AC

【解析】备用金通过其他应收款核算;拨付备用金时借记其他应收款;报销时按部门记入相应的费用,题中是某生产车间,故记入制造费用。故选AC。

38.【参考答案】C

【解析】按照损益与企业的生产经营活动是否有关,损益类账户可以分为反映营业损益的账户和反映非经常性损益的账户。本题中,营业外支出属于反映非经常性损益的账户。故选C。

39.【参考答案】B

【解析】应交税费应根据总账账户期末余额直接填列;固定资产、长期股权投资根据有关科目余额减去其备抵科目余额后的净额填列;预付账款应根据预付账款和应付账款科目所属各明细科目的期末借方余额合计数，减去坏账准备科目中有关预付账款计提的坏账准备期末余额后的金额填列。故选 B。

**40.** 【参考答案】BD

【解析】发生销售折让时，如按规定允许扣减当期销项税额，应同时用红字冲减"应交税费——应交增值税"账户的"销项税额"专栏。故选 BD。

**四、判断题**

**41.** 【参考答案】×

【解析】企业支付现金，可从企业库存现金限额中支付或从开户银行中提取，不得从本企业的现金收入中直接支付。本题说法错误。

**42.** 【参考答案】√

【解析】财务会计报告同时还包括资产负债表、利润表（或业务收支明细表）、现金流量表等报表。本题说法正确。

**43.** 【参考答案】√

【解析】借贷记账法以会计恒等式为基本依据，保证了"有借必有贷，借贷必相等"，这就确保了每一项经济业务所编制的会计记录中的借方发生额与贷方发生额之间必然存在平衡相等的关系，此为试算平衡的理论依据。本题说法正确。

**44.** 【参考答案】√

【解析】固定资产应当按月计提折旧，并根据用途计入相关资产的成本或当期损益。基本生产车间使用的固定资产所计提的折旧计入制造费用，最终计入生产成本；管理部门使用的固定资产，所计提折旧计入管理费用；销售部门使用的固定资产，所计提的折旧计入销售费用。本题说法正确。

**45.** 【参考答案】√

【解析】其他应收款指企业除应收票据、应收账款、预付账款等以外的其他各种应收及暂付款项。包括应收的各种赔款、应收的各种罚款、存出保证金等。本题说法正确。

**46.** 【参考答案】√

【解析】这符合重要性的要求。对于次要的会计信息，在不影响会计信息真实性和不至于误导使用者做出正确判断的前提下，可以适当合并，简化处理。本题说法正确。

**47.** 【参考答案】√

【解析】账页是账簿用来记录经济业务事项的载体。本题说法正确。

**48.** 【参考答案】×

【解析】在发现财产物资的盘盈或盘亏后，应按照一定的程序报请企业领导部门的批准，在得到批准的情况下调整账簿记录。本题说法错误。

**49.** 【参考答案】√

【解析】对库存现金进行日清月结是出纳员办理库存现金出纳工作的基本原则和要求，也是避免出现长短款的重要措施。本题说法正确。

**50.** 【参考答案】×

【解析】年限平均法又称直线法，是将固定资产折旧均衡地分摊到各期的一种方法。本题说法错误。

**51.** 【参考答案】√

【解析】如果短期借款利息分期支付或到期一次支付、且数额较大，可采用预提的方法分期计入损益；如果利息按月支付，或者虽然分期支付或到期一次支付，但数额较小时，可不采用预提的方法，而在实际支付利息时直接计入当期损益。本题说法正确。

**52.** 【参考答案】√

【解析】财务报表按服务对象，可以分为对外报表和内部报表。对外报表是企业必须定期编制、定期向上级主管部门、投资者、财税部门等报送或按规定向社会公布的财务报表。本题说法正确。

**53.** 【参考答案】√

【解析】外来原始凭证指在经济业务发生或完成时，从其他单位或个人直接取得的原始凭证。题中所述符合这两个条件。本题说法正确。

**54.** 【参考答案】×

【解析】对库存现金进行清查后，如有溢余，借记"库存现金"账户，贷记"待处理财产损溢"账户；如有短缺，则相反。本题说法错误。

**55.** 【参考答案】×

【解析】固定资产应当按照其取得成本进行初始计量。本题说法错误。

**56.** 【参考答案】√

【解析】销售费用是指企业在销售商品和材料、提供劳务过程中发生的各项费用，包括企业销售商品过程中发生的包装费、保险费、展览费和广告费、商品维修费、预计产品质量保证损失等费用。此外，销售费用属于期间费用，要计入当期损益。本题说法正确。

**57.** 【参考答案】√

【解析】资产转换为现金或负债到期清偿所需时间越短，表明企业的流动性越强。本题说法正确。

**58.** 【参考答案】×

【解析】只有能够证明经济业务已经完成的文件或证明，才能作为会计核算的原始资料。凡是不能证明经济业务已经完成的材料，如经济合同等都不能作为会计凭证。本题说法错误。

59.【参考答案】×

【解析】购入需要安装的固定资产，应在购入不需要安装的固定资产取得成本的基础上加上安装调试成本等。但新准则规定，购入固定资产时的增值税进项税额允许抵扣，故不计入成本。所以固定资产入账价值 = 140 + 0.5 + 0.3 = 140.8（万元）。本题说法错误。

60.【参考答案】×

【解析】承兑人无法支付或无力支付票款，应计入"应收账款"。本题说法错误。

**五、计算分析题**

61.（1）【参考答案】A

【解析】所有账户的本期借方发生额 = 所有账户的本期贷方发生额。根据贷方所有金额合计得到 = 3 600 + 75 600 + 38 400 + 100 800 + 27 000 + 36 000 + 12 000 + 79 800 = 373 200（元），所以借方本期发生额合计就是 373 200 元；则本期银行存款借方发生额 = 373 200 - 1 200 - 26 400 - 94 200 - 28 800 - 24 000 - 42 000 - 10 200 = 146 400（元）。

（2）【参考答案】C

【解析】所有账户的期初借方余额 = 所有账户的期初贷方余额，合计栏的期初余额合计就是贷方余额合计 384 000 元，所以应收账款期初借方余额 = 384 000 - 7 200 - 96 000 - 60 000 - 118 200 = 102 600（元）。

（3）【参考答案】C

【解析】贷方所有金额合计 = 3 600 + 75 600 + 38 400 + 100 800 + 27 000 + 36 000 + 12 000 + 79 800 =

373 200（元）。

（4）【参考答案】ACD

【解析】所有账户的本期借方发生额 = 所有账户的本期贷方发生额，所以借方本期发生额合计就是贷方所有金额合计 373 200 元。

（5）【参考答案】A

【解析】贷方期末余额 = 216 000 + 36 000 + 18 000 + 165 600 = 435 600（元），因此借方余额合计也是 435 600 元。

62.（1）【参考答案】B

【解析】按照收付实现制原则确认，以实际收到时间作为标准来确定当期收入。所以该公司7月份的收入为业务（1）2 000 + 业务（2）4 000 + 业务（4）2 000 + 业务（5）4 000 = 12 000（元）。

（2）【参考答案】ACD

【解析】7~12月的固定资产租金已经实际预付，在收付实现制下属于当期的费用。

（3）【参考答案】C

【解析】在权责发生制下，凡不属于当期的收入和费用，即使款项已在当期收付，也不应当作为当期的收入和费用。所以该公司1月份的收入为业务（1）2 000 + 业务（2）5 000 = 7 000（元）。

（4）【参考答案】ABC

【解析】在权责发生制下，属于当期的费用是业务（3）中的预付租金，预付7~12月的固定资产租金 3 000 元，对应的7月份费用是 500 元。

（5）【参考答案】A

【解析】在权责发生制下，根据会计等式收入 - 费用 = 利润，7月份的收入为 7 000 元，7月份的费用为 500 元，当期应确认的利润为 6 500 元。

# 会计从业资格考试《会计基础》模拟试卷（八）

一、单项选择题（下列各小题备选答案中，只有一个符合题意的正确答案。本类题共 20 分，每小题 1 分。多选、错选、不选均不得分）

1. 下列各项中属于流动资产的有（　　）。

A. 机器设备　　　　B. 预收账款

C. 预提费用　　　　D. 预付账款

2. 下列各项中，符合会计要素收入定义的是（　　）。

A. 出售材料收入

B. 出售无形资产净收益

C. 转让固定资产净收益

D. 向购货方收取的增值税销项税额

3. 在我国，现金日记账和银行存款日记账要选用（　　）。

A. 活页式账簿　　　　B. 订本式账簿

C. 卡片式账簿　　　　D. 自己认为合适的账簿

4. 下列关于支票的说法，错误的是（　　）。

A. 支票是一种委付证券

B. 同一票据交换区域款项结算，均可以使用支票

C. 我国支付结算办法规定的现金支票、转账支票和普通支票均为定额支票

D. 支票只能是即期的，不允许签发远期支票

5. 区分不同账务处理程序的根本标志是（　　）。

A. 编制汇总原始凭证的依据不同

B. 编制记账凭证的依据不同

C. 登记总分类账的依据不同

D. 编制会计报表的依据不同

6. 企业到外地进行临时或零星采购时，汇往采购地银行开立采购专户的款项是（　　）。

A. 银行汇票　　　　B. 银行本票

C. 外埠存款　　　　D. 在途货币资金

7. 目前，我国所采用的账务处理程序中最基本的是（　　）。

A. 记账凭证账务处理程序

B. 科目汇总表账务处理程序

C. 汇总记账凭证账务处理程序

D. 日记总账账务处理程序

8. 投资者缴付企业的出资额大于其在企业注册资本中所拥有份额的数额，计入（　　）账户进行核算。

A. 实收资本　　　　B. 资本公积

C. 资本溢价　　　　D. 盈余公积

9. 某机械制造企业税前利润为 3 000 万元，计税工资 300 万元，实发 280 万元，国库券的利息收入为 50 万元，所得税税率为 25%，则本年应纳所得税为（　　）万元。

A. 565.5　　　　B. 510

C. 725　　　　D. 737.5

10. 直接进行产品生产的工人工资，应分配计入（　　）科目。

A. 管理费用

B. 生产成本——基本生产成本

C. 制造费用

D. 生产成本——辅助生产成本

11. 采购员王某为报销差旅费填制的"差旅费报销单"属于（　　）。

A. 自制原始凭证　　　　B. 记账凭单

C. 收款凭证　　　　D. 外来原始凭证

12. 某公司的厂房遭受火灾，保险公司同意赔款 100 000 元，但尚未收到保险公司的赔款。对于保险赔款，某公司正确的会计处理是（　　）。

A. 借记"应收账款"科目，贷记"固定资产清理"科目

B. 借记"其他应收款"科目，贷记"固定资产清理"科目

C. 借记"其他应收款"科目，贷记"营业外收入"科目

D. 暂时不作账务处理，收到时再作处理

13. 固定资产应提折旧总额等于（　　）。

A. 固定资产原值 – 清理费用

B. 固定资产原值 + 清理费用

C. 固定资产原值 + 预计净残值 + 预计清理费用

D. 固定资产原值 – 预计净残值 – 预计清理费用

14. 下列有关会计核算表述中，不正确的是（　　）。

A. 企业必须根据实际发生的经济业务事项进行会计核算

B. 企业在不违背国家统一会计制度规定的前提下，可以根据本企业的实际情况，确定应设置的会计科目

C. 企业发生的各项经济业务事项应当在依法设

置的会计账簿上统一登记、核算

D. 外国企业会计记录的文字可以只使用外国文字

15. 结转完工入库产品成本 50 000 元。该业务的正确会计分录为（　　）。

A. 借：生产成本　　　　　　50 000
　　　贷：原材料　　　　　　　　50 000

B. 借：库存商品　　　　　　50 000
　　　贷：生产成本　　　　　　　50 000

C. 借：主营业务成本　　　　50 000
　　　贷：库存商品　　　　　　　50 000

D. 借：原材料　　　　　　　50 000
　　　贷：在途物资　　　　　　　50 000

16. 甲公司购入一辆小汽车供管理部门使用，增值税专用发票中注明货款为 200 000 元，增值税 34 000 元，款项已用银行存款支付。此项业务的正确会计分录为（　　）。

A. 借：库存商品　　　　　　200 000
　　　应交税费——应交增值税（进项税额）
　　　　　　　　　　　　　　 34 000
　　　贷：银行存款　　　　　　234 000

B. 借：固定资产　　　　　　200 000
　　　应交税费——应交增值税（进项税额）
　　　　　　　　　　　　　　 34 000
　　　贷：银行存款　　　　　　234 000

C. 借：材料采购　　　　　　200 000
　　　应交税费——应交增值税（进项税额）
　　　　　　　　　　　　　　 34 000
　　　贷：银行存款　　　　　　234 000

D. 借：固定资产　　　　　　234 000
　　　贷：银行存款　　　　　　234 000

17. 某企业某月月初资产总额为 300 万元，负债总额 120 万元，本月发生如下业务：（1）向银行借入 18 万元存入银行；（2）购买原材料一批，价税合计 20 万元，款已用银行存款支付，月末已入库。月末该企业的资产总额应为（　　）万元。

A. 178　　　　　　　B. 218
C. 180　　　　　　　D. 318

18. 某企业"应付账款"明细账期末余额情况如下："应付账款——X 企业"贷方余额为 200 000 元，"应付账款——Y 企业"借方余额为 180 000 元，"应付账款——Z 企业"贷方余额为 300 000 元。假如该企业"预付账款"明细账均为借方余额。则根据以上数据计算的反映在资产负债表上"应付账款"项

目的数额为（　　）元。

A. 680 000　　　　　B. 320 000
C. 500 000　　　　　D. 80 000

19. 托收承付结算每笔的金额起点为（　　）。

A. 1 万元　　　　　　B. 5 000 元
C. 2 000 元　　　　　D. 1 000 元

20. 纳税人未按照规定期限缴纳税款的，扣缴义务人未按规定期限缴纳税款的，税务机关从滞纳税款之日起，按日加收滞纳税款万分之（　　）的滞纳金。

A. 二　　　　　　　　B. 一
C. 三　　　　　　　　D. 五

二、多项选择题（下列各小题备选答案中，有两个或两个以上符合题意的正确答案。本类题共 20 分，每小题 2 分。多选、少选、错选或不选均不得分）

21. 下列各项，属于企业会计核算具体内容的有（　　）。

A. 款项和有价证券的收付
B. 财产物资的收发、增减和使用
C. 债权债务的发生和结算
D. 财务成果的计算和处理

22. 总会计师负责组织的工作主要包括（　　）。

A. 组织编制和执行预算、财务收支计划
B. 负责本单位财务会计机构的设置和会计人员的配备
C. 参与技术改造、商品价格的制定
D. 协助单位负责人对本单位的生产经营和业务管理等问题作出决策

23. 填制原始凭证时，符合书写要求的是（　　）。

A. 阿拉伯金额数字前面应当书写货币币种符号
B. 币种符号与阿拉伯金额数字之间不得留有空白
C. 大写金额有分的，分字后面要写"整"或"正"字
D. 汉字大写金额可以用简化字代替

24. 应在"材料成本差异"账户贷方登记的是（　　）。

A. 入库材料实际成本小于计划成本的节约差异额
B. 入库材料实际成本大于计划成本的超支差异额
C. 月末分配转出的发出材料应负担的超支差异额
D. 月末分配转出的发出材料应负担的节约差

异额

25. 下列各项，应通过"固定资产清理"科目核算的有（　　）。

A. 盘亏的固定资产　　B. 出售的固定资产

C. 报废的固定资产　　D. 毁损的固定资产

26. 下列属于会计人员工作交接范围的是（　　）。

A. 会计人员调动工作

B. 会计人员离职

C. 会计人员临时离职

D. 会计人员因病不能工作

27. 企业在采用备抵法核算坏账损失时，估计坏账损失的方法有（　　）。

A. 账龄分析法

B. 应收款项余额百分比法

C. 销货百分比法

D. 总价法

28. 下列关于平行登记的说法正确的是（　　）。

A. 总账账户的期初余额等于明细账账户期初余额合计

B. 总账账户的期初余额等于所属明细账账户期初余额合计

C. 总账账户的本期发生额等于所属明细账账户本期发生额合计

D. 总账账户的期末余额等于所属明细账账户期末余额合计

29. 收款凭证可以作为出纳人员（　　）的依据。

A. 收入货币资金　　B. 付出货币资金

C. 登记现金日记账　　D. 登记银行存款日记账

30. 下列关于财产清查的说法，正确的有（　　）。

A. 在实物资产清查时，实物保管人员必须在场

B. 清查人员和实物保管人员应在盘存表上签名盖章

C. 需要根据"实存账存对比表"作出账务处理

D. 不需要根据"实存账存对比表"作出账务处理

**三、不定项选择题（下列各小题备选答案中，有一个或一个以上符合题意的正确答案。本类题共 20 分，每小题 2 分。多选、少选、错选或不选均不得分）**

31. 下列不属于工资费用的是（　　）。

A. 为生产工人购买劳保用品的支出

B. 职工出差补助

C. 职工市内交通补助

D. 加班加点工资

32. 假设某第 6 笔转账业务需填制三张记账凭证，则第二张记账凭证的正确编号是（　　）。

A. 转（字）6 - 3 - 2 号

B. 转（字）6 - 2 - 3 号

C. 转（字）6 - 2/3 号

D. 转（字）6 - 3/2 号

33. 因特殊情况其他单位需要使用原始凭证的不正确做法是（　　）。

A. 原始凭证不得借出

B. 经单位负责人批准可以查阅

C. 经单位负责人批准可以借出

D. 经单位负责人批准可以复制

34. 下列项目中，属于不定期并且应全面清查的是（　　）。

A. 单位合并、撤销以及改变隶属关系

B. 年终决算之前

C. 企业股份制改制前

D. 单位主要领导调离时

35. 在进行实物财产清查时，对（　　）不用发函询证法。

A. 委托外单位加工的物资

B. 库存现金

C. 应付账款

D. 在途物资

36. 根据《现金管理暂行条例》规定，下列经济业务中，不能用现金支付的是（　　）。

A. 支付职工奖金 5 000 元

B. 支付零星办公用品购置费 800 元

C. 支付物资采购货款 1 200 元

D. 支付职工差旅费 2 000 元

37. 下列账簿记录的书写方法不正确的是（　　）。

A. 用蓝黑墨水写

B. 用红色墨水冲销错账

C. 在不设借贷栏的多栏式账页中用红色墨水登记减少数

D. 用圆珠笔书写

38. 下列各项中，可用红色墨水记账的有（　　）。

A. 在不设借贷等栏的多栏式账页中，登记减少数

B. 在三栏式账户的余额栏前，如未印明余额方向的，在余额栏内登记负数余额

C. 补充登记原少记金额

D. 按照红字冲账的记账凭证，冲销错误记录

39. 下列人员的工资中，应由福利费开支的是( )。

A. 生产工人的工资

B. 在建工程工人的工资

C. 生活福利部门人员的工资

D. 车间管理人员的工资

40. 有关结账方法的表述，错误的是( )。

A. 月度结账时，应在各账户的最后一笔数字下，结出本月发生额和期末余额；在摘要栏内注明"本月合计"或"本月发生额及期末余额"字样，并在该行上、下划通栏单红线

B. 季度结账时，应结出本季度发生额合计数，在摘要栏内注明"本季累计"字样，并在该行下划通栏单线

C. 半年度结账时，应结出半年度发生额合计数，在摘要栏内注明"半年度累计"字样，并在该行下划通栏单红线

D. 年度结账时，应结出本年四个季度的发生额合计数，记入第四季度季结的下一行，在摘要栏内注明"本年累计"字样，并在该行下划通栏单红线，表示年末封账

**四、判断题（对的在括号内打"√"，错的打"×"。本类题共20分，每小题1分。不判断、判断结果错误的均不得分，也不倒扣分）**

41. 会计主体前提为会计核算确定了空间范围，会计分期前提为会计核算确定了时间范围。( )

42. 会计发现本单位自己记录的前年记账凭证有错误，会计不必用红字冲销，直接填制一张更正的记账凭证即可。( )

43. 资产负债表的格式主要有账户式和报告式两种，我国采用的是报告式，据此编制财务会计报告。( )

44. 记账凭证填制完经济业务事项后，如有空行，应当自金额栏最后一笔金额数字下的空行处至合计数的空行处用文字表示注销。( )

45. 原始凭证金额有错误的，应当由出具单位更正，更正处应当加盖出具单位印章。( )

46. 每日经济业务登记完毕，应结计现金日记账的当日余额，并以账面余额同库存现金的实存额进行核对，检查账实是否相符。( )

47. 年终更换新账时，新旧账簿有关账户之间的转记金额，应该编制记账凭证。( )

48. 对不真实、不合法的原始凭证，会计人员有

权不予接受，对记载不准确、不完整的原始凭证，会计人员有权要求其重填。( )

49. 银行存款余额调节表是调整企业银行存款账面余额的原始凭证。( )

50. 企业的一般存款账户是指企业办理日常转账结算和现金收付的账户，企业的工资、奖金等现金的支取，也通过该账户办理。( )

51. 固定资产的大修理、中小修理等维护性支出，应在发生时记入固定资产账面价值。( )

52. 按照企业会计制度规定，现金折扣和销售折让在实际发生时计入当期财务费用。( )

53. 如果企业已经确认收入，又发生销售退回的，均应冲减退回当月的销售收入，同时冲减退回当月的销售成本。( )

54. 当月增加的固定资产当月不提折旧，当月减少的固定资产当月照提折旧。( )

55. 单位负责人对依法履行职责的会计人员实行打击报复，情节恶劣的，依法给予行政处分。( )

56. A签发一张商业汇票给收款人B，汇票上未注明付款日期，该票据无效。( )

57. 本期发生的管理费用和制造费用均会全额影响本期损益。( )

58. 对外发生经营业务时，一律由收款人向付款人开具发票。( )

59. 对不真实、不合法的原始凭证，会计人员予以退回，并要求经办人员按照国家统一的会计制度的规定进行更正、补充。( )

60. 实行手工记账的单位，现金日记账和银行存款日记账必须采用订本式账簿，可用银行对账单或者其他方法代替日记账。( )

**五、计算分析题（本类题共2小题，每小题10分，共20分）**

61.（一）资料：可可公司采用科目汇总表账务处理程序，2011年3月份发生的部分经济业务如下：

（1）3日，用现金支付车间水电费1 500元。

（2）4日，购买固定资产用银行存款支付20 000元。

（3）6日，销售产品一批，售价10 000元，增值税1 700元，产品已发出，货款通过银行存款收讫，该产品的成本8 000元同时结转。

（4）8日，用库存现金支付第一生产车间维修费用200元。

（5）10日，本月固定资产计提折旧20 000元，

其中管理部门计提折旧5 000元，销售部门计提折旧5 000，生产车间计提折旧10 000元。

（二）要求：根据以上资料，对以下5个问题分别作出正确的选择。

（1）根据上述业务按月编制的科目汇总表中，"库存现金"账户发生额分别为（　）。

A. 借方发生额1 053元

B. 借方发生额900元

C. 贷方发生额1 700元

D. 贷方发生额2 300元

（2）根据上述业务按月编制的科目汇总表中，所有账户的发生额合计分别为（　）。

A. 借方发生额53 400元

B. 借方发生额61 400元

C. 贷方发生额53 400元

D. 贷方发生额61 400元

（3）3月10日计提折旧的会计分录涉及的账户可能有（　）。

A. 销售费用　　　　B. 财务费用

C. 管理费用　　　　D. 制造费用

（4）6日销售商品，其结转成本的会计分录正确的是（　）。

A. 借：生产成本　　　　　　　8 000

　　　贷：库存商品　　　　　　　　8 000

B. 借：生产成本　　　　　　　8 000

　　　贷：制造费用　　　　　　　　8 000

C. 借：主营业务成本　　　　　8 000

　　　贷：库存商品　　　　　　　　8 000

D. 借：其他业务成本　　　　　8 000

　　　贷：库存商品　　　　　　　　8 000

（5）下列关于购入固定资产的核算正确的是（　）。

A. 购入生产用固定资产其进项税额可以抵扣

B. 当月购入的固定资产当月不计提折旧，下月开始计提

C. 当月减少的固定资产当月不计提折旧，从下月开始计提

D. 当月减少的固定资产当月计提折旧，从下月开始不计提

62.（一）资料：宝发公司为增值税一般纳税企业，适用的增值税税率为17%。2009年3月份，宝发公司发生下列业务：

（1）2日，销售甲产品100台，单价为450元/台，货款尚未收到；甲产品3月初结存数量500台，

单位成本310元/台；本月入库2 000台，单位成本为320元/台；甲产品发出库存商品的成本按全月一次加权平均法计算。

（2）20日，为增加本公司员工福利，公司管理层决定向全体职工每人发放1台本企业生产的乙产品。公司共有职工300人，其中生产工人200人，车间管理人员40人，厂部管理人员60人。乙产品不含市场售价2 000元，单位成本1 450元。

（3）宝发公司3月份共实现营业利润260 000元，发生财务费用12 000元，管理费用50 000元，营业外支出4 000元，所得税税率25%（本月应交所得税全部上交），按10%提取法定盈余公积，按5%提取任意盈余公积。

（二）要求：根据上述资料，回答下列问题：

（1）3月份甲产品的加权平均单位成本是（　）元/台。

A. 315　　　　　　　B. 318

C. 320　　　　　　　D. 325

（2）3月2日销售的甲产品应结转成本（　）元。

A. 31 000　　　　　B. 31 500

C. 31 800　　　　　D. 32 500

（3）宝发公司3月份的净利润为（　）元。

A. 64 000　　　　　B. 256 000

C. 190 000　　　　　D. 192 000

（4）3月20日，对于利用产品发放福利的会计分录，正确的有（　）。

A. 借：生产成本　　　　　　468 000

　　　　制造费用　　　　　　 93 600

　　　　管理费用　　　　　　140 400

　　　贷：应付职工薪酬——非货币性福利

　　　　　　　　　　　　　702 000

B. 借：生产成本　　　　　　400 000

　　　　制造费用　　　　　　 80 000

　　　　管理费用　　　　　　120 000

　　　贷：应付职工薪酬——非货币性福利

　　　　　　　　　　　　　600 000

C. 借：应付职工薪酬——非货币性福利

　　　　　　　　　　　　　702 000

　　　贷：主营业务收入　　　600 000

　　　　　应交税费——应交增值税（销项税额）　　　　　　102 000

D. 借：主营业务成本　　　　435 000

　　　贷：库存商品　　　　　　435 000

（5）宝发公司交纳所得税、计提盈余公积的会计分录，正确的有(    )。

A. 借：应交税费——应交所得税    64 000
　　　贷：银行存款                    64 000

B. 借：应交税费——应交所得税    48 500
　　　贷：银行存款                    48 500

C. 借：利润分配——提取法定盈余公积
　　　　　　　　　　　　　　14 550
　　　　　　——提取任意盈余公积
　　　　　　　　　　　　　　　7 275

贷：盈余公积——法定盈余公积    14 550
　　　　　　——任意盈余公积     7 275

D. 借：利润分配——提取法定盈余公积
　　　　　　　　　　　　　　19 200
　　　　　　——提取任意盈余公积
　　　　　　　　　　　　　　　9 600
　　　贷：盈余公积——法定盈余公积    19 200
　　　　　　　　——任意盈余公积    9 600

# 模拟试卷（八）参考答案与精讲解析

## 一、单项选择题

**1.【参考答案】D**

【解析】机器设备属于非流动资产，预收账款和预提费用属于流动负债，只有预付账款属于流动资产。故答案为 D。

**2.【参考答案】A**

【解析】收入是企业在销售商品、提供劳务及让渡资产使用权等日常活动中所形成的经济利益的总流入。企业销售的其他存货，如原材料、包装物等也视同商品。但收入不包括从偶发的交易或事项中产生的经济利益的流入，如出售无形资产净收益、转让固定资产净收益；收入也不包括为第三方或客户代收的款项，如向购货方收取的增值税销项税额。故答案为 A。

**3.【参考答案】B**

【解析】订本账，一般用于重要的具有统驭性的账簿，如总分类账、现金日记账和银行存款日记账等。故答案为 B。

**4.【参考答案】C**

【解析】支票是出票人委托银行或者其他金融机构支付票款的票据，是一种委付证券。故 A 选项正确。单位和个人在同一票据交换区域的各种款项结算，均可以使用支票。故 B 选项正确。我国支付结算办法规定的现金支票、转账支票和普通支票均为不定额支票，由出票人根据经济活动的需要确定出票金额。故 C 选项符合题意。支票只能是即期的，支票记载的出票日必须是实际出票日，并且为见票即付，不允许签发远期支票。故 D 选项正确。

**5.【参考答案】C**

【解析】一种账务处理程序区别于另一种账务处理程序，主要在于登记总分类账的程序和方法不同。故答案为 C。

**6.【参考答案】C**

【解析】企业到外地进行临时或零星采购时，汇往采购地银行开立采购专户的款项是外埠存款。故答案为 C。

**7.【参考答案】A**

【解析】我国所采用的账务处理程序中最基本的是记账凭证账务处理程序。

**8.【参考答案】B**

【解析】投资者缴付企业的出资额大于其在企业注册资本中所拥有份额的数额，作为资本溢价，计入"资本公积"账户进行核算。故答案为 B。

**9.【参考答案】D**

【解析】一般应纳所得税 = （3 000 - 50）× 25% = 737.5（万元）。工资额和实发额对应纳税额是没有用处的干扰信息，一般将利润直接乘以利率即可算应纳税额，但是国库券利息收入应该是免税的，利润包含了国库券的利息收入，所以要扣除。

**10.【参考答案】B**

【解析】生产成本是生产单位为生产产品或提供劳务而发生的各项生产费用，包括各项直接支出和制造费用。直接支出包括直接材料（原材料、辅助材料、备品备件、燃料及动力等）、直接工资（生产人员的工资、补贴）、其他直接支出（如福利费）。为了核算生产成本，可设置生产成本账户进行核算，并可以分设基本生产成本和辅助生产成本账户核算。直接进行产品生产的工人工资，应分配计入"生产成本——基本生产成本"科目。B 选项正确。

**11.【参考答案】A**

【解析】原始凭证又称单据，是在经济业务发生或完成时取得或填制的，用以记录或证明经济业务的发生或完成情况的文字凭证。采购员为报销差旅费填制的"差旅费报销单"属于自制原始凭证。A选项正确。

12.【参考答案】B

【解析】固定资产报损时，应由保险公司或过失人赔款，借记"银行存款"或"其他应收款"账户，贷记"固定资产清理"账户。因尚未收到保险公司的赔款，所以应借记"其他应收款"科目，贷记"固定资产清理"科目。B选项正确。

13.【参考答案】D

【解析】固定资产的折旧是指固定资产在使用过程中，逐渐损耗而消失的那部分价值。固定资产损耗的这部分价值，应当在固定资产的有效使用年限内进行分摊，形成折旧费用计入各期成本。应提折旧总额＝固定资产原价－预计残值＋预计清理费用。D选项正确。

14.【参考答案】D

【解析】会计记录的文字应当使用中文，外国企业的会计记录可以同时使用一种外国文字。故D选项错误。

15.【参考答案】B

【解析】A选项是领用原材料的会计分录，B选项是结转完工入库产品成本的会计分录，C选项是结转销售成本的会计分录，D选项是原材料入库的会计分录。故选B。

16.【参考答案】D

【解析】外购固定资产的成本，包括购买价款、相关税费、运输费、装卸费、安装费和专业人员服务费等。购买固定资产发生的增值税应记入固定资产的成本费用中，D选项正确。

17.【参考答案】D

【解析】"向银行借入18万元存入银行"，这项业务使得企业资产增加18万元，负债增加18万元，所有者权益没有发生变化。"购买原材料一批"，这项业务使得企业"原材料"增加、"银行存款"减少，企业总资产、负债和所有者权益均没有发生变化。根据"资产＝负债＋所有者权益"，可得：月末该企业资产总额＝300＋18＝318（万元）。

18.【参考答案】C

【解析】"应付账款"项目根据"应付账款"和"预付账款"科目所属各明细科目的期末贷方余额合计数填列。故"应付账款"项目的数额＝200 000＋300 000＝500 000（元）。

19.【参考答案】A

【解析】托收承付结算每笔的金额起点为1万元，新华书店系统每笔的金额起点为1 000元。故A选项正确。

20.【参考答案】D

【解析】纳税人未按照规定期限缴纳税款的，扣缴义务人未按照规定期限解缴税款的，税务机关除责令限期缴纳外，从滞纳之日起，按日加收滞纳税款万分之五的滞纳金。故D选项正确。

二、多项选择题

21.【参考答案】ABCD

【解析】会计核算的具体内容包括：款项和有价证券的收付，财物的收发、增减和使用，债权债务的发生和结算，资本的增减，收入、支出、费用、成本的计算，财务成果的计算和处理。故答案为ABCD。

22.【参考答案】AB

【解析】AB选项为总会计师负责组织的工作。CD选项为总会计师协助、参与的工作。

总会计师负责组织的工作包括组织编制和执行预算、财务收支计划、信贷计划，拟定资金筹措和使用方案，开辟财源，有效地使用资金；建立健全经济核算制度，强化成本管理，进行经济活动分析，精打细算，提高经济效益；负责本单位财务会计机构的设置和会计人员的配备，组织对会计人员进行业务培训和考核；支持会计人员依法行使职权等。

23.【参考答案】AB

【解析】大写金额到元或角为止的，后面要写"整"或"正"字；有分的，不写"整"或"正"字。汉字大写金额不允许用简化字代替。故答案为AB。

24.【参考答案】ACD

【解析】"材料成本差异"账户，借方登记入库材料实际成本大于计划成本的超支差异额；贷方登记入库材料实际成本小于计划成本的节约差异额和月末转出的发出材料应负担的差异额（超支差异额用蓝字，节约差异额用红字）。故答案为ACD。

25.【参考答案】BCD

【解析】企业出售、报废、毁损等原因减少的固定资产，应在"固定资产清理"账户核算。故答案为BCD。

26.【参考答案】ABCD

【解析】《会计法》规定，会计人员在调动工作或离职时必须办理会计工作交接。故AB选项正确。除此之外，会计人员在临时离职或其他原因暂时不能工作时，也应办理会计工作交接。故CD选项正确。

27. 【参考答案】ABC

【解析】企业在采用备抵法核算坏账损失时，估计坏账损失的方法有应收款项余额百分比法、账龄分析法和销货百分比法。故答案为 ABC。

28. 【参考答案】BCD

【解析】A 项的正确表达应该是：总账账户的期初余额等于所属明细账账户期初余额合计，因为金额相同，计入总分类账账户的金额与计入其所属明细分类账账户的合计金额也就相等。BCD 选项说法正确。

29. 【参考答案】ACD

【解析】收款凭证是指用于记录现金和银行存款收款业务的会计凭证，它是出纳人员根据库存现金收入和银行存款收入业务的原始凭证编制的专用凭证，据以作为登记现金和银行存款等有关账户的依据。付款凭证可以作为出纳人员付出货币资金的依据。ACD 选项正确。

30. 【参考答案】ABC

【解析】为了明确经济责任，在进行盘点时，实物保管人员必须在场，并参加盘点工作。对于实物盘点，除要注意清点实物的实有数量，还要注意检查实物的质量，盘点半成品时，还要检查其是否配套。各项财产物资的盘点结果，应逐一填制盘存单，并同账面余额记录核对，确认盘盈盘亏数，填制实存账存对比表，作为调整账面记录的原始凭证。选项 D 错误。

### 三、不定项选择题

31. 【参考答案】ABC

【解析】为生产工人购买劳保用品的支出，属于劳动保护费，应作为制造费用计入产品成本；职工出差补助和职工市内交通补助，属于差旅费，应作为管理费用开支。这些款项，有的虽然随同工资发放，但不属于工资总额的组成部分，不应计作工资费用。只有加班加点工资是工资总额的组成部分，属于工资性支出。故答案为 ABC。

32. 【参考答案】C

【解析】记账凭证编号要以月为单位，即每月月初从 1 号编起。复杂的会计项目，需要填制两张或两张以上记账凭证的，应另编分号，即在原编号后面用分数形式表示。本题中，第 6 号凭证编有三张记账凭证，则第一张编号为 6 - 1/3 号，第 2 张编号为 6 - 2/3 号，第 3 张编号为 6 - 3/3 号。

33. 【参考答案】C

【解析】按照《会计档案管理办法》规定，单位的会计档案不得借出，如因特殊需要，需经单位负责人批准，可以查阅或复制。

34. 【参考答案】ACD

【解析】年终决算之前进行的全面清查是每年必须进行的，是定期清查，其他三种都属于不定期的全面清查。故答案为 ACD。

35. 【参考答案】B

【解析】在进行实物财产清查时，对于委托外单位加工、保管的财产物资以及在途物资等，可采用发函询证法，对于往来款项（主要包括各种应收款、应付款、预收款及预付款）一般采用发函询证法。库存现金的清查应采用实地盘点法的方法进行，因此 B 选项符合题意。

36. 【参考答案】C

【解析】支付物资采购货款 1 200 元，超过了结算起点，不能用现金支付。其余的三项均符合现金使用范围的规定。故答案为 C。

37. 【参考答案】D

【解析】登记账簿要用蓝黑墨水或者碳素墨水书写，不得使用圆珠笔（银行的复写账簿除外）或者铅笔书写。故答案为 D。

38. 【参考答案】ABD

【解析】补充登记原少计金额，用蓝黑墨水或者碳素墨水书写。

39. 【参考答案】C

【解析】车间生产工人的工资，记入"生产成本"账户的借方；在建工程人员工资，记入"在建工程"账户的借方；基本生产车间管理人员工资，先记入"制造费用"账户的借方，然后按一定的方法分配记入相关产品成本中。生活福利部门人员的工资，记入"应付福利费"账户的借方。故答案为 C。

40. 【参考答案】D

【解析】年末结账时，应在全年累计发生额下面划通栏双红线。因此 D 选项错误。

### 四、判断题

41. 【参考答案】√

【解析】会计主体是指会计所核算和监督的特定单位或者组织，是会计确认、计量和报告的空间范围。因此，会计主体前提为会计核算确定了空间范围。会计分期是指将一个会计主体持续经营的生产经营活动划分为一个个连续的、长短相同的期间。因此，会计分期前提为会计核算确定了时间范围。本题说法正确。

42. 【参考答案】√

【解析】已经登记入账的记账凭证，在年内发现填写错误时，用红字填写一张与原内容相同的记账凭证冲销，同时再重新填写一张正确的记账凭证。发现以前年度记账凭证有错误的，不必用红字冲销，应直接填制一张更正的记账凭证。本题说法正确。

43.【参考答案】×

【解析】资产负债表的格式主要有账户式和报告式两种。我国企业的资产负债表采用账户式结构。财务会计报告和资产负债表不是同一个概念，资产负债表是财务会计报告的一部分。本题说法错误。

44.【参考答案】×

【解析】记账凭证填制完经济业务事项后，如有空行，应当自金额栏最后一笔金额数字下的空行处至合计数上的空行处划线注销。本题说法错误。

45.【参考答案】×

【解析】原始凭证有错误的，应当由出具单位重开或更正，更正处应当加盖出具单位印章；原始凭证金额有错误的，应当由出具单位重开，不得在原始凭证上更正。因此本题错误。

46.【参考答案】√

【解析】出纳人员应每天逐笔登记已发生的经济业务，且按日结出余额。在"借或贷"栏内写明"借"或"平"字。现金日记账余额每天还要与库存现金进行核对。因此本题正确。

47.【参考答案】×

【解析】年终结账时，各账户的年末余额都要以同方向直接记入新账的账户中，并注明"上年结转"字样，无须编制记账凭证。本题说法错误。

48.【参考答案】√

【解析】对不真实、不合法的原始凭证，会计人员应拒绝办理，并向本单位负责人报告。对于内容不完整、填制有错误或手续不完备的原始凭证，应该予以退回，要求更正、补充，以至重新填制。本题说法正确。

49.【参考答案】×

【解析】银行存款余额调节表只起对账作用，不能作为调节银行存款日记账账面余额的凭证，应在有关结算凭证到达后，再据记账凭证登记银行存款日记账。本题说法错误。

50.【参考答案】×

【解析】企业的基本存款账户是企业办理日常转账结算和现金收付的账户，企业的工资、奖金等现金的支取，也通过该账户办理。本题说法错误。

51.【参考答案】×

【解析】固定资产的大修理、中小修理等维护性支出，不符合资本化的条件，因此应予以费用化，应

在发生时直接计入当期损益。本题说法错误。

52.【参考答案】×

【解析】按照企业会计制度规定，现金折扣在实际发生时计入当期财务费用，销售折让应在实际发生时冲减当期销售收入。本题说法错误。

53.【参考答案】√

【解析】如果企业已经确认收入，又发生销售退回的，不论是当年销售的，还是以前年度销售的，均应冲减退回当月的销售收入，同时冲减退回当月的销售成本。本题说法正确。

54.【参考答案】√

【解析】根据企业会计准则体系的规定，固定资产应当按月计提折旧，当月增加的固定资产，当月不计提折旧，从下月起计提折旧；当月减少的固定资产，当月仍计提折旧，从下月起不计提折旧。本题说法正确。

55.【参考答案】×

【解析】单位负责人对依法履行职责的会计人员实行打击报复，情节恶劣的，构成打击报复会计人员罪。根据《刑法》规定，可处3年以下有期徒刑。本题说法错误。

56.【参考答案】×

【解析】A公司开出的汇票未记载付款日期，不属于无效票据。根据票据法的有关规定，付款日期为汇票的相对记载事项，其未记载这一内容，并不导致票据的无效，而是适用票据法的有关规定。汇票未记载付款日期的，即为见票即付。本题说法错误。

57.【参考答案】×

【解析】制造费用有的无须全额转入成本，就不会全额影响本期损益。本题说法错误。

58.【参考答案】×

【解析】销售商品、提供服务以及从事其他经营活动的单位和个人对外发生经营业务收取款项，收款方应向付款方开具发票。所有单位和从事生产、经营活动的个人在购买商品、接受服务以及从事其他经营活动支付款项时，应当向收款方取得发票。收购单位和扣缴义务人支付个人款项时，由付款方向收款方开具发票。本题说法错误。

59.【参考答案】×

【解析】会计机构、会计人员必须按照国家统一的会计制度的规定对原始凭证进行审核，对不真实、不合法的原始凭证有权不予接受，并向单位负责人报告；对记载不准确、不完整的原始凭证予以退回，并要求按照国家统一的会计制度的规定更正、补充。本

题说法错误。

60.【参考答案】×

【解析】为了加强现金和银行存款的管理，实行手工记账的单位，现金日记账和银行存款日记账必须采用订本式账簿，不得用银行对账单或者其他方法代替日记账。本题说法错误。

**五、计算分析题**

61.（1）【参考答案】C

【解析】涉及"库存现金"的经济业务：3 日支付车间水电费 1 500 元，8 日支付的车间维修费 200 元，因此，"本月库存现金"账户贷方发生额 = 1 500 + 200 = 1 700（元）。

（2）【参考答案】BD

【解析】将本月发生的经济业务以 T 字账的形式表示，根据本期所有账户的借方发生额合计 = 本期所有账户的贷方发生额合计，那么所有账户的本期发生额合计 = 1 500 + 20 000 + 11 700 + 8 000 + 200 + 20 000 = 61 400（元）。

（3）【参考答案】ACD

【解析】3 月 10 日发生经济业务应编制的会计分录为：

```
借：管理费用            5 000
    销售费用            5 000
    制造费用           10 000
    贷：累计折旧               20 000
```

（4）【参考答案】C

【解析】本题考核商品成本的结转。企业销售商品的成本通过"主营业务成本"核算，贷记"库存商品"。

（5）【参考答案】ABD

【解析】企业购入固定资产当月购入的固定资产当月不计提折旧，从下月开始计提；当月减少的固定资产当月计提折旧，从下月开始不计提。

62.（1）【参考答案】B

【解析】加权平均单位成本 =（500 × 310 + 2 000 × 320）/（500 + 2 000）= 318（元）

（2）【参考答案】C

【解析】发出甲产品成本 = 318 × 100 = 31 800（元）

（3）【参考答案】D

【解析】利润总额 = 营业利润 + 营业外收入 - 营业外支出 = 260 000 - 4 000 = 256 000（元）

所得税 = 利润总额 × 25% = 64 000（元）

净利润 = 利润总额 - 所得税 = 192 000（元）

（4）【参考答案】ACD

【解析】利用产品发放福利，应该视同销售。发给生产工人的福利应计入生产成本，金额为 200 × 2 000 ×（1 + 17%）= 468 000（元）；发给车间管理人员的福利应计入制造费用，金额为 40 × 2 000 ×（1 + 17%）= 93 600（元）；发给厂部管理人员的福利应计入管理费用，金额为 60 × 2 000 ×（1 + 17%）= 140 400（元）。

（5）【参考答案】AD

【解析】所得税 = 利润总额 × 25% = 64 000（元）

法定盈余公积 = 净利润 × 10% = 192 000 × 10% = 19 200（元）

任意盈余公积 = 净利润 × 5% = 192 000 × 5% = 9 600（元）

# 会计从业资格考试《会计基础》模拟试卷（九）

一、单项选择题（下列各小题备选答案中，只有一个符合题意的正确答案。本类题共 20 分，每小题 1 分。多选、错选、不选均不得分）

1. 下列各项中，属于流动负债的是（　　）。

A. 机器设备　　　　B. 预收账款

C. 专利权　　　　　D. 预付账款

2. 目前我国的政府行政单位会计采用的会计基础，主要是（　　）。

A. 权责发生制　　　B. 应收应付制

C. 收付实现制　　　D. 统收统支制

3. 确立会计核算空间范围所依据的会计基本假设是（　　）。

A. 会计主体　　　　B. 持续经营

C. 会计分期　　　　D. 货币计量

4. 要求企业会计处理方法前后各期应当一致，不得随意变更的会计信息的质量要求是（　　）。

A. 可比性　　　　　B. 重要性

C. 实质重于形式　　D. 相关性

5. 一般说来，会计主体与法律主体是（　　）。

A. 有区别的　　　　B. 相互一致的

C. 不相关的　　　　D. 相互可替代的

6. 会计科目与账户的本质区别在于（　　）。

A. 反映的经济内容不同

B. 记录资产和权益的内容不同

C. 记录资产和权益的方法不同

D. 会计账户有结构，而会计科目无结构

7. 复式记账法对每项经济业务都以相等的金额在（　　）中进行登记。

A. 一个账户

B. 两个账户

C. 全部账户

D. 两个或两个以上的账户

8. 应收账款账户的期初余额为借方 4 000 元，本期借方发生额 8 000 元，本期贷方发生额 9 000 元，该账户的期末余额为（　　）。

A. 借方 3 000 元　　B. 贷方 8 000 元

C. 贷方 5 000 元　　D. 借方 5 000 元

9. 下列各项中，不属于原始凭证要素的是（　　）。

A. 经济业务发生日期　B. 经济业务内容

C. 会计人员记账标记　D. 原始凭证附件

10. 原始凭证不得涂改、刮擦、挖补。对于金额有错误的原始凭证，正确的处理方法是（　　）。

A. 由出具单位重开

B. 由出具单位在凭证上更正并由经办人员签名

C. 由出具单位在凭证上更正并由出具单位负责人签名

D. 由出具单位在凭证上更正并加盖出具单位印章

11. 将现金送存银行，会计人员应填制的记账凭证是（　　）。

A. 现金付款凭证

B. 转账凭证

C. 银行收款凭证

D. 银行收款凭证和现金付款凭证

12. 在下列项目中，与"制造费用"属于同一类科目的是（　　）。

A. 固定资产　　　　B. 其他业务成本

C. 生产成本　　　　D. 主营业务成本

13. 最适合用于登记存货的账簿是（　　）。

A. 两栏式账簿　　　B. 三栏式账簿

C. 多栏式账簿　　　D. 数量金额式账簿

14. 常见的三种账务处理程序中，会计报表是根据（　　）资料编制的。

A. 日记账、总账和明细账

B. 日记账和明细分类账

C. 明细账和总分类账

D. 日记账和总分类账

15. 某企业 2013 年 3 月发生了如下经济业务：（1）预付下季度房租 20 000 元；（2）收到 3 月份销售商品货款 25 000 元，款项已存入银行；（3）购买 1 000 元的办公用品；（4）预收购货方定金 12 000 元，货物尚未发送。以权责发生制为计算基础时，3 月份的收支净额为（　　）元。

A. 24 000　　　　　B. 16 000

C. 4 000　　　　　　D. 36 000

16. 下列各项中，不应计入营业外支出的是（　　）。

A. 资产减值损失　　B. 公益性捐赠支出

C. 债务重组损失　　D. 非流动资产处置损失

17. 我国《企业会计准则》规定，资产负债表采用（　　）格式。

A. 报告式　　　　　B. 直接式

C. 间接式　　　　　　D. 账户式

18. 长期资产的购建和处置活动，应在现金流量表的(　　)中反映。

A. 经营活动　　　　　B. 投资活动

C. 筹资活动　　　　　D. 融资活动

19. 某企业在财产清查中，盘亏现金 1 000 元，其中 400 元应由出纳员赔偿，另外 600 元无法查明原因。现经批准后，转销现金盘亏的会计分录为(　　)。

A. 借：待处理财产损溢　　　　　　1 000
　　　贷：库存现金　　　　　　　　　　1 000

B. 借：管理费用　　　　　　　　　　600
　　　营业外支出　　　　　　　　4 00
　　　贷：库存现金　　　　　　　　　　1 000

C. 借：管理费用　　　　　　　　　　600
　　　其他应收款　　　　　　　　　400
　　　贷：库存现金　　　　　　　　　　1 000

D. 借：管理费用　　　　　　　　　　600
　　　其他应收款　　　　　　　　　400
　　　贷：待处理财产损溢　　　　　　1 000

20. 现金出纳人员发生变动时，应对其保管的现金进行清查，这种财产清查属于(　　)。

A. 全面清查和定期清查

B. 局部清查和不定期清查

C. 全面清查和不定期清查

D. 局部清查和定期清查

**二、多项选择题（下列各小题备选答案中，有两个或两个以上符合题意的正确答案。本类题共 20 分，每小题 2 分。多选、少选、错选或不选均不得分）**

21. 下列有关会计的说法中，正确的有(　　)。

A. 本质上是一种经济管理活动

B. 对经济活动进行核算和监督

C. 以货币为主要计量单位

D. 核算特定主体的经济活动

22. 下列各项中，属于反映财务状况的会计要素有(　　)。

A. 资产　　　　　　　B. 负债

C. 收入　　　　　　　D. 费用

23. 下列各项中，属于企业所有者权益组成部分的有(　　)。

A. 股本　　　　　　　B. 资本公积

C. 盈余公积　　　　　D. 应付股利

24. 下列属于借贷记账法试算平衡的内容有(　　)。

A. 全部资产借方余额之和 = 全部资产贷方余额之和

B. 所有账户借方本期发生额合计 = 所有账户贷方本期发生额合计

C. 所有账户借方期末余额合计 = 所有账户贷方期末余额合计

D. 所有账户借方期初余额合计 = 所有账户贷方期初余额合计

25. 在各种不同账务处理程序中，可作为登记总账依据的是(　　)。

A. 记账凭证　　　　　B. 汇总记账凭证

C. 汇总原始凭证　　　D. 科目汇总表

26. 下列关于账簿与账户关系的表述，正确的有(　　)。

A. 账户存在于账簿之中，没有账簿，账户就无法存在

B. 账簿存在于账户之中，没有账户，账簿就无法存在

C. 账户只是一个外在形式，账簿才是它的真实内容

D. 账簿只是一个外在形式，账户才是它的真实内容

27. 对于汇总记账凭证账务处理程序，下列说法错误的有(　　)。

A. 登记总账的工作量大

B. 不能体现账户之间的对应关系

C. 明细账与总账无法核对

D. 当转账凭证较多时，汇总转账凭证的编制工作量较大

28. 某企业在财产清查中，发现短缺设备一台，账面原值 30 000 元，已计提折旧 10 000 元，在报经批准前企业应作会计分录的借方为(　　)。

A. "待处理财产损溢" 30 000 元

B. "营业外支出" 20 000 元

C. "累计折旧" 10 000 元

D. "待处理财产损溢" 20 000 元

29. 领用原材料的会计分录通常涉及的借方科目有(　　)。

A. 生产成本　　　　　B. 财务费用

C. 制造费用　　　　　D. 管理费用

30. 资产负债表的格式主要有(　　)。

A. 多步式　　　　　　B. 账户式

C. 单步式　　　　　　D. 报告式

**三、不定项选择题（下列各小题备选答案中，有一个或一个以上符合题意的正确答案。本类题共20分，每小题2分。多选、少选、错选或不选均不得分）**

31. 下列经济业务中，影响会计等式总额发生变化的是（　　）。
   A. 以银行存款50 000元购买材料
   B. 结转完工产品成本40 000元
   C. 购买机器设备20 000元，货款未付
   D. 收回客户所欠的货款30 000元

32. 下列关于费用的说法，正确的是（　　）。
   A. 费用应是企业在日常活动发生的
   B. 费用会导致经济利益流出，该流出包括向所有者分配的利润
   C. 费用会导致经济利益流出，该流出不包括向所有者分配的利润
   D. 费用应当最终导致所有者权益减少

33. 下列记账错误中，不能通过试算平衡查找的是（　　）。
   A. 某项经济业务重复记账
   B. 某项经济业务未入账
   C. 应借应贷账户中借贷方向颠倒
   D. 应借应贷账户中借贷金额不等

34. 下列属于负债类科目的是（　　）。
   A. 应付票据　　B. 应交税费
   C. 材料成本差异　　D. 其他应付款

35. 现金日记账属于（　　）。
   A. 特种日记账　　B. 普通日记账
   C. 订本账　　D. 活页账

36. 下列不适于采用实地盘点法清查的是（　　）。
   A. 原材料　　B. 固定资产
   C. 露天堆放的沙石　　D. 露天堆放的煤

37. 计提固定资产折旧，表示（　　）。
   A. 一项资产增加，一项负债增加
   B. 一项资产减少，一项费用增加
   C. 一项费用增加，一项资产减少
   D. 一项费用减少，一项负债增加

38. 根据权责发生制，应计入本期收入和费用的有（　　）。
   A. 收到的在以后实现收入的预收款
   B. 本期实现收入并已收款
   C. 本期实现收入尚未收款
   D. 属于本期的费用但尚未支付

39. 利润表中的"营业成本"项目填列的依据有（　　）。

A. "营业外支出"发生额
B. "主营业务成本"发生额
C. "其他业务成本"发生额
D. "营业税金及附加"发生额

40. 下列关于所有者权益的说法，不正确的是（　　）。
   A. 所有者权益是一种剩余权益
   B. 所有者权益在数量上等于资产减去负债后的余额
   C. 所有者权益就是实收资本（或股本）
   D. 收入的增加会导致所有者权益的增加

**四、判断题（对的在括号内打"√"，错的打"×"。本类题共20分，每小题1分。不判断、判断结果错误的均不得分，也不倒扣分）**

41. "收入－费用＝利润"这一会计等式，是复式记账法的理论基础，也是编制资产负债表的依据。（　　）

42. 发生额试算平衡，是指某一个账户借方发生额等于贷方发生额。（　　）

43. 对不真实、不合法的原始凭证，会计人员有权不予接受，对记载不准确、不完整的原始凭证，会计人员有权要求其重填。（　　）

44. 银行存款余额调节表是调整企业银行存款账面余额的原始凭证。（　　）

45. 企业的一般存款账户是指企业办理日常转账结算和现金收付的账户，企业的工资、奖金等现金的支取，也通过该账户办理。（　　）

46. 固定资产的大修理、中小修理等维护性支出，应在发生时计入固定资产账面价值。（　　）

47. 根据现行会计制度规定，对于销货业务，销货单位即使在向客户提供现金折扣的情况下，也应按总价法确认应收账款的入账价值。（　　）

48. 按照企业会计制度规定，现金折扣和销售折让在实际发生时计入当期财务费用。（　　）

49. 如果企业已经确认收入，又发生销售退回的，均应冲减退回当月的销售收入，同时冲减退回当月的销售成本。（　　）

50. 资产负债表是反映企业某一特定日期经营成果的会计报表。（　　）

51. 企业拥有或控制的经济资源就是企业的资产。（　　）

52. 按照我国的会计准则，负债不仅指时已经存在的债务责任，还包括某些将来可能发生的、偶然事项形成的债务责任。（　　）

53. 收入类账户的贷方登记收入的增加额，借方登记其减少额（或转销额）。（　　）

54. 在编制记账凭证时，可以只填会计科目编号，不填会计科目的名称，以简化工作。（　　）

55. 所有的记账凭证都必须附有原始凭证，否则，不能作为记账的依据。（　　）

56. "生产成本"明细账一般用多栏式，"制造费用"明细账一般用三栏式。（　　）

57. 非正常原因造成的资产盘亏损失经批准后应该计入营业外支出。（　　）

58. 资产负债表中的"长期借款"项目应根据"长期借款"科目的期末余额直接填列。（　　）

59. 资产负债表的格式主要有账户式和报告式两种，我国采用的是报告式，因此才出现财务会计报告这个名词。（　　）

60. 资产负债表是主表，而利润表和利润分配表都是附表。（　　）

**五、计算分析题（本类题共 2 小题，每小题 10 分，共 20 分）**

61. （一）资料：北京某公司 2011 年 9 月 30 日的银行存款日记账余额为 129 800 元，银行对账单的余额为 132 600 元，经过逐笔核对发现有以下未达账项：

（1）企业开出转账支票一张，金额 5 500 元，持票人尚未到银行办理转账。

（2）银行代企业收回销货款 7 500 元，企业尚未接到银行的收款通知。

（3）银行代企业支付水电费 5 900 元，企业尚未接到银行的付款通知。

（4）企业销售商品收到购货单位送存的转账支票一张，金额 4 300 元，企业尚未将转账支票及时送存银行。

（二）要求：根据以上资料，对以下 5 个问题分别作出正确的选择。

（1）在编制调节表时，应在公司日记账余额的基础上增加的金额为（　　）元。

　　A. 4 300　　　　　　　B. 5 500

　　C. 5 900　　　　　　　D. 7 500

（2）在编制调节表时，应在公司日记账余额的基础上减少的金额为（　　）元。

　　A. 4 300　　　　　　　B. 5 500

　　C. 5 900　　　　　　　D. 7 500

（3）在编制调节表时，应在银行对账单余额的基础上增加的金额为（　　）元。

　　A. 4 300　　　　　　　B. 5 500

　　C. 5 900　　　　　　　D. 7 500

（4）在编制调节表时，应在银行对账单余额的基础上减少的金额为（　　）元。

　　A. 4 300　　　　　　　B. 5 500

　　C. 5 900　　　　　　　D. 7 500

（5）该公司 2011 年 6 月 30 日，存放在银行实际可动用的款项应为（　　）元。

　　A. 129 800　　　　　　B. 131 000

　　C. 131 400　　　　　　D. 132 600

62. （一）资料：某公司 2011 年 7 月 31 日对存货类财产进行清查时，发现有下列情况：

（1）盘盈甲商品 10 件，单位成本为 200 元；后经查明是由于收发计量上的误差所造成的。

（2）乙商品毁损 20 件，单位成本为 300 元，单位残值为 50 元，作原材料入库；后经查明为责任人工作过失所造成的损失，应由责任人赔偿 2 400 元。假定不考虑相关税费。

（二）要求：根据以上资料，对以下 5 个问题分别作出正确的选择。

（1）批准前，"待处理财产损溢"科目借方应记的金额为（　　）元。

　　A. 2 000　　　　　　　B. 4 000

　　C. 6 000　　　　　　　D. 8 000

（2）批准前，"待处理财产损溢"科目贷方应记的金额为（　　）元。

　　A. 2 000　　　　　　　B. 4 000

　　C. 6 000　　　　　　　D. 8 000

（3）批准后，"管理费用"科目借方应记的金额为（　　）元。

　　A. 2 000　　　　　　　B. 2 600

　　C. 3 600　　　　　　　D. 6 000

（4）批准后，"管理费用"科目贷方应记的金额为（　　）元。

　　A. 2 000　　　　　　　B. 4 000

　　C. 6 000　　　　　　　D. 8 000

（5）批准后，应由责任人赔偿 2 400 元应计入会计科目的有（　　）。

　　A. 管理费用　　　　　　B. 其他应收款

　　C. 库存商品　　　　　　D. 待处理财产损溢

# 模拟试卷（九）参考答案与精讲解析

## 一、单项选择题

**1.【参考答案】B**

【解析】机器设备属于固定资产，专利权属于无形资产，预付账款属于流动资产，只有预收账款属于流动负债。故答案为B。

**2.【参考答案】C**

【解析】目前，我国的政府与非营利组织会计一般采用收付实现制，事业单位除经营业务采用权责发生制外，其他业务也采用收付实现制。

**3.【参考答案】A**

【解析】会计主体是指会计确认、计量和报告的空间范围。故答案为A。

**4.【参考答案】A**

【解析】可比性要求企业提供的会计信息应当相互可比。同一企业不同时期发生的相同或者相似的交易或者事项，应当采用一致的会计政策，不得随意变更。故答案为A。

**5.【参考答案】A**

【解析】会计主体与法律主体是有区别的，但是会计主体与法律主体（法人）并非对等的概念也不是毫不相关的。一般而言，凡是法人单位必为会计主体，但会计主体不一定是法人。因此，A选项正确。

**6.【参考答案】D**

【解析】会计科目和账户口径一致、内容相同，不同之处在于账户有其特定的结构和格式，但会计科目作为一个特定称谓没有特定的结构和格式。因此，D选项正确。

**7.【参考答案】D**

【解析】复式记账法是指对发生的每一项经济业务，都要以相等的金额，在相互联系的两个或两个以上账户中进行记录的记账方法。因此D选项正确。

**8.【参考答案】A**

【解析】期末借方余额＝期初借方余额＋本期借方发生额－本期贷方发生额＝4 000＋8 000－9 000＝3 000（元）。因此，A选项正确。

**9.【参考答案】C**

【解析】原始凭证包含如下要素：（1）原始凭证名称；（2）填制原始凭证的日期；（3）接受原始凭证的单位名称；（4）经济业务内容（含数量、单价、金额等）；（5）填制单位签章；（6）有关人员签章；（7）凭证附件。ABD三个选项均属于原始凭证的内容。会计人员记账标记属于记账凭证的基本内容。故答案为C。

**10.【参考答案】A**

【解析】原始凭证的金额错误必须由出具单位重新开具，如其他错误可由出具单位重开或更正，并且更正处应当加盖出具单位印章。故答案为A。

**11.【参考答案】A**

【解析】对于现金和银行存款之间相互划转的经济业务，即从银行提取现金，或把现金存入银行的经济业务，都只编付款凭证，不编收款凭证。也就是说，从银行提取现金，编制银行付款凭证；将现金存入银行，编制现金付款凭证。故答案为A。

**12.【参考答案】C**

【解析】"制造费用"属于成本类科目，C选项中"生产成本"也是成本类科目；选项A属于资产类科目；选项B和选项D属于损益类科目。因此，答案选C。

**13.【参考答案】D**

【解析】数量金额式账簿的借方、贷方和余额三个栏目内，都分设数量、单价和金额三小栏，借以反映财产物资的实物数量和价值量。原材料、库存商品、产成品等明细账通常采用数量金额式账簿。

**14.【参考答案】C**

【解析】三种账务处理程序中，会计报表都是根据明细账和总分类账编制的，因此答案选C。

**15.【参考答案】A**

【解析】按照权责发生制的要求，凡是当期已经实现的收入和已经发生或应当负担的费用，不论款项是否收付，都应当作为当期的收入和费用；凡是不属于当期的收入和费用，即使款项在当期收付，也不应当作为当期的收入和费用。因此，该企业3月份收支净额＝25 000－1 000＝24 000（元）。本题答案选A。

**16.【参考答案】A**

【解析】资产减值损失是指因资产的账面价值高于其可收回金额而造成的损失，营业外支出是指不属于企业生产经营费用，与企业生产经营活动没有直接的关系，但应从企业实现的利润总额中扣除的支出包括固定资产盘亏、报废、毁损和出售的净损失、非季节性和非修理性期间的停工损失、职工子弟学校经费和技工学校经费、非常损失、公益救济性的捐赠、赔偿金、违约金等。本题答案选A。

17.【参考答案】D

【解析】账户式的资产负债表一般是在报表左方列示资产类项目，右方列示负债类和所有者权益类项目，从而使资产负债表左右两方平衡。我国企业一般采用账户式的资产负债表。

18.【参考答案】B

【解析】长期资产的购建和处置活动，应在现金流量表的投资活动中反映。

19.【参考答案】D

【解析】确定由出纳员赔偿的部分，应视为"其他应收款"，"其他应收款"增加 400 元，因此借记"其他应收款"400 元；同时无法查明原因的盘亏视为"管理费用"，"管理费用"增加 600 元，因此借记"管理费用"600 元；转销现金盘亏 1 000 元，因此贷记"待处理财产损溢"1 000 元。

20.【参考答案】B

【解析】现金出纳人员发生变动，对其保管的现金进行清查，按清查范围属于局部清查，按清查时间属于不定期清查。

二、多项选择题

21.【参考答案】ABCD

【解析】根据会计的定义，会计是以货币为主要计量单位，反映和监督一个单位经济活动的一种经济管理工作。因此上述四项都正确。

22.【参考答案】AB

【解析】资产负债表中的资产、负债可以反映企业的财务状况，收入和费用反映企业的盈利状态，因此本题选 AB。

23.【参考答案】ABC

【解析】所有者权益可以分为实收资本（或股本）、资本公积、盈余公积和未分配利润等。应付股利属于负债的组成部分。因此答案选 ABC。

24.【参考答案】BCD

【解析】由于借贷记账法是建立在"资产＝负债＋所有者权益"这一恒等式的平衡原理基础之上，并采用"有借必有贷，借贷必相等"的记账规则，在有关账户中作复式记录，这就确保了每一笔经济业务所编制的会计记录中的借方发生额与贷方发生额之间必然存在平衡相等的关系。因此 BCD 正确，全部资产借方余额一般和全部资产余额不相等（否则资产净额为 0），这不是失算平衡的内容。因此答案选 BCD。

25.【参考答案】ABD

【解析】记账凭证账务处理程序根据记账凭证登记总账，汇总记账凭证账务处理程序根据各种汇总记账凭证登记总账，科目汇总表账务处理程序根据科目汇总表登记总分类账，汇总原始凭证不可作为登记总账依据。

26.【参考答案】AD

【解析】账户存在于账簿之中，账簿中的每一账页都是账户的存在形式和载体，没有账簿，账户不能独立存在；账簿序时、分类地记载经济业务，是在账户中完成的。因此，账簿只是一个外在形式，账户才是其内在真实内容，两者间的关系是形式和内容的关系。因此本题答案选 AD。

27.【参考答案】ABC

【解析】汇总记账凭证账务处理程序的优点：减轻了登记总分类账的工作量，便于了解账户之间的对应关系。缺点：按每一贷方科目编制汇总转账凭证，不利于会计核算的日常分工，当转账凭证较多时，编制汇总转账凭证的工作量较大。明细账与总账可以核对。因此本题选 ABC。

28.【参考答案】CD

【解析】财产清查时已计提的累积折旧需转出因此借记"累计折旧"10 000 元，还未报批准，因此需将设备剩余账面价值 20 000 元转入"待处理财产损溢"账户，因此借记"待处理财产损溢"20 000元。

29.【参考答案】ACD

【解析】按照领用部门，领用的原材料记入不同科目：基本生产车间的材料费用增加，应按材料用途归集，直接用于制造产品的材料，借记"生产成本"账户，生产车间的一般耗用借记"制造费用"账户，厂部管理部门一般耗用的材料，借记"管理费用"账户。

30.【参考答案】BD

【解析】资产负债表一般有两种格式：报告式和账户式。因此本题选 BD。

三、不定项选择题

31.【参考答案】C

【解析】A 项银行存款减少，原材料增多，为资产内部一增一减；B 项为原材料减少，完工产品增多，为资产内部一增一减；D 项应收账款减少，现金增多，为资产内部一增一减；C 项资产与负债同时增加。因此本题选 C。

32.【参考答案】ACD

【解析】费用，是指企业在日常活动所发生的、会导致所有者权益减少的、与向所有者分配利润无关的经济利益的流出。本题答案选 ACD。

33. 【参考答案】ABC

【解析】试算平衡是建立在"资产=负债+所有者权益"这一恒等式的平衡原理基础之上，并采用"有借必有贷，借贷必相等"的记账规则检查账户记录是否正确的过程。应借应贷账户中借贷金额不等可以通过试算平衡来查找。但某项经济业务重复记账、某项经济业务未入账和应借应贷账户中借贷方向颠倒不能通过试算平衡查找。

34. 【参考答案】ABD

【解析】材料成本差异是资产类科目，其他几项均为负债类科目。

35. 【参考答案】AC

【解析】现金日记账是比较重要的账簿，属于特种日记账，并且为了防止账页散失和随意抽换以及便于查阅，现金日记账必须采用订本式账簿，并为每一张账页顺序编号。

36. 【参考答案】CD

【解析】实地盘点法适用于容易清点或计量的财产物资，也适用于库存现金等货币资金的清查。技术推算法是指利用技术方法推算财产物资实存数的方法。主要针对大量成堆难以逐一清点的财产物资使用选项。CD适于采用技术推算法清查。

37. 【参考答案】C

【解析】计提折旧费用时，一方面表示费用发生了，即费用增加了，另一方面表示固定资产的价值减少了，故答案为C。

38. 【参考答案】BCD

【解析】按照权责发生制的要求，凡是当期已经实现的收入和已经发生或应当负担的费用，不论款项是否收付，都应当作为当期的收入和费用；凡是不属于当期的收入和费用，即使款项在当期收付，也不应当作为当期的收入和费用。预收款是负债。本题选BCD。

39. 【参考答案】BC

【解析】利润表中的"营业成本"项是当期"主营业务成本"的发生额与"其他业务成本"的发生额之和，因此本题答案选BC。

40. 【参考答案】C

【解析】实收资本只是所有者权益的一部分，还包括资本公积、盈余公积和未分配利润，因此C错，其余三项均符合所有者权益的内容。

### 四、判断题

41. 【参考答案】×

【解析】复式记账法的理论基础，编制资产负债表的依据是"资产=负债+所有者权益"这一会计恒等式。

42. 【参考答案】×

【解析】发生额试算平衡是指本期所有账户借方发生额合计与贷方发生额合计相等。

43. 【参考答案】√

【解析】对不真实、不合法的原始凭证，会计人员应拒绝办理，并向本单位负责人报告。对于内容不完整、填制有错误或手续不完备的原始凭证，应该予以退回，要求更正、补充，以至重新填制。

44. 【参考答案】×

【解析】银行存款余额调节表只起对账作用，不能作为调节银行存款日记账账面余额的凭证。

45. 【参考答案】×

【解析】企业的一般存款账户是企业因借款或其他结算需要，在基本存款账户开户银行以外的银行营业机构开立的银行结算账户，用于办理借款转存、借款归还和其他结算的资金收付。基本存款账户才是企业办理日常转账结算和现金收付的账户，企业的工资、奖金等现金的支取，也通过基本存款账户办理。

46. 【参考答案】×

【解析】支出计入固定资产账面价值需满足资本化的条件，而固定资产的大修理、中小修理等维护性支出不符合资本化的条件，因此应予以费用化，应在发生时直接计入当期损益。

47. 【参考答案】√

【解析】根据我国企业会计制度的规定，企业的应收账款应按总价法确定，题干说法正确。

48. 【参考答案】×

【解析】按照企业会计制度的规定，现金折扣在实际发生时计入当期财务费用，销售折让应在实际发生时冲减当期销售收入。

49. 【参考答案】√

【解析】如果企业已经确认收入，又发生销售退回的，应冲减退回当月的销售收入，同时冲减退回当月的销售成本，题干说法正确。

50. 【参考答案】×

【解析】资产负债表是反映企业某一特定日期财务状况的会计报表。利润表才是反映企业某一特定日期经营成果的会计报表。

51. 【参考答案】×

【解析】资产具有如下特点：第一，资产能够给企业带来经济利益；第二，资产都是为企业所拥有的，或者即使不为企业所拥有，但也是企业所控制的；第三，资产都是企业在过去发生的交易、事项中获得的。企业拥有或控制的经济资源不一定能给企业带来利益，因此说法错误。

52.【参考答案】×

【解析】负债，是指过去的交易或者事项所形成的、预期会导致经济利益流出企业的现时义务，不包括将来可能发生的债务责任，因此题干说法错误。

53.【参考答案】√

【解析】符合账户登记要求。

54.【参考答案】×

【解析】在编制记账凭证时，不能只写编号，不填会计科目。可以只填写会计科目的名称，或者同时填写会计科目和编号。

55.【参考答案】×

【解析】并非所有记账凭证都必须附有原始凭证，结账和更正错误的记账凭证可不附原始凭证。

56.【参考答案】×

【解析】"生产成本"、"制造费用"等明细账由于需要按成本项目和费用项目反映，故一般用多栏式。

57.【参考答案】√

【解析】符合财产清查的会计核算要求。

58.【参考答案】×

【解析】资产负债表中的"长期借款"项目应根据"长期借款"的期末余额减去即将在一年内到期的长期借款金额后填列，可以将即将在一年内到期的债务理解为短期负债，因此不应该在"长期借款"的项目下。

59.【参考答案】×

【解析】资产负债表的格式主要有账户式和报告式两种，我国采用的是账户式。

60.【参考答案】×

【解析】资产负债表和利润表是主表，而利润分配表是利润表的附表。

**五、计算分析题**

61.（1）【参考答案】D

| 项目 | 金额 | 项目 | 金额 |
|---|---|---|---|
| 企业银行存款日记账余额 | 129 800 | 银行对账单余额 | 132 600 |
| 加：银行已收、企业未收款项 | 7 500 | 加：企业已收、银行未收款项 | 4 300 |
| 减：银行已付、企业未付款项 | 5 900 | 减：企业已付、银行未付款项 | 5 500 |
| 调节后的存款余额 | 131 400 | 调节后的存款余额 | 131 400 |

（2）【参考答案】C

【解析】见上表。

（3）【参考答案】A

【解析】见上表。

（4）【参考答案】B

【解析】见上表。

（5）【参考答案】C

【解析】见上表。

62.（1）【参考答案】C

批准前：

（盘亏）借：待处理财产损溢　　6 000

　　　　　贷：库存商品　　　　　　6 000

（2）【参考答案】A

批准前：

（盘盈）借：库存商品　　2 000

　　　　　贷：待处理财产损溢　　2 000

（3）【参考答案】B

批准后：

借：管理费用

　　　2 600（6 000 - 20×50 - 2 400）

　　贷：待处理财产损溢　　2 600

（4）【参考答案】A

批准后：

借：待处理财产损溢　　2 000

　　贷：管理费用　　　　2 000

（5）【参考答案】BD

借：其他应收款　　2 400

　　贷：待处理财产损溢　　2 400

# 会计从业资格考试《会计基础》模拟试卷（十）

**一、单项选择题（下列各小题备选答案中，只有一个符合题意的正确答案。本类题共 20 分，每小题 1 分。多选、错选、不选均不得分）**

1. 下列各项中，属于会计基本职能的是（   ）。

A. 会计核算与会计预测

B. 会计核算与会计决策

C. 会计核算和会计监督

D. 会计核算与会计分析

2. 由于（   ）的存在，才产生了本期与其他期间的差异，从而出现了权责发生制和收付实现制。

A. 会计主体　　　　B. 持续经营

C. 会计分期　　　　D. 货币计量

3. 企业销售商品时，如果没有将商品所有权上的风险和报酬转移给购货方，即使已经将商品交付给购货方，也不应当确认销售收入，体现了会计信息质量（   ）的基本要求。

A. 谨慎性　　　　　B. 实质重于形式

C. 相关性　　　　　D. 重要性

4. 资产按照现在购买相同或者相似资产所需支付的现金或者现金等价物的金额计量的会计计量属性是（   ）。

A. 历史成本　　　　B. 重置成本

C. 公允价值　　　　D. 现值

5. 针对"资产＝负债＋所有者权益＋（收入－费用）"这一等式，下列说法错误的是（   ）。

A. 将会计六项要素有机结合起来

B. 完整地反映了企业的资金运动过程

C. 揭示了资产负债表要素和利润表要素相互之间的联系和依存关系

D. 揭示了收益质量的高低

6. （   ）不属于企业存货。

A. 库存商品

B. 在产品

C. 接受外单位委托代销的商品

D. 原材料

7. 关于会计科目，下列说法中不正确的是（   ）。

A. 会计科目的设置应该符合国家统一会计准则的规定

B. 会计科目是设置账户的依据

C. 企业不可以自行设置会计科目

D. 账户是会计科目的具体运用

8. 企业最基本的会计等式是（   ）。

A. 资产＝负债＋所有者权益

B. 收入－费用＝利润

C. 资产＝负债＋（所有者权益＋利润）

D. 资产＝负债＋所有者权益＋（收入－费用）

9. 下列账户中，年末结转后一定没有余额的账户是（   ）。

A. 银行存款　　　　B. 长期借款

C. 本年利润　　　　D. 资本公积

10. "应付账款"账户的期初余额为贷方 1 500元，本期贷方发生额 3 000 元，借方发生额 2 500 元，则该账户的期末余额为（   ）元。

A. 借方 1 000　　　B. 贷方 1 000

C. 贷方 2 000　　　D. 借方 2 000

11. 在一定时期内多次记录发生的同类型经济业务的原始凭证是（   ）。

A. 一次凭证　　　　B. 累计凭证

C. 汇总凭证　　　　D. 通用凭证

12. 记账人员根据记账凭证登记完毕账簿后，要在记账凭证上注明已经登账的符号，这主要是为了（   ）。

A. 明确记账责任　　B. 避免错行或隔页

C. 避免重记或漏记　D. 防止凭证丢失

13. 汇总记账凭证账务处理程序的优点：一是可以减少登记总账的工作量，二是（   ）。

A. 简单明了，易于理解

B. 便于了解账户间的对应关系

C. 简明易懂

D. 可以做到试算平衡

14. 常见的三种账务处理程序中会计报表是根据（   ）资料编制的。

A. 日记账、总账和明细账

B. 日记账和明细分类账

C. 明细账和总分类账

D. 日记账和总分类账

15. 库存现金的清查应采用的方法是（   ）。

A. 对账单法　　　　B. 技术分析法

C. 查询核实法　　　D. 实地盘点法

16. 资产负债表的作用是反映企业（   ）。

A. 某一时期的经营成果

B. 某一时刻的财务状况

C. 某一时点的经营成果

D. 某一时点的财务状况

17. 企业收到投资方以库存现金投入的资本，实际投入的金额超过其在注册资本中所占份额的部分，应记入( )科目。

A. 实收资本　　　　B. 资本公积

C. 盈余公积　　　　D. 投资收益

18. 股份有限公司采用溢价发行股票方式筹集资本，其股本科目所登记的金额是( )。

A. 股票面值总额

B. 实际收到的款项

C. 实际收到款项加上应付证券商的费用

D. 实际收到款项减去应付证券商的费用

19. 利润分配账户的年末借方余额表示( )。

A. 本期实现的净利润

B. 本期发生的净亏损

C. 企业的未分配利润

D. 累计尚未弥补的亏损

20. 甲公司 2010 年年初"利润分配——未分配利润"账户的余额在借方，数额为 50 万元，2010 年实现净利润 200 万元，提取盈余公积 20 万元，分配利润 50 万元，则 2010 年年末时未分配利润的数额为( )万元。

A. 130　　　　B. 150

C. 80　　　　D. 180

二、多项选择题（下列各小题备选答案中，有两个或两个以上符合题意的正确答案。本类题共 20 分，每小题 2 分。多选、少选、错选或不选均不得分）

21. 根据《企业会计准则》的规定，会计期间可分为( )。

A. 月度　　　　B. 半年度

C. 季度　　　　D. 年度

22. 下列属于流动资产的有( )。

A. 货币资金　　　　B. 存货

C. 长期股权投资　　　D. 交易性金融资产

23. 留存收益包括( )。

A. 实收资本　　　　B. 资本公积

C. 盈余公积　　　　D. 分配利润

24. 借贷记账法的试算平衡方法有( )。

A. 发生额试算平衡法　B. 余额试算平衡法

C. 增加额试算平衡法　D. 减少额试算平衡法

25. 会计科目设置应遵循的原则有( )。

A. 合法性原则　　　　B. 相关性原则

C. 谨慎性原则　　　　D. 实用性原则

26. 关于记账凭证账务处理程序，下列说法正确的是( )。

A. 根据记账凭证逐笔登记总分类账，是最基本的账务处理程序

B. 简单明了，易于理解，总分类账可以较详细地反映经济业务的发生情况

C. 登记总分类账的工作量较大

D. 适用于规模较大、经济业务量较多的单位

27. 会计凭证按其填制的程序和用途的不同，可以分为( )。

A. 原始凭证　　　　B. 记账凭证

C. 一次凭证　　　　D. 积累凭证

28. 下列说法正确的有( )。

A. 未达账项不是错账、漏账

B. 未达账项只应在银行存款余额调节表中进行调节

C. 未达账项不能据以进行任何的账务处理

D. 对未达账项调节后，银行存款日记账账面余额和银行存款对账单余额一定会一致

29. 下列属于借贷记账法特点的有( )。

A. 以"借""贷"作为记账符号

B. 根据账户所反映的经济内容，来决定记账方向

C. 记账规则是"有借必有贷，借贷必相等"

D. 建立在会计等式的基础上

30. 一项经济业务发生后引起银行存款减少 80 000 元，相应地可能引起( )。

A. 无形资产增加 80 000 元

B. 短期借款增加 80 000 元

C. 长期应付款减少 80 000 元

D. 实收资本减少 80 000 元

三、不定项选择题（下列各小题备选答案中，有一个或一个以上符合题意的正确答案。本类题共 20 分，每小题 2 分。多选、少选、错选或不选均不得分）

31. 应当永久保管的会计档案资料有( )。

A. 月度财务会计报告

B. 会计档案销毁清册

C. 银行存款余额调节表

D. 现金日记账

32. 下列各项中，属于企业债权的有( )。

A. 应收账款　　　　B. 应付账款

C. 预收账款　　　　D. 预付账款

33. 下列说法中，符合"资产＝负债＋所有者权益"会计等式的是( )。

A. 资产和负债项目一增一减

B. 资产和负债项目同增或同减

C. 负债及所有者权益项目同增或同减

D. 资产内部项目的同增或同减

34. 下列原始凭证属于外来原始凭证的是(　　)。

A. 入库单　　　　　B. 出库单

C. 银行收账通知单　D. 领料汇总表

35. 下列经济业务中, 应填制付款凭证的是(　　)。

A. 提现金备用

B. 购买材料预付定金

C. 购买材料未付款

D. 以存款支付前欠某单位账款

36. 实际工作中, 采用三栏式账页格式的账户有(　　)。

A. 总分类账　　　B. 债权债务明细分类账

C. 存货明细分类账　D. 库存现金日记账

37. 在下列各类错账中, 应采用红字更正法进行更正的错账有(　　)。

A. 记账凭证没有错误, 但账簿记录有数字错误

B. 因记账凭证中的会计科目有错误而引起的账簿记录错误

C. 记账凭证中的会计科目正确但所记金额大于应记金额所引起的账簿记录错误

D. 记账凭证中的会计科目正确但所记金额小于应记金额所引起的账簿记录错误

38. 下列关于资产负债表中"未分配利润"项目, 说法正确的是(　　)。

A. 反映企业尚未分配的利润, 是留存收益的一部分

B. 根据"本年利润""利润分配"科目余额计算填列

C. 若为未弥补的亏损, 则以负号填列

D. 属于所有者权益项目

39. 关于所有者权益变动表, 以下表述正确的是(　　)。

A. 全面反映企业某一特定日期所有者权益情况

B. 同时反映企业所有者权益总量与重要结构性变动信息

C. 是静态报表

D. 是企业对外报送的四大基本报表之一

40. 利润表中, 有关"营业成本"项目说法正确的是(　　)。

A. 反映企业主营业务的生产成本及销售费用

B. 期末有余额

C. 反映企业主营业务和其他业务所发生的生产成本总额

D. 是计算"营业利润"过程中的一个减项

**四、判断题(对的在括号内打"√", 错的打"×"。本类题共 20 分, 每小题 1 分。不判断、判断结果错误的均不得分, 也不倒扣分)**

41. 记账凭证填制完经济业务事项后, 如有空行, 应当自金额栏最后一笔金额数字下的空行处至合计数上的空行处划线注销。(　　)

42. 企业盘盈的固定资产净值应作为前期会计差错记入"以前年度损益调整"科目。(　　)

43. 多步式利润表有利于预测企业今后的盈利能力。(　　)

44. 企业可供分配的利润等于本年实现的净利润加上年初未分配利润, 减去提取的盈余公积后的金额。(　　)

45. 收到被投资单位发放的股票股利, 不必进行账务处理, 也不必在备查簿中登记。(　　)

46. 在不同的账务处理程序中, 登记总账的依据相同。(　　)

47. 企业上交所得税时应借记"所得税"账户, 贷记"银行存款"账户。(　　)

48. 账户的简单格式分为左右两方, 其中: 左方表示增加, 右方表示减少。(　　)

49. 对于明细科目较多的会计科目, 可在总分类科目下设置二级或多级明细科目。(　　)

50. 所有盘存类账户都是资产类账户。(　　)

51. 专用记账凭证, 一般适用于企业规模较小, 经济业务不多的单位。(　　)

52. 在填制记账凭证时, 可将不同内容和类别的原始凭证汇总填制在一张记账凭证上。(　　)

53. 原始凭证对于发生和完成的经济业务具有证明效力。(　　)

54. 总分类账与明细分类账的登记应同时进行。(　　)

55. 不定期清查是指根据实际需要对财产进行的临时性清查, 只适用于局部清查。(　　)

56. 对因债权人特殊原因确定无法支付的应付账款, 应记入营业外收入账户。(　　)

57. 根据我国《企业会计准则》规定, 利润表采用多步式结构。(　　)

58. 资产负债表中资产是按照项目重要性的顺序排列的。(　　)

59. 资产负债表、利润表和现金流量表属于向企业外部提供会计信息的报表。（　　）

60. 一般情况下，只有收到"现金"和支付"现金"的经济业务才在现金流量表中反映。（　　）

**五、计算分析题（本类题共 2 小题，每小题 10 分，共 20 分）**

61.（一）资料：北京某公司 2011 年第三季度发生下列部分经济业务：

（1）2011 年 7 月份销售一批商品给甲公司，价值 10 000 元，货已发出，款项当即收到并存入银行。

（2）2011 年 7 月份预收乙公司 20 000 元货款；8 月份货已发给乙公司，价值 60 000 元；9 月份向乙公司收回余款 40 000 元。

（3）2011 年 7、8、9 月份各取得销售收入 30 000 元，款项 90 000 元于 9 月份一次收到，款项存入银行。

（4）2011 年 7、8、9 月份各发生的短期借款利息 10 000 元，共计 30 000 元，9 月末以银行存款一次支付。

（5）2011 年 9 月末以银行存款预付下半年房租费 60 000 元。

（6）2011 年 9 月份以银行存款支付本月份的水电费 20 000 元。

（二）要求：根据以上资料，对以下 5 个问题分别作出正确的选择。

（1）在权责发生制下，该公司 7 月份的收入和费用应分别为（　　）元。

A. 60 000 和 10 000　　B. 40 000 和 10 000

C. 30 000 和 30 000　　D. 40 000 和 30 000

（2）在收付实现制下，该公司 7 月份的收入和费用应分别为（　　）元。

A. 30 000 和 10 000　　B. 60 000 和 0

C. 60 000 和 10 000　　D. 30 000 和 0

（3）在权责发生制下，该公司 8 月份的收入应为（　　）元。

A. 90 000　　B. 60 000

C. 70 000　　D. 30 000

（4）在收付实现制下，该公司 9 月份的收入和费用应分别为（　　）元。

A. 130 000 和 110 000　　B. 70 000 和 90 000

C. 130 000 和 90 000　　D. 70 000 和 110 000

（5）在权责发生制下，该公司 9 月份的收入和费用应分别为（　　）元。

A. 70 000 和 30 000　　B. 70 000 和 90 000

C. 30 000 和 90 000　　D. 30 000 和 30 000

62.（一）资料：某公司 2011 年 11 月上旬发生下列部分经济业务，在记账凭证上编制的会计分录如下：

（1）借：库存现金　　　　　　300

　　　贷：其他应收款　　　　　　300

（2）借：应付账款　　　　　 5 000

　　　贷：银行存款　　　　　　 5 000

（3）借：制造费用　　　　　 2 000

　　　贷：原材料　　　　　　　 2 000

（4）借：库存现金　　　　　　400

　　　贷：其他应收款　　　　　　400

（5）借：应付账款　　　　　 7 000

　　　贷：银行存款　　　　　　 7 000

（6）借：制造费用　　　　　 6 000

　　　贷：原材料　　　　　　　 6 000

（7）借：其他应收款　　　　　900

　　　贷：库存现金　　　　　　　900

（8）借：原材料　　　　　　 2 000

　　　贷：应付账款　　　　　　 2 000

（9）借：库存现金　　　　　10 000

　　　贷：银行存款　　　　　　10 000

（10）借：银行存款　　　　 40 000

　　　贷：库存现金　　　　　　40 000

（二）要求：根据以上资料，对以下 5 个问题分别作出正确的选择。

（1）在编制汇总收款凭证时，"库存现金"科目的借方金额应为（　　）元。

A. 700　　　　　　B. 5 800

C. 9 800　　　　　 D. 10 700

（2）在编制汇总收款凭证时，"其他应收款"科目的贷方金额应为（　　）元。

A. 300　　　　　　B. 400

C. 700　　　　　　D. 1 600

（3）在编制汇总付款凭证时，"银行存款"科目的贷方金额应为（　　）元。

A. 5 000　　　　　B. 12 000

C. 18 000　　　　 D. 22 000

（4）在编制汇总付款凭证时，"应付账款"科目的借方金额应为（　　）元。

A. 5 000　　　　　B. 10 000

C. 12 000　　　　 D. 14 000

（5）在编制汇总转账凭证时，"原材料"科目的贷方金额为(  )元。

A. 2 000  B. 4 000

C. 6 000  D. 8 000

## 模拟试卷(十) 参考答案与精讲解析

**一、单项选择题**

1.【参考答案】C

【解析】会计的基本职能包括会计核算与会计监督。

2.【参考答案】C

【解析】由于会计分期,才产生了当期与其他期间的差别,从而形成了权责发生制和收付实现制不同的记账基础。

3.【参考答案】B

【解析】实质重于形式要求企业应当按照交易或者事项的经济实质进行会计确认、计量和报告,不应仅以交易或者事项的法律形式为依据。销售商品时,若没有将商品所有权上的风险和报酬转移给购货方就不应该确认收入,即使已经将商品交给购货方,这体现了实质重于形式的基本要求。

4.【参考答案】B

【解析】资产按照现在购买相同或者相似资产所需支付的现金或者现金等价物的金额计量的会计计量属性是重置成本。

5.【参考答案】D

【解析】该等式不能解释收益质量的高低。ABC选项中说法正确。

6.【参考答案】C

【解析】库存商品、在产品和原材料属于企业存货,C选项"接受外单位委托代销的商品"不属于企业存货。

7.【参考答案】C

【解析】由于各企业的经营特点不同,内部经营管理对会计信息的要求不同,允许企业在不违背会计准的前提下,在不影响会计核算要求和财务报表指标汇总的条件下,可以根据自身的实际情况设置一些科目进行会计核算。因此C选项说法错误,ABD选项的说法正确,本题选C。

8.【参考答案】A

【解析】企业最基本的会计等式是资产=负债+所有者权益。

9.【参考答案】C

【解析】本年利润是个流量概念,年末结转后该账户的余额为0。银行存款、长期借款和资本公积是存量概念,年末转接后可能还有余额。

10.【参考答案】C

【解析】期末余额=1 500(贷方) +3 000(贷方) -2 500(借方) =2 000(贷方)。

11.【参考答案】B

【解析】累积凭证是在一定时期内多次记录发生同类型经济业务的原始凭证。一次凭证指一次填制完成、只记录一笔经济业务的原始凭证。汇总凭证指对一定时期内反映经济业务内容相同的若干张原始凭证。通用凭证指由有关部门统一印制、在一定范围内使用的具有统一格式和使用方法的原始凭证。

12.【参考答案】C

【解析】记账人员根据记账凭证登记完毕账簿后,要在记账凭证上注明已经登账的符号,主要是为了避免重记或漏记账目。

13.【参考答案】B

【解析】汇总记账凭证账务处理程序的优点是:简化登记总分类账的工作量;方便清晰地反映科目之间的对应关系,便于查对和分析账目。

14.【参考答案】C

【解析】三种账务处理程序中,会计报表都是根据明细账和总分类账编制的。

15.【参考答案】D

【解析】清查库存现金采用实地盘点的方法,确定实有库存现金的数额,然后与现金日记账的账面余额核对,查明账款是否相符以及盈亏情况。

16.【参考答案】D

【解析】资产负债表的作用是反映企业某时点的财务状况,利润表反映某一时期的经营成果。

17.【参考答案】B

【解析】本题考核企业追加投资超过注册资本的部分涉及的会计科目。企业受到投资方以库存现金投入的资本,实际投入的金额超过其在注册资本中所占份额的部分应记入资本公积科目。

18.【参考答案】A

【解析】股本按股票面值与股份总数的乘积确认,是股票的面值总额。

19.【参考答案】D

【解析】利润分配账户是权益类账户借方余额表

示累积尚未弥补的亏损，贷方余额则表示本期实现的未分配利润。

20.【参考答案】C

【解析】年末结转之后，如果"利润分配－未分配利润"账户的余额在贷方，则表示的是未分配利润的数额；如果在借方，表示的是未弥补亏损的数额。本题最简便的方法是直接画丁字账，"利润分配－未分配利润"账户的期初余额50万元在借方，2010年的200万元净利润转入该账户的贷方，提取的盈余公积以及分配的利润（合计70万元）最终转入该账户的借方，结果"利润分配－未分配利润"账户的余额在贷方，为80万元。所以答案为C。

### 二、多项选择题

21.【参考答案】ABCD

【解析】会计期间分为年度、半年度、季度和月度，且均按公历起讫日期确定。

22.【参考答案】ABD

【解析】长期股权投资不属于流动资产，其他选项属于。

23.【参考答案】CD

【解析】留存收益是所有者（股东）权益的重要组成部分，它是指企业在历年生产经营活动中取得净利润的留存额，在我国留存收益主要包括盈余公积和未分配利润两部分。

24.【参考答案】AB

【解析】借贷记账法的试算平衡法有两种，一种是发生额试算平衡法，一种是余额试算平衡法。

25.【参考答案】ABD

【解析】设置会计科目时应遵循以下原则：合法性原则、相关性原则、实用性原则。

26.【参考答案】ABC

【解析】记账凭证账务处理程序适用于规模较小、经济业务量较少的单位。其余三个选项说法正确。

27.【参考答案】AB

【解析】按照编制的程序和用途不同，分为原始凭证和记账凭证。

28.【参考答案】ABC

【解析】只有当没有记账错误时，对未达账项调节后，银行存款日记账账面余额和银行存款对账单余额才会相等。其余三项说法正确。

29.【参考答案】ABCD

【解析】四项均为借贷记账法的特点。

30.【参考答案】ACD

【解析】根据等式"资产＝负债＋所有者权益"，不可能有一项经济业务使得银行存款减少的同时短期借款增加。其他三项均有可能。

### 三、不定项选择题

31.【参考答案】B

【解析】应当永久保管的会计档案资料是会计档案销毁清册；月度财务会计报告保存3年；银行存款余额调节表保管5年；现金日记账保管25年。

32.【参考答案】AD

【解析】应收账款和预付账款属于企业债权，应付账款和预收账款属于企业债务。

33.【参考答案】B

34.【参考答案】C

【解析】外来原始凭证指在经济业务发生或完成时，从其他单位或个人直接取得的原始凭证，如发票、飞机和火车的票据、银行收付款通知单等。常见的自制原始凭证包括收料单、领料单、开工单、成本计算单、出库单等。

35.【参考答案】ABD

【解析】对于库存现金和银行存款之间的相互收付业务，即从银行提取现金或将现金存入银行的经济业务，按规定会填制付款凭证，因此ABD应填制付款凭证，而C选项中没有付款，因此不填制。

36.【参考答案】ABD

【解析】各种日记账、总分类账以及资本、债权、债务明细账都可以采用三栏式账簿。原材料、库存商品、产成品等明细账通常采用数量金额式账簿。因此本题选ABD。

37.【参考答案】BC

【解析】采用红字更正法的情况有两种：（1）记账凭证中的应借、应贷会计科目或金额有错误，致使账簿记录错误；（2）应借、应贷的会计科目并无错误，但记账凭证和账簿中所记金额大于应记金额。因此本题选BC。

38.【参考答案】ABCD

【解析】四个选项均符合"未分配利润"的相关内容。

39.【参考答案】BD

【解析】所有者权益变动表是反映组成所有者权益的各组成部分当期增减变动情况的报表，它不是反映某一个时点的所有者权益情况，而是某一段时间内所有者权益的变动，它是个动态报表，也是企业对外报送的四大基本报表之一。

40.【参考答案】CD

【解析】"营业成本"反映主营业务和其他业务所发生的成本总额，期末没有余额，在计算"营业利润"过程中是一个减项。

**四、判断题**

41.【参考答案】√

【解析】题干的处理符合记账凭证的相关规定。

42.【参考答案】√

【解析】企业盘盈的固定资产按同类或类似固定资产市场价格，减去按该项资产的新旧程度估计的价值损耗的余额作为前期会计差错记入"以前年度损益调整"科目，因此题干符合财产清查的会计核算要求。

43.【参考答案】√

【解析】多步式利润表的优点是便于对企业生产经营情况进行分析，有利于不同企业之间进行比较，利润表提供了对于过去经营活动收益水平的客观记录和历史反映，有助于会计报表的使用者更好地判断企业未来的利润状况。

44.【参考答案】×

【解析】可供分配的利润等于本年实现的净利润加上年初未分配利润，该项与提取的盈余公积无关。

45.【参考答案】×

【解析】收到被投资单位发放的股票股利时，需要在备查簿中登记。

46.【参考答案】×

【解析】在不同的账务处理程序下，登记总账的依据不同。记账凭证账务处理程序下，登记总账的依据是记账凭证；汇总记账凭证账务处理程序下，登记总账的依据是汇总记账凭证；科目汇总表账务处理程序下，登记总账的依据是科目汇总表，因此题干说法错误。

47.【参考答案】×

【解析】企业上交所得税时应借记"应交税费——应交所得税"账户，贷记"银行存款"账户，应注意账户的特定称谓。

48.【参考答案】×

【解析】账户的简单格式可分为左右两方，左为借，右为贷，不能用增加或减少表示。比如，如为资产类账户，那么左方表示相应资产项的增加，右方为相应资产项的减少；如为负债类账户，则左方表示相应负债项的减少，右方为相应负债项的增加。

49.【参考答案】√

【解析】为了详细说明，可以设置二级科目或多级科目，题干说法正确。

50.【参考答案】√

【解析】盘存类账户指能够通过盘点确定实存数量的账户。此类账户均为资产类账户。

51.【参考答案】×

【解析】专用记账凭证一般适用于企业规模较大，经济业务数量以及收付款业务较多的单位。

52.【参考答案】×

【解析】在填制记账凭证时，不可以将不同内容和类别的原始凭证汇总填制在一张记账凭证上。

53.【参考答案】√

【解析】原始凭证是在经济业务发生或完成时取得或填制的，用以记录或证明经济业务的发生或完成情况的文字凭据，对于发生和完成的经济业务具有证明效力。

54.【参考答案】×

【解析】总分类账与明细分类账的登记可以不同时进行，但必须在同一会计期间进行登记。

55.【参考答案】×

【解析】不定期清查和局部清查是在不同分类标准下的清查类型，不定期清查是指根据实际需要对财产进行的临时性清查，它可以是全面清查，也可以是局部清查。

56.【参考答案】√

【解析】题干说法正确，对于因债权人特殊原因确定无法支付的应付账款，应记入营业外收入账户。

57.【参考答案】√

【解析】根据我国《企业会计准则》的规定，利润表采用多步式结构。

58.【参考答案】×

【解析】资产负债中的资产是按照其流动性而非重要性排序排列的。

59.【参考答案】√

【解析】资产负债表、利润表和现金流量表都属于向企业外部提供会计信息的报表，题干说法正确。

60.【参考答案】√

【解析】一般情况下，只有伴随现金或其等价物的流出和流入的经济业务才在现金流量表中反映。

**五、计算分析题**

61.（1）【参考答案】B

【解析】7月份的收入 = 10 000 + 30 000 = 40 000（元）；短期借款利息应计入财务费用，所以7月份的费用为10 000元。

（2）【参考答案】D

【解析】在收付实现制下，7月份的收入 =

10 000 + 20 000 = 30 000（元）；因为 7 月份没有支付任何费用，所以费用为 0。

（3）【参考答案】A

【解析】在权责发生制下，8 月份的收入 = 60 000 + 30 000 = 90 000（元）。

（4）【参考答案】A

【解析】在收付实现制下，9 月份的收入 = 40 000 + 90 000 = 130 000（元），9 月份费用 = 30 000 + 60 000 + 20 000 = 110 000（元）。

（5）【参考答案】D

【解析】在权责发生制下，9 月份的收入 = 30 000（元），9 月份费用 = 10 000 + 20 000 = 30 000（元）。

62.（1）【参考答案】A

【解析】300 + 400 = 700（元）。

（2）【参考答案】C

【解析】300 + 400 = 700（元）。

（3）【参考答案】D

【解析】5 000 + 7 000 + 10 000 = 22 000（元）。

（4）【参考答案】C

【解析】5 000 + 7 000 = 12 000（元）。

（5）【参考答案】D

【解析】2 000 + 6 000 = 8 000（元）。

# 会计从业资格考试三科合一
# 精品 10 套卷

## 科目二

# 《财经法规与会计职业道德》

# 会计从业资格考试《财经法规与会计职业道德》模拟试卷（一）

一、单项选择题（在每小题给出的四个备选答案中，只有一个正确答案，请将所选答案的字母填在题后的括号内。每小题1分，共20分）

1. 单位内部会计监督的主体是(　　)。

　A. 政府审计部门

　B. 单位负责人

　C. 各单位的会计机构、会计人员

　D. 社会会计中介机构

2. 根据《会计从业资格管理办法》的规定，持证人员离开会计工作岗位超过(　　)个月的，应当向原注册登记的会计从业资格管理机构办理备案。

　A. 6　　　　　　　　　　B. 4

　C. 3　　　　　　　　　　D. 1

3. 《中华人民共和国会计法》特指的"会计主管人员"是指(　　)。

　A. 单独设置会计机构的会计机构负责人

　B. 主办会计、主管会计

　C. 未单独设置会计机构而在有关机构中指定的行使会计机构负责人职权的负责人

　D. 未设总会计师的单位中分管会计工作的行政副职领导

4. 公司向股东或社会公众提供虚假的或者隐瞒重要事实的财务会计报告，严重损害股东或者他人利益的，对其直接负责的主管人员，并处或单处(　　)的罚金。

　A. 2万元以上10万元以下

　B. 3万元以上30万元以下

　C. 2万元以上20万元以下

　D. 3万元以上20万元以下

5. 下列支付结算的种类中，有金额起点限制的是(　　)。

　A. 委托收款　　　　　　B. 支票

　C. 托收承付　　　　　　D. 汇兑

6. 根据《支付结算办法》的规定，支票的提示付款期限最长不得超过(　　)。

　A. 5日　　　　　　　　B. 10日

　C. 20日　　　　　　　D. 30日

7. 可以办理转账、提取现金等结算业务，用于财政授权支付和清算的账户是(　　)。

　A. 财政部门的零余额账户

　B. 预算单位零余额账户

　C. 国库单一账户

　D. 预算外资金专户

8. 在我国，负责管理现金的主管机关是(　　)。

　A. 各级财政机关

　B. 国有商业银行

　C. 中国人民银行各级机构

　D. 国家政策性银行

9. 纳税人被工商行政管理机关吊销营业执照，应当自营业执照被吊销之日起(　　)日内，向原税务登记机关申报办理注销税务登记。

　A. 45　　　　　　　　B. 30

　C. 15　　　　　　　　D. 60

10. 下列纳税人中为小规模纳税人的不包括(　　)。

　A. 从事货物生产或提供应税劳务的纳税人，年应税销售额在50万元以下的

　B. 从事货物销售的纳税人，年应税销售额在80万元以下的

　C. 年应税销售额超过小规模纳税人标准的非企业单位

　D. 从事货物生产或提供应税劳务的纳税人，年应税销售额在80万元以下的

11. 税务登记不包括(　　)。

　A. 开业登记　　　　　　B. 变更登记

　C. 核定应纳税额　　　　D. 注销登记

12. 转让无形资产和销售不动产适用(　　)的营业税税率。

　A. 3%　　　　　　　　B. 5%

　C. 10%　　　　　　　D. 15%

13. 专用发票适用于(　　)。

　A. 某一经营项目

　B. 商业零售统一发票

　C. 商业批发统一发票

　D. 工业企业产品销售统一发票某一经营项目

14. 下列各项中，不属于财政授权支付范围的是(　　)。

　A. 单件物品或单项服务购买额不足10万元人民币的购买支出

　B. 年度财政投资不足50万元人民币的工程采购支出

　C. 特别紧急的支出

D. 工资支出

15. 招标采购单位依法从符合相应资格条件的供应商中随机邀请(    )以上供应商，并以投标邀请书的方式邀请其参加投标，才能构成邀请招标方式。

A. 5 家　　　　　　　　B. 4 家

C. 3 家　　　　　　　　D. 2 家

16. 我国财政收入的主要来源是(    )。

A. 行政性收费　　　　　B. 事业性收费

C. 税收收入　　　　　　D. 罚没收入

17. 会计职业道德建设是会计管理工作的重要组成部分，因此(    )是会计职业道德建设的主管部门。

A. 各级文明办　　　　　B. 道德建设委员会

C. 财政部门　　　　　　D. 人事部门

18. 公司会计老周不仅熟悉会计电算化业务，而且对利用现代信息技术加强经营管理颇有研究。"非典"期间，老周向公司建议开辟网上业务洽谈，并实行优惠的折扣政策。公司采纳了老周的建议，当期销售额未受非典影响，保持了较好的增长。老周的行为体现出的会计职业道德有(    )。

A. 爱岗敬业、参与管理

B. 爱岗敬业、坚持准则

C. 爱岗敬业、廉洁自律

D. 提高技能、强化服务

19. 会计人员对于工作中知悉的商业秘密应依法保守，不得泄露，这是会计职业道德中(    )的具体体现。

A. 诚实守信　　　　　　B. 廉洁自律

C. 客观公正　　　　　　D. 坚持准则

20. "不做假账"，是对会计人员最基本的要求，最能体现这项要求的会计职业道德规范是(    )。

A. 爱岗敬业　　　　　　B. 客观公正

C. 廉洁自律　　　　　　D. 提高技能

**二、多项选择题（在每小题给出的四个备选答案中，有两个或两个以上正确答案，请将所选答案的字母填在题后的括号内。不选、多选、错选均不得分。每小题 2 分，共 40 分）**

21. 下列属于内部会计控制方法的是(    )。

A. 职务控制　　　　　　B. 授权批准控制

C. 预算控制　　　　　　D. 风险控制

22. 一个单位会计岗位的设置和会计人员的配备，一般取决于单位的(    )等因素。

A. 业务工作性质　　　　B. 业务大小

C. 资产规模　　　　　　D. 会计人员素质

23. 下列各项中，符合《支付结算办法》规定的有(    )。

A. 用正楷或行书书写中文大写金额数字

B. 中文大写金额数字的"角"之后不写"整"(或"正")字

C. 阿拉伯小写金额数字前面应填写人民币符号

D. 票据出票日期用阿拉伯数字填写

24. 单位应当按照规定的程序办理货币资金支付业务，具体包括(    )。

A. 支付复核　　　　　　B. 支付申请

C. 办理支付　　　　　　D. 支付审批

25. 《税收征收管理法》规定，非法印制发票的，(    )。

A. 就地销毁非法印制的发票

B. 没收作案工具

C. 并处 1 万元以上 5 万元以下的罚款

D. 构成犯罪的，依法追究刑事责任

26. 税法的构成要素有(    )。

A. 纳税人　　　　　　　B. 征税对象

C. 税率　　　　　　　　D. 纳税环节

27. 各部门、各单位编制年度预算草案的依据包括(    )。

A. 法律、法规

B. 本级政府的指示和要求以及本级政府财政部门的部署

C. 本部门、本单位的职责、任务和事业发展计划

D. 本部门、本单位的定员定额标准

28. 下列有关我国国家决算草案的审查和批准的表述中正确的有(    )。

A. 决算草案由各级政府、各部门、各单位，在每一预算年度终了后按照国务院规定的时间编制，具体事项由国务院财政部门部署

B. 各部门对所属各单位的决算草案，应当审核并汇总编制本部门的决算草案，在规定的期限内报本级政府财政部门审核

C. 国务院财政部门编制中央决算草案，提请全国人民代表大会常务委员会审查和批准

D. 乡、民族乡、镇政府编制本级决算草案，提请本级人民代表大会审查和批准

29. 下列体现会计职业道德"诚实守信"基本要求的有(    )。

A. 做老实人、说老实话、办老实事

B. 言行一致、表里如一

C. 保守商业秘密，不为利益所诱惑

D. 公私分明、不贪不占

30. 会计人员如果泄露本单位的商业秘密，可能导致的后果有(  )。

A. 会计人员的信誉将受到损害

B. 会计人员将承担法律责任

C. 单位的经济利益将遭受损失

D. 会计行业声誉将受到损害

31. 关于票据和结算凭证的填写，以下说法中错误的是(  )。

A. 票据和结算凭证的金额、出票或签发日期、付款人名称不得更改，更改的凭证无效，更改的结算凭证，银行不予受理

B. 对票据和结算凭证上的全部记载事项，原记载人可以更改，更改时应当由原记载人在更改处签章证明

C. 票据和结算凭证金额以中文大写和阿拉伯数字同时记载的，以中文大写为准

D. 少数民族地区和外国驻华使领馆根据实际需要，金额大写可以使用少数民族文字或者外国文字记载

32. 下列各项业务中，(  )属于代理记账机构的业务范围。

A. 进行审计，出具审计报告

B. 根据委托人提供的原始凭证和其他资料进行会计核算

C. 向税务机关提供税务资料

D. 对外提供财务会计报告

33. 银行结算账户一般分为(  )。

A. 基本存款账户    B. 特殊存款账户

C. 临时存款账户    D. 专用存款账户

34. 下列各项中，实行从量定额征收消费税的应税消费品有(  )。

A. 啤酒    B. 实木地板

C. 卷烟    D. 黄酒

35. 按照企业所得税法规定，下列利息支出中，准予直接扣除的有(  )。

A. 企业筹办期间发生的利息支出

B. 购买原材料向金融机构贷款的利息支出

C. 建造的固定资产交付使用后发生的利息支出

D. 购置无形资产期间的利息支出

36. 下列各项中，属于增值税混合的销售征税范围的是(  )。

A. 销售家具并负责运输

B. 电信单位从事电信业务，并同时销售移动电话

C. 销售家用电器并负责安装

D. 邮政局出售集邮商品

37. 下列各项中，属于政府采购对象的有(  )。

A. 原材料的采购    B. 建筑物的拆除

C. 设备的采购    D. 有偿获得服务

38. 集中采购模式的缺点包括(  )。

A. 集中采购周期长、程序复杂难以满足用户多样化的需求

B. 无法满足紧急情况的采购需要

C. 采购成本高

D. 不便于实施统一的管理和监督

39. 会计职业道德教育的对象包括(  )。

A. 企业负责人

B. 潜在的会计人员

C. 上岗前的会计人员

D. 已在岗的会计人员

40. 财政部门在开展下列工作时，可将会计人员职业道德情况纳入考核内容的有(  )。

A. 会计从业资格证书年检

B. 会计法执法检查

C. 会计人员评优表彰

D. 会计专业技术资格的考评、聘用

**三、判断题**（每小题 1 分，共 20 分。认为正确的，在题后的括号内写"√"；认为错误的，在题后的括号内写"×"。判断正确的得分，判断错误的扣分，不答不得分也不扣分。本类题最低分为零分)

41. 行政责任是指犯有一般违法行为的单位或个人，依照法律、法规的规定应承担的法律责任。(    )

42. 公司、企业可以根据不同报表使用者的需要，采取不同的编制基础、编制依据、编制原则和编制方法分别编制并提供财务会计报告。(    )

43. 国家统一的会计制度，是指国务院财政部门根据《中华人民共和国会计法》制定的关于会计核算、会计监督、会计机构和会计人员以及会计工作管理的制度。(    )

44. 在我国，财政部门通过建立并实施会计从业资格制度，会计专业职务制度，会计专业技术资格考试制度，会计人员继续教育制度，实现对会计人员的业务管理。(    )

45. 出票人在汇票上记载"不得转让"字样，汇票不得转让。"不得转让"事项即为相对记载事项。(    )

46. 票据出票日期使用小写的开户银行可以受理，但由此造成的损失由出票人自行承担。（　　）

47. 个人银行结算账户仅限于办理现金存取业务，不得办理转账结算。（　　）

48. 在填制支票时，签发日期应填写实际出票日期，支票正联出票日期必须使用中文大写，支票存根联出票日期可以用阿拉伯数字书写。（　　）

49. 对已开户半年但未发生任何业务的账户，开户银行可以通知其办理销户手续。（　　）

50. 纳税人申报的计税依据明显偏低，又无正当理由的，税务机关有权核定其应纳税额。（　　）

51. 纳税人未按期缴纳税款的，税务机关除责令限期缴纳外，从滞纳税款之日起，按日加收滞纳税款万分之三的滞纳金。（　　）

52. 根据《税收征管法》的规定，企业的完税凭证及其他有关纳税资料至少应当保存 5 年。（　　）

53. 只有从事生产、经营的纳税人才需要办理税务登记。（　　）

54. 在预算执行中，因上级政府返还或者给予补助而引起的预算收支变化不属于预算调整。（　　）

55. 省级以上各级预算必须设立国库，县级预算如果具备条件，也应设立国库。（　　）

56. 中央预算的调整方案必须提请全国人民代表大会常务委员会审查和批准。（　　）

57. 与财政部门直接发生预算缴款、拨款关系的国家机关、军队、政党组织和社会团体等各部门的预算职权包括安排预算支出。（　　）

58. 对犯有打击报复会计人员罪的，可处 3 年以下有期徒刑或者拘役。（　　）

59. 当单位利益与社会公众利益发生冲突时，会计人员应首先考虑单位利益，然后再考虑社会公众利益。（　　）

60. 会计职业道德规范中的"坚持准则"，不仅指会计准则，而且包括会计法律、法规、国家统一的会计制度以及与会计工作相关的法律制度。（　　）

**四、案例分析题（阅读材料，回答下面的问题。每小题 10 分，共 20 分）**

61. 某公司年度的相关情况如下：

（1）3 月 12 日，企业会计科同档案科对单位会计档案进行了清理，编制了会计档案销毁清册，将保管期已满的会计档案按规定程序全部销毁，其中包括一些保管期满但尚未结清债权债务的原始凭证。

（2）7 月 23 日，会计科在例行审核有关单据时，发现一张购买计算机的发票，其金额栏"10 000"元

的数字有更改迹象。经查阅相关买卖合同、单据，确认更改后的金额数字是正确的。于是，会计科要求该发票的出具单位在发票金额栏更改之处加盖出具单位印章。之后，该企业予以受理并据此登记入账。

（3）该企业当年产品销售收入 450 万元，其他应征税的收入 110 万元；销售成本、销售税金及附加 95 万元；有关费用、其他支出 215 万元，经审查企业所得税前费用列支罚款 6 万元；上一年度亏损 34 万元。

根据以上资料，回答下列问题：

（1）对于保管期满的会计档案，应由（　　）提出销毁意见，编制会计档案销毁清册。

A. 单位档案管理部门　　　　B. 会计机构

C. 单位负责人　　　　D. 会计机构负责人

（2）会计机构、会计人员在审核原始凭证时，对不真实、不合法的原始凭证应当（　　）。

A. 有权不予受理

B. 向单位负责人报告

C. 请求查明原因，追究有关当事人的责任

D. 予以退回，要求更正、补充

（3）原始凭证的（　　）填写错误的，可以更改并在更改处盖章。

A. 填制凭证的日期　　　　B. 金额

C. 经济业务内容　　　　D. 经办人员签名

（4）该企业年度企业所得税的应纳税所得额是（　　）万元。

A. 216　　　　B. 222

C. 250　　　　D. 256

（5）该企业年度企业所得税的应纳税额是（　　）万元。

A. 54.5　　　　B. 55.5

C. 65.5　　　　D. 64.5

62. 某单位是实行国库集中支付的事业单位。5 月份，审计机构对该单位去年年度财政资金使用情况进行检查，对以下情况提出质疑：

（1）3 月，该单位将其代收的纳入预算管理的行政事业性收费存入本单位在商业银行开设的基本户；5 月，该单位将部分行政事业性收费缴入国库，剩余部分直接用于购买本单位办公设备。

（2）6 月，该单位通过零余额账户借款 20 万元给所属下级单位。

（3）7 月至 8 月，该单位对办公楼进行内部装修，按照规定应采用财政直接支付方式支付工程款，该单位通过零余额账户支付施工方工程款，该单位通

过零余额账户支付施工方工程款项 150 万元。

（4）9 月，该单位与一家供应商签订了设备采购合同，设备价款为 80 万元，根据预算安排，价款中应采用财政授权支付的金额为 50 万元，剩余金额由某单位自行负担。该单位通过零余额账户向本单位在商业银行开设的基本户转账 50 万元，再从基本户向供应商转账 80 万元。

（5）11 月，某单位通过零余额账户支付日常办公用品零星支出 2 万元。

根据以上资料，回答下列问题：

（1）根据国库集中收付制度有关规定，下列关于行政事业性收费管理的表述中，正确的选项有（　　）。

A. 预算单位代收的纳入预算管理的行政事业性收费可以无限期存放在单位基本户

B. 预算单位代收的纳入预算管理行政事业性收费按规定的时限全额缴库

C. 预算单位代收的纳入预算管理的行政事业性收费可以存放于基本户，直接用于支付单位的日常性开支

D. 预算单位代收的纳入预算管理的行政事业性收费可根据单位的需要部分缴库

（2）下列各项关于预算单位零余额账户的说法，不正确的有（　　）。

A. 零余额账户不可以提取现金

B. 国库单一账户体系包括零余额账户

C. 零余额账户与国库单一账户相互配合，构成财政资金支付过程的基本账户

D. 通过零余额账户可以实现财政资金日常支付以及与国库单一账户清算

（3）下列各项关于该单位实行财政直接支付方式的表述中，正确的为（　　）。

A. 该单位进行财政直接支付时，应首先按照批复的部门预算和资金使用计划向财政国库支付执行机构提出支付申请

B. 财政直接支付中代理银行应根据财政部门支付指令通过国库单账户体系将资金直接支付到该单位账户

C. 财政直接支付中应由中国人民银行向代理银行签发支付指令

D. 财政直接支付中财政部门应根据支付指令通过国库单一账户体系将资金直接支付到该单位账户

（4）国库单一账户体系中的下列各银行账户中，属于财政直接支付和与国库单一账户支出清算应使用的账户为（　　）。

A. 财政部门按资金使用性质在商业银行开设的零余额账户

B. 财政部门在商业银行开设的预算外资金财政专户

C. 财政部门在中国人民银行开设的国库单一账户

D. 财政部门在商业银行为预算单位开设的零余额账户

（5）本例中，下列各项关于该单位使用零余额账户的情形中，正确的为（　　）。

A. 通过零余额账户支付办公楼装修工程款

B. 通过零余额账户借款给下级单位

C. 通过零余额账户向本单位基本户划拨资金 50 万元，再通过基本户支付设备采购款 80 万元

D. 通过零余额账户支付日常办公用品零星支出

# 模拟试卷（一）参考答案与精讲解析

**一、单项选择题**

1.【参考答案】C

【解析】根据《会计法》、《会计工作规范》和《内部会计控制规范（试行）》的规定，各单位的会计机构、会计人员对本单位的经济活动进行会计监督。内部会计监督的主体是各单位的会计机构、会计人员；内部会计监督的对象是单位的经济活动。

2.【参考答案】A

【解析】持证人员离开会计工作岗位超过 6 个月的，应当填写注册登记表，并持会计从业资格证书，向原注册登记的会计从业资格管理机构备案。

3.【参考答案】C

【解析】《中华人民共和国会计法》特指的"会计主管人员"是指未单独设置会计机构而在有关机构中指定的行使会计机构负责人职权的负责人。担任单位会计机构负责人（会计主管人员）的，除取得会计从业资格证书外，还应当具备会计师以上专业技术职务资格或者从事会计工作三年以上经历。

4.【参考答案】C

【解析】根据《刑法》第一百六十一条的规定，公司向股东或社会公众提供虚假的或者隐瞒重要事实的财务会计报告，严重损害股东或者他人利益的，对

其直接负责的主管人员，并处或单处 2 万元以上 20 万元以下的罚金。

**5.【参考答案】C**

【解析】托收承付结算每笔的金额起点为 10 000 元。新华书店系统每笔的金额起点为 1 000 元。

**6.【参考答案】B**

【解析】支票的提示付款期限为自出票日起 10 日，超过提示付款期限提示付款的，持票人开户银行不予受理，付款人不予付款。

**7.【参考答案】B**

【解析】预算单位零余额账户，用于财政授权支付和清算。该账户可以办理转账、提取现金等结算业务。财政部门的零余额账户，用于财政直接支付和与国库单一账户支出清算。国库单一账户为国库存款账户，用于记录、核算和反映纳入预算管理的财政收入和支出活动，并用于与财政部门在商业银行开设的零余额账户进行清算，实现支付。预算外资金专户，用于记录、核算和反映预算外资金的收入和支出活动，并用于预算外资金日常收支清算。预算外资金专户在财政部门设立和使用。

**8.【参考答案】C**

【解析】在我国，中国人民银行各级机构是负责管理现金的主管机关。

**9.【参考答案】C**

【解析】纳税人被工商行政管理机关吊销营业执照，应当自营业执照被吊销之日起 15 日内，向原税务登记机关申报办理注销税务登记。

**10.【参考答案】D**

【解析】小规模纳税人的认定标准是：(1) 从事货物生产或提供应税劳务的纳税人以及以从事货物生产或提供应税劳务为主，并兼营货物批发或零售的纳税人，年应税销售额在 50 万元以下的。(2) 其他纳税人，年应税销售额在 80 万元以下的。(3) 年应税销售额超过小规模纳税人标准的个人、非企业性单位，不经常发生应税行为的企业，视同小规模纳税人。

**11.【参考答案】C**

【解析】税务登记包括：开业登记、变更登记、停业、复业登记，注销登记，外出经营报验登记，纳税人税种登记，扣缴义务人扣缴税款登记等。

**12.【参考答案】B**

【解析】交通运输业、建筑业、邮电通信业、文化体育业适用 3% 的营业税税率；金融保险业、服务业、转让无形资产和销售不动产适用 5% 的营业税税

率；娱乐业适用 5% ~20% 的营业税税率。

**13.【参考答案】A**

【解析】专用发票仅适用于某一经营项目，BCD 适用于某个行业的经营业务。

**14.【参考答案】D**

【解析】财政授权支付程序适用于未纳入工资支出、工程采购支出、物品、服务采购支出管理的购买支出和零星支出。包括单件物品或单项服务购买额不足 10 万元人民币的购买支出，年度财政投资不足 50 万元人民币的工程采购支出，特别紧急的支出和经财政部门批准的其他支出。

**15.【参考答案】C**

【解析】邀请招标方式，是指招标采购单位依法从符合相应资格条件的供应商中随机邀请 3 家以上供应商，并以投标邀请书的方式邀请其参加投标的方式。

**16.【参考答案】C**

【解析】税收是国家财政收入的主要来源，目前来自税收的收入占全部财政收入的 90% 以上。在我国的税收收入结构中，流转税和所得税居于主体地位。

**17.【参考答案】C**

【解析】财政部门是会计职业道德建设的主管部门。

**18.【参考答案】A**

【解析】老周的行为体现了爱岗敬业、参与管理的会计职业道德。

**19.【参考答案】A**

【解析】所谓保守秘密就是指会计人员在履行自己的职责时，应树立保密观念，做到保守商业秘密，对机密资料不外传、不外泄，守口如瓶。会计人员应依法保守单位秘密，这是会计人员应尽的义务，也是诚实守信的具体体现。

**20.【参考答案】B**

【解析】"不做假账"是对会计人员最基本的要求，最能体现这项要求的会计职业道德规范是客观公正。

**二、多项选择题**

**21.【参考答案】BCD**

【解析】授权批准控制、预算控制、风险控制属单位内部会计控制方法。

**22.【参考答案】ABCD**

【解析】一个单位会计岗位的设置和会计人员的配备，一般取决于单位的业务工作性质、业务大小、

资产规模、会计人员素质等因素。

23.【参考答案】ABC

【解析】票据的出票日期必须使用中文大写。在填写月、日时，月为壹、贰和壹拾的，日为壹至玖和壹拾、贰拾和叁拾的，应在其前加"零"；日为拾壹至拾玖的，应在其前面加"壹"。票据出票日期使用小写填写的，银行不予受理。大写日期未按要求规范填写的，银行可予受理；但由此造成损失的，由出票人自行承担。

24.【参考答案】ABCD

【解析】单位应当按照规定的程序办理货币资金支付业务，具体包括支付申请、支付审批、办理支付和支付复核等。

25.【参考答案】BCD

【解析】《税收征收管理法》规定，非法印制发票的，没收作案工具并处1万元以上5万元以下的罚款；构成犯罪的，依法追究刑事责任。

26.【参考答案】ABCD

【解析】税法的构成要素是指税法应当具备的要素。具体包括：征税主体、纳税义务人征税对象、税目、税率、计税依据、纳税环节、纳税期限、减免税、法律责任。

27.【参考答案】ABCD

【解析】各部门、各单位编制年度预算草案的依据。根据《预算法实施条例》第十七条规定，各部门、各单位编制年度预算草案的依据是：①法律、法规；②本级政府的指示和要求以及本级政府财政部门的部署；③本部门、本单位的职责、任务和事业发展计划；④本部门、本单位的定员定额标准；⑤本部门、本单位上一年度预算执行情况和本年度预算收支变化因素。

28.【参考答案】ABCD

【解析】国务院财政部门编制中央决算草案，报国务院审定后，由国务院提请全国人民代表大会常务委员会审查和批准。县级以上地方各级政府财政部门编制本级决算草案，报本级政府审定后，由本级政府提请本级人民代表大会常务委员会审查和批准。乡、民族乡、镇政府编制本级决算草案，提请本级人民代表大会审查和批准。各级政府决算经批准后，财政部门应当向本级各部门批复决算。地方各级政府应当将经批准的决算，报上一级政府备案。

29.【参考答案】ABCD

【解析】体现"诚实守信"基本要求的有：做老实人、说老实话、办老实事；言行一致、表里如一；

保守商业秘密，不为利益所诱惑；公私分明、不贪不占。

30.【参考答案】ABCD

【解析】一方面，会计人员是单位里的一员，泄露单位的商业秘密后会使单位利益受损；另一方面，泄露商业秘密是违法行为，一经查出，会计人员就会受到相应的法律制裁；一经披露，还会对整个会计行业的声望产生负面影响，整个会计行业的利益将会蒙受损失。

31.【参考答案】ABC

【解析】票据和结算凭证的金额、出票或签发日期、收款人名称不得更改，更改的凭证无效，更改的结算凭证，银行不予受理。对票据和结算凭证上的其他记载事项。原记载人可以更改，更改时应当由原记载人在更改处签章证明。票据和结算凭证金额以中文大写和阿拉伯数字同时记载的，两者必须一致，否则银行不予受理。少数民族地区和外国驻华使领馆根据实际需要，金额大写可以使用少数民族文字或者外国文字记载。

32.【参考答案】BCD

【解析】代理记账业务范围包括：根据委托人提供的原始凭证和其他资料，按照国家统一的会计制度的规定进行会计核算，包括审核原始凭证、填制记账凭证、登记会计账簿、编制财务报告等；对外提供财务报告；向税务机关提供税务资料；委托人委托的其他会计业务。

33.【参考答案】ACD

【解析】银行结算账户是指存款人在经办银行开立的办理资金收付结算的人民币活期存款账户。银行结算账户按其存款人不同分为单位银行结算账户和个人银行结算账户。单位银行结算账户按用途不同分为基本存款账户、一般存款账户、专用存款账户、临时存款账户。

34.【参考答案】AD

【解析】选项B是从价计征消费税的；选项C是从价从量复合计征的。

35.【参考答案】BC

【解析】根据《企业所得税法》的规定，纳税人在生产、经营期间，向金融机构借款的费用支出，按照实际发生数扣除；向非金融机构借款的费用支出，按照不高于金融机构同类、同期贷款利率计算的数额以内的部分，准予扣除。纳税人为购置、建造固定资产、无形资产而发生的借款，在有关资产购建期间发生的借款费用，应作为资本性支出计入有关资产的成本。

36.【参考答案】AC

【解析】选项B属于营业税混合销售，选项D不属于混合销售，征收营业税，选项A和选项C均属于增值税混合销售。

37.【参考答案】ABCD

【解析】政府采购的对象范围是以合同方式有偿取得货物、工程和服务，采购的形式包括购买、租赁、委托、雇用等。货物是指各种形态和种类的物品，包括原材料、燃料、设备、产品等。工程是指建设工程，包括建筑物和构筑物的新建、改建、扩建、装修、拆除、修缮等。服务是指除货物和工程以外的其他政府采购对象。

38.【参考答案】AB

【解析】实行集中采购有利于取得规模效益，减低采购成本，保证采购质量，贯彻落实政府采购的政策导向，便于实施统一的管理和监督等优点。但是，集中采购周期长、程序复杂，难以满足用户多样化的需求，特别是无法满足紧急情况的采购需要。

39.【参考答案】BCD

【解析】会计职业道德教育的对象包括潜在的会计人员、上岗前的会计人员和已在岗的会计人员。会计职业道德教育途径：岗前职业道德教育，岗位职业道德继续教育。

40.【参考答案】ABCD

【解析】财政部门在开展工作时，将会计人员职业道德情况纳入考核内容的有：会计从业资格证书年检，会计法执法检查，会计人员评优表彰，会计专业技术资格的考评、聘用等。

三、判断题

41.【参考答案】√

【解析】根据《中华人民共和国会计法》的规定，行政责任是指犯有一般违法行为的单位或个人，依照法律、法规的规定应承担的法律责任。

42.【参考答案】×

【解析】向不同的会计资料使用者提供的财务会计报告，其编制依据应当一致。《企业财务会计报告条例》第三十六条规定，企业向有关各方提供的财务会计报告，其编制基础、编制依据、编制原则和编制方法必须一致。以不同的依据编制的财务会计报告，实际上是虚假的财务会计报告，是一种严重违法行为，必须依法制止和惩治。

43.【参考答案】√

【解析】国家统一的会计制度，是指国务院财政部门根据《中华人民共和国会计法》制定的关于会计核算、会计监督、会计机构和会计人员以及会计工作管理的制度。

44.【参考答案】√

【解析】财政部门通过建立并实施会计从业资格制度，会计专业职务制度，会计专业技术资格考试制度，会计人员继续教育制度，实现对会计人员的业务管理。

45.【参考答案】×

【解析】任意记载事项是指《票据法》不强制当事人必须记载而允许当事人自行选择，不记载时不影响票据的效力，记载时则产生票据效力的事项。"不得转让"事项即为任意记载事项。

46.【参考答案】×

【解析】根据《中华人民共和国票据法》的规定，票据出票日期使用小写填写的，银行不予受理。大写日期未按要求规范填写的，银行可予受理；但由此造成损失的，由出票人自行承担。

47.【参考答案】×

【解析】个人银行结算账户用于办理个人转账收付和现金支取，储蓄账户仅限于办理现金存取业务，不得办理转账结算。

48.【参考答案】√

【解析】在填制支票时，签发日期应填写实际出票日期，支票正联出票日期必须使用中文大写，支票存根联出票日期可以用阿拉伯数字书写。

49.【参考答案】×

【解析】开户银行对已开户一年，但未发生任何业务的账户，应通知存款人自发出通知三十日内到开户银行办理销户手续，逾期视同自愿销户。

50.【参考答案】√

【解析】纳税人申报的计税依据明显偏低，又无正当理由的。税务机关有权核定其应纳税额。

51.【参考答案】×

【解析】纳税人未按期缴纳税款的，税务机关除责令限期缴纳外，从滞纳税款之日起，按日加收滞纳税款万分之五的滞纳金。

52.【参考答案】×

【解析】根据《税收征管法》的规定，企业的完税凭证及其他有关纳税资料至少应当保存10年。

53.【参考答案】×

【解析】凡有法律、法规规定的应税收入、应税财产或应税行为的各类纳税人，均应当办理税务登记。

54.【参考答案】√

【解析】在预算执行中，因上级政府返还或者给予补助而引起的预算收支变化，不属于预算调整。

55.【参考答案】×

【解析】县级以上各级预算必须设立国库；具备条件的乡、民族乡、镇也应当设立国库。

56.【参考答案】√

【解析】中央预算的调整方案必须提请全国人民代表大会常务委员会审查和批准。

57.【参考答案】√

【解析】与财政部门直接发生预算缴款、拨款关系的国家机关、军队、政党组织和社会团体等各部门的预算职权包括安排预算支出。

58.【参考答案】√

【解析】根据《刑法》第二百五十五条规定，公司、企业、事业单位、机关、团体的领导人对依法履行职责、抵制违反《会计法》规定行为的会计人员实行打击报复，情节恶劣的，构成打击报复会计人员罪。根据《刑法》规定，对犯打击报复会计人员罪的，处3年以下有期徒刑或者拘役。

59.【参考答案】×

【解析】在会计职业活动中，发生道德冲突时要坚持准则，把社会公众利益放在第一位。

60.【参考答案】√

【解析】"坚持准则"是指会计人员在处理业务过程中，要严格按照会计法律制度办事，不为主观或他人意志左右。这里所说的"准则"不仅指会计准则，而且包括会计法律、法规、国家统一的会计制度以及与会计工作相关的法律制度。

**四、案例分析题**

61.（1）【参考答案】AB

【解析】根据规定，单位档案管理部门和会计机构将编制好的会计档案销毁清册和销毁意见报本单位负责人，单位负责人对所要销毁的会计档案进行复核后在会计档案销毁清册上签署销毁意见。

（2）【参考答案】ABC

【解析】根据规定，会计机构、会计人员对不真实、不合法的原始凭证有权不予受理，并向单位负责人报告，请求查明原因，追究有关当事人的责任。

（3）【参考答案】ACD

【解析】根据规定，原始凭证的金额出现错误的不得更正，只能由原始凭证开具单位重新开具。

（4）【参考答案】B

【解析】本题考核企业所得税的应纳税所得额。该企业年度企业所得税的应纳税所得额 = 450 + 110 − 95 − 215 + 6 − 34 = 222（万元）。

（5）【参考答案】B

【解析】该企业年度企业所得税的应纳税额 = 222 × 25% = 55.5（万元）。

62.（1）【参考答案】B

【解析】本题考核行政事业性收费管理。预算单位代收的纳入预算管理行政事业性收费按规定的时限全额缴库。

（2）【参考答案】A

【解析】本题考核预算单位零余额账户。预算单位零余额账户可以办理转账、提取现金等结算业务，可以向本单位按账户管理规定保留的相应账户划拨工会经费、住房公积金及提租补贴，以及经财政部门批准的特殊款项，不得违反规定向本单位其他账户和上级主管单位、所属下级单位账户划拨资金。

（3）【参考答案】B

【解析】本题考核财政直接支付。财政直接支付是指由财政部门向中国人民银行和代理银行签发支付指令，代理银行根据指令通过国库单一账户体系将资金直接支付到收款人或用款单位账户。

（4）【参考答案】ABCD

【解析】本题考核国库单一账户体系的构成。包括：（1）财政部门按资金使用性质在商业银行开设的零余额账户；（2）财政部门在商业银行开设的预算外资金财政专户；（3）财政部门在中国人民银行开设的国库单一账户；（4）财政部门在商业银行为预算单位开设的零余额账户；（5）经国务院和省级人民政府批准或授权财政部门批准开设的特殊账户。

（5）【参考答案】AD

【解析】本题考核零余额账户的使用。预算单位零余额账户可以办理转账、提取现金等结算业务，可以向本单位按账户管理规定保留的相应账户划拨工会经费、住房公积金及提租补贴，以及经财政部门批准的特殊款项，不得违反规定向本单位其他账户和上级主管单位、所属下级单位账户划拨资金。

# 会计从业资格考试《财经法规与会计职业道德》模拟试卷（二）

**一、单项选择题**（在每小题给出的四个备选答案中，只有一个正确答案，请将所选答案的字母填在题后的括号内。每小题 1 分，共 20 分）

1. 反映公司、企业现金和现金等价物的流入和流出情况的会计报表是（　　）。

   A. 资产负债表

   B. 利润表

   C. 现金流量表

   D. 股东权益增减变动表

2. 在中国境内的外商投资企业，会计记录使用的文字符合规定的是（　　）。

   A. 只能使用中文

   B. 只能使用外文

   C. 在中文和外文中选一种

   D. 应当使用中文，可以同时使用一种外文

3. 一般会计人员办理会计工作交接手续时，（　　）负责监交。

   A. 其他会计人员　　　B. 审计人员

   C. 会计机构负责人　　D. 单位负责人

4. 根据《中华人民共和国会计法》的规定，担任单位会计机构负责人的，除取得会计从业资格证书外，还应当具备的法定条件是（　　）。

   A. 具备会计员专业技术职务资格或从事会计工作两年的经历

   B. 具备助理会计师专业技术职务资格或从事会计工作两年的经历

   C. 具备会计师以上专业技术职务资格或从事会计工作三年以上的经历

   D. 具备注册会计师资格或者从事会计工作两年的经历

5. 根据《支付结算办法》的规定，签发票据时，可以更改的项目是（　　）。

   A. 出票日期　　　　B. 收款人名称

   C. 用途　　　　　　D. 票据金额

6. 银行审核支票付款的依据是支票出票人的（　　）。

   A. 电话号码　　　　B. 身份证

   C. 支票存根　　　　D. 预留银行签章

7. 信用卡销户时，单位卡账户的余额应（　　）。

   A. 转入基本存款账户　B. 转入一般存款账户

   C. 转入临时存款账户　D. 支取现金

8. 出票银行签发的，由其在见票时按照实际结算金额无条件支付给收款人或者持票人的票据是（　　）。

   A. 银行汇票　　　　B. 银行本票

   C. 商业承兑汇票　　D. 银行承兑汇票

9. 从事生产、经营的纳税人，应当自领取营业执照之日起（　　）日内申报办理税务登记。

   A. 20　　　　　　　B. 30

   C. 50　　　　　　　D. 60

10. 税务机关依照有关法律、法规的规定，按照一定的程序，核定纳税人在一定经营时期内的应纳税经营额及收益额，并以此为计税依据，确定其应纳税额。这种征收方式属于（　　）。

    A. 查账征收　　　　B. 查验征收

    C. 定期定额征收　　D. 查定征收

11. 下列经营行为属于增值税范围的是（　　）。

    A. 某社会团体下属企业销售彩电

    B. 某房地产开发公司销售商品房

    C. 某生产企业对外出售专利权

    D. 某酒店提供餐饮住宿服务

12. 下列关于发票使用要求的说法正确的是（　　）。

    A. 经税务机关批准，单位和个人可以转借发票

    B. 未经税务机关批准，不得拆本使用发票

    C. 经税务机关批准，单位和个人可以转让发票

    D. 经税务机关批准，单位和个人可以代开发票

13. 根据《政府采购法》的规定，我国政府采购的执行模式是（　　）。

    A. 集中采购

    B. 分散采购

    C. 集中采购与分散采购相结合

    D. 团购方式

14. 采用公开招标方式采购的，自招标文件开始发出之日起至投标人提交投标文件截止之日止，不得少于（　　）。

    A. 20 日　　　　　　B. 30 日

    C. 15 日　　　　　　D. 10 日

15. 有权审查中央和地方预算草案及中央和地方预算执行情况的报告的是（　　）。

    A. 全国人民代表大会　B. 省级人民代表大会

    C. 县级人民代表大会　D. 乡级人民代表大会

16. 下列各项中，不属于预算单位实行财政直接支付的财政性资金是(　　)。

　　A. 物品和服务采购支出

　　B. 年度财政投资不足 50 万元人民币的工程采购支出

　　C. 工程采购支出

　　D. 工资支出

17. (　　)是职业道德中的最高境界。

　　A. 爱岗敬业　　　　B. 诚实守信

　　C. 办事公道　　　　D. 奉献社会

18. 在我国会计职业道德规范中，(　　)是会计人员做到依法办事的核心内容。

　　A. 诚信为本　　　　B. 操守为重

　　C. 坚持准则　　　　D. 不做假账

19. 会计师事务所出具虚假验资报告的行为违背了会计师(　　)的职业道德。

　　A. 诚实守信　　　　B. 廉洁自律

　　C. 客观公正　　　　D. 爱岗敬业

20. 在会计职业活动中，如果发生道德冲突时要坚持原则，应该把(　　)利益放在第一位。

　　A. 个人利益　　　　B. 社会公众

　　C. 客户　　　　　　D. 业主

二、多项选择题（在每小题给出的四个备选答案中，有两个或两个以上正确答案，请将所选答案的字母填在题后的括号内。不选、多选、错选均不得分。每小题 2 分，共 40 分）

21. 我国会计法律的基本构成包括(　　)。

　　A. 会计法律　　　　B. 会计行政法规

　　C. 地方性会计法规　　D. 国家统一的会计制度

22. 根据国家统一的会计制度的规定，单位对外提供的财务会计报告应当由单位有关人员签字并盖章。下列各项中，应当在单位对外提供的财务会计报告上签字并盖章的有(　　)。

　　A. 单位负责人　　　　B. 总会计师

　　C. 会计机构负责人　　D. 单位内部审计人员

23. 下列关于财政部门的零余额账户的表述中正确的是(　　)。

　　A. 账户用于财政直接支付和与国库单一账户支出清算

　　B. 账户每日发生的支付，于当日营业终了前与国库单一账户清算

　　C. 营业中每笔支付额 3 000 万元人民币以上的（含 3 000 万元）应当及时与国库单一账户清算

　　D. 财政部门的零余额账户在国库会计中使用，行政单位和事业单位会计中不设置该账户

24. 单位存款人可以申请开立临时存款账户的情况包括(　　)。

　　A. 临时存款　　　　B. 设立临时机构

　　C. 异地临时经营活动　D. 注册验资

25. 下列情况中，税务机关采用核定征收的方式征缴税款的是(　　)。

　　A. 擅自销毁账簿或者拒不提供纳税资料的

　　B. 虽设置账簿，但账目混乱

　　C. 按照规定设置账簿，但经营规模很小的

　　D. 纳税人申报的计税依据明显偏低，又无正当理由的

26. 下列经营项目中，应纳营业税的有(　　)。

　　A. 从事长途汽车客运　B. 从事加工修理修配

　　C. 从事商品代售业务　D. 从事餐饮旅游业务

27. 财政收入的收缴方式包括(　　)。

　　A. 直接缴库　　　　B. 间接缴库

　　C. 集中汇缴　　　　D. 委托缴库

28. 根据《政府采购法》的规定，供应商参加政府采购活动应当具备的条件是(　　)。

　　A. 具有独立承担民事责任的能力

　　B. 具有良好的商业信誉和健全的财务会计制度

　　C. 具有履行合同所必需的设备和专业技术能力

　　D. 参加政府采购活动前五年内，在经营活动中没有重大违法记录

29. 会计职业道德中的"提高技能"，其主要内容包括(　　)。

　　A. 会计及相关专业理论水平

　　B. 专业英语能力

　　C. 沟通交流能力

　　D. 职业判断能力

30. 下列各项中，体现会计职业道德"客观公正"要求的是(　　)。

　　A. 依法办事　　　　B. 保持独立性

　　C. 实事求是　　　　D. 不偏不倚

31. 下列属于会计人员工作交接范围的是(　　)。

　　A. 会计人员临时离职

　　B. 会计人员离职

　　C. 会计人员调动工作

　　D. 会计人员因病不能工作

32. 某事业单位任用无会计从业资格证书的李某担任公司会计，被当地会计管理部门查获该公司及相关责任人可能受到的行政处罚有(　　)。

　　A. 对该单位处以 80 000 元的罚款

B. 对李某处以 3 000 元的罚款

C. 上级对该单位负责人王某给予行政记过处分

D. 责令该单位另行任用有会计从业资格证书的人员担任会计工作

33. 根据《账户管理办法》的规定，下列款项中，可以转入个人银行结算账户的是(　　)。

A. 工资、奖金收入　　B. 稿费收入

C. 纳税退还　　D. 期货交易保证金

34. 根据支付结算制度的有关规定，采用托收承付结算方式的，在承付期内付款人可作为向银行提出全部或部分拒绝付款正当理由的有(　　)。

A. 未经双方事先达成协议，收款人提前交货的

B. 因收款人逾期交货，付款人不再需要该项货物的

C. 未按合同规定的到货地址发货的

D. 货款计算有误的

35. 会计职业道德教育的途径有(　　)。

A. 在会计学历教育中进行职业道德教育

B. 在会计继续教育中进行职业道德教育

C. 利用国家强制力实施会计职业道德教育

D. 会计人员职业道德的自我教育与修养

36. 危害税收征管罪包括(　　)。

A. 偷税罪　　B. 非法出具发票罪

C. 骗取出口退税罪　　D. 抗税罪

37. 纳税人抗税承担的法律责任为(　　)。

A. 税务机关追缴其拒缴的税款、滞纳金，处 3 年以下有期徒刑或拘役，并处拒缴税款 2 倍以上 5 倍以下的罚金

B. 情节严重的，处 3 年以上 10 年以下有期徒刑，并处拒缴税款 1 倍以上 5 倍以下的罚金

C. 情节轻微，未构成犯罪的，由税务机关追缴其拒缴的税款、滞纳金，并处拒缴税款 50% 以上 5 倍以下的罚款

D. 以暴力方式抗税，致人重伤或者死亡的，依照伤害罪、杀人罪从重处罚，并依照规定处以罚金

38. 根据 2009 年 1 月 1 日开始施行的《增值税暂行条例实施细则》，下列关于增值税纳税义务时间表述正确的有(　　)。

A. 直接收款销售的为货物发出的当天

B. 委托其他纳税人代销货物，为收到代销单位的代销清单或者收到全部或者部分货款的当天

C. 将货物交付他人代销，为收到受托人送交的代销售清单的当天

D. 采取赊销方式的，无书面合同的为货物发出的当天

39. 国库集中收付方式按不同主体分为(　　)。

A. 财政直接支付　　B. 财政工资支付

C. 财政授权支付　　D. 财政转移支付

40. 下列属于会计职业道德规范的主要内容的有(　　)。

A. 诚实守信　　B. 客观公正

C. 遵纪守法　　D. 参与管理

**三、判断题（每小题 1 分，共 10 分。认为正确的，在题后的括号内写"√"；认为错误的，在题后的括号内写"×"。判断正确的得分，判断错误的扣分，不答不得分也不扣分。本类题最低分为零分）**

41. 我国会计法律制度的基本构成包括会计法律、会计行政法规和会计规章等，各省、自治区、直辖市人民代表大会及其常委会在同宪法和会计法律、行政法规不相抵触的前提下制定的地方规章，也属于我国会计法律制度的组成部分。(　　)

42. 会计档案的保管期限分为永久和定期两类，保管期限从会计档案交存之日起算。(　　)

43. 伪造会计凭证，是指涂改、挖补等手段来改变会计凭证的真实内容，歪曲事实真相的行为。(　　)

44. 会计资料移交后，如发现移交人员在其经办会计工作期间内所发生的问题，应由移交人员和接收人员共同对这些会计资料的合法性、真实性承担法律责任。(　　)

45. 财政部门有权对会计师事务所出具的审计报告的程序和内容进行监督。(　　)

46. 银行汇票、银行本票和商业汇票的签发人均为银行。(　　)

47. 基本存款账户的存款人可以通过本账户办理转账结算和现金缴存，但不能办理现金支取。(　　)

48. 票据丧失后可以采取挂失止付、公示催告、普通诉讼三种形式进行补救。(　　)

49. 出票人签发空头支票，银行应予以退票，并按票面金额处以 5% 但不低于 1 000 元的罚款。(　　)

50. 对于设置了账簿的企业，税务机关就应当采用查账征收的方式征收税款。(　　)

51. 纳税人在停业期间发生纳税义务的，应当按照税收法律、行政法规的规定申报缴纳税款。(　　)

52. 小规模纳税人增值税征收率为 17%。(　　)

53. 重要性要求企业对交易或者事项进行会计确认、计量和报告应当保持应有的谨慎，不应高估资产或者收益、低估负债或者费用。(　　)

54. 个人所得税的征税对象不仅包括个人还包括具有自然人性质的企业。（　　）

55. 个体工商户凭营业执照以字号或经营者姓名开立的银行结算账户纳入个人银行结算账户管理。（　　）

56. 存款人主体资格终止后，撤销银行结算账户的，应先撤销一般存款账户、专用存款账户、临时存款账户，将账户资金转入基本存款账户后，方可办理基本存款账户的撤销。（　　）

57. 会计机构、会计人员对记载不准确、不完整的原始凭证有权予以退回，并要求经办人员按照国家统一的会计制度的规定进行更正、补充。（　　）

58. 会计职业道德是会计法律规范实施的重要的社会和思想基础，会计法律制度是促进会计职业道德规范形成和遵守的制度保障。（　　）

59. 按现行《会计法》规定，会计违法行为的法律后果通常包括三大类，即民事责任、行政责任和刑事责任。（　　）

60. 因单位负责人对本单位会计工作和会计资料的真实性、完整性承担第一责任，所以会计人员对本单位的会计信息失真没有责任。（　　）

**四、案例分析题（阅读材料，回答下面的问题。每小题 10 分，共 20 分）**

61. 某公司发生以下情况：

（1）公司接受上级有关单位审核，发现一张购买计算机的发票，其"金额"栏中的数字有更改现象，经查阅相关买卖合同、单据，确认更改后的金额是正确的，更改处盖有出具单位的相关印章。公司以该发票为原始凭证进行账务处理并入账。

（2）公司一供货商多次上门催要逾期货款，经公司负责人同意，会计主管张某让出纳员将一张 25 万元的转账支票交给供货商。供货商向银行提示付款时，银行以该公司的银行存款余额不足 25 万元为由予以退票。

（3）公司对外报送 2008 年年度会计报告，公司董事会研究决定，公司对外报送的财务会计报告由公司财务总监签字、盖章后报出。

（4）公司财务部门搬入新的办公室，财务人员将保管期满的会计档案全部销毁。在销毁的会计档案中，有保管期满但尚在使用的一台机器的原始凭证。

（5）该公司原出纳张某在出纳工作期间的有些资料存在一些问题，而接替者刘某在交接时并未发现。检查人员在了解情况时，原出纳张某说已经办理了会计交接手续，自己不再承担任何责任，责任由接替者刘某承担。

根据以上资料，回答下列问题：

（1）关于该公司对购买计算机发票的处理，下列说法正确的是（　　）。

A. 该公司的处理方法是符合法律规定的

B. 该公司的处理方法不符合法律规定

C. 发票上金额有错误，应当由出具单位重新开具，不能更改

D. 发票上金额有错误，在更改处有出具单位的相关印章即可

（2）关于该公司签发 25 万元转账支票的行为，下列说法正确的是（　　）。

A. 该公司签发的是空头支票，是违法行为

B. 出纳员并不知道公司银行存款余额小于 25 万元，所以此行为不违法，重新开一张就可以

C. 银行予以退票，有权对其处以支票金额 5% 的罚款

D. 持票人有权要求出票人支付支票金额 5% 的赔偿金

（3）关于财务会计报告的签章程序，下列说法不正确的是（　　）。

A. 财务会计报告必须由单位负责人签字并盖章

B. 财务会计报告必须由单位会计人员签字并盖章

C. 财务会计报告必须由总会计师签字并盖章

D. 财务会计报告必须由会计机构负责人签字并盖章

（4）对于该公司销毁会计档案的行为，下列说法正确的是（　　）。

A. 由于搬迁，所以该公司销毁会计档案的行为是合法的

B. 该公司销毁会计档案的行为是违法的

C. 会计档案只要保管期满就可以销毁

D. 该公司应该把尚在使用的一台机器的原始凭证单独抽出立卷

（5）关于张某的解释理由，下列说法正确的是（　　）。

A. 张某已办理交接手续，且接替者刘某在交接时并没有发现，故此理由可以理解

B. 张某应该对工作期间的资料存在的问题承担法律责任

C. 移交人员对移交的会计资料的合法性、真实性、完整性承担法律责任

D. 会计资料移交后，发现的一切问题由接管人

员负责

62. 中国居民王某是一国有企业员工，其2011年10月份的收入情况如下：

（1）取得工资薪金收入8 000元/月。

（2）工作之余发表文章一次性取得稿酬收入3 000元。

（3）为其他单位提供技术咨询，取得一次性个人劳务报酬7 000元。

（4）彩票中奖200 000元。

根据以上资料，回答下列问题：

（1）2011年10月，王某工资薪金个人所得税额是(　　)元。

A. 325　　　　　　　　B. 1 045

C. 345　　　　　　　　D. 750

（2）王某计算个人所得税稿酬收入(　　)。

A. 税率是20%，减征20%

B. 应纳税所得额是2 400

C. 应纳税所得额是3 200

D. 实际税负是14%

（3）王某计算个人所得税劳务报酬收入(　　)。

A. 比例税率20%，若每次应纳税所得额超过30 000元，有加成规定

B. 比例税率20%，若每次应纳税所得额超过20 000元，有加成规定

C. 应纳税所得额6 200

D. 应纳税所得额6 600

（4）王某彩票中奖，下列说法不正确的是(　　)。

A. 属于偶然所得

B. 按收入全额计算税款，没有费用扣除额

C. 按20%计算所得税额，应纳税额为4万元

D. 先扣除20%再按20%计算所得税额，应纳税额为3.2万元

（5）下列关于王某个人所得税申报中，说法不正确的有(　　)。

A. 王某的个人所得税应当由其支付人作为扣缴义务人

B. 王某应当在当年度结束后执行12万元以上年所得人群的申报

C. 王某在年所得12万元以上申报时不应当补缴尚未缴纳的税款

D. 王某应当在2012年3月末之前申报全年应纳个人所得税额

# 模拟试卷（二）参考答案与精讲解析

**一、单项选择题**

1. 【参考答案】C

【解析】会计报表主要包括：资产负债表、利润表、现金流量表、所有者权益变动表。资产负债表主要反映公司、企业在某一特定日期的财务状况；利润表主要反映公司、企业在一定会计期间的经营业绩即利润或亏损的情况；现金流量表主要反映公司、企业在一定会计期间现金和现金等价物的流入和流出情况；所有者权益变动表反映一定会计期间构成所有者权益各个组成部分当期的增减变动情况。

2. 【参考答案】D

【解析】《会计法》规定，会计记录的文字应当使用中文。在我国境内的外国经济组织的会计记录，在使用中文的前提下，可以同时使用一种外国文字。使用中文是强制性的，使用其他通用文字是备选性的，不能理解为可以使用中文，也可以使用其他通用文字。

3. 【参考答案】C

【解析】为了明确责任，会计人员办理工作交接，必须有专人负责监交。移交清册应当经过监交人

员审查和签名、盖章，作为交接双方明确责任的证件。对监交的具体要求是：（1）一般会计人员办理交接手续，由会计机构负责人（会计主管人员）监交；（2）会计机构负责人（会计主管人员）办理交接手续，由单位负责人监交，必要时主管单位可以派人会同监交。

4. 【参考答案】C

【解析】会计机构负责人（会计主管人员）是在一个单位内具体负责会计工作的中层领导人员，在单位会计工作中承担着重要角色。《会计法》规定："担任单位会计机构负责人（会计主管人员）的，除取得会计从业资格证书外，还应当具备会计师以上专业技术职务资格或者从事会计工作3年以上经历。"这是对单位会计机构负责人（会计主管人员）任职资格作出的特别规定。

5. 【参考答案】C

【解析】票据和结算凭证的金额、出票或者签发日期、收款人名称不得更改，更改的票据无效；更改的结算凭证，银行不予受理。对票据和结算凭证上的其他记载事项，原记载人可以更改，更改时应当由原

记载人在更改处签章证明。

6. 【参考答案】D

【解析】支票的出票人在票据上的签章，应为其预留银行的签章，该签章是银行审核支票付款的依据。银行也可以与出票人约定使用支付密码，作为银行审核支付支票金额的条件。

7. 【参考答案】A

【解析】持卡人不需要继续使用信用卡时，应持信用卡主动到发卡银行办理销户。销户时单位卡账户余额转入其基本存款账户，不得提取现金。个人卡账户可以转账结清，也可以提取现金。

8. 【参考答案】A

【解析】出票银行签发的，由其在见票时按照实际结算金额无条件支付给收款人或者持票人的票据是银行汇票。

9. 【参考答案】B

【解析】根据我国税法的有关规定，从事生产、经营的纳税人应自领取营业执照之日起30日内，持有关证件向税务机关申报办理税务登记，税务机关审核后发给税务登记证。

10. 【参考答案】C

【解析】定期定额征收，是指对小型个体工商户在一定经营地点、一定经营时期、一定经营范围内的应纳税经营额（包括经营数量）或所得额（简称定额）进行核定，并以此为计税依据，确定其应纳税额的一种征收方式。这种征收方式适用于经主管税务机关认定和县以上税务机关（含县级）批准的生产、经营规模小，达不到《个体工商户建账管理暂行办法》规定的设置账簿标准，难以查账征收，不能准确计算计税依据的个体工商户（包括个人独资企业，简称定期定额户）。

11. 【参考答案】A

【解析】增值税的征税范围是在境内销售货物、提供加工、修理修配劳务和进口货物的单位和个人。社会团体下属企业销售彩电应缴纳增值税；房地产开发公司销售商品房、生产企业对外出售专利权和酒店提供餐饮住宿服务均征收营业税。

12. 【参考答案】B

【解析】任何单位和个人不得转借、转让、代开发票；未经税务机关批准，不得拆本使用发票。发票限于领购单位和个人在本省、自治区、直辖市内开具。任何单位和个人未经批准，不得跨规定的使用区域携带、邮寄、运输空白发票。禁止携带、邮寄或者运输空白发票出入境。

13. 【参考答案】C

【解析】根据政府采购法的规定，我国政府采购实行集中采购和分散采购相结合的执行模式。集中采购是指由政府设立的职能机构统一为其他政府机构提供采购服务的一种采购组织实施形式。集中采购必须委托采购机构代理采购。实行集中采购有利于取得规模效益，减低采购成本，保证采购质量，贯彻落实政府采购的政策导向，便于实施统一的管理和监督等优点。但是，集中采购周期长、程序复杂难以满足用户多样化的需求，特别是无法满足紧急情况的采购需要。分散采购是指各预算单位自行开展采购活动的一种采购组织实施形式。相对于集中采购而言，分散采购有利于满足采购及时性和多样性的需求，手续简单。不足之处是失去了规模效益，加大了采购成本，也不便于实施统一的管理和监督。

14. 【参考答案】A

【解析】采用公开招标方式采购的，招标采购单位必须在财政部门指定的政府采购信息发布媒体上发布招标公告。采用公开招标方式采购的，自招标文件开始发出之日起至投标人提交投标文件截止之日止，不得少于20日。

15. 【参考答案】A

【解析】全国人民代表大会有权审查中央和地方预算草案及中央和地方预算执行情况的报告；批准中央预算和中央预算执行情况的报告。县级以上地方各级人民代表大会有权审查本级总预算草案及本级总预算执行情况的报告；批准本级预算和本级预算执行情况的报告。乡、民族乡、镇的人民代表大会有权审查和批准本级预算和本级预算执行情况的报告。

16. 【参考答案】B

【解析】财政直接支付是指由财政部门开具支付令，通过国库单一账户体系，直接将财政资金支付到收款人（即商品和劳务的供应者）或用款单位账户。实行财政直接支付的支出包括工资支出、购买支出以及转移支付等。预算单位实行财政直接支付的财政性资金包括工资支出、工程采购支出、物品和服务采购支出。

17. 【参考答案】D

【解析】奉献社会，就是全心全意为社会做贡献，是一种人生境界，是一种融在一生事业中的高尚人格。奉献社会是职业道德中的最高境界，同时也是做人的最高境界。

18. 【参考答案】C

【解析】坚持准则是指会计人员在处理业务过程

中，要严格按照会计法律制度办事，不为主观或他人意志所左右。坚持准则是会计职业道德的核心。在我国会计职业道德规范中，坚持准则是会计人员做到依法办事的核心内容。

19.【参考答案】B

【解析】会计师事务所出具虚假验资报告案件的行为违背了会计师廉洁自律的职业道德。

20.【参考答案】B

【解析】在会计职业活动中，如果发生道德冲突时要坚持原则，把社会公众利益放在第一位。

二、多项选择题

21.【参考答案】ABD

【解析】我国会计法律的基本构成包括会计法律、会计行政法规和国家统一的会计制度。会计法律是指由全国人民代表大会及其常务委员会经过一定立法程序制定的有关会计工作的法律。会计行政法规是指由国务院制定并发布，或者由国务院有关部门拟定并经国务院批准发布，调整经济生活中某些方面会计关系的法律规范。国家统一的会计制度是指国务院财政部门根据《会计法》制定的关于会计核算、会计监督、会计机构和会计人员以及会计工作管理的制度，包括会计部门规章和会计规范性文件。

22.【参考答案】ABC

【解析】单位负责人是单位对外提供的财务会计报告的责任主体。《会计法》规定财务会计报告应当由单位负责人和主管会计工作的负责人、会计机构负责人（会计主管人员）签名并盖章；设置总会计师的单位，还须由总会计师签名并盖章。在财务会计报告上签章是明确责任的重要程序，目的是督促签章人对财务会计报告的内容严格把关并承担责任。

23.【参考答案】ABD

【解析】财政部门的零余额账户，用于财政直接支付和与国库单一账户支出清算。该账户每日发生的支付，于当营业终了前与国库单一账户清算；营业中每笔支付额5 000万元人民币以上的（含5 000万元），应当及时与国库单一账户清算。财政部门的零余额账户在国库会计中使用，行政单位和事业单位会计中不设置该账户。

24.【参考答案】BCD

【解析】临时存款账户是指存款人因临时需要并在规定期限内使用而开立的银行结算账户。存款人有设立临时机构、异地临时经营活动、注册验资情况的，可以申请开立临时存款账户。

25.【参考答案】ABD

【解析】有下列情形之一的纳税人，税务机关有权核定其应纳税额：（1）依照法律、行政法规的规定可以不设置账簿的；（2）依照法律、行政法规的规定应当设置账簿但未设置的；（3）擅自销毁账簿或者拒不提供纳税资料的；（4）虽设置账簿，但账目混乱或者成本资料、收入凭证、费用凭证残缺不全，难以查账的；（5）发生纳税义务，未按照规定的期限办理纳税申报，经税务机关责令限期申报逾期仍未申报的；（6）纳税人申报的计税依据明显偏低，又无正当理由的；（7）未按照规定办理税务登记的从事生产、经营的纳税人以及临时经营的纳税人。

26.【参考答案】AD

【解析】加工修理修配和商品销售、代销业务都属于增值税的征收范围。

27.【参考答案】AC

【解析】财政收入的收缴分为直接缴库和集中汇缴两种方式。直接缴库是由缴款单位或缴款人按有关法律法规规定，直接将应缴收入缴入国库单一账户或预算外资金财政专户。集中汇缴是指由征收机关（有关法定单位）按有关法律法规规定，将所收的应缴收入汇总缴入国库单一账户或预算外资金财政专户。

28.【参考答案】ABC

【解析】供应商参加政府采购活动应当具备下列条件：具有独立承担民事责任的能力；具有良好的商业信誉和健全的财务会计制度；具有履行合同所必需的设备和专业技术能力；有依法缴纳税收和社会保障资金的良好记录；参加政府采购活动前三年内，在经营活动中没有重大违法记录；法律、行政法规规定的其他条件。

29.【参考答案】ACD

【解析】会计职业道德中的"提高技能"，其主要内容包括会计及相关专业理论水平、会计实务操作能力、沟通交流能力、职业判断能力。会计人员只有不断地学习，才能保持持续的专业胜任能力、职业判断能力和交流沟通能力，不断地提高会计专业技能，以适应我国深化会计改革和会计国际化的要求。

30.【参考答案】ABCD

【解析】客观是指按事物的本来面目去反映，不掺杂个人的主观意愿，也不为他人意见所左右。会计职业道德"客观公正"的要求包括依法办事、实事求是、不偏不倚、保持独立性。

31.【参考答案】ABCD

【解析】下列情况需要办理会计工作交接：

（1）临时离职或因病不能工作、需要接替或代理的，会计机构负责人（会计主管人员）或单位负责人必须指定专人接替或者代理，并办理会计工作交接手续。（2）临时离职或因病不能工作的会计人员恢复工作时，应当与接替或代理人员办理交接手续。（3）移交人员因病或其他特殊原因不能亲自办理移交手续的，经单位负责人批准，可由移交人委托他人代办交接。

32.【参考答案】BD

【解析】任用会计人员不符合《会计法》规定的，由县级以上人民政府财政部门责令限期改正。可以对单位并处3 000元以上5万元以下的罚款；对其直接负责的主管人员和其他直接责任人员，可以处2 000元以上2万元以下的罚款；属于国家工作人员的，还应当由其所在单位或者有关单位依法给予行政处分。题中问的是"行政处罚"，选项C为行政处分，所以答案为选项BD。

33.【参考答案】ABCD

【解析】个人银行结算账户用于办理个人转账收付和现金支取，储蓄账户仅限于办理现金存取业务，不得办理转账结算。所列四项均可以按规定转入个人存款账户。

34.【参考答案】ABCD

【解析】对下列情况，付款人在承付期内，可向银行提出全部或部分拒绝付款：没有签订购销合同或购销合同未订明托收承付结算方式的款项；未经双方事先达成协议，收款人提前交货或因逾期交货付款人不再需要该项货物的款项；未按合同规定的到货地址发货的款项。代销、寄销、赊销商品的款项；验单付款，发现所列货物的品种、规格、数量、价格与合同规定不符，或货物已到，经查验货物与合同规定或发货清单不符的款项；验货付款，经查验货物与合同规定或与发货清单不符的款项；货款已经支付或计算有错误的款项。

35.【参考答案】ABD

【解析】会计职业道德教育的途径包括在会计学历教育中进行职业道德教育，在会计继续教育中进行职业道德教育，会计人员职业道德的自我教育与修养。故选ABD。

36.【参考答案】ABCD

【解析】危害税收征管罪包括偷税罪、非法出具发票罪、骗取出口退税罪、抗税罪。故选ABCD。

37.【参考答案】AD

【解析】纳税人抗税情节严重的，税务机关追缴其拒缴的税款、滞纳金，处3年以上7年以下有期徒刑，并处拒缴税款1倍以上5倍以下的罚金。纳税人抗税，情节轻微，未构成犯罪的，由税务机关追缴其拒缴的税款、滞纳金，处以拒缴税款1倍以上5倍以下的罚款。

38.【参考答案】ABCD

【解析】根据2009年1月1日开始施行的《增值税暂行条例实施细则》，增值税纳税义务时间如下：直接收款销售的为货物发出的当天；委托其他纳税人代销货物，为收到代销单位的代销清单或者收到全部或者部分货款的当天；将货物交付他人代销，为收到受托人送交的代销清单的当天；采取赊销方式的，无书面合同的为货物发出的当天。故选ABCD。

39.【参考答案】AC

【解析】国库集中收付方式为财政直接支付和财政授权支付。实行财政直接支付的支出包括工资支出、购买支出以及转移支付等。实行财政授权支付的支出包括未实行财政直接支付的购买支出和零星支出。

40.【参考答案】ABD

【解析】我国会计职业道德规范的主要内容包括以下八个方面：爱岗敬业、诚实守信、廉洁自律、客观公正、坚持准则、提高技能、参与管理和强化服务。

## 三、判断题

41.【参考答案】√

【解析】我国会计法律制度的基本构成包括会计法律、会计行政法规和会计规章等，各省、自治区、直辖市人民代表大会及其常委会在同宪法和会计法律、行政法规不相抵触的前提下制定的地方规章，也属于我国会计法律制度的组成部分。

42.【参考答案】×

【解析】根据《会计档案管理办法》的规定，会计档案保管期限分为永久、定期两类。永久即是指会计档案必须永久保存；定期是指会计档案保存应达到法定时间，定期保管期限分为3年、5年、10年、15年和25年5类。会计档案的保管期限，从会计年度终了后的第一天算起。

43.【参考答案】×

【解析】伪造会计凭证、会计账簿及其他会计资料，是指以虚假的经济业务事项为前提编造不真实的会计凭证、会计账簿和其他会计资料；变造会计凭证、会计账簿及其他会计资料，是指用涂改、挖补等手段来改变会计凭证、会计账簿等的真实内容、歪曲事实真相的行为，即篡改事实；提供虚假财务会计报告，是指通过编造虚假的会计凭证、会计账簿及其他会计资料或直接篡改财务会计报告上的数据，使财务会计报告不真实、不完整，无法反映真实的财务状况和经营成果，借以误导、欺骗会计资料使用者的行为，即以假乱真。

44.【参考答案】×

【解析】会计资料移交后，如发现移交人员在其经办会计工作期间内所发生的问题，即使接替人员在交接时因疏忽没有发现，也应由移交人员对这些会计资料的合法性、真实性承担法律责任。

45.【参考答案】√

【解析】财政部门对会计师事务所出具审计报告的程序和内容进行监督。根据会计法的规定，财政部门有权对会计师事务所出具的审计报告和内容进行监督。也就是说，财政部门对注册会计师及其会计师事务所的审计质量进行再监督。

46.【参考答案】×

【解析】银行汇票和银行本票的签发人都是银行。但商业汇票中的商业承兑汇票的签发人不是银行，而是银行以外的法人或其他组织。

47.【参考答案】×

【解析】基本存款账户是存款人的主办账户。存款人日常经营活动的资金收付及其工资、奖金和现金的支取，应通过该账户办理。基本存款账户的存款人可以通过本账户办理转账结算和现金缴存、现金支取。

48.【参考答案】√

【解析】票据丧失是指票据因灭失、遗失、被盗等原因而使票据权利人脱离其对票据的占有。票据丧失后可以采取挂失止付、公示催告、普通诉讼三种形式进行补救。

49.【参考答案】√

【解析】出票人签发空头支票、签章与预留银行签章不符的支票，使用支付密码地区、支付密码错误的支票，银行应予以退票，并按票面金额处以 5%但不低于一千元的罚款；持票人有权要求出票人赔偿支票金额 2%的赔偿金。对屡次签发的，银行应停止其签发支票。

50.【参考答案】×

【解析】对于设置了账簿，但是有关账务资料不全的，能控制其材料、产量或进销货物的纳税单位或个人，应当采用查定征收的方式。

51.【参考答案】√

【解析】根据《中华人民共和国征管法》的规定，纳税人在停业期间发生纳税义务的，应当按照税收法律、行政法规的规定申报缴纳税款。

52.【参考答案】×

【解析】小规模纳税人增值税征收率为 3%。

53.【参考答案】×

【解析】谨慎性也称稳健性，是指企业对交易或者事项进行会计确认、计量和报告应当保持应有的谨慎，不应高估资产或者收益、低估负债或者费用。

54.【参考答案】√

【解析】个人所得税以所得人为纳税义务人，以支付所得的单位或个人为扣缴义务人，包括中国公民、个体工商户、外籍个人、中国香港、中国澳门、台湾同胞及个人独资企业和合伙企业等。

55.【参考答案】×

【解析】个体工商户凭营业执照以字号或经营者姓名开立的银行结算账户纳入单位银行结算账户管理。

56.【参考答案】√

【解析】撤销银行结算账户的，应先撤销一般存款账户、专用存款账户、临时存款账户，将账户资金转入基本存款账户后，方可办理基本存款账户的撤销。

57.【参考答案】√

【解析】会计机构、会计人员对记载不准确、不完整的原始凭证有权予以退回，并要求经办人员按照国家统一的会计制度的规定进行更正、补充。

58.【参考答案】√

【解析】会计职业道德是会计法律规范实施的重要的社会和思想基础，会计法律制度是促进会计职业道德规范形成和遵守的制度保障。

59.【参考答案】×

【解析】法律责任，是指违反法律规定的行为应当承担的法律后果，也就是对违法者的制裁。通常而言，法律责任包括民事责任、行政责任和刑事责任三种。但在我国《会计法》中的"法律责任"主要规定了两种法律责任的形式，即行政责任和刑事责任。

60.【参考答案】×

【解析】虽然单位负责人对本单位会计工作和会计资料的真实性、完整性承担第一责任，但是会计人员对本单位的会计信息失真也有一定责任。

四、案例分析题

61.（1）【参考答案】C

【解析】坚持准则，是指会计人员在处理业务过程中，严格按照会计法律制度办事，不为主观或他人意志所左右。本题中对发票的处理行为违反了坚持准则的要求。

（2）【参考答案】AC

【解析】该公司签发25万元转账支票的行为属于签发空头支票的违法行为。根据《支付结算办法》第一百二十五条的规定，出票人签发空头支票、签章与预留银行签章不符的支票，银行应予以退票，并按票面金额处以5%但不低于1000元的罚款；持票人有权要求出票人赔偿支票金额2%的赔偿金。

（3）【参考答案】B

【解析】根据《会计法》第二十一条的规定，财务会计报告应当由单位负责人和主管会计工作的负责人、会计机构负责人（会计主管人员）签名并盖章；设置总会计师的单位，还须由总会计师签名并盖章。

（4）【参考答案】BD

【解析】该公司销毁会计档案不符合法律规定。根据《会计档案管理办法》第十一条的规定，对于保管期满但未结清的债权债务原始凭证和涉及其他未了事项的原始凭证（如会计档案保管期满但尚未报废的固定资产购买凭证等），不得销毁，应当单独抽出立卷，保管到未了事项完结时方可按规定的程序销毁。该公司将保管期满但尚在使用的一台机器的原始凭证销毁，不符合法律规定。

（5）【参考答案】BC

【解析】张某的理由不正确。《会计基础工作规范》第三十五条规定，移交人员对所移交的会计凭证、会计账簿、会计报表和其他有关资料的合法性、真实性承担法律责任。会计资料移交后，如发现是在其经办会计工作期间所发生的问题，由原移交人员负责。张某应对其在担任出纳工作期间的资料存在的问题承担法律责任。

62.（1）【参考答案】C

【解析】王某工资薪金的应纳税所得额 = 8 000 − 3 500 = 4 500（元）

应纳税额 = 1 500 × 3% + 3 000 × 10% = 345（元）

或者应纳税额 = 4 500 × 10% − 105 = 345（元）

（2）【参考答案】D

【解析】工作之余发表文章一次性取得稿酬收入3 000元。没超过4 000元，应减除费用800元，应纳税所得额 = 3 000 − 800 = 2 200（元），税率20%，减征30%，实际税负是14%。

（3）【参考答案】B

【解析】为其他单位提供技术咨询，取得一次性个人劳务报酬7 000元。一次劳务报酬收入4 000元以上的，应减除费用为收入的20%。所以应纳税所得额 = 7 000 × （1 − 20%）= 5 600（元）。比例税率20%，超过20 000元的部分需要加成征收个人所得税。

（4）【参考答案】D

【解析】2010年王某彩票中奖属于偶然所得。彩票中奖200 000元没有扣除额，就按20%计算所得税额，应纳税4万元。

（5）【参考答案】C

【解析】凡支付个人应纳税所得的企业（公司）、事业单位、机关、社会组织、军队、驻华机构、个体户等单位或者个人，为个人所得税的扣缴义务人。所以选项A正确。年所得12万元以上的纳税义务人应当自行申报纳税，所以选项B正确。年所得12万元以上的纳税人，在纳税年度终了后3个月内向主管税务机关办理纳税申报，所以选项D正确。受理纳税申报的主管税务机关根据纳税人的申报情况，按照规定办理税款的征、补、退、抵手续。所以选项C错误。

## 会计从业资格考试《财经法规与会计职业道德》模拟试卷（三）

**一、单项选择题（在每小题给出的四个备选答案中，只有一个正确答案，请将所选答案的字母填在题后的括号内。每小题 1 分，共 20 分）**

1. 下列项目中属于会计行政法规的是（　　）。

A.《企业财务会计报告条例》

B.《中华人民共和国会计法》

C.《企业会计准则——基本准则》

D.《企业会计准则——应用指南》

2. 持有会计从业资格证书的人员从事会计工作，应当自从事会计工作之日起（　　）日内，办理注册登记。

A. 60　　　　　　　　B. 30

C. 45　　　　　　　　D. 90

3. 根据《会计法》的规定，（　　）对本单位的会计工作和会计资料的真实性、完整性负责。

A. 会计主管人员　　　B. 单位负责人

C. 总会计师　　　　　D. 会计机构负责人

4. 根据《会计法》的规定，担任单位会计机构负责人，除取得会计从业资格证书外，还应当具备（　　）。

A. 会计师以上专业技术职务资格并从事会计工作三年以上经历

B. 助理会计师以上专业技术职务资格并从事会计工作三年以上经历

C. 助理会计师以上专业技术职务资格或者从事会计工作三年以上经历

D. 会计师以上专业技术职务资格或者从事会计工作三年以上经历

5. 我国的会计管理体制是（　　）。

A. 统一领导

B. 统一领导，分级管理

C. 分级管理

D. 统一领导，集中管理

6. 根据《会计法》的规定，对随意变更会计处理方法的会计人员应处以（　　）。

A. 3 000 元以上 5 万元以下的罚款

B. 2 000 元以上 2 万元以下的罚款

C. 3 000 元以上 2 万元以下的罚款

D. 2 000 元以上 5 万元以下的罚款

7. （　　）是登记会计账簿的依据。

A. 取得的原始凭证

B. 外来原始凭证

C. 经审核无误的会计凭证

D. 自制的原始凭证

8. 存款人日常经营活动发生的资金收付以及工资、奖金的支付，都应该通过（　　）办理。

A. 银行结算账户　　　B. 基本存款账户

C. 一般存款账户　　　D. 专用存款账户

9. 存款人因临时需要在规定期限内使用而开立的银行结算账户是（　　）。

A. 一般存款账户　　　B. 基本存款账户

C. 专用存款账户　　　D. 临时存款账户

10. 汇票付款人承诺在汇票到期日支付汇票金额并盖章的行为称为（　　）。

A. 出票　　　　　　　B. 背书

C. 承兑　　　　　　　D. 保证

11. 票据的金额和收款人名称可由出票人授权补记的是（　　）。

A. 银行汇票　　　　　B. 商业汇票

C. 支票　　　　　　　D. 银行本票

12. 在填写票据日期时，"10 月 30 日"的正确写法是（　　）。

A. 拾月叁拾日　　　　　B. 零拾月叁拾日

C. 壹拾月叁拾日　　　　D. 零壹拾月零叁拾日

13. 因违法违纪行为被吊销会计从业资格证书的人员，自被吊销会计从业资格证书之日起（　　）内，不得重新取得会计从业资格证书。

A. 一年　　　　　　　B. 两年

C. 五年　　　　　　　D. 三年

14. 由税务机关根据纳税人的情况，在正常生产经营条件下，对其生产的应税产品查实核定产量和销售额，然后依照税法规定的税率征收的税款征收方式是（　　）。

A. 查账征收　　　　　B. 查定征收

C. 查验征收　　　　　D. 定期定额征收

15. 专门用于结算销售货物和提供加工、修理修配劳务使用的发票是（　　）。

A. 增值税专用发票

B. 普通发票

C. 专业发票

D. 工业企业产品销售统一发票

16. 邮寄申报的实际申报日期应当为（　　）。

A. 寄入地的邮局邮戳日期

B. 寄出地的邮寄邮戳日期

C. 税务机关收到申报资料的日期

D. 纳税人填写申报资料的日期

17. 纳税人外出经营活动结束时应当填报《外出经营活动情况申请表》并上交给(　　)。

A. 公司所在地税务机关

B. 经营地税务机关

C. 上一级税务机关

D. 不用上交

18. 我国《公民道德建设实施纲要》提出了职业道德的基本内容，其中职业道德的基础是(　　)。

A. 爱岗敬业　　　　B. 诚实守信

C. 办事公道　　　　D. 服务群众

19. 会计职业道德除具有职业道德的一般特征外，还具有一定的强制性和(　　)特征。

A. 复杂性　　　　　B. 较多关注公众利益

C. 教育性　　　　　D. 独立性

20. 职业道德的归宿是(　　)。

A. 爱岗敬业　　　　B. 办事公道

C. 服务群众　　　　D. 奉献社会

**二、多项选择题（在每个小题给出的四个备选答案中，有两个或者两个以上正确答案，请将所选答案的字母填在题后的括号内。不选、多选、错选均不得分。每小题2分，共20分）**

21. 根据《企业财务会计报告条例》的规定，会计报表附注至少应当包括(　　)。

A. 资产负债表日后、财务报告批准报出前提议或宣布发放的股利总额和每股股利金额

B. 遵循企业会计准则的声明

C. 重要会计政策的说明

D. 财务报表的编制基础

22. 根据我国《会计法》的规定，下列各项中，属于出纳人员不得兼任的工作有(　　)。

A. 稽核　　　　　　B. 会计档案保管

C. 登记固定资产卡片　D. 办理纳税申报

23. 专用存款账户的使用范围包括(　　)。

A. 证券交易结算资金　B. 住房基金

C. 期货交易保证金　　D. 社会保障基金

24. 下列各项中，属于支票绝对记载事项的有(　　)。

A. 表明"支票"的字样　B. 付款地

C. 出票地　　　　　　D. 确定的金额

25. 下列关于发票的作用说法正确的有(　　)。

A. 确定经营收支行为发生的法定凭证

B. 会计核算的原始依据

C. 税务稽查的重要依据

D. 以上说法都正确

26. 税款征收的方式包括(　　)。

A. 代收代缴　　　　B. 查定征收

C. 查验征收　　　　D. 委托代征

27. 下列关于发票使用的说法正确的是(　　)。

A. 任何单位和个人不得转借、转让、代开发票

B. 未经税务机关批准，不得拆本使用发票

C. 不得自行扩大专业发票使用范围

D. 使用电子计算机开具发票，必须报主管税务机关批准

28. 我国国家预算的构成包括(　　)。

A. 中央预算　　　　B. 地方预算

C. 各级总预算　　　D. 部门单位预算

29. 下列关于会计职业道德与会计法律制度的表述中，正确的有(　　)。

A. 二者有着共同目标

B. 二者在实施中互相作用、相互促进

C. 二者在内容上相互渗透、相互重叠

D. 二者在地位上相互转化、相互吸收

30. 会计职业道德教育的形式有(　　)。

A. 接受教育　　　　B. 学历教育

C. 自我教育　　　　D. 继续教育

31. 一般会计人员办理交接手续，由(　　)监交。

A. 会计机构负责人　B. 会计主管人员

C. 单位负责人　　　D. 主管单位派人

32. 下列有关税收作用的表述中正确的有(　　)。

A. 税收是国家组织财政收入的主要形式

B. 税收是国家调控经济运行的重要手段

C. 税收具有维护国家政权的作用

D. 税收是国际经济交往中维护国家利益的可靠保证

33. 会计凭证是(　　)的书面证明，是会计核算的重要会计资料。

A. 记录经济业务事项的发生和完成情况

B. 明确经济责任

C. 作为记账依据

D. 作为编制报表的依据

34. 纳税人在申报办理税务登记时，应当如实提供(　　)等证件和资料。

A. 工商营业执照

B. 有关合同、章程、协议书

C. 组织机构统一代码证书

D. 会计机构负责人印鉴

35. 根据《中华人民共和国会计法》的规定，账目核对应做到(　　)。

A. 账证相符　　　　　B. 账实相符

C. 账账相符　　　　　D. 账表相符

36. 各单位应当定期将会计账簿记录与其相应的会计凭证记录逐项核对，检查是否一致，检查的内容包括(　　)。

A. 时间　　　　　　　B. 编号

C. 内容　　　　　　　D. 金额、记账方向

37. 根据有关规定，会计账簿的登记应当满足的要求有(　　)。

A. 根据经过审核无误的会计凭证登记会计账簿

B. 按照记账规则登记会计账簿

C. 实行会计电算化的单位，其会计账簿的登记、更正，应当符合国家统一的会计制度的规定

D. 禁止账外设账

38. 按照记账凭证的用途，可分为(　　)。

A. 专用记账凭证　　　B. 复式记账凭证

C. 汇总记账凭证　　　D. 通用记账凭证

39. 根据《支付结算办法》的规定，支付结算应当坚持的原则包括(　　)。

A. 恪守信用，履约付款原则

B. 谁的钱进谁的账、由谁支配原则

C. 银行不垫款原则

D. 自愿选择开户银行

40. 根据《会计档案管理办法》的规定，下列各项中，属于会计档案的有(　　)。

A. 固定资产卡片　　　B. 原始凭证

C. 会计档案移交清册　D. 信贷计划

**三、判断题 (每小题 2 分，共 20 分。认为正确的，在题后的括号内写"√"；认为错误的，在题后的括号内写"×"。判断正确的得分，判断错误的扣分，不打不得分也不扣分。本类题最低为零分)**

41. 会计机构负责人，会计主管人员的直系亲属不得在本单位会计机构中担任出纳工作。(　　)

42. 出纳人员不得兼管稽核，会计档案保管和收入、费用、债权债务账目的登记工作。(　　)

43. 为提高会计工作效力，经单位会计机构负责人批准，出纳人员可以兼管会计档案保管和债权债务账目的登记工作。(　　)

44. 伪造会计凭证的行为是指采取涂改、挖补的

方法改变会计凭证真实内容的行为。(　　)

45. 根据《会计法》的规定，不具备设置会计机构和会计人员条件的，应当委托从事会计代理记账业务的中介机构代理记账。(　　)

46. 行政机关在作出处罚决定后，应当立即告知当事人做出处罚决定的事实、理由、依据以及当事人依法享有的有关权利。(　　)

47. 对于当事人的同一违法行为，不得给予两次以上罚款的行政处罚。(　　)

48. 原始凭证的保管期限从交易或事项完成后第一天算起。(　　)

49. 个人银行结算账户仅限于办理现金存取业务，不得办理转账结算。(　　)

50. 企业法人开立基本存款账户时，应出具企业法人税务登记证正本作为证明文件。(　　)

51. 普通支票既可用于支取现金，也可以用于转账。(　　)

52. 增值税专用发票由国家税务总局指定的企业统一印制。(　　)

53. 增值税一般纳税人都可以领购增值税专用发票。(　　)

54. 年所得 12 万元以上的纳税人，如果已足额缴纳了个人所得税，则纳税年度终了后不必向主管税务机关办理纳税申报。(　　)

55. 从事图书、报纸、杂志销售的纳税人按低税率 10% 计征增值税。(　　)

56. 一般纳税人销售货物必须开具增值税专用发票。(　　)

57. 稿酬所得其实际税率为 14%。(　　)

58. 采用公开招标方式的费用占政府采购项目总价值的比例过大的，可以采用邀请招标方式采购。(　　)

59. 会计人员继续教育是强化会计职业道德教育的唯一形式。(　　)

60. 会计职业道德与会计法律制度具有相同的调整对象，但目标不同。(　　)

**四、案例分析题 (阅读材料，回答下面的问题。每小题 10 分，共 20 分)**

61. 某市财政部门在对辖区内的一个生产企业进行会计执法检查中发现下列问题：

(1) 该企业销售货物时将向购买方收取款项的 80% 金额作为发票金额开具发票，其他款项记入私密账本。

(2) 该企业采用电子计算机进行会计核算，但

是其使用的软件经财政部门验证不符合国家统一的会计制度的规定。

（3）该企业规定对经理级以上人员交来的发票，一律不必审核，直接作为记账凭证的依据。

（4）该企业对外提供的财务报告上只有会计机构负责人的签名。

（5）该企业从设立以来坚持每年销毁一次会计档案，销毁时要求企业负责人、会计机构负责人及会计人员均在场。

根据上述资料，回答下列问题：

（1）下列有关事项（3）的说法中，正确的有(　　)。

A. 该企业的这一规定不符合会计法律制度的规定

B. 会计机构、会计人员必须审核原始凭证，这是法定职责

C. 记账凭证应当根据经过审核原始凭证及有关资料编制

D. 会计机构、会计人员对领导交来的原始凭证，只能无条件地接受

（2）下列有关财务会计报告的签章，表述错误的有(　　)。

A. 财务会计报告应当由单位负责人和主管会计工作的负责人、会计机构负责人（会计主管人员）签名或盖章

B. 财务会计报告应当由单位负责人和主管会计工作的负责人、会计机构负责人（会计主管人员）签名并盖章

C. 设置总会计师的单位，还须由总会计师签名或盖章

D. 设置总会计师的单位，还须由总会计师签名并盖章

（3）下列有关会计电算化的表述中，错误的有(　　)。

A. 用电子计算机进行会计核算的单位，只要能保证其生成的会计资料可靠，可以自由选用会计软件

B. 用电子计算机生成的会计资料必须符合国家统一的会计制度的要求

C. 用电子计算机进行会计核算，也必须保证会计资料的真实、完整

D. 只要使用的会计软件符合要求，其生成的会计资料也必定可靠

（4）根据事项（1）的内容，下列说法中正确的有(　　)。

A. 该企业的行为属于账外设账

B. 县级以上人民政府应当责令其限期改正

C. 可以对该企业处 3 000 元以上 5 万元以下的罚款

D. 可以对该企业直接负责的主管人员和其他直接责任人员处 2 000 元以上 2 万元以下的罚款

（5）下列针对事项（5）的说法中，不正确的有(　　)。

A. 会计档案应当根据法定期限妥善保管，不得随意销毁

B. 定期保管的会计档案，最低保管年限为 5 年

C. 会计档案的销毁应当由单位档案管理机构提出销毁意见，会同会计机构共同鉴定，严格审查，编造销毁清册，报单位负责人批准后，由单位档案管理机构和会计机构共同派员监销

D. 对故意销毁的会计人员，县级以上人民政府财政部门可以吊销其会计从业资格证书

62. 某市财政部门在 2011 年 5 月份对一家小型企业进行《会计法》执法检查中发现下列问题：

（1）2010 年 12 月份入账的记账凭证所附的原始凭证上的出票日期为 2008 年 11 月 20 日。

（2）现金日记账和银行日记账均采用圆珠笔登记，且有跳行、隔页、刮、擦等随意修改现象；现金日记账账面余额 85 650 元，而保险箱内的现金只有 560 元，另有一张 2009 年 11 月份厂长签字的白条 85 000 元。

（3）因企业没有会计人员，也不设置总账，每月的报表也是由出纳员编制并签章后报送。

（4）企业发放工资时，编制工资单、提取现金、分发工资、记账均由出纳一人兼办。

根据题意回答下列问题：

（1）《会计法》中关于设置账簿的规定正确的是(　　)。

A. 单位必须依据经过审核无误的会计凭证登记会计账簿

B. 登记会计账簿必须按照记账规则进行

C. 会计账簿的设置和登记，应当符合有关法律、行政法规和国家统一会计制度规定

D. 实行电算化的单位，其会计账簿的登记、更正，也应当符合国家统一的会计制度的规定

（2）记账规则的具体要求，包括账簿记录错误的更正方法，在(　　)中都作了具体规定。

A.《税收征收管理制度》

B.《会计基础工作规范》

C. 《公司法》

D. 国家统一的会计制度

（3）企业以上情况违反的规定有（　　）。

A. 填制或取得原始凭证必须及时（一个会计结算期）送交会计机构

B. 不得采用圆珠笔或铅笔登记会计账簿，不得跳行、隔页、刮、挖、擦等随意修改

C. 不得白条抵库

D. 对外报送的财务会计报告只有单位负责人签名并盖章

（4）企业的情况违反了（　　）。

A. 内部牵制制度

B. 财务专用章应有专人保管

C. 内部稽核制度

D. 严禁一人保管支付款项所需要的全部印章

（5）关于会计工作岗位设置的原则有（　　）。

A. 一人一岗　　　　　B. 一人多岗

C. 多人多岗　　　　　D. 一岗多人

# 模拟试卷（三）参考答案与精讲解析

## 一、单项选择题

1.【参考答案】A

【解析】《企业财务会计报告条例》、《总会计师条例》都属于会计行政法规，B属于会计法律、C属于会计部门规章、D属于会计规范性文件。

2.【参考答案】D

【解析】持证人员从事会计工作，应当自从事会计工作之日起90日内，填写注册登记表，并持会计从业资格证书和所在单位出具的从事会计工作的证明，向单位所在地或所属部门、系统的会计从业资格管理机构办理注册登记。

3.【参考答案】B

【解析】《中华人民共和国会计法》中第四条规定"单位负责人对本单位的会计工作和会计资料的真实性、完整性负责"。

4.【参考答案】D

【解析】《会计法》规定："担任单位会计机构负责人（会计主管人员）的，除取得会计从业资格证书外，还应当具备会计师以上专业技术职务资格或者从事会计工作3年以上经历。"这是对单位会计机构负责人（会计主管人员）任职资格作出的特别规定。

5.【参考答案】：B

【解析】我国会计工作管理体制的总原则是统一领导、分级管理。

6.【参考答案】B

【解析】由县级以上人民政府财政部门责令限期改正，可以对单位并处三千元以上五万元以下的罚款；对其直接负责的主管人员和其他直接责任人员，可以处两千元以上两万元以下的罚款；属于国家工作人员的，还应当由其所在单位或者有关单位依法给予行政处分。

7.【参考答案】C

【解析】经审核无误的会计凭证是登记会计账簿的依据。

8.【参考答案】B

【解析】基本存款账户是存款人的主办账户。存款人日常经营活动的资金收付及其工资、奖金和现金的支取，应通过该账户办理。

9.【参考答案】D

【解析】临时存款账户是指存款人因临时需要并在规定期限内使用而开立的银行结算账户。存款人有设立临时机构、异地临时经营活动、注册验资情况的，可以申请开立临时存款账户。

10.【参考答案】C

【解析】承兑是指汇票付款人承诺在汇票到期日支付汇票金额并签章的行为。

11.【参考答案】C

【解析】支票的金额、收款人名称，可以由出票人授权补记，未补记前不得背书转让。

12.【参考答案】D

【解析】票据的出票日期必须使用中文大写。在填写月、日时，月为壹、贰和壹拾的，日为壹至玖和壹拾、贰拾和叁拾的，应在其前加"零"；日为拾壹至拾玖的，应在其前面加"壹"。如2月12日，应写成零贰月壹拾贰日；10月20日，应写成零壹拾月零贰拾日。票据出票日期使用小写填写的，银行不予受理。大写日期未按要求规范填写的，银行可予受理；但由此造成损失的，由出票人自行承担。

13.【参考答案】C

【解析】因违法违纪行为被吊销会计从业资格证书的人员，自被吊销会计从业资格证书之日起五年内，不得重新取得会计从业资格证书。

14.【参考答案】B

【解析】查定征收，是指对账务资料不全，但能

控制其材料、产量或进销货物的纳税单位或个人，由税务机关依据正常条件下的生产能力对其生产的应税产品查定产量、销售额，然后依照税法规定的税率征收的一种税款征收方式。这种征收方式适用于生产经营规模较小、产品零星、税源分散、会计账册不健全的小型厂矿和作坊。

15.【参考答案】A

【解析】增值税专用发票是指专门用于结算销售货物和提供加工、修理修配劳务使用的一种发票。增值税专用发票只限于增值税一般纳税人领购使用，增值税小规模纳税人不得领购使用。一般纳税人如有法定情形的，不得领购使用增值税专用发票。

16.【参考答案】B

【解析】邮寄申报以寄出地的邮寄邮戳日期为实际申报日期。这种申报方式比较适宜边远地区的纳税人。

17.【参考答案】B

【解析】纳税人外出经营活动结束，应当向经营地税务机关填报《外出经营活动情况申请表》，按规定结清税款、缴销未使用完的发票。并由经营地税务机关在《外出经营活动税收管理证明》上注明纳税人的经营、纳税及发票使用情况，在《外出经营活动税收管理证明》有效期满 10 日内，纳税人应回到主管税务机关办理《外出经营活动税收管理证明》缴销手续。

18.【参考答案】A

【解析】爱岗敬业指的是忠于职守的事业精神，这是会计职业道德的基础。

19.【参考答案】B

【解析】会计职业道德除与其他职业道德相比还具有如下特征：具有一定的强制性、较多关注公众利益。

20.【参考答案】D

【解析】爱岗敬业是职业道德的出发点，那么，强化服务、奉献社会就是职业道德的归宿点。

二、多项选择题

21.【参考答案】ABCD

【解析】会计报表附注一般应按如下顺序和内容进行披露：（1）财务报表的编制基础；（2）遵循企业会计准则的声明；（3）重要会计政策的说明，包括财务报表项目的计量基础和会计政策的确定依据等；（4）重要会计估计的说明，包括下一会计期间内很可能导致资产、负债账面价值重大调整的会计估计的确定依据等；（5）会计政策和会计估计变更以

及差错更正的说明；（6）对已在资产负债表、利润表、现金流量表和所有者权益变动表中列示的重要项目的进一步说明，包括终止经营后利润的金额及其构成情况等；（7）或有和承诺事项、资产负债表日后非调整事项、关联方关系及其交易等需要说明的事项。企业还应当在附注中披露在资产负债表日后、财务报告批准报出日前建议或宣布发放的股利总额和每股股利金额（或向投资者分配的利润总额）。

22.【参考答案】AB

【解析】出纳人员不得兼任稽核、会计档案保管和收入、支出、费用、债权债务账目的登记工作。

23.【参考答案】ABCD

【解析】专用存款账户用于办理各项专用资金的收付。适用于基本建设资金，更新改造资金，财政预算外资金，粮、棉、油收购资金，证券交易结算资金，期货交易保证金，信托基金，金融机构存放同业资金，政策性房地产开发资金，单位银行卡备用金，住房基金，社会保障资金，收入汇缴资金，业务支出资金，党、团、工会设在单位的组织机构经费等专项管理和使用的资金。

24.【参考答案】AD

【解析】票据记载事项可分为绝对记载事项、相对记载事项和任意记载事项等。绝对记载事项是指《票据法》明文规定必须记载的，如不记载票据即为无效的票据。

25.【参考答案】ABCD

【解析】发票是指在购销商品、提供或者接受服务以及从事其他经营活动中，开具、收取的收付款的书面证明。它是确定经营收支行为发生的法定凭证，是会计核算的原始依据，也是税务稽查的重要依据。

26.【参考答案】ABCD

【解析】查账征收、查定征收、查验征收、定期定额征收、代扣代缴、代收代缴、委托征收等都是税款征收的方式。

27.【参考答案】ABCD

【解析】发票的开具要求：（1）单位和个人在发生经营业务、确认营业收入时，才能开具发票。（2）开具发票时应按号码顺序填开，填写项目齐全、内容真实、字迹清楚、全部联次一次性复写或打印，内容完全一致，并在发票联和抵扣联加盖单位财务印章或者发票专用章。（3）填写发票应当使用中文。民族自治地区可以同时使用当地通用的一种民族文字；外商投资企业和外资企业可以同时使用一种外国文字。（4）使用电子计算机开具发票必须报主管税

务机关批准，并使用税务机关统一监制的机打发票。（5）开具发票时限、地点应符合规定。（6）任何单位和个人不得转借、转让、代开发票。

28.【参考答案】ABCD

【解析】国家预算分为五级，包括：（1）中央预算；（2）省级（包括省、自治区、直辖市）预算；（3）地市级（设区的市、自治州）预算；（4）县级（县、自治县、不设区的市、市辖区、旗）预算；（5）乡（民族乡、镇）预算。

29.【参考答案】ABCD

【解析】会计职业道德与会计法律制度有着共同的目标、相同的调整对象，承担着同样的职责，两者联系密切。主要表现在：（1）两者在作用上相互补充、协调。（2）两者在内容上相互渗透、相互重叠。（3）两者在地位上相互转化、相互吸收。

30.【参考答案】AC

【解析】会计职业道德教育的形式有接受教育和自我教育。

31.【参考答案】AB

【解析】一般会计人员办理交接手续，由会计机构负责人（会计主管人员）监交；会计机构负责人（会计主管人员）办理交接手续，由单位负责人监交，必要时主管单位可以派人会同监交。

32.【参考答案】ABCD

【解析】税收的作用包括税收是国家组织财政收入的主要形式，税收是国家调控经济运行的重要手段，税收具有维护国家政权的作用，税收是国际经济交往中维护国家利益的可靠保证。故选ABCD。

33.【参考答案】ABC

【解析】会计凭证是记录经济业务事项的发生和完成情况、明确经济责任，并作为记账依据的书面证明，是会计核算的重要会计资料。

34.【参考答案】ABCD

【解析】纳税人在申报办理税务登记时，应当根据不同情况向税务机关如实提供以下证件和资料：（1）工商营业执照或其他核准执业证件；（2）有关合同、章程、协议书；（3）组织机构统一代码证书；（4）法定代表人或负责人或业主的居民身份证、护照或者其他合法证件。

35.【参考答案】ABCD

【解析】根据《中华人民共和国会计法》的规定，账目核对应做到账证相符、账实相符、账账相符、账表相符。故选ABCD。

36.【参考答案】ABCD

【解析】各单位应当定期将会计账簿记录与其相应的会计凭证记录逐项核对，检查是否一致，检查的内容包括时间、编号、内容、金额、记账方向。故选ABCD。

37.【参考答案】ABCD

【解析】根据有关规定，会计账簿的登记应当满足的要求有：根据经过审核无误的会计凭证登记会计账簿、按照记账规则登记会计账簿、实行会计电算化的单位，其会计账簿的登记、更正，应当符合国家统一的会计制度的规定、禁止账外设账。故选ABCD。

38.【参考答案】AD

【解析】按照记账凭证的用途，可分为专用记账凭证、通用记账凭证。B项是按是否汇总分类，C项是按会计科目分类，故选AD。

39.【参考答案】ABC

【解析】支付结算应当坚持的原则包括恪守信用，履约付款、谁的钱进谁的账，由谁支配、银行不垫款。

40.【参考答案】ABC

【解析】会计档案是指记录和反映经济业务事项的重要历史资料和证据，一般包括会计凭证、会计账簿、财务会计报告以及其他会计资料等会计核算的专业材料。具体包括：会计凭证类，会计账簿类，财务报告类，其他类。

三、判断题

41.【参考答案】√

【解析】单位负责人的直系亲属不得担任本单位的会计机构负责人、会计主管人员，会计机构负责人、会计主管人员的直系亲属不得在本单位会计机构中担任出纳工作。直系亲属包括夫妻关系、直系血亲关系、三代以内旁系血亲以及近姻亲关系。

42.【参考答案】√

【解析】出纳人员不得兼管稽核、会计档案保管和收入、支出、费用、债权债务账目的登记工作。

43.【参考答案】×

【解析】符合内部牵制制度的要求。根据规定，会计工作岗位可以一人一岗，一人多岗或者一岗多人，但出纳人员不得兼核、会计档案保管和收入、费用、债权债务账目的登记工作。

44.【参考答案】×

【解析】伪造会计凭证的行为，是指以虚假的经济业务或者资金往来为前提，编造虚假的会计凭证的行为。

45.【参考答案】√

【解析】对于不具备设置会计机构和会计人员条件的单位应当委托代理记账机构办理会计业务。

46.【参考答案】×

【解析】行政机关在作出处罚决定之前，应当告知当事人作出处罚决定的事实、理由、依据以及当事人依法享有的有关权利；当事人有权陈述和申辩。

47.【参考答案】√

【解析】对违反《会计法》同时违反其他法律规定的行为，除构成犯罪的，由司法机关依法追究刑事责任外，其他对会计违法行为依法享有行政处罚权的机关，对尚不构成犯罪的会计违法行为，应当按照法定职权作出相应处罚。但是，对同一违法当事人的同一违法行为，不得给予二次以上罚款的行政处罚。

48.【参考答案】√

【解析】企业会计档案保管期限保管期限从会计年度终了后第一天算起。

49.【参考答案】×

【解析】个人银行结算账户用于办理个人转账收付和现金支取，储蓄账户仅限于办理现金存取业务，不得办理转账结算。

50.【参考答案】×

【解析】开户申请书填写的事项齐全，符合开立基本存款账户、临时存款账户和预算单位专用存款账户条件的，银行应将存款人的开户申请书、相关的证明文件和银行审核意见等开户资料报送中国人民银行当地分支行，经其核准后办理开户手续；符合开立一般存款账户、其他专用存款账户和个人银行结算账户条件的，银行应办理开户手续，并于开户之日起5个工作日内向中国人民银行当地分支行备案。不需要企业法人税务登记证正本作为证明文件。

51.【参考答案】√

【解析】支票分为现金支票、转账支票和普通支票。现金支票只能用于支取现金；转账支票只能用于转账；普通支票可以用于支取现金，也可用于转账。在普通支票左上角划两条平行线的，为划线支票，划线支票只能用于转账，不能支取现金。

52.【参考答案】√

【解析】在全国范围内统一式样的发票，由国家税务总局确定，如增值税专用发票。

53.【参考答案】×

【解析】增值税专用发票只限于增值税一般纳税人领购使用，增值税小规模纳税人不得领购使用。一般纳税人如有法定情形的，不得领购使用增值税专用发票。

54.【参考答案】×

【解析】年所得12万元以上的可以为自行申报纳税义务人。

55.【参考答案】×

【解析】从事图书、报纸、杂志销售的纳税人按低税率计征增值税，税率为13%。

56.【参考答案】×

【解析】增值税专用发票只限于增值税一般纳税人领购使用，增值税小规模纳税人不得领购使用。一般纳税人如有法定情形的，不得领购使用增值税专用发票。

57.【参考答案】√

【解析】稿酬所得适用税率。稿酬所得适用比例税率，税率为20%，并按应纳税额减征30%，即只征收70%的税额，其实际税率为14%。

58.【参考答案】√

【解析】符合下列情形之一的货物或者服务，可以依照本法采用邀请招标方式采购：（1）具有特殊性，只能从有限范围的供应商处采购的；（2）采用公开招标方式的费用占政府采购项目总价值的比例过大的。

59.【参考答案】×

【解析】会计人员继续教育是强化会计职业道德教育的有效形式。

60.【参考答案】×

【解析】会计职业道德与会计法律制度有着共同的目标、相同的调整对象，承担着同样的职责，两者联系密切。

四、案例分析题

61.（1）【参考答案】ABC

【解析】该企业的这一规定不符合会计法律制度的规定；会计机构、会计人员必须审核原始凭证，这是法定职责；记账凭证应当根据经过审核原始凭证及有关资料编制。

（2）【参考答案】AC

【解析】财务会计报告应当由单位负责人和主管会计工作的负责人、会计机构负责人（会计主管人员）签名并盖章；设置总会计师的单位，还须由总会计师签名并盖章。

（3）【参考答案】AC

【解析】用电子计算机生成的会计资料必须符合国家统一的会计制度的要求；只要使用的会计软件符合要求，其生成的会计资料也必定可靠。

（4）【参考答案】ACD

【解析】该企业的行为属于账外设账；可以对该企业处3 000元以上5 万元以下的罚款。

（5）【参考答案】B

【解析】会计档案应当根据法定期限妥善保管，不得随意销毁；会计档案的销毁应当由单位档案管理机构提出销毁意见，会同会计机构共同鉴定，严格审查，编造销毁清册，报单位负责人批准后，由单位档案管理机构和会计机构共同派员监销；对故意销毁的会计人员，县级以上人民政府财政部门可以吊销其会计从业资格证书。

62. （1）【参考答案】ABCD

【解析】《会计法》中关于设置账簿的规定是单位必须依据经过审核无误的会计凭证登记会计账簿；登记会计账簿必须按照记账规则进行；会计账簿的设置和登记，应当符合有关法律、行政法规和国家统一会计制度规定；实行电算化的单位，其会计账簿的登记、更正，也应当符合国家统一的会计制度的规定。

（2）【参考答案】B

【解析】《会计基础工作规范》对记账规则的具体要求，包括账簿记录错误的更正方法做出规定。

（3）【参考答案】ABCD

【解析】所列做法均违反了规定。

（4）【参考答案】ABCD

【解析】企业的情况违反了内部牵制制度、财务专用章应有专人保管、内部稽核制度、严禁一人保管支付款项所需要的全部印章。

（5）【参考答案】ACD

【解析】会计工作岗位设置的原则有一人一岗、多人多岗、一岗多人。

# 会计从业资格考试《财经法规与会计职业道德》模拟试卷（四）

**一、单项选择题**（在每小题给出的四个备选答案中，只有一个正确答案，请将所选答案的字母填在题后的括号内。每小题1分，共20分）

1. 持证人员调转工作单位且继续从事会计工作的应办理（　　）。
   A. 注册登记　　　　　B. 离岗备案登记
   C. 调转登记　　　　　D. 变更登记

2. 下列企业账簿中，保管期限为5年的是（　　）。
   A. 库存现金日记账
   B. 固定资产卡片在固定资产报废清理后
   C. 总账
   D. 明细账

3. 会计工作的（　　）是指由注册会计师及其所在的会计师事务所依法对委托单位的经济活动进行审计、签证的一种监督制度。
   A. 群众监督　　　　　B. 社会监督
   C. 单位内部监督　　　D. 政府监督

4. 根据规定，实行回避制度的单位，会计机构负责人、会计主管人员的直系亲属不得在本单位会计机构中担任（　　）工作。
   A. 稽核　　　　　　　B. 登记总账
   C. 出纳　　　　　　　D. 成本会计

5. 会计机构、会计人员发现会计账簿记录与实物、款项及有关资料不相符的，按照规定有权自行处理的应当及时处理，无权处理的应当（　　）。
   A. 予以退回
   B. 要求更正
   C. 拒绝办理
   D. 立即向单位负责人报告，请求查明原因，作出处理

6. 依法定方式签发票据，并将票据交付给收款人的人称为（　　）。
   A. 背书人　　　　　　B. 出票人
   C. 收款人　　　　　　D. 付款人

7. 出票银行签发的，由其在见票时按照实际结算金额无条件支付给收款人或者持票人的票据是（　　）。
   A. 银行汇票　　　　　B. 银行本票
   C. 商业承兑汇票　　　D. 银行承兑汇票

8. 当存款人银行结算账户有法定变更事项的，应于（　　）日内书面通知开户银行并提供有关证明。

A. 2　　　　　　　　B. 5
C. 7　　　　　　　　D. 10

9. 根据《银行账户管理办法》的规定，存款人对用于基本建设的资金，可以向其开户银行出具相应的证明并开立（　　）。
   A. 临时存款账户　　　B. 一般存款账户
   C. 专用存款账户　　　D. 基本存款账户

10. 下列各项中，不属于税收特征的有（　　）。
   A. 强制性　　　　　　B. 分配性
   C. 无偿性　　　　　　D. 固定性

11. 扣缴义务人应当自扣缴义务发生之日起（　　）日内，向所在地的主管税务机关申报办理扣缴税款登记，领取扣缴税款登记证件。
   A. 7　　　　　　　　B. 10
   C. 15　　　　　　　D. 30

12. 根据《营业税暂行条例》的规定，纳税人销售不动产，其申报缴纳营业税的地点是（　　）。
   A. 不动产所在地
   B. 纳税人经营地
   C. 纳税人居住地
   D. 销售不动产行为发生地

13. 某啤酒厂3月份生产啤酒50吨，当月销售自产啤酒30吨，取得含税收入40 000元，啤酒每吨适用的消费税额为250元，则其应缴纳的消费税税额为（　　）元。
   A. 0　　　　　　　　B. 5 000
   C. 7 500　　　　　　D. 12 500

14. 按照对外购固定资产价值的处理方式，可以将增值税划分为不同类型。2009年1月1日起，我国增值税实行（　　）。
   A. 消费型增值税　　　B. 收入型增值税
   C. 生产型增值税　　　D. 实耗型增值税

15. 国库集中收付制度也称为（　　）。
   A. 国库集中支付制度　B. 国库集中管理制度
   C. 国库单一账户制度　D. 国库收入收缴制度

16. 财政支出支付方式中，由财政部向中国人民银行和代理银行签发支付指令，代理银行根据支付指令通过国库单一账户体系将资金直接支付到收款人或用款单位账户的方式称为（　　）。
   A. 财政直接支付　　　B. 财政授权支付
   C. 财政委托支付　　　D. 财政集中支付

17. 根据政府采购法律制度的规定，采用邀请招标方式的，采购人应当从符合相应资格条件的供应商中随机邀请(　　)以上的供应商，并以投标邀请书的方式，邀请其参加投标。

A. 3 家　　　　　　　B. 5 家

C. 10 家　　　　　　D. 15 家

18. 根据《政府采购法》的有关规定，招标后没有供应商投标或者没有合格标的或者重新招标未能成立的，其适用的政府采购方式是(　　)。

A. 询价方式　　　　B. 邀请招标方式

C. 公开招标方式　　D. 竞争性谈判方式

19. 下列关于会计职业道德与会计法律制度主要区别的表述中，正确的是(　　)。

A. 两者的目标不同

B. 两者的调整对象不同

C. 两者的作用范围不同

D. 两者的职责不同

20. 会计职业道德的调整对象是(　　)。

A. 调整会计职业关系

B. 调整会计职业中的经济利益关系

C. 调整会计人员之间的关系

D. 调整活动之间的关系

**二、多项选择题（在每小题给出的四个备选答案中，有两个或两个以上正确答案，请将所选答案的字母填在题后的括号内。不选、多选、错选均不得分。每小题 2 分，共 40 分）**

21. 下列属于记账凭证审核的主要内容有(　　)。

A. 依据是否真实　　B. 填写项目是否齐全

C. 金额计算是否正确　D. 书写是否清楚

22. 会计机构、会计人员在审核原始凭证时，对不真实、不合法的原始凭证应当(　　)。

A. 有权不予受理

B. 向单位负责人报告

C. 请求查明原因，追究有关当事人的责任

D. 予以退回，要求更正、补充

23. 下列各项关于发票开具要求的表述中，正确的是(　　)。

A. 未发生经营业务一律不得开具发票

B. 发票联和抵扣联盖单位财务印章或发票专用章

C. 填写发票可使用外文

D. 可自行拆本使用发票

24. 下列关于票据的各项表述中，符合规定的有(　　)。

A. 票据中的中文大写金额数字应用正楷或行书填写

B. 票据中的中文大写金额数字前应标明"人民币"字样

C. 票据的出票日期使用小写填写的，银行可以受理，但是由此造成损失的，由出票人自行承担

D. 票据中的中文大写金额数字到"元"为止的，在"元"之后，应写"整"字

25. 下列各项中，属于流转税类的有(　　)。

A. 增值税　　　　　　B. 消费税

C. 企业所得税　　　　D. 契税

26. 下列各项中，不得在企业所得税前扣除的有(　　)。

A. 向投资者支付的股息、红利等权益性投资收益款项

B. 税收滞纳金

C. 企业所得税税款

D. 消费税税金

27. 个人所得税纳税义务人，应当按照规定到主管税务机关办理纳税申报的情形有(　　)。

A. 年所得 12 万元以上

B. 从中国境内两处或者两处以上取得工资、薪金所得

C. 从中国境外取得所得

D. 取得应纳税所得，没有扣缴义务人

28. 根据政府采购法律制度的规定，下列情形中，采购人可以采用竞争性谈判方式采购的有(　　)。

A. 采用招标方式所需时间不能满足用户紧急需要的

B. 不能事先计算出价格总额的

C. 采用公开招标方式的费用占政府采购项目总价值的比例过大的

D. 技术复杂或者性质特殊，不能确定详细规格或者具体要求的

29. 下列选项中，属于各级政府编制年度预算草案的依据的有(　　)。

A. 法律、法规

B. 国民经济和社会发展计划、财政中长期计划以及有关的财政经济政策

C. 本级政府的预算管理职权和财政管理体制确定的预算收支范围

D. 上一年度预算执行情况和本年度预算收支变化因素

30. 会计职业道德的功能包括(　　)。

A. 指导功能      B. 评价功能

C. 规范功能      D. 教化功能

31. 下列各项中，属于会计档案的销毁程序的有( )。

A. 编造会计档案销毁清册

B. 单位负责人签署意见

C. 专人负责监销

D. 报告监销情况

32. 下列各项中，属于会计工作岗位的有( )。

A. 商场收银员

B. 财产物资的收发、增减核算岗位

C. 单位内部审计人员

D. 稽核岗位

33. 根据《会计基础工作规范》的规定，会计机构、会计人员进行监督的依据可以有( )。

A. 财经法律、法规、规章

B. 各单位内部的预算、财务计划、经济计划、业务计划等

C. 各单位根据国家有关法律制度制定的单位内部会计管理制度

D. 会计法律、法规和国家统一的会计制度

34. 下列属于内部会计监督制度的基本要求的有( )。

A. 重大经济事项的决策和执行程序应当明确

B. 建立会计档案管理制度

C. 对会计资料定期进行内部审计的办法和程序应当明确

D. 会计事项相关人员的职责权限应明确

35. 纳税人销售应税消费品，应当向( )主管税务机关申报纳税。

A. 机构所在地      B. 纳税人核算地

C. 居住地      D. 消费品生产地

36. 下列纳税人行为中，构成偷税罪，依法追究刑事责任的有( )。

A. 甲应纳税额为 12 万元，偷税 1 万元

B. 乙应纳税额为 9 万元，偷税 9 000 元

C. 丙应纳税额为 11 万元，偷税 1.1 万元

D. 丁在两年内因偷税被税务机关给予两次行政处罚又偷税的

37. 下列属于参与管理的基本要求的有( )。

A. 努力钻研相关业务

B. 树立服务意识

C. 全面熟悉本单位经营活动和业务流程

D. 提高服务质量

38. 会计人员工作交接，移交人应对所移交的会计资料的( )承担经济责任。

A. 真实性      B. 完整性

C. 及时性      D. 合理性

39. 某单位领导要求本单位出纳员石某将收到的下脚料销售款 10 000 元另行存放不入账。石某没有按照该领导的要求执行，而是按规定作为零星收入入账，致使该领导很不高兴。财务科长王某知道后对石某进行了批评，他提出作为会计人员应该服从领导安排，领导让干啥就干啥。请问财务科长王某的做法违背了会计职业道德规范中的( )。

A. 客观公正      B. 坚持准则

C. 爱岗敬业      D. 强化服务

40. 忠于职守、尽职尽责，要求会计人员忠实于( )。

A. 自己      B. 家人和亲戚朋友

C. 社会公众      D. 国家

**三、判断题（每小题 1 分，共 20 分。认为正确的，在题后的括号内写"√"；认为错误的，在题后的括号内写"×"。判断正确的得分，判断错误的扣分，不答不得分也不扣分。本类题最低分为零分）**

41. 会计人员陈某认为，会计工作只是记记账、算算账、与单位经营决策关系不大，没有必要要求会计人员"参与管理"。陈某的观点是正确的。( )

42. 会计从业资格证书实行注册登记制度。( )

43. 实行会计电算化的单位，交接双方应将有关电子数据在计算机实行实际操作，确认有关数据正确无误后，方可交接。( )

44. 记账人员与经济业务或事项的审批人员、经办人员、财产保管人员的职责权限应当明确，并相互分离、相互制约。( )

45. 县级以上人民政府财政部门根据违反会计法行为的性质、情节及危害程度，在责令限期改正的同时，可以对直接责任人并处 3 000 元以上 5 万元以下的罚款。( )

46. 票据出票日期大写未按要求规范填写的，银行一定不予受理。( )

47. 个体工商户凭营业执照以字号或经营者姓名开立的银行结算账户纳入个人银行结算账户管理。( )

48. 个人银行结算账户是指自然人、法人和其他组织因投资、消费、结算等而开立的可办理支付结算业务的存款账户。( )

49. 银行结算账户是指银行为存款人开立的办理

资金收付的活期存款账户和定期存款账户。（　　）

50. 根据《支付结算办法》的规定，除法律、行政法规另有规定外，未经中国人民银行批准的非银行金融机构和其他单位，不得作为中介机构经营银行支付结算业务。（　　）

51. 银行对1年未发生收付活动且未欠开户银行债务的单位银行结算账户，应通知单位自发出通知之日起30日内办理销户手续，逾期视同自愿销户，未划转款项列入久悬未取专户管理。（　　）

52. 扣缴义务人应当向纳税人机构所在地或者居住地的主管税务机关申报缴纳其扣缴的营业税税款。（　　）

53. 委托个体经营者加工的应税消费品，由受托方向其机构所在地或居住地主管税务机关申报缴纳消费税。（　　）

54. 个人所得税的征税对象不仅包括个人还包括具有自然人性质的企业。（　　）

55. 超率累进税率是指以征税对象数额的相对率划分若干级距，分别规定相应的差别税率。我国的土地增值税就是采用这种税率。（　　）

56. 纳税义务人可以是自然人，也可以是法人或其他社会组织。（　　）

57. 政府采购信息应当在省级以上财政部门指定的政府采购信息发布媒体上向社会公开发布。（　　）

58. 我国国家预算体系中不包括县市级以下的预算。（　　）

59. 我国政府采购实行集中采购的单一模式。（　　）

60. 单一来源方式，是指采购人向唯一供应商进行采购的方式。（　　）

**四、案例分析题（阅读材料，回答下面的问题。每小题10分，共20分）**

61. 某公司主营货物运输业务，经税务机关批准按"交通运输业"税目征收营业税。该公司2011年发生如下经济业务：

（1）取得货物运输收入1 000万元，其中：运输货物出境取得收入100万元，运输货物入境取得收入200万元，支付给其他运输企业的运费200万元。

（2）销售货物并负责运输所售货物共取得收入100万元（不含增值税）。

（3）将本公司的10辆货车出租给某物流公司，取得收入20万元。

根据上述材料，回答下列问题：

（1）下列各项中，关于第一笔业务的有关说法正确的有（　　）。

　　A. 该公司取得运输货物收入适用5%的营业税税率

　　B. 该公司运输货物出境不用缴纳营业税

　　C. 该公司运输货物入境不用缴纳营业税

　　D. 该公司支付给其他运输企业的运费在计算营业税时可以从运输业务营业额中扣除

（2）该公司开展第一笔业务取得运输货物收入应缴纳的营业税税额为（　　）。

A. 30万元　　　　　　B. 18万元

C. 24万元　　　　　　D. 15万元

（3）该公司开展第二笔业务应缴纳（　　）。

　　A. 增值税17万元　　B. 营业税3万元

　　C. 增值税14.5万元　D. 营业税5万元

（4）将公司出租货车应缴纳营业税（　　）。

A. 1万元　　　　　　B. 0.6万元

C. 0　　　　　　　　D. 4万元

（5）该公司2011年应缴纳的营业税税额为（　　）。

A. 18万元　　　　　　B. 21万元

C. 22万元　　　　　　D. 23.4万元

62. 某商场为增值税一般纳税人，10月份发生以下购销业务：

（1）购入服装两批，货款均已支付，第一批货款为24.4万元（含税），尚未取得增值税专用发票，第二批货物取得增值税专用发票上注明的增值税税额为6.12万元；先后购进这两批货物时已分别支付两笔运费2万元和4万元，第一批货物支付运费取得销售方开具的普通发票，第二批货物支付运费取得承运单位开具的运输发票。

（2）销售服装一批，取得不含税销售额18万元，采用委托银行收款方式结算，货已发出并办妥托收手续，货款尚未收回。

（3）零售各种服装，取得含税销售收入37.44万元，同时将零售价为1.755万元（含税）的服装作为礼品赠送给了顾客。（说明：有关票据在本月均通过主管税务机关认证并申报抵扣，月初增值税留抵税额为0）

根据以上材料，回答下列问题：

（1）该商场支付运费可抵扣的增值税进项税额为（　　）。

A. 0　　　　　　　　B. 0.14万元

C. 0.28万元　　　　　D. 0.42万元

（2）该商场10月份可抵扣的增值税进项税额

为( )。

A. 6.4 万元　　　　B. 6.12 万元

C. 9.52 万元　　　　D. 9.44 万元

（3）该商场销售服装的增值税销项税额为( )。

A. 5.44 万元　　　　B. 9.4248 万元

C. 3.06 万元　　　　D. 8.5 万元

（4）该商场将服装赠送给顾客的增值税销项税

额为( )。

A. 0.298 万元　　　　B. 0.255 万元

C. 0.202 万元　　　　D. 0.228 万元

（5）该商场 10 月份应缴纳的增值税税额为( )。

A. 0　　　　B. 2.075 万元

C. 2.1 万元　　　　D. 2.355 万元

# 模拟试卷（四）参考答案与精讲解析

## 一、单项选择题

1.【参考答案】C

【解析】本题考核会计从业资格证书管理的调转登记。会计人员调转工作单位且继续从事会计工作的，自离开之日或办理调出手续之日起 90 日内办理调转登记。

2.【参考答案】B

【解析】本题考核账簿保管期限。根据规定，企业和其他组织的总账、明细账及辅助性账簿保管期限一般为 15 年，库存现金和银行存款日记账的保管期限为 25 年，固定资产卡片在固定资产报废清理后保管 5 年。

3.【参考答案】B

【解析】本题考核会计监督中的社会监督。会计工作的社会监督由注册会计师及其所在的会计师事务所依法对委托单位的经济活动进行审计、鉴证的一种监督制度。

4.【参考答案】C

【解析】本题考核会计人员回避制度。根据规定，单位领导人的直系亲属不得担任本单位的会计机构负责人、会计主管人员；会计机构负责人、会计主管人员的直系亲属不得在本单位会计机构中担任出纳工作。

5.【参考答案】D

【解析】本题考核单位内部会计监督。发现会计账簿记录与实物、款项及有关资料不相符的，按照规定有权自行处理的，应当及时处理；无权处理的，应当立即向单位负责人报告，请求查明原因，作出处理。

6.【参考答案】B

【解答】出票人是指依法定方式签发票据，并将票据交付给收款人的人。

7.【参考答案】A

【解答】银行汇票是指出票银行签发的，由其在见票时按照实际结算金额无条件支付给收款人或者持票人的票据。

8.【参考答案】B

【解答】当存款人银行结算账户有法定变更事项的，应于 5 日内书面通知开户银行并提供有关证明。

9.【参考答案】C

【解析】根据《银行账户管理办法》的规定，存款人对用于基本建设的资金，可以向其开户银行出具相应的证明并开立专用存款账户。

10.【参考答案】B

【解析】本题考核税收的特征。税收具有强制性、无偿性、固定性三个特征。

11.【参考答案】D

【解析】本题考核扣缴义务人扣缴税款登记的规定。扣缴义务人应当自扣缴义务发生之日起 30 日内，向所在地的主管税务机关申报办理扣缴税款登记，领取扣缴税款登记证件。

12.【参考答案】A

【解析】本题考核营业税的纳税地点。根据规定，纳税人销售不动产，应当向不动产所在地主管税务机关申报缴纳营业税。

13.【参考答案】C

【解析】本题考核消费税的计算。应缴纳的消费税 $= 30 \times 250 = 7\,500$（元）。

14.【参考答案】A

【解析】本题考核增值税的类型。2009 年 1 月 1 日起施行的《增值税暂行条例》，规定允许抵扣购进固定资产的进项税额，实现了增值税由生产型向消费型的转换。

15.【参考答案】C

【解析】本题考核国库集中收付制度。国库集中收付制度一般也称为国库单一账户制度，包括国库集中支付制度和收入收缴管理制度。

16.【参考答案】A

【解析】本题考核财政支出支付方式。财政直接支付是指由财政部向中国人民银行和代理银行签发支付指令，代理银行根据支付指令通过国库单一账户体系将资金直接支付到收款人或用款单位账户。

17.【参考答案】A

【解析】本题考核政府采购方式。邀请招标是指采购人依法从符合相应资格条件的供应商中随机邀请3家以上的供应商，并以投标邀请书的方式邀请其参加投标。

18.【参考答案】D

【解析】本题考核政府采购方式。符合下列情形之一的货物或者服务，可以采用竞争性谈判方式采购：（1）招标后没有供应商投标或者没有合格标的或者重新招标未能成立的；（2）技术复杂或者性质特殊，不能确定详细规格或者具体要求的；（3）采用招标所需时间不能满足用户紧急需要的；（4）不能事先计算出价格总额的。

19.【参考答案】C

【解析】本题考核会计职业道德与会计法律制度的区别。会计职业道德与会计法律制度主要区别表述中，二者的作用范围不同，法律主要调整人们外在的行为和结果，而道德则调整人们的内心世界。

20.【参考答案】B

【解析】本题考核会计职业道德的调整对象。会计职业道德是调整会计职业活动中各种利益关系的手段。会计工作的性质决定了在会计职业活动中要处理方方面面的经济关系，包括单位与单位、单位与国家、单位与职工等经济关系，这些经济关系的实质是经济利益关系。所以会计职业道德的调整对象是会计职业中的经济利益关系。

二、多项选择题

21.【参考答案】ABCD

【解析】本题考核记账凭证的审核，ABCD均属于审核记账凭证的要点。

22.【参考答案】ABC

【解析】本题考核原始凭证的审核。根据规定，会计机构、会计人员对不真实、不合法的原始凭证有权不予受理，并向单位负责人报告，请求查明原因，追究有关当事人的责任。

23.【参考答案】AB

【解析】本题考核发票开具要求。选项C，填开发票应使用中文，民族自治地区可同时使用一种民族文字，外商投资企业和外资企业可同时使用一种外国文字；选项D，未经税务机关批准，不得拆本使用发票。

24.【参考答案】ABD

【解析】本题考核票据的填写要求。票据的出票日期使用小写填写的，银行不予受理。

25.【参考答案】AB

【解析】本题考核流转税的类型。我国现行的增值税、消费税、营业税、关税等都属于流转税类。

26.【参考答案】ABC

【解析】本题考核不得扣除的项目。选项D是可以作为税金在企业所得税前扣除的。

27.【参考答案】ABCD

【解析】本题考核个人所得税纳税申报。纳税义务人有下列情形之一的，应当按照规定到主管税务机关办理纳税申报：（1）年所得12万元以上的；（2）从中国境内两处或者两处以上取得工资、薪金所得的；（3）从中国境外取得所得的；（4）取得应纳税所得，没有扣缴义务人的；（5）国务院规定的其他情形。

28.【参考答案】ABD

【解析】本题考核政府采购方式。选项C适用邀请招标方式。

29.【参考答案】ABCD

【解析】本题考核编制年度预算草案的依据。各级政府编制年度预算草案的依据包括：（1）法律、法规；（2）国民经济和社会发展计划、财政中长期计划以及有关的财政经济政策；（3）本级政府的预算管理职权和财政管理体制确定的预算收支范围；（4）上一年度预算执行情况和本年度预算收支变化因素；（5）上级政府对编制本年度预算草案的指示和要求。

30.【参考答案】ABD

【解析】本题考核会计职业道德的功能。会计职业道德的功能包括指导功能、评价功能和教化功能。

31.【参考答案】ABCD

【解析】本题考核会计档案的销毁程序，ABCD均是销毁会计档案所必经的程序。

32.【参考答案】BD

【解析】本题考核会计工作岗位的范围。商场收银员和单位内部审计人员不是会计岗位工作人员。

33.【参考答案】ABCD

【解析】本题考核单位内部会计监督的依据。单位内部会计监督的依据包括：（1）国家财经法律、法规和规章；（2）会计法律、法规和国家统一的会计制度；（3）国务院业务主管部门制定的具体办法和补充规定；（4）单位内部会计管理制度；（5）单位内部的预算、财务计划、经济计划、业务计划等。

34.【参考答案】ACD

【解析】本题考核单位内部会计监督。单位内部会计监督制度应当符合下列四项基本要求：（1）记账人员与经济业务事项和会计事项的审批人员、经办人员、财物保管人员的职责权限应当明确，并相互分离、相互制约；（2）重大对外投资、资产处置、资金调度和其他重要经济业务事项的决策和执行的相互监督、相互制约程序应当明确；（3）财产清查的范围、期限和组织程序应当明确；（4）对会计资料定期进行内部审计的办法和程序应当明确。

35.【参考答案】AC

【解析】纳税人销售的应税消费品，以及自产自用的应税消费品，应当向纳税人机构所在地或者居住地的主管税务机关申报纳税。

36.【参考答案】CD

【解析】根据《中华人民共和国刑法》的规定，偷税数额在 1 万元以上不满 10 万元，且偷税数额占应纳税额 10% 以上不满 30% 的。或者因偷税被税务机关给予 2 次行政处罚又偷税的，处 3 年以下有期徒刑或者拘役，并处偷税数额 1 倍以上 5 倍以下罚金；偷税数额在 10 万元以上且偷税数额占应纳税额 30% 以上的，处 3 年以上 7 年以下有期徒刑，并处偷税数额 1 倍以上 5 倍以下罚金。

37.【参考答案】AC

【解析】本题考核参与管理的基本要求。选项 AC 属于参与管理的基本要求，选项 BD 属于强化服务的基本要求。

38.【参考答案】AB

【解析】会计人员工作交接，移交人应对所移交的会计资料的真实性、完整性承担经济责任。

39.【参考答案】AB

【解析】本题考核会计职业道德的内容。财务科长王某没有站在公正的立场上支持石某的做法，反而批评石某，并提出了错误的观点，很显然违背了会计职业道德规范中的"客观公正"和"坚持准则"的要求。

40.【参考答案】CD

【解析】忠于职守主要表现为忠实于国家、忠实于社会公众、承担起维护国家和社会公众利益的责任。

三、判断题

41.【参考答案】×

【解析】本题考核参与管理的内容。陈某的说法不正确，会计人员应当参与管理。

42.【参考答案】√

【解析】本题考核会计从业资格证书的登记制度。根据规定，会计从业资格证书实行注册登记制度。

43.【参考答案】√

【解析】本题考核会计人员工作交接，实行会计电算化的单位，交接双方应将有关电子数据在计算机实行实际操作，确认有关数据正确无误后，方可交接。

44.【参考答案】√

【解析】本题考核单位内部会计管理权限的划分。记账人员与经济业务或事项的审批人员、经办人员、财产保管人员的职责权限应当明确，并相互分离、相互制约。

45.【参考答案】×

【解析】本题考核违反会计法应承担的法律责任。县级以上人民政府财政部门根据违反会计法行为的性质、情节及危害程度，在责令限期改正的同时，可以对直接责任人并处 2 000 元以上 2 万元以下的罚款。

46.【参考答案】×

【解析】本题考核票据的填写要求。票据出票日期使用小写填写的，银行不予受理。大写日期未按要求规模填写的，银行可予受理，但由此造成损失的，由出票人自行承担。

47.【参考答案】×

【解析】本题考核单位银行结算账户。个体工商户凭营业执照以字号或经营者姓名开立的银行结算账户纳入单位银行结算账户管理。

48.【参考答案】×

【解析】本题考核个人银行结算账户的概念。个人银行结算账户是指自然人因投资、消费、结算等而开立的可办理支付结算业务的存款账户。

49.【参考答案】×

【解析】本题考核银行结算账户的概念。银行结算账户仅仅包括活期存款账户，不包括定期存款账户。

50.【参考答案】√

【解析】本题考核支付结算的特征。《支付结算办法》规定：除法律、行政法规另有规定外，未经中国人民银行批准的非银行金融机构和其他单位，不得作为中介机构经营银行支付结算业务。

51.【参考答案】√

【解析】本题考核银行结算账户的销户。银行对1年未发生收付活动且未欠开户银行债务的单位银行结算账户，应通知单位自发出通知之日起30日内办理销户手续，逾期视同自愿销户，未划转款项列入久悬未取专户管理。

52.【参考答案】×

【解析】本题考核营业税的纳税地点。扣缴义务人应当向其机构所在地或者居住地的主管税务机关申报缴纳其扣缴的营业税税款。

53.【参考答案】×

【解析】本题考核消费税的纳税地点。委托个体经营者加工的应税消费品，由委托方向其机构所在地或居住地主管税务机关申报缴纳消费税。

54.【参考答案】√

【解析】本题考核个人所得税的纳税人，包括个人和具有自然人性质的企业（个人独资企业和合伙企业）。

55.【参考答案】√

【解析】本题考核税率在具体税种中的运用。我国土地增值税的计算征收采用超率累进税率。

56.【参考答案】√

【解析】本题考核纳税义务人。纳税义务人也称纳税人，是指税法规定的直接负有纳税义务的自然人、法人和其他组织。

57.【参考答案】√

【解析】本题考核政府采购的公开透明原则，要求政府采购的信息在政府采购监督管理部门制定的媒体上及时向社会公开发布，但涉及商业秘密的除外。

58.【参考答案】×

【解析】本题考核国家预算的级次划分。我国实行"一级政府，一级预算"，一共分为五级。包括中央、省（自治区、直辖市）、设区的市（自治州）、县（自治县、不设区的市、市辖区）、乡（民族乡、镇）五级预算。

59.【参考答案】×

【解析】本题考核政府采购的执行模式。《政府采购法》规定，政府采购实行集中采购和分散采购相结合的模式。

60.【参考答案】√

【解析】本题考核政府采购的方式，其中单一来源方式，是指采购人向唯一供应商进行采购的方式。

四、案例分析题

61.（1）【参考答案】CD

【解析】该公司运输货物入境不用缴纳营业税，该公司支付给其他运输企业的运费在计算营业税时可以从运输业务营业额中扣除。

（2）【参考答案】B

【解析】第一笔业务取得运输货物收入应缴纳的营业税=（1 000－200－200）×3%=18（万元）。

（3）【参考答案】B

【解析】营业税=100×3%=3（万元）。

（4）【参考答案】A

【解析】出租车应缴纳营业税=20×5%=1（万元）。

（5）【参考答案】C

【解析】2011年应缴纳的营业税=18+3+1=22（万元）。

62.（1）【参考答案】C

【解析】该商场支付运费可抵扣的增值税进项税额=4×7%=0.28（万元）。

（2）【参考答案】A

【解析】该商场10月份可抵扣的增值税进项税额=6.12+0.28=6.4（万元）。

（3）【参考答案】D

【解析】该商场销售服装的增值税销项税额=18×0.17+37.44/1.17×0.17=8.5（万元）。

（4）【参考答案】B

【解析】该商场将服装赠送给顾客的增值税销项税额=1.755/1.17×0.17=0.255（万元）。

（5）【参考答案】D

【解析】该商场10月份应缴纳的增值税税额=8.5+0.225－6.4=2.355（万元）。

# 会计从业资格考试《财经法规与会计职业道德》模拟试卷（五）

**一、单项选择题**（在每小题给出的四个备选答案中，只有一个正确答案，请将所选答案的字母填在题后的括号内。每小题1分，共20分）

1. 下列法律制度中，属于会计行政法规的是( )。

A. 《注册会计师法》

B. 《会计从业资格管理办法》

C. 《企业财务会计报告条例》

D. 《小企业会计制度》

2. 下列各项中，不属于会计岗位的是( )。

A. 出纳

B. 档案管理

C. 仓库保管员

D. 财产物资核算岗位

3. 以下关于会计工作的管理体制说法不正确的是( )。

A. 国务院财政部门主管全国的会计工作

B. 县级以上地方各级人民政府财政部门管理本行政区域内的会计工作

C. 我国会计工作管理总原则是：统一领导、分级管理

D. 除了财政部以外，其他部门或地方可以根据具体情况制定会计准则制度及相关标准规范

4. 《陕西省会计管理条例》规定，县级以上财政部门做出吊销资格证书、对单位处五万元以上罚款、对个人处三万元以上罚款处罚决定的，应该告知当事人有依法( )的权利。

A. 行政复议

B. 提起行政诉讼

C. 听证

D. 行政仲裁

5. 《中华人民共和国会计法》规定，单位有关负责人应在财务会计报告上( )。

A. 签名

B. 盖章

C. 签名或盖章

D. 签名并盖章

6. 下列关于会计职业道德与会计法律制度联系的说法中，不正确的是( )。

A. 两者有共同的目标，相同的调整对象，承担着同样的职责

B. 两者在内容上相互渗透、相互重叠

C. 两者在地位上相互转化、相互吸引

D. 两者在表现形式上都是具体的、明确的和成文的

7. 下列各项中，属于土地增值税的税率形式是( )。

A. 全额累进税率

B. 定额税率

C. 超额累进税率

D. 超率累进税率

8. 根据《人民币银行结算账户管理办法》的规定，为了加强对住房基金和社会保障基金的管理，存款人应依法申请在银行开立的账户是( )。

A. 一般存款账户

B. 基本存款账户

C. 专用存款账户

D. 临时存款账户

9. 按照分税制财政管理体制，中央预算和地方预算对同一税种的收入按照一定划分标准或者比例分享的收入是( )。

A. 中央预算收入

B. 地方预算收入

C. 中央和地方预算共享收入

D. 税收收入

10. 根据《支付结算办法》的规定，下列各项中，属于支付结算行为的是( )。

A. 用现金结算银行存款利息

B. 用现金结算贷款

C. 用信用卡结算贷款

D. 用现金结算银行贷款利息

11. 某企业将在展销会上取得的收入，在公司会计账册之外另行登记。该行为属于( )。

A. 私设会计账簿

B. 变造会计账簿

C. 随意变更会计处理方式

D. 伪造会计账簿

12. 税务登记不包括( )。

A. 开业登记

B. 变更登记

C. 核定应纳税额

D. 注销登记

13. 根据《支付结算办法》的规定，出票人在付款人处的存款足以支付支票金额时，付款人应当在见票后足额付款的期限是( )。

A. 10日内

B. 5日

C. 次日

D. 当日

14. 《中华人民共和国会计法》规定，( )为单位会计行为的责任主体。

A. 总会计师

B. 单位负责人

C. 会计人员

D. 会计机构负责人

15. 某高新技企业2012年应纳税所得额为1 000万元，其所得税应纳税额为( )万元。

A. 150

B. 200

C. 250　　　　　　　　D. 330

16. 当存款人银行结算账户有法定变更事项的，应于( )日内书面通知开户银行并提供有关证明。

A. 2　　　　　　　　B. 5

C. 7　　　　　　　　D. 10

17. 根据《预算法》的规定，下列各项中，负责定期向国务院报告中央和地方预算执行情况的是( )。

A. 全国人民代表大会

B. 全国人民代表大会常务委员会

C. 国务院统计部门

D. 国务院财政部门

18. 移交人员因病或其他特殊原因不能亲自办理移交手续的，下列各项中，正确的处理方法是( )。

A. 经单位领导批准，可由移交人员委托他人代办移交

B. 可由移交人负责人自行授权他人代办移交

C. 经会计机构负责人批准，可移交人员委托他人代办移交

D. 可由会计机构负责人批准，可移交人员委托他人代办移交

19. 根据《政府采购法》的规定，我国政府采购的执行模式是( )。

A. 集中采购

B. 分散采购

C. 集中采购与分散采购相结合

D. 团购

20. 受托单位按照税务机关核发的代征证书的要求，以税务机关的名义向征税人征收零散税款的征收方式是( )。

A. 定期定额征收　　B. 代扣代缴

C. 代收代缴　　　　D. 委托征收

**二、多项选择题（在每小题给出的四个备选答案中，有两个或两个以上正确答案，请将所选答案的字母填在题后的括号内。不选、多选、错选均不得分。每小题 2 分，共 40 分）**

21. 下列有关会计工作交接的说法正确的是( )。

A. 临时离职需要接替的，会计机构负责人或单位负责人必须指定专人接替，并办理会计工作交接手续

B. 临时离职或者因病不能工作的会计人员恢复工作时，应当与接替或代理人员办理接替手续

C. 有价证券的数量要与会计账簿记录一致，有价证券面额与发行价不一致时，按照会计账簿余额交接

D. 公章、收据、空白支票、发票等必须交接清楚

22. 《陕西省会计管理条例》规定，大中型企业和( )应当设置总会计师。

A. 达到一定规模的事业单位

B. 达到一定规模的民办非企业单位

C. 达到一定规模的非盈利组织

D. 企业的业务主管部门

23. 各单位应定期将会计账簿记录与相应的会计凭证记录逐笔核对，检查( )是否一致。

A. 时间　　　　　　B. 编号

C. 经济业务内容　　D. 金额和记账方向

24. 出纳人员不得兼管以下工作( )。

A. 稽核

B. 会计档案保管

C. 收入、支出、费用的登记工作

D. 债权债务账目的登记工作

25. 下列各项中，属于预算法规定的县级以上地方各级人民代表职权的有( )。

A. 审查本级总预算草案及本级总预算执行情况的报告

B. 批准本级预算和本级预算执行情况的报告

C. 改变或撤销本级人民代表大会常务委员会关于预算、决算的不适当的决议

D. 撤销本级政府关于预算、决算的不设当的决定和命令

26. 下列关于征税对象的说法中，正确的是( )。

A. 征税对象又称课税对象，是税收法律关系中权利义务所指的对象

B. 征税对象仅指的是具体物，它是区别不同类型税种的主要标志

C. 根据征税对象的不同，税收可分为流转税、所得税、资源税、财产税、行为税类

D. 征税对象是构成税法的最基本要素之一

27. 下列关于会计职业道德中，表述正确的是( )。

A. 会计职业道德是规范会计行为的基础

B. 会计职业道德与会计法律制度两者在性质上是不同的

C. 会计职业道德规范的全部内容归纳起来就是廉洁自律与强化服务

D. 会计职业道德不调整会计人员的外在行为

28. 根据预算法的规定，预决算监督的主体包括( )。

A. 各级国家权力机关　B. 各级政府部门

C. 财政部门　　　　　D. 电子数据审计部门

29. 下列关于票据中文大写金额数字中，正确的是( )。

A. 壹万陆仟圆整

B. 三万二千一十二元二五角整

C. 肆万零叁元捌角整

D. 柒仟元整

30. 下列关于国家统一的会计制度表述中正确的是( )。

A. 国家统一的会计制度包括会计法律、会计行政法规、国家统一的会计制度

B. 国家统一的会计制度包括会计部门规章和会计规范性文件

C. 《陕西省会计管理条例》属于国家统一的会计制度

D. 国家统一会计制度是关于会计核算、会计监督、会计机构和会计人员以及会计工作管理的制度

31. 一般会计人员办理交接手续，负责人为( )。

A. 会计机构负责人　B. 会计主管人员

C. 单位负责人　　　D. 主管单位派的人

32. 在计算企业所得税时，准予从收入总额中扣除的税金包括( )。

A. 城建税　　　　B. 房产税

C. 车船税　　　　D. 土地增值税

33. 下列存款人中，可以在异地开立有关银行结算账户的有( )。

A. 营业执照注册地与经营地不在同一行政区域需要开立专用存款账户的

B. 异地临时经营活动需要开立临时存款账户的

C. 自然人根据需要在异地开立个人银行结算账户的

D. 办理异地借款和其他结算需要开立一般存款账户的

34. 税务代理的方式有( )。

A. 全面代理　　　B. 单项代理

C. 临时代理　　　D. 常年代理

35. 可以申请开立临时存款账户的有( )。

A. 设立临时机构

B. 异地临时从事经营活动

C. 注册验资

D. 境外（含港澳台地区）机构在境内从事经营活动

36. 消费税采用( )三种计税方法。

A. 从价定率　　　B. 定期定额

C. 符合计税　　　D. 从量定额

37. 税法是国家及纳税人依法征税，依法纳税的行为准则，国家制定税法的目的包括( )。

A. 保证国家利益

B. 保证纳税人的合法权益

C. 维护正常纳税秩序

D. 保证国家的财政收入

38. 根据《支付结算办法》的规定，支票与汇票和本票相比，它的显著特点有( )。

A. 以银行作为付款人

B. 以其他金融机构作为付款人

C. 见票即付

D. 可以透支

39. 单位建立的货币资金的授权批准制度包括( )。

A. 审批人对货币资金业务的授权批准的方式

B. 审批人对货币资金业务的授权批准的权限

C. 审批人对货币资金业务的授权批准的程序

D. 审批人对货币资金业务的责任和相关控制措施

40. 会计职业道德教育的形式有( )。

A. 接受教育　　　B. 学历教育

C. 自我教育　　　D. 继续教育

**三、判断题（每小题1分，共20分。认为正确的，在题后的括号内写"√"；认为错误的，在题后的括号内写"×"。判断正确的得分，判断错误的扣分，不答不得分也不扣分。本类题最低分为零分）**

41. 代理记账是指企业委托有会计资格证书的人员的记账行为。( )

42. 变更会计凭证是指用涂改、挖补等手段改变会计凭证真实内容的行为。( )

43. 根据《中华人民共和国会计法》的规定，伪造、变造会计凭证、会计账簿、编制虚假财务会计报告的行为，尚不构成犯罪的，可由县级以上人民政府财政部门予以通报。( )

44. 会计从业资格证书实行注册登记制度。( )

45. 原始凭证金额出现错误的，应由原始凭证开具单位进行更正。( )

46. 票据出票日期使用小写填写的，开户银行可以受理，但由此造成的损失由出票人自行承担。( )

47. 对金额、出票日期、收款人名称进行更改的

票据，为无效票据。（　　）

48. 各部门对所属各单位的决算草案，应当审核并汇总编制本部门的决算草案，在规定的期限内报本级政府财政部门审核。（　　）

49. 会计档案的保管期限分为永久和定期两类，保管期限从会计年度终了后的第一天算起。（　　）

50. 会计人员遵循"坚持准则"的会计职业道德，就是只需要坚持会计相关的基本和具体准则，严格按这些准则办事。（　　）

51. 根据《预算法》的规定，中央预算和地方各级政府预算，应当参考上一年的预算执行情况和本年度收支预测实行编制。（　　）

52. 根据税收法律、行政法规的规定，所有负有扣缴义务的扣缴义务人必须办理扣缴扣款登记。（　　）

53. 税务机关可以自行规定提前征收，延期征收税款。（　　）

54. 各单位制定的内部会计监督制度，是国家统一的会计制度的组成部分。（　　）

55. 工商税类主要包括增值税、消费税、营业税、资源税、企业所得税、个人所得税等税种。（　　）

56. 为保证资金的安全完整，各单位只能采取实地盘点法对库存进行定期和不定期的清查。（　　）

57. 根据《支付结算办法》的规定，个人不能使用商业汇票。（　　）

58. 公司企业可以根据不同报表使用者的需求采取不同的编制基础、编制依据、编制原则和编制方法，分别编制并提供财务会计报告。（　　）

59. 基本存款账户的存款人可以通过本账户办理转账结算和现金缴存，但不能办理现金支取。（　　）

60. 按照会计法规定，票据和结算凭证上可以预印万、仟、佰、拾、圆、角和分。（　　）

**四、案例分析题（阅读材料，回答下面的问题。每小题10分，共20分）**

61. 钱桥纺织厂为国有企业，下设办公室、行政科、会计科、档案科等职能科室。2012年该厂发生了以下事项：

（1）2月，经上级主管单位任命，会计科长张红的丈夫王平担任该厂厂长。同月，张红的侄女张芳到该厂会计科担任出纳工作。张芳已取得会计从业资格。

（2）4月，该厂对内设机构和人员进行了调整和精简。撤销档案科，档案科合并到会计科，原由档案科保管的会计档案移交会计科保管。档案科移交会计

档案前，会同会计科对保管期满的会计档案进行销毁。档案科长与会计科长张红共同在会计档案销毁清册上签字，并进行了监销。因厂长王平在外地出差，故未将此事报告厂长。之后，会计科长张红指定出纳张芳兼管会计档案保管工作。

（3）9月，张芳调到当地一家外贸公司财务部从事成本核算工作，原在档案科工作的钱华接任张芳的出纳工作，调离前与接任的钱华自行办理了会计工作交接手续。钱华以前一直在档案科工作，未取得会计从业资格证书。张芳调到外贸公司后因工作忙，到12月底还未办理会计从业资格调转手续。

根据以上资料，回答下列问题：

（1）上述第（3）项中，有（　　）处存在违反会计相关法律法规制度的行为。

A. 1　　　　　　　　　B. 2

C. 3　　　　　　　　　D. 4

（2）下列事项符合相关会计法律制度规定的是（　　）。

A. 钱华担任钱桥纺织厂出纳工作

B. 张芳担任钱桥纺织厂出纳工作

C. 张红担任钱桥纺织厂会计科科长

D. 张芳担任外贸公司会计工作

（3）下列（　　）行为不符合相关会计法律制度规定。

A. 撤销档案科

B. 档案科移交会计档案前，会同会计科对保管期满的会计档案进行销毁

C. 档案科长与会计科长张红共同在会计档案销毁清册上签字，并进行了监销

D. 会计科长张红指定出纳张芳兼管会计档案保管工作

（4）根据《会计基础工作规范》对会计人员回避制度作出的规定，（　　）任用会计人员应当实行回避制度。

A. 国家机关　　　　　B. 国有企业

C. 民营企业　　　　　D. 事业单位

（5）张芳与钱华办理会计工作交接手续，应由（　　）监交。

A. 张红　　　　　　　B. 张红、王平

C. 张红、档案科长　　D. 无须监交

62. 甲公司2012年在物资采购中，有关票据方面发生如下情况：

甲公司销售给乙公司一批货物，按合同约定如期交货，乙公司签发了一张金额为30万元的转账支票，

交给甲公司。甲公司到银行提示付款时，发现该支票是空头支票。甲公司认为，对乙公司应处以罚款，并有权要求乙公司给予经济赔偿。

甲公司某采购人员持该公司开户银行签发的，注明"现金"字样的银行本票，购置一批物资。由于该采购人员保管不慎，将银行本票丢失。随后，甲公司采取了一系列的措施。

根据以上材料，回答下列问题：

(1) 对于乙公司的行为应由(　　)进行处罚。

A. 财政部门　　　　　B. 甲公司开户银行

C. 中国人民银行　　　D. 乙公司开户银行

(2) 按照法律规定，有关部门对乙公司开具空头支票行为的罚款数额是(　　)元。

A. 1 000　　　　　　　B. 6 000

C. 10 000　　　　　　D. 15 000

(3) 甲公司可以获得的赔偿数额是(　　)元。

A. 1 000　　　　　　　B. 6 000

C. 10 000　　　　　　D. 15 000

(4) 根据《票据法》的规定，对于票据遗失行为，甲公司可以采取的暂时性预防措施是(　　)。

A. 公示催告　　　　　B. 诉讼

C. 挂失止付　　　　　D. 刊登遗失声明

(5) 甲公司票据丧失后最终采取的补救措施，可通过(　　)实现。

A. 人民法院　　　　　B. 中国人民银行

C. 财政机关　　　　　D. 公安局

## 模拟试卷（五）参考答案与精讲解析

**一、单项选择题**

1. 【参考答案】C

【解析】会计行政法规，是指由国务院制定并发布，或者由国务院有关部门拟定并经国务院批准发布，调整经济生活中某些方面会计关系的法律规范。它是依据《会计法》制定的，主要包括《总会计师条例》和《企业财务会计报告条例》，选项C正确。《注册会计师法》是属于会计法律的范畴。《会计从业资格管理办法》是属于会计部门规章。《小企业会计制度》属于会计规范性文件。

2. 【参考答案】C

【解析】仓库保管员不属于会计岗位。

3. 【参考答案】D

【解析】根据《会计法》的规定，会计准则制度及相关标准规范均由财政部制定，其他部门或地方没有权力制定。财政部在制定会计准则制度及相关标准规范的过程中，有关部门和地方可以参与其中。

4. 【参考答案】C

【解析】条例第五章第6条规定，当事人有依法听证的权利。

5. 【参考答案】D

【解析】单位有关负责人应在财务会计报告上签名并盖章。

6. 【参考答案】D

【解析】会计职业道德与会计法律制度的联系：作用上相互补充、协调；内容上相互渗透、相互重叠（会计法律制度中含有会计职业道德规范的内容，同时，会计职业道德规范中也包含会计法律制度的某些

条款）；地位上相互转化、相互吸收（会计职业道德规范就是对会计职业行为约定俗成的基本要求，后来制定的会计法律制度吸收了这些基本要求，便形成了会计法律制度）；实施过程中相互作用、相互促进（会计职业道德是会计法律制度正常运行的社会思想基础，会计法律制度是促进会计职业道德规范形成和遵守的制度保障）。故ABC选项正确。

7. 【参考答案】D

【解析】属于土地增值税的税率形式是超率累进税率。

8. 【参考答案】C

【解析】纳入专用存款账户管理的资金：基本建设资金；更新改造资金；财政预算外资金；粮、棉、油收购资金；证券交易结算资金；期货交易保证金；信托基金；金融机构存放同业资金；政策性房地产开发资金；单位银行卡备用金；住房基金；社会保障基金；收入汇缴资金和业务支出资金；党、团、工会设在单位的组织机构经费；其他需要专项管理和使用的资金。

9. 【参考答案】C

【解析】中央和地方预算共享收入是指按照分税制财政管理体制，中央预算和地方预算对同一税种的收入按照一定划分标准或者比例分享的收入。

10. 【参考答案】C

【解析】支付结算是指单位、个人在社会经济活动中使用票据、信用卡和汇兑、托收承付、委托收款等结算方式进行货币给付及其资金清算的行为。

11. 【参考答案】A

【解析】在公司会计账册之外另行登记收入属于私设会计账簿行为。

12.【参考答案】C

【解析】税务登记包括开业登记、变更登记、注销登记等，但不包括核定应纳税额。

13.【参考答案】D

【解析】《支付结算办法》第一百二十八条（关于支票结算）出票人在付款人处的存款足以支付支票金额时，付款人应当在见票当日足额付款。

14.【参考答案】B

【解析】单位负责人是单位会计行为的责任主体。

15.【参考答案】C

【解析】所得税应纳税额＝应纳税所得额×所得税税率＝1 000×25%＝250（万元）。

16.【参考答案】B

【解析】当存款人银行结算账户有法定变更事项的，应于5日内书面通知开户银行并提供有关证明。

17.【参考答案】D

【解析】《预算法》第十六条规定：国务院财政部门具体编制中央预算、决算草案；具体组织中央和地方预算的执行；提出中央预算预备费动用方案；具体编制中央预算的调整方案；定期向国务院报告中央和地方预算的执行情况。

18.【参考答案】A

【解析】移交人员因病或其他特殊原因不能亲自办理移交手续的，经单位负责人批准，可由移交人委托他人代办交接，但委托人应当对所移交的会计凭证、会计账簿、财务会计报告和其他有关资料的真实性、完整性承担法律责任。

19.【参考答案】C

【解析】我国政府采购实行集中采购与分散采购相结合的执行模式。

20.【参考答案】D

【解析】委托征收，是指受托单位按照税务机关核发的代征证书的要求，以税务机关的名义向纳税人征收一些零散税款的一种税款征收方式。

二、多项选择题

21.【参考答案】ABCD

【解析】ABCD的说法都是正确的。

22.【参考答案】AB

【解析】《陕西省会计管理条例》第二章第二条规定：大中型企业和达到一定规模的事业单位、民办非企业单位应当设置总会计师，业务主管部门经批准可以设置总会计师。

23.【参考答案】ABCD

【解析】ABCD都是检查的内容。

24.【参考答案】ABCD

【解析】ABCD四项工作出纳人员都不得兼任。

25.【参考答案】ABCD

【解析】《预算法》第十五条规定：县级以上地方各级人民代表大会审查本级总预算草案及本级总预算执行情况的报告；批准本级预算和本级预算执行情况的报告；改变或者撤销本级人民代表大会常务委员会关于预算、决算的不适当的决议；撤销本级政府关于预算、决算的不适当的决定和命令。

26.【参考答案】ACD

【解析】征税对象又称课税对象，是税收制度的首要要素，是税法规定的征税的目的物，法律术语称其为课税客体。征税对象按其性质的不同，通常划分为流转额、所得额、资源、财产及行为五大类。

27.【参考答案】ABC

【解析】职业道德是会计行为的基础，A选项正确；会计法律制度通过国家机器强制执行，具有很强的他律性，会计职业道德主要依靠会计从业人员的自觉性，具有很强的自律性，两者性质不同，B选项正确；会计职业道德规范是自律与强化的综合，C选项正确；会计职业道德是会调整会计人员外在行为的，D选项错误。

28.【参考答案】ABCD

【解析】各级国家权力机关、政府及财政、审计部门应依法履行法律赋予的预算决算。

29.【参考答案】ACD

【解析】票据中金额数字应大写，而B选项中采用的是小写，故B选项错误。

30.【参考答案】BD

【解析】国家统一的会计制度是指国务院财政部门根据《会计法》制定的关于会计核算、会计监督、会计机构和会计人员以及会计工作管理的制度，包括规章和规范性文件，A选项错误，B和D选项正确；《陕西省会计管理条例》不能为国家统一采用，C选项错误。

31.【参考答案】AC

【解析】会计人员办理交接手续的负责人应为会计机构相关负责人以及单位负责人。

32.【参考答案】ABCD

【解析】按照《税法》规定，城建税、房产税、车船税和土地增值税均准予从收入总额中扣除。

33. 【参考答案】BCD

【解析】营业执照注册地与经营地不在同一行政区域需要开立基本存款账户的，可以在异地开立银行结算账户。

34. 【参考答案】ABCD

【解析】四个选项均为税务代理的方式。

35. 【参考答案】ABC

【解析】临时存款账户是存款人因临时需要并在规定期限内使用而开立的银行结算账户。有下列情况的，存款人可以申请开立临时存款账户：（一）设立临时机构；（二）异地临时经营活动；（三）注册验资。

36. 【参考答案】ACD

【解析】消费税采用从价定率、从量定额、复合计税三种计税方法。

37. 【参考答案】ABCD

【解析】税法是国家制定的用以调节国家与纳税人之间在纳税方面的权利及义务关系的法律规范的总称，指由国家制定、认可或解释的，由国家强制力保证实施的确认和保护国家税收利益和纳税人权益的最基本的法律形式，A 和 B 选项明显正确；而在维护国家利益时必然需要保证国家的财政收入，D 选项正确；税法的顺利实施过程中维护正常纳税秩序也相应成为目的，C 选项正确。

38. 【参考答案】ABC

【解析】支票是出票人签发，委托办理支票存款业务的银行或者其他金融机构在见票时无条件支付确定的金额给收款人或持票人的票据，故 ABC 选项正确。支票不具有透支的特点，D 选项错误。

39. 【参考答案】ABCD

【解析】单位建立的货币资金的授权批准制度应包括四个选项的内容。

40. 【参考答案】AC

【解析】会计职业道德教育的形式有自我教育和接受教育。

三、判断题

41. 【参考答案】×

【解析】根据《中华人民共和国会计法》的规定，代理记账，是指由社会中介机构代替独立核算单位代理记账、算账、报账业务。

42. 【参考答案】×

【解析】变造会计凭证是指用涂改、挖补等手段来改变会计凭证真实内容的行为。

43. 【参考答案】√

【解析】《中华人民共和国会计法》第四十三条规定：伪造、变造会计凭证、会计账簿，编制虚假财务会计报告，构成犯罪的，依法追究刑事责任。有前款行为，尚不构成犯罪的，由县级以上人民政府财政部门予以通报。

44. 【参考答案】√

45. 【参考答案】×

【解析】原始凭证记载的内容有错误的，应当由开具单位重开或更正，原始凭证金额出现错误的不得更正，只能由原始凭证开具单位重新开具。

46. 【参考答案】×

【解析】根据《中华人民共和国票据法》的规定，票据出票日期使用小写填写的，开户银行不可以受理。

47. 【参考答案】√

48. 【参考答案】√

49. 【参考答案】√

【解析】根据《中华人民共和国会计法》的规定，会计档案的保管期限分为永久和定期两类，保管期限从会计年度终了后的第一天算起。

50. 【参考答案】×

【解析】"坚持准则"中的"准则"不仅指会计准则，而且包括会计法律、法规、国家统一的会计制度以及与会计工作相关的法律制度。

51. 【参考答案】√

52. 【参考答案】×

【解析】根据税收法律、行政法规的规定，负有扣缴义务的扣缴义务人必须办理扣缴扣款登记，但国家机关除外。

53. 【参考答案】×

【解析】征收税款时间应按规定执行，税务机关不能自行规定提前征收，延期征收税款。

54. 【参考答案】×

【解析】目前我国已形成了三位一体的会计监督体系，包括单位内部监督、以注册会计师为主体的社会监督和以政府财政部门为主体的政府监督。

55. 【参考答案】√

56. 【参考答案】√

57. 【参考答案】√

【解析】商业汇票使用者应为企业。

58. 【参考答案】×

【解析】根据《企业财务报告条例》第三十六条规定，企业向有关各方提供的财务会计报告，其编制基础、编制依据、编制原则和编制方法必须一致。

59.【参考答案】×

【解析】基本存款账户的存款人可以通过本账户办理转账结算和现金缴存、支取。

60.【参考答案】×

【解析】票据和结算凭证大写金额栏内不得预印固定的"仟、佰、拾、万、仟、佰、拾、元、角、分"字样。

**四、案例分析题**

61.（1）【参考答案】C

【解析】本题考核会计从业资格证书管理和会计人员的工作交接。该企业违反了如下规定：（1）会计交接需有会计机构负责人监交，不能自行交接；（2）未取得会计从业资格不得从事会计工作；（3）会计从业调转应自离开原工作单位之日起九十日内办理调转登记。

（2）【参考答案】D

【解析】本题考核会计人员任职资格。（1）厂长的妻子不应担任本单位会计机构负责人；（2）财务科长张红的直系亲属张芳不应担任出纳；（3）钱华未取得会计从业资格，不应从事会计工作。

（3）【参考答案】CD

【解析】本题考核会计档案管理。出纳不得兼任保管会计档案，销毁会计档案需报单位负责人批准。

（4）【参考答案】ABD

【解析】会计人员回避制度对民营企业并无规定。

（5）【参考答案】A

【解析】本题考核会计工作交接。一般会计人员办理交接，应由会计机构负责人监交。

62.（1）【参考答案】C

【解析】中国人民银行对签发"空头支票"的违法行为追究法律责任的依据和标准是《票据管理实施办法》第三十一条，即"签发空头支票或者签发与其预留签章不符的支票，不以骗取财物为目的的由中国人民银行处以票面金额5%但不低于1 000元的罚款"。

（2）【参考答案】D

【解析】出票人签发空头支票、签章与预留银行签章不符的支票，使用支付密码地区、支付密码错误的支票，银行应予以退票，并按票面金额处以5%但不低于1 000元的罚款。300 000×5%＝15 000（元）。

（3）【参考答案】B

【解析】出票人签发空头支票，签章与预留银行签章不符的支票，持票人有权要求出票人赔偿支票金额2%的赔偿金。300 000×2%＝6 000（元）。

（4）【参考答案】C

【解析】票据丧失是指票据因灭失、遗失、被盗等原因而使票据权利人脱离其对票据的占有。票据丧失后可以采取挂失止付、公示催告、普通诉讼三种形式进行补救。挂失止付是指失票人将丧失票据的情况通知付款人，由接受通知的付款人审查后暂停支付的一种方式。公示催告是指在票据丧失后由失票人向人民法院提出申请，请求人民法院以公告方式通知不确定的利害关系人限期申报权利，逾期未申报者，则权利失效，而由法院通过除权判决宣告所丧失的票据无效的一种制度或程序。普通诉讼，是指丧失票据的失票人直接向人民法院提起民事诉讼，要求法院判令付款人向其支付票据金额的活动。

（5）【参考答案】A

【解析】普通诉讼，是指丧失票据的失票人直接向人民法院提起民事诉讼，要求法院判令付款人向其支付票据金额的活动。

# 会计从业资格考试《财经法规与会计职业道德》模拟试卷（六）

一、单项选择题（在每小题给出的四个备选答案中，只有一个正确答案，请将所选答案的字母填在题后的括号内。每小题1分，共20分）

1. 下列关于会计职业道德调整对象的表述，正确的有（　　）。
A. 调整会计职业关系
B. 调整会计职业中的经济利益关系
C. 调整会计职业内部从业人员之间的关系
D. 调整与会计活动有关的所有关系

2. 信用卡销户时，单位卡账户的余额应（　　）。
A. 转入基本存款账户　B. 转入一般存款账户
C. 转入临时存款账户　D. 支取现金

3. 根据票据法律制度规定，（　　）是适用于支票的付款方式。
A. 出票后定期付款　B. 见票即付
C. 定日付款　　　　D. 见票后定期付款

4. 下列关于刑罚说法正确的是（　　）。
A. 主刑既可以独立适用，又可以附加适用
B. 附加刑只可以附加适用
C. 对犯罪的外国人，驱逐出境只能独立适用
D. 对犯罪分子只能判一种主刑

5. 要求同一企业不同时期发生的相同或者相似的交易或者事项，应当采用一致的会计政策，不得随意变更。这是会计信息质量的（　　）。
A. 重要性要求　　B. 可比性要求
C. 相关性要求　　D. 明晰性要求

6. （　　）是出票人签发的、委托办理银行在见票时无条件支付确定的金额给收款人或者持票人的票据。
A. 银行本票　　B. 商业汇票
C. 支票　　　　D. 银行汇票

7. 税务登记内容发生变化时，纳税人自有关机关批准或宣布变更之日起，至办理变更税务登记的期限是（　　）日内。
A. 10　　　　B. 20
C. 30　　　　D. 60

8. 接受汇票出票人的付款委托同意承担支付票款义务的人，是指（　　）。
A. 被背书人　　B. 背书人
C. 承兑人　　　D. 保证人

9. 如实记录和反映经济活动情况的前提是（　　）。

A. 设置会计科目　　B. 建立账册
C. 填制会计凭证　　D. 编制会计报表

10. 根据《会计法》规定，单位提供的担保、未决诉讼等或有事项，应当按照统一的会计制度的规定，在（　　）中予以说明。
A. 财务会计报告　　B. 会计凭证
C. 会议账簿　　　　D. 其他会计核算资料

11. 所得税的特点是（　　）。
A. 以商品流转额或非商品流转额为计税依据，在生产经营及销售环节征收，收入不受成本费用变化的影响，而对价格变化较为敏感
B. 征税对象不是一般收入，而是总收入减除准予扣除项目后的余额，即应纳税所得额，征税数额受成本、费用、利润高低的影响较大
C. 税收负担与财产价值、数量关系密切，体现调节财富、合理分配等原则
D. 税负高低与资源级差收益水平关系密切，征税范围的选择比较灵活

12. 会计从业资格管理机构作出准予颁发会计从业资格证书的决定，应当自作出决定之日起（　　）内向申请人颁发会计从业资格证书。
A. 5日　　　　B. 20日
C. 15日　　　D. 10日

13. 申请设立除会计师事务所以外的代理记账机构，应当经所在地的（　　）批准。
A. 县级以上工商行政管理部门
B. 县级以上财政部门
C. 省级以上工商行政管理部门
D. 省级以上财政部门

14. 根据《支付结算办法》的规定，银行汇票的提示付款期限是（　　）。
A. 自出票日起1个月　B. 自出票日起2个月
C. 自见票日起1个月　D. 自见票日起2个月

15. 单位从职工的工资、薪金中扣除个人所得税，属于（　　）的税款缴纳方式。
A. 代扣代缴　　B. 代收代缴
C. 委托代征　　D. 自报核缴

16. 以下各项中，不属于编制国家预算必须遵循的原则的是（　　）。
A. 公平性　　B. 公开性
C. 完整性　　D. 年度性

17. 汇入银行对于向收款人发出取款通知，经过（    ）个月无法交付的汇款，应主动办理退汇。

　　A. 1　　　　　　　　B. 2

　　C. 3　　　　　　　　D. 4

18. 下列属于税法规定的偷税手段的有（    ）。

　　A. 伪造变造账簿、记账凭证

　　B. 以暴力拒不缴纳税款

　　C. 隐匿、擅自销毁账簿和记账凭证

　　D. 进行虚假的纳税申报

19.《票据法》规定，以下可以签发的支票有（    ）。

　　A. 空头支票

　　B. 远期支票

　　C. 与预留签章不符的支票

　　D. 普通支票

20. 关于纳税申报的方式，下列表述错误的有（    ）。

　　A. 直接申报

　　B. 邮寄申报

　　C. 数据电文申报

　　D. 纳税申报的方式只有上述三种

**二、多项选择题（在每小题给出的四个备选答案中，有两个或两个以上正确答案，请将所选答案的字母填在题后的括号内。不选、多选、错选均不得分。每小题2分，共40分）**

21. 下列属于税法规定的偷税手段的有（    ）。

　　A. 伪造变造账簿、记账凭证

　　B. 以暴力拒不缴纳税款

　　C. 隐匿、擅自销毁账簿和记账凭证

　　D. 进行虚假的纳税申报

22. 以下属于票据的非基本当事人的有（    ）。

　　A. 出票人　　　　　B. 承兑人

　　C. 背书人　　　　　D. 保证人

23. 下列有关会计工作交接的说法正确的是（    ）。

　　A. 临时离职需要接替的，会计机构负责人或单位负责人必须指定专人接替，并办理会计工作交接手续

　　B. 临时离职或者因病不能工作的会计人员恢复工作时，应当与接替或代理人员办理接替手续

　　C. 有价证券的数量要与会计账簿记录一致，有价证券面额与发行价不一致时，按照会计账簿余额交接

　　D. 公章、收据、空白支票、发票等必须交接清楚

24. 新《增值税暂行条例》规定，属于下列（    ）情形之一的，不得开具增值税专用发票。

　　A. 一般纳税人销售货物或者应税劳务的

　　B. 向消费者个人销售货物或者应税劳务的

　　C. 销售货物或者应税劳务适用免税规定的

　　D. 小规模纳税人销售货物或者应税劳务的

25.《税收征管法》规定的税款优先是指（    ）。

　　A. 税收优先于罚款

　　B. 税收优先于没收违法所得

　　C. 税收优先于无担保债仅

　　D. 税收优先于抵押权、质权的执行

26. 存款人有以下（    ）情形之一的，应向开户银行提出撤销银行结算账户的申请。

　　A. 被撤并、解散、宣告破产或关闭的

　　B. 更换了企业主要负责人

　　C. 注销、被吊销营业执照的

　　D. 连续3个月未使用的

27. 下列各项中，属于会计职业道德非强制性要求的有（    ）。

　　A. 提高技能　　　　B. 强化服务

　　C. 参与管理　　　　D. 诚实守信

28. 单位、银行在票据上的签章和单位在结算凭证上的签章，为（    ）。

　　A. 该单位、银行的公章

　　B. 该单位、银行的财务章

　　C. 其法定代表人的签名或者盖章

　　D. 其授权的代理人的签名或者盖章

29. 客观公正对会计人员的基本要求有（    ）。

　　A. 坚持立场

　　B. 公私分明，不贪不占

　　C. 端正态度，依法办事

　　D. 保持应有的独立性

30. 关于会计职业道德建设的组织与实施，下列说法中正确的有（    ）。

　　A. 社会各界各尽其责，相互配合，齐抓共管

　　B. 社会舆论监督，形成良好的社会氛围

　　C. 财政、税务、工商和审计等部门组织和推动会计职业道德建设

　　D. 会计职业组织建立行业法律机制和会计职业道德惩戒制度

31. 下列各项中表述正确的有（    ）。

　　A. 票据中的中文大写金额数字应用正楷或行书填写

B. 票据中的中文大写金额数字前应标明"人民币"字样

C. 票据的出票日期可以使用小写填写

D. 票据中的中文大写金额数字到元为止的，在元之后应写"整"字

32. 下列属于专业发票的是( )。

A. 商品房销售发票

B. 电信企业的发票

C. 水上运输企业客票、货票

D. 广告费用结算发票

33. 下列( )纳入单位银行结算账户管理。

A. 个体工商户凭营业执照以字号开立的银行结算账户

B. 个体工商户凭营业执照以经营者姓名开立的银行结算账户

C. 邮政储蓄机构办理银行卡业务开立的账户

D. 公司凭法人营业执照以公司名称开立的银行结算账户

34. 下列关于会计人员保守秘密要求的说法，正确的有( )。

A. 不得向提供审计服务的外部注册会计师提供任何企业商业秘密

B. 不得以不当的手段获取其他企业商业的秘密

C. 保守本单位的商业秘密

D. 保守委托人的商业秘密

35. 下列( )属于变造会计凭证的行为。

A. 某业务员将购货发票上的金额 50 万元修改为 80 万元报账

B. 某企业为一客户虚开销货发票一张，并按票面金额的 20% 收取好处费

C. 企业某现金出纳将一张报销凭证上的金额 6 000元涂改为8 000元

D. 购货部门转来一张购货发票，原金额计算有误，出票单位已作更正并加盖出票单位公章

36. 会计机构和会计人员是单位内部会计监督的主体，他们的主要职责包括( )。

A. 依法开展会计核算和监督

B. 对违反《会计法》和国家统一的会计制度规定的会计事项，有权拒绝办理或者按照职权予以纠正

C. 对单位内部的会计资料和财产物资实施监督

D. 对本单位会计人员进行培训、审查

37. 下列各项中，属于行政法规以及部门规章和政策性规定的有( )。

A. 《票据管理实施办法》

B. 《银行卡业务管理办法》

C. 《人民币银行结算账户管理办法》

D. 《异地托收承付结算办法》

38. 下列关于发票开具要求的表述不正确的是( )。

A. 单位和个人应在发生经营业务，确认营业收入时，才能开具发票。特殊情况下，未发生经营业务也可开具发票

B. 使用电子计算机发票，必须报主管税务机关批准，并使用税务机关统一监制的机外发票

C. 发票专用章或财务专用章一律不得在印制发票时套印

D. 任何单位和个人不得转借、转让发票，但可以代开发票

39. 预算编制原则包括( )。

A. 依法理财原则　　B. 公共财政原则

C. 综合预算原则　　D. 科学合理原则

40. 政府采购监督检查的主要内容有( )。

A. 有关政府采购的法律、行政法规和规章的执行情况

B. 采购范围、采购方式和采购程序的执行情况

C. 政府采购人员的职业素质和专业技能

D. 审计机关、监察机关、社会公众等应当在政府采购的监督中发挥应有作用，集中采购机构、采购人等也应当建立健全内部监督机制

**三、判断题**（每小题 1 分，共 20 分。认为正确的，在题后的括号内写"√"；认为错误的，在题后的括号内写"×"。判断正确的得分，判断错误的扣分，不答不得分也不扣分。本类题最低分为零分）

41. 为满足单位经营管理和投资者对会计资料的需要，每一个会计年度还可以按照公历日期具体划分为半季度。( )

42. 在税法上规定的纳税地点主要是机构所在地、经济活动发生地、财产所在地、报关地等。( )

43. 汇票上未记载付款日期的，为见票即付。( )

44. 信用卡个人卡账户可以转账结清，但不可以提取现金。( )

45. 会计档案原则上不得借出，如有特殊需要，须经会计机构负责人批准，可以提供查阅或复制，并办理登记手续。( )

46. 对会计档案工作的指导、监督和检查，主要由各级人民政府财政部门负责。( )

47. 新《企业会计准则——基本准则》所规定的附注是指对在会计报表中列示项目所作的进一步说

明。（　　）

48.《中华人民共和国会计法》中所指的单位负责人包括单位的副职领导人。（　　）

49. 根据我国《会计基础工作规范》的规定，国有企业单位负责人的直系亲属不得担任本单位的出纳员。（　　）

50. 存款人开立单位银行结算账户的自开立之日起即可使用该账户办理结算业务。（　　）

51. 票据出票日期使用小写的，开户银行可予以受理，但由此造成的损失由出票人自行承担。（　　）

52. 我国的国家预算共分为四级。（　　）

53. 增值税一般纳税人在不能开具增值税专用发票的情况下也可以使用普通发票。（　　）

54. 纳税人享受减税、免税待遇的，在减税、免税期间可以不办理纳税申报。（　　）

55. 工商税类是我国现行税制的主体部分。（　　）

56. 对于增值税的一般纳税人向农业生产者购买的免税农业产品，或者向小规模纳税人购买的农产品，准予按照买价和 17% 的扣除率计算进项税额。（　　）

57. 核定应纳税额是针对由于纳税人的原因导致税务机关难以查账征收税款，而采取的一种被迫或补救措施。（　　）

58. 对于尚未违反会计法律制度，但违反了会计职业道德规范的行为，可由会计职业团体通过自律性监管，根据情节轻重程度进行相应的惩罚。（　　）

59. 营业税的计税依据是营业利润。（　　）

60. 投资者支付的股息、红利等权益性投资收益款项是企业所得税中不得扣除的项目。（　　）

**四、案例分析题（阅读材料，回答下面的问题。每小题 10 分，共 20 分）**

61. 根据下列资料完成（1）～（5）题。

高科电子公司会计周丽因工作努力，钻研业务，积极提出合理化建议，多次被公司评为先进会计工作者。周丽的丈夫在一家私有电子企业任总经理，在其丈夫的多次请求下，周丽将在工作中接触到的公司新产品研发计划及相关会计资料复印件提供给其丈夫，给公司造成了一定的损失，但尚未构成犯罪。公司认为她不宜继续担任会计工作。

（1）周丽工作努力，钻研业务，积极提供合理化建议，下列选项不能体现她具有的职业道德的是（　　）。

A. 爱岗敬业　　　　　B. 客观公正

C. 提高技能　　　　　D. 参与管理

（2）周丽将公司新产品的研发资料复印件给其丈夫，给公司造成一定的损失，没有违背了（　　）的会计职业道德。

A. 坚持原则　　　　　B. 诚实守信

C. 廉洁自律　　　　　D. 强化服务

（3）对周丽违反会计职业道德的行为可由（　　）给予处罚。

A. 财政部门　　　　　B. 会计职业团体

C. 高科电子公司　　　D. 公安机关

（4）可作为周丽违反会计职业道德行为处罚的依据是（　　）。

A. 会计法

B. 会计从业资格管理办法

C. 会计基础工作规范

D. 刑法

（5）对周丽的行为可以给予的行政处罚有（　　）。

A. 拘留

B. 撤职

C. 吊销会计从业资格证书

D. 罚款

62. 振光有限责任公司是一家中外合资经营企业，2012 年度发生了以下事项：

（1）公司收到一张应由公司与乙公司共同负担费用支出的原始凭证，公司会计人员张某以该原始凭证及应承担的费用进行账务处理，并保存该原始凭证；同时应乙公司的要求将该原始凭证复制件提供给乙公司用于账务处理。

（2）3 月 5 日，公司会计科一名档案管理人员生病临时交接工作，胡某委托单位出纳员李某临时保管会计档案。

（3）6 月 30 日，公司有一批保管期满的会计档案，按规定需要进行销毁。公司档案管理部门编制了会计档案销毁清册，档案管理部门的负责人在会计档案销毁清册上签了字，并于当天销毁。

根据材料，选择下列符合题意的选项：

（1）一般的会计工作人员交接，由（　　）负责监交。

A. 单位负责人　　　　B. 总会计师

C. 会计机构负责人　　D. 会计主管人员

（2）根据事项（3），下列关于会计档案销毁的表述中，正确的有（　　）。

A. 公司档案部门销毁会计档案的做法不符合规定

B. 会计档案保管期满需要销毁的，要由本单位档案部门提出意见

C. 应编制会计档案销毁清单，并经单位负责人在会计档案销毁清册上签字

D. 销毁时要由单位档案部门和会计部门共同派人监销

（3）根据事项（2），下列表述正确的有（　　）。

A. 会计科档案管理人员，是会计工作岗位

B. 会计科档案管理人员，不是会计工作岗位

C. 出纳员可以临时保管会计档案

D. 出纳员不能临时保管会计档案

（4）出纳员不得兼管（　　）账目的登记工作。

A. 稽核　　　　　　　B. 收入

C. 费用　　　　　　　D. 会计档案保管

（5）根据事项（1），一张原始凭证所列支出需由两个以上单位共同负担时，下列做法正确的是（　　）。

A. 由保存该原始凭证的单位开具原始凭证分割单给其他应负担单位

B. 在记账时加以注明即可

C. 由双方共同加以说明即可

D. 由保存该原始凭证的单位出具复印件给其他应分割单位

# 模拟试卷（六）参考答案与精讲解析

**一、单项选择题**

1.【参考答案】A

【解析】会计职业道德调整会计人员的职业关系。

2.【参考答案】A

【解析】信用卡销户时，单位卡账户的余额应转入基本存款账户。

3.【参考答案】B

【解析】支票是见票即付的付款方式。

4.【参考答案】D

【解析】主刑只能独立适用，所以选项A不正确；附加刑既可以附加适用，又可以独立适用，所以选项B不正确；对犯罪的外国人，驱逐出境可以独立适用也可以附加适用，所以选项C不正确。

5.【参考答案】B

【解析】会计信息质量要求的可比性原则要求同一企业不同时期发生的相同或相似的交易或者事项，应当采用一致的会计政策，不得随意变更。确需变更的，应当在附注中说明。故B选项正确。

6.【参考答案】C

【解析】支票是出票人签发的，委托办理支票存款业务的银行在见票时无条件支付确定的金额给收款人或者持票人的票据。

7.【参考答案】C

【解析】税务登记内容发生变化时，纳税人应当自有关机关批准或宣布变更之日起30日内，持有关证件向主管税务机关申报办理变更税务登记。

8.【参考答案】C

【解析】承兑人是指接受汇票出票人的付款委托，同意承担支付票款义务的人。

9.【参考答案】B

【解析】依法建立账册是如实记录和反映经济活动情况的前提。各单位应当按照《会计法》和国家统一的会计制度的规定建立会计账册，进行会计核算，及时提供合法、真实、完整的会计信息。B选项正确。

10.【参考答案】A

【解析】《会计法》第19条规定，单位提供的担保、未决诉讼等或有事项，应当按照国家统一的会计制度的规定，在财务会计报告中予以说明。A选项正确。

【提示】或有事项，在会计上是指过去交易或过去事项形成的一种状况，其结果须通过不完全由单位控制的未来不确定事项的发生或不发生予以证实。常见的或有事项，包括已贴现的商业承兑汇票，未决诉讼、仲裁，为其他单位提供债务担保，等等。未决诉讼、仲裁，是指单位作为原告或者被告正在进行未作最后判决的民事诉讼程序。单位提供的担保，是指担保人以其资产作为履行债务、承担责任的担保，当债务人不能履行债务时，担保人将承担清偿责任。

11.【参考答案】B

【解析】选项A为流转税类的特点，选项C为财产税类的特点，选项D为资源税类的特点。

12.【参考答案】D

【解析】会计从业资格管理机构作出准予颁发会计从业资格证书的决定，应当自作出决定之日起10日内向申请人颁发会计从业资格证书。故D选项正确。

13.【参考答案】B

【解析】申请设立除会计师事务所以外的代理记账机构，应当经所在地的县级以上人民政府财政部门批准，并领取由财政部统一印制的代理记账许可证书。故 B 选项正确。

14.【参考答案】A

【解析】银行汇票的提示付款期限是自出票日起 1 个月。

15.【参考答案】A

【解析】所谓代扣代缴是指负有代扣代缴义务的单位或个人，在支付纳税人相关款项时，提前扣除纳税人应纳税款，并代为缴纳的行为。A 选项符合要求。

16.【参考答案】A

【解析】国家预算的编制必须遵循一定的原则，包括公开性、可靠性、完整性、统一性和年度性。

17.【参考答案】B

【解析】汇入银行对于向收款人发出取款通知，经过 2 个月无法交付的汇款，应主动办理退汇。

18.【参考答案】D

【解析】代开增值税专用发票的范围包括：从事工业、手工业生产向一般纳税人销售货物的小规模纳税人；从事商业批发向一般纳税人销售货物的小规模纳税人；为一般纳税人提供加工、修理修配劳务的，具有一定规模的小规模纳税人。故本题正确答案为 D。

19.【参考答案】D

【解析】《票据法》规定，禁止签发空头支票和与预留本名的签名式样或印鉴不符的支票及远期支票。

20.【参考答案】D

【解析】纳税申报方式主要包括直接申报、邮寄申报、数据电文申报等。除上述方式外，实行定期定额缴纳税款的纳税人，可以实行简易申报、简并征期等申报纳税方式。故 D 选项为本题的最佳答案。

## 二、多项选择题

21.【参考答案】ACD

【解析】根据《税收征管法》第六十三条规定，偷税的手段主要有以下几种：（1）伪造（设立虚假的账簿、记账凭证）、变造（对账簿、记账凭证进行挖补、涂改等）、隐匿和擅自销毁账簿、记账凭证；（2）在账簿上多列支出（以冲抵或减少实际收入）或者不列、少列收入；（3）不按照规定办理纳税申报，经税务机关通知申报仍然拒不申报；（4）进行

虚假的纳税申报，即在纳税申报过程中制造虚假情况，比如不如实填写或者提供纳税申报表、财务会计报表及其他的纳税资料等。故 ACD 选项正确。B 选项行为属于抗税。

22.【参考答案】BCD

【解析】票据非基本当事人包括承兑人、背书人、被背书人和保证人等。出票人属于基本当事人。

23.【参考答案】ABCD

【解析】在办理会计工作交接时，ABCD 的说法都是正确的。

24.【参考答案】BCD

【解析】根据《增值税暂行条例》第二十一条规定，纳税人销售货物或者应税劳务，应当向索取增值税专用发票的购买方开具增值税专用发票，并在增值税专用发票上分别注明销售额和销项税额。属于下列情形之一的，不得开具增值税专用发票：（1）向消费者个人销售货物或者应税劳务的；（2）销售货物或者应税劳务适用免税规定的；（3）小规模纳税人销售货物或者应税劳务的。故 BCD 选项正确。

25.【参考答案】ABCD

【解析】根据《税收征管法》第四十五条的规定，税款优先于无担保债权、优先于罚款、优先于没收非法所得；纳税人发生欠税在前，税收优先于抵押权、质权和留置权的执行。题中选项都正确。

【提示】税款优先于抵押权、质权和留置权的执行，须有两个前提条件：其一，纳税人有欠税；其二，欠税发生在前。

26.【参考答案】AC

【解析】存款人有以下情形之一的，应向开户银行提出撤销银行结算账户的申请：（1）被撤并、解散、宣告破产或关闭的；（2）注销、被吊销营业执照的；（3）因迁址需要变更开户银行的；（4）其他原因需要撤销银行结算账户的。存款人尚未清偿其开户银行债务的，不得申请撤销银行结算账户。

27.【参考答案】ABC

【解析】在我国，会计职业道德和其他道德不一样，许多内容都直接纳入了会计法律制度，如《中华人民共和国会计法》、《会计基础工作规范》等都规定了会计职业道德的内容和要求。会计职业道德的这种独特的强制性，是由会计工作在市场经济活动中的特殊地位所决定的。当然，会计职业道德的许多非强制性内容仍然存在，而且也在发挥着作用。例如，会计职业道德中的提高技能、强化服务、参与管理、奉献社会等内容虽然是非强制性要求，但其直接影响

到专业胜任能力、会计信息质量和会计职业的声誉，也要求会计人员遵守。故 ABC 选项正确。

28.【参考答案】ACD

【解析】单位、银行在票据上的签章和单位在结算凭证上的签章，为该单位、银行的公章加其法定代表人的签名或者盖章或其授权的代理人的签名或者盖章。

29.【参考答案】CD

【解析】客观公正对会计人员的基本要求有：端正态度、依法办事、实事求是、不偏不倚，保持应有的独立性。故 CD 选项正确。B 选项属于廉洁自律的基本要求。

30.【参考答案】ABD

【解析】会计职业道德建设是一项复杂的系统工程，要抓好会计职业道德建设，需要：（1）财政部门组织和推动会计职业道德建设，依法行政，探索会计职业道德建设的有效途径和形式；（2）会计职业组织建立行业自律机制和会计职业道德惩戒制度；（3）企事业单位任用合格会计人员，开展会计人员职业道德教育，建立和完善内部控制制度，形成内部约束机制，防范舞弊和经营风险，支持并监督会计人员遵循会计职业道德，依法开展会计工作；（4）社会各界各尽其责，相互配合，齐抓共管；（5）社会舆论监督，形成良好的社会氛围。故 ABD 选项正确。

31.【参考答案】ABD

【解析】票据的出票日期必须使用中文大写，所以选项 C 错误。

32.【参考答案】ABCD

【解析】选项 ABCD 均属于专业发票。

33.【参考答案】ABD

【解析】邮政储蓄机构办理银行卡业务开立的账户纳入个人银行结算账户管理，所以选项 C 错误。

34.【参考答案】CD

【解析】财政部印发的《会计基础工作规范》第二十三条规定："会计人员应当保守本单位的商业秘密，除法律规定和单位领导人同意外，不能私自向外界提供或者泄露单位的会计信息。"注册会计师接受委托对委托者进行审计、鉴证或咨询，要维护委托人的权益，保守商业秘密，依法出具审计报告。

35.【参考答案】AC

【解析】变造会计凭证是指采取涂改、挖补以及其他方法改变会计凭证真实内容的行为，选项 AC 正确。

36.【参考答案】ABC

【解析】本题考查会计机构和会计人员的主要职责，最佳答案为 ABC 选项。

37.【参考答案】ABCD

【解析】本题考查的是法律形式中的行政法规、部门规章和政策性规定的表现形式，正确答案为 ABCD 选项。

38.【参考答案】ACD

【解析】本题考查发票开具要求，ACD 选项不符合发票开具要求。

39.【参考答案】ABCD

【解析】依法理财原则、公共财政原则、综合预算原则、科学合理原则公开透明原则。

40.【参考答案】ABCD

【解析】本题考查政府采购监督检查的主要内容，正确答案为 ABCD。

三、判断题

41.【参考答案】√

【解析】本题所述正确。

42.【参考答案】√

【解析】纳税地点是指纳税人依据税法规定向征税机关申报纳税的具体地点。通常，在税法上规定的纳税地点主要是机构所在地、经济活动发生地、财产所在地、报关地等。

43.【参考答案】√

【解析】本题所述正确。

44.【参考答案】×

【解析】信用卡个人卡账户可以转账结清，也可以提取现金。

45.【参考答案】×

【解析】单位会计档案不得借出，如有特殊需要，经本单位负责人（而非会计机构负责人）批准后可以提供查阅或者复制原件。

46.【参考答案】×

【解析】《会计档案管理办法》第三条规定，各级人民政府财政部门和档案行政管理部门共同负责会计档案工作的指导、监督和检查。

47.【参考答案】×

【解析】新《企业会计准则——基本准则》第四十八条规定，附注是指对在会计报表中列示项目所作的进一步说明，以及对未能在这些报表中列示项目的说明等。

48.【参考答案】×

【解析】单位负责人是指单位的法定代表人或者法律、行政法规规定代表单位行使职权的主要负责人。

49.【参考答案】×

【解析】根据《会计基础工作规范》第十六条的规定，国家机关、国有企业、事业单位任用会计人员应当实行回避制度。单位负责人的直系亲属不得担任本单位的会计机构负责人、会计主管人员。

【提示】会计机构负责人、会计主管人员的直系亲属不得在本单位会计机构中担任出纳工作。需要回避的直系亲属为夫妻关系、直系血亲关系、三代以内旁系血亲以及近姻亲关系。

50.【参考答案】×

【解析】存款人开立单位银行结算账户，自正式开立之日起 3 个工作日后，方可使用该账户办理付款业务。

51.【参考答案】×

【解析】票据出票日期必须使用中文大写，大写日期未按要求规范填写的，银行可予受理，但由此造成损失的，由出票人自行承担。在填写票据和结算凭证时，票据的出票日期使用小写填写的，银行不予受理。

52.【参考答案】×

【解析】我国的国家预算实行一级政府一级预算，共分为五级预算，具体包括：中央预算；省级（省、自治区、直辖市）预算；地市级（设区的市、自治州）预算；县市级（县、自治县、不设区的市、市辖区）预算；乡镇级（乡、民族乡、镇）预算。

53.【参考答案】√

【解析】普通发票主要由营业税纳税人和增值税小规模纳税人使用，增值税一般纳税人在不能开具增值税专用发票的情况下也可使用普通发票。

54.【参考答案】×

【解析】《税收征收管理法实施细则》第三十二条规定，纳税人在纳税期内没有应纳税款的，也应当按照规定办理纳税申报。纳税人享受减税、免税待遇的，在减税、免税期间应当按照规定办理纳税申报。

55.【参考答案】√

【解析】工商税类，是指以工业品、商业零售、交通运输、服务性业务的流转额为征税对象的各种税收的总称，是我国现行税制的主体部分。

56.【参考答案】×

【解析】对于增值税的一般纳税人向农业生产者购买的免税农业产品，或者向小规模纳税人购买的农产品，准予按照买价和 13% 的扣除率计算进项税额。

57.【参考答案】×

【解析】纳税人有下列情形之一的，税务机关有权核定其应纳税额：（1）依照法律、行政法规的规定可以不设置账簿的；（2）依照法律、行政法规的规定应当设置但未设置账簿的；（3）擅自销毁账簿的或者拒不提供纳税资料的；（4）虽设置账簿，但账目混乱或者成本资料、收入凭证、费用凭证残缺不全，难以查账的；（5）发生纳税义务，未按照规定的期限办理纳税申报，经税务机关责令限期申报，逾期仍不申报的；（6）纳税人申报的计税依据明显偏低，又无正当理由的。题干关于核算应纳税额的情形的说法片面。

58.【参考答案】√

【解析】对于尚未违反会计法律制度，但违反会计职业道德的行为，在会计行业自律组织比较健全的情况下，可以由职业团体通过自律性监管，根据情节轻重程度采取通报批评、罚款、支付费用、取消其会员资格、警告、退回向客户收取的费用、参加后续教育等方式，对违反会计职业道德规范的行为进行相应的惩罚。

59.【参考答案】×

【解析】营业税的计税依据是营业额。

60.【参考答案】√

【解析】企业所得税中不得扣除的项目，包括向投资者支付的股息、红利等权益性投资收益款项；企业所得税税款；税收滞纳金。

**四、案例分析题**

61.（1）【参考答案】B

【解析】会计职业道德规范的主要内容中指出：（1）爱岗敬业，会计人员应该热爱自己的本职工作，安心于本职岗位，稳定、持久地在会计天地中耕耘，恪尽职守地做好本职工作；（2）提高技能，就是指会计人员通过自学、培训和实践等途径，持续提高上述职业技能，以达到和维持足够的专业胜任能力的目的；（3）参与管理，简单地讲就是参加管理活动，为管理者当参谋，为管理活动服务。

（2）【参考答案】D

【解析】坚持原则的基本要求之一是坚持准则。诚实守信的基本要求之一是保守秘密，不为利益所诱惑。廉洁自律的基本要求之一是公私分明，不贪不占。

（3）【参考答案】ABC

【解析】财政部门、会计职业团体、本单位对会计人员违反会计职业道德行为，均可以在各自的职权范围内进行处理。《会计法》规定，会计人员应当遵守会计职业道德。《会计从业资格管理办法》、《会计专业技术资格考试暂行办法》等均把遵守会计职业道德作为取得会计从业资格、参加会计资格考试的前提条件。所以，财政部门可以对会计职业道德进行监督检查，对违反职业道德行为可以在其会计从业资格证书上进行记载，情节严重的，将依法吊销其会计从业资格证书。其次，如果会计职业组织会员违反了会计职业道德要求，会计职业组织可以根据行业自律性监管的有关规定，对其会员采取公开谴责，直至取消其会员资格等惩戒措施。此外，根据《会计法》的规定，单位负责人对本单位的会计工作和会计资料的真实性、完整性负责。单位负责人有责任建立和完善内部控制制度，开展会计职业道德教育，检查和考核本单位会计人员会计职业道德遵守情况，对违反会计职业道德行为，可以按照单位内部有关制度进行直至除名的处理。

（4）【参考答案】ABC

【解析】会计职业道德和其他道德不一样，许多内容都直接纳入了会计法律制度，如我国的《会计法》、《会计基础工作规范》、《会计从业资格管理办法》等都规定了会计职业道德的内容和要求。

（5）【参考答案】BCD

【解析】行政处罚主要分为六种：警告；罚款；没收违法所得、没收非法财物；责令停产停业；暂扣或者吊销许可证、暂扣或吊销执照；行政拘留。

62.（1）【参考答案】CD

【解析】一般的会计工作人员交接，由会计机构负责人和会计主管人员负责监交。

（2）【参考答案】ABCD

【解析】公司档案部门销毁会计档案的做法不符合规定。会计档案保管期满需要销毁的，要由本单位档案部门提出意见。应编制会计档案销毁清单，并经单位负责人在会计档案销毁清册上签字。销毁时要由单位档案部门和会计部门共同派人监销。

（3）【参考答案】AD

【解析】会计科档案管理人员，是会计工作岗位；出纳员不能临时保管会计档案。

（4）【参考答案】ABCD

【解析】出纳员不得兼管稽核、收入、费用、会计档案保管登记工作。

（5）【参考答案】A

【解析】一张原始凭证所列支出需由两个以上单位共同负担时由保存该原始凭证的单位开具原始凭证分割单给其他应负担单位。

## 会计从业资格考试《财经法规与会计职业道德》模拟试卷（七）

一、单项选择题（在每小题给出的四个备选答案中，只有一个正确答案，请将所选答案的字母填在题后的括号内。每小题1分，共20分）

1. 某保险公司 2010 年 12 月份取得保费收入 50 万元，保险赔偿支出 10 万元。则该保险公司当月应缴纳的营业税为（　　）万元。

A. 1.2　　　　　　　　B. 1.5

C. 2　　　　　　　　　D. 2.5

2. 我国税法构成要素中，（　　）是税法中具体规定应当征税的项目，是征税对象的具体化。

A. 税率　　　　　　　B. 税目

C. 纳税人　　　　　　D. 征税对象

3. 根据支付结算法律制度的规定，下列有关汇兑的表述中，不正确的是（　　）。

A. 汇兑分为信汇和电汇两种

B. 汇兑每笔金额起 1 万元

C. 汇兑适用于单位和个人各种款项的结算

D. 汇兑是汇款人委托银行将其款项支付给收款人的结算方式

4. 银行结算账户的监督管理部门是（　　）。

A. 各级财政部门

B. 中国人民银行

C. 各开户银行

D. 国务院及地方各级人民政府

5. 会计人员违反职业道德，情节严重的，由（　　）吊销其会计从业资格证书。

A. 工商行政管理部门　　B. 人事管理部门

C. 财政部门　　　　　　D. 会计行业组织

6. 会计工作由财政部门主管并明确在管理体制上实行（　　）原则。

A. 统一领导，分级管理

B. 统一规划，分级管理

C. 统一领导，条块管理

D. 统一规划，集中管理

7. 下列属于负责制定统一的支付结算法律制度的是（　　）。

A. 中国人民银行总行　　B. 中国银行总行

C. 国家政策性银行　　　D. 商业银行总行

8. 根据《中华人民共和国会计法》的规定，主管全国会计工作的政府部门是（　　）。

A. 财政部　　　　　　　B. 国家税务总局

C. 审计署　　　　　　　D. 商务部

9. 下列关于坚持准则的说法中，正确的是（　　）。

A. 坚持准则中的"准则"仅指会计准则

B. 熟悉准则是遵循准则、坚持准则的前提

C. 坚持准则即执行准则

D. 会计人员只需对所在单位负责，对国家和社会公众的不必多事

10. 扣缴义务人应当自扣缴义务发生之日起（　　）日内，向所在地的主管税务机关申报办理扣缴税款登记，领取扣缴税款登记证件。

A. 7　　　　　　　　　B. 10

C. 15　　　　　　　　　D. 30

11. 会计职业道德教育的主要内容包括（　　）。

A. 会计职业道德观念教育、会计职业警示教育、会计职业规范教育

B. 会计职业道德信念教育、会计职业权利教育、会计职业荣誉教育

C. 会计职业道德警示教育、会计职业义务教育、会计职业荣誉教育

D. 会计职业道德信念教育、会计职业义务教育、会计职业法制观念教育

12. 下列关于起征点与免征额的说法中，不正确的有（　　）。

A. 征税对象的数额达到起征点的就全部数额征税

B. 征税对象的数额未达到起征点的不征税

C. 当课税对象小于免征额时，不予征税

D. 当课税对象大于免征额时，仅对免征额部分征税

13. 如实记录和反映经济活动情况的重要前提是（　　）。

A. 建账　　　　　　　　B. 会计核算

C. 会计账簿的登记　　　D. 原始凭证的审核

14. 下列各项中，属于财政部门实施会计监督检查的对象是（　　）。

A. 各单位的经济活动

B. 各单位的会计行为

C. 各单位会计机构和会计人员

D. 各单位的内部会计监督制度

15. 对于检查中发现的违反会计法律的行为，按照法律规定进行依法处理，构成犯罪的依法追

究( )。

    A. 行政责任    B. 民事责任

    C. 刑事责任    D. 没有责任

16. 经国务院和省级人民政府批准或授权财政部门开设的特殊过渡性专户，用于记录、核算和反映预算单位的特殊专项支出活动，并用于与国库单一账户清算是( )。

    A. 小额现金账户    B. 国库单一账户

    C. 预算外资金财政专户  D. 特设专户

17. 用道德观念自觉抵制自己的不良欲望，体现的是( )的要求。

    A. 参与管理    B. 廉洁自律

    C. 提高技能    D. 强化服务

18. 会计人员对自己应承担责任和义务所表现出的一种责任感和义务感，这体现的会计职业道德主要是( )。

    A. 爱岗    B. 敬业

    C. 诚实    D. 守信

19. 下列选项中属于初级会计资格考试科目的是( )。

    A. 财务管理    B. 经济法

    C. 初级会计实务    D. 税收相关法律

20. 会计职业道德建设应与会计专业技术资格实行( )。

    A. 考试    B. 评审

    C. 聘用    D. 考评、聘用相结合

**二、多项选择题（在每小题给出的四个备选答案中，有两个或两个以上正确答案，请将所选答案的字母填在题后的括号内。不选、多选、错选均不得分。每小题 2 分，共 40 分）**

21. 下列属于内部会计控制方法的是( )。

    A. 职务控制    B. 授权批准控制

    C. 预算控制    D. 风险控制

21. 关于会计账簿的下列表述中，正确的有( )。

    A. 会计账簿登记，必须以经过审核的会计凭证为依据，并符合有关法律、行政法规和国家统一的会计制度的规定

    B. 会计账簿记录发生错误或者隔页、缺号、跳行的，应当按照国家统一的会计制度规定的方法更正，并由会计人员和会计机构负责人（会计主管人员）在更正处盖章

    C. 记账凭证应当根据经过审核的原始凭证及有关资料编制；会计账簿登记必须以经过审核的会计凭

证为依据

    D. 年度结账日为公历年度的每年 12 月 31 日，半年度、季度和月度结账日分别为公历年度每半年、每季、每月的最后一天

22. 下列各项中，属于税务代理的法定业务的有( )。

    A. 受聘税务顾问    B. 办理发票领购手续

    C. 制作涉税文书    D. 扣缴税款报告

23. 货币资金分为现金、银行存款及其他货币资金；其他货币资金包括( )。

    A. 外埠存款    B. 银行本票存款

    C. 信用卡存款    D. 信用证存款

24. 下列关于增值税纳税义务发生时间的说法中，正确的有( )。

    A. 采取委托银行收款方式销售货物，为发出货物并办妥托收手续的当天

    B. 采取预收货款方式销售货物，为收到预收款的当天

    C. 销售应税劳务，为提供劳务同时收讫销售额或取得索取销售额的凭据的当天

    D. 进口货物，为货物验收入库的当天

25. 《会计法》规定任何单位和个人不得( )。

    A. 伪造、变造会计凭证

    B. 伪造、变造会计账簿

    C. 伪造、变造其他会计资料

    D. 提供虚假的财务会计报告

26. 下列会计账簿保管期限为 25 年的有( )。

    A. 固定资产卡片    B. 日记账

    C. 银行存款日记账    D. 库存现金日记账

27. 我国《预算法》规定预算支出中的补贴支出形式包括( )。

    A. 粮油补贴

    B. 财政贴息支出

    C. 对外援助支出

    D. 农业机耕器械补贴

28. 在我国现行的下列税种中，属于地方税的有( )。

    A. 消费税    B. 土地增值税

    C. 车船税    D. 房产税

29. 下列各项中，属于变造会计凭证行为的有( )。

    A. 某公司为一客户虚开假发票一张，并按票面金额的 10% 收取好处费

    B. 某业务员将购货发票上的金额 50 万元，用

"消字灵"修改为 80 万元报账

C. 企业某现金出纳将一张报销凭证上的金额 7 000 元涂改为 9 000 元

D. 购货部门转来一张购货发票，原金额计算有误，出票单位已作更正并加盖出票单位公章

30. 根据《会计法》和有关法规的规定，财政部门负责会计人员业务管理的内容包括(    )。

A. 会计从业资格管理

B. 会计专业技术职务资格管理

C. 会计人员评优表彰奖惩

D. 会计人员继续教育

31. 下面情形中，属于中国会计学会职责的有(    )。

A. 总结我国会计工作和会计教育经验，研究和推动会计专业的教育改革

B. 开展会计领域国际学术交流与合作

C. 代表中国注册会计师行业开展国际交往活动

D. 发挥学会联系政府与会员的桥梁和纽带作用，接受政府和其他单位委托，组织开展有关工作

32. 根据企业所得税的规定，下列关于企业所得税纳税地点的说法中，正确的有(    )。

A. 除另有规定外，居民企业以企业登记注册地为纳税地点

B. 非居民企业在中国境内设立机构、场所的，以机构、场所所在地为纳税地点

C. 居民企业登记注册地在境外的，以实际管理机构所在地为纳税地点

D. 非居民企业在中国境内设立两个或者两个以上机构、场所的，经税务机关审核批准，可以选择由其主要机构、场所汇总缴纳企业所得税

33. 下列各项中，属于《代理记账管理办法》中规定内容的有(    )。

A. 代理记账机构设置的条件

B. 代理记账的业务范围

C. 代理记账机构与委托人的关系

D. 代理记账人员的道德规则

34. 下列对会计职业道德"客观公正"的说法中，正确的有(    )。

A. 公正是客观的基础　　B. 客观是公正的基础

C. 公正是客观的反映　　D. 客观是公正的反映

35. 下列各项中属于税收程序法的有(    )。

A.《中华人民共和国海关法》

B.《中华人民共和国个人所得税法》

C.《中华人民共和国税收征收管理法》

D.《进出口关税条例》

36. 付款人承兑汇票后，应当承担到期付款的责任，包括(    )。

A. 承兑人于汇票到期日必须向持票人无条件地支付汇票上的金额

B. 承兑人必须对汇票上的一切权利人承担责任

C. 承兑人不得以其与出票人之间资金关系来对抗持票人，拒绝支付汇票金额

D. 承兑人的票据责任不因持票人未在法定期限提示付款而解除

37. 中央预算的编制内容包括(    )。

A. 本级预算收入和支出

B. 上一年度结余用于本年度安排的支出

C. 返还或者补助地方的支出

D. 地方上解的收入

38. 会计人员应以(    )为指导，这是在会计工作中做到廉洁自律的思想基础。

A. 马克思主义

B. 毛泽东思想

C. 邓小平理论

D."三个代表"重要思想

39. 根据营业税的规定，下列属于营业税税目的有(    )。

A. 销售不动产　　B. 建筑业

C. 服务业　　D. 娱乐业

40. 我国财政部门履行的会计行政管理主要有(    )。

A. 会计监督检查

B. 会计市场管理

C. 会计准则制度及相关标准规范的制定和组织实施

D. 会计专业人才评价

三、判断题（每小题 1 分，共 20 分。认为正确的，在题后的括号内写"√"；认为错误的，在题后的括号内写"×"。判断正确的得分，判断错误的扣分，不答不得分也不扣分。本类题最低分为零分）

41. 财政授权支付是通过"单位零余额账户"进行核算支付的，该账户可提取现金。(    )

42. 如果一个单位的会计资料出现了不真实、不完整的问题，首先应当追究承办会计人员的责任。(    )

43. 征税人仅包括代表国家行使税收征管职权的各级税务机关。(    )

44. 县级以上各级预算必须设立国库；具备条件

的乡、民族乡、镇可以不设立国库。（　　）

45. 企业可以在不同的会计期间根据自身财务需要采用不同的会计处理方法。（　　）

46. 一般纳税人会计核算不健全，或者不能够提供准确税务资料的，应按销售额依照增值税税率计算应纳税额，不得抵扣进项税额，也不得使用增值税专用发票。（　　）

47. 产品销售，属于经济业务事项中的经济事项。（　　）

48. 各部门、各单位的预算支出，必须按照本级政府财政部门批复的预算科目和数额执行，不得挪用；确需作出调整的，必须经本级人大常委会同意。（　　）

49. 起征点是指征税对象达到一定数额才开始征税的界限，征税对象的数额达到规定数额的，只对其超过起征点部分的数额征税。（　　）

50. 对于那些自觉遵守会计职业道德规范的优秀会计人员，《会计法》明确规定应当给予物质奖励。（　　）

51. 税收程序法是指税务管理方面的法律，具体规定税收征收管理、纳税程序、发票管理、税务争议处理等。（　　）

52. 增值税专用发票只限于增值税一般纳税人领购使用，增值税小规模纳税人和非增值税纳税人不得领购使用。（　　）

53. 款项和有价证券是各单位的流动性最强的资产。（　　）

54. 注册会计师在进行审计鉴证时应以超然独立的姿态，进行公平公正的判断和评价，出具客观、适当的审计意见。（　　）

55. 原始凭证，包括国家统一印制的具有固定格式的发票，但不包括由发生经济业务事项双方认可并自行填制的凭证。（　　）

56. 根据规定，担任单位会计机构负责人（会计主管人员）的，除取得会计从业资格证书外，还应当具备会计师以上专业技术职务资格或者从事会计工作3年以上经历。（　　）

57. 会计工作的政府监督主体是县级以上的人民政府财政部门，财政部门实施会计监督的对象是会计行为。（　　）

58. 注册会计师在执业中发现被审计单位有违反国家统一的会计制度及国家相关法律制度的经济业务事项，应当按照规定在审计报告中予以充分反映。（　　）

59. 会计人员服务的主体包括管理者、所有者，但不包括社会公众。（　　）

60. 只有从事生产、经营的纳税人，才需要办理税务登记或注销税务登记。（　　）

**四、案例分析题（阅读材料，回答下面的问题。每小题10分，共20分）**

61. 根据以下材料回答（1）～（5）题。

2012年5月，财政部门在对某事业单位的检查中发现下列情况：

（1）部分会计凭证与后附发票上的金额不一致，且发票未填写单位名称，涉及金额较大。

（2）由于人手紧张，会计王某同时兼任该单位出纳。

（3）该会计机构负责人张某是该单位负责人李某的妻子。

（4）该单位两套账簿，一套账簿用于向外报送财务数据，另一套账簿用于内部核算。

根据以上材料，请回答下列问题：

（1）针对事项（2），下列说法中正确的有（　　）。

A. 王某可以同时兼任会计和出纳

B. 王某不可以同时兼任会计和出纳

C. 王某同时兼任会计和出纳，不符合设置会计工作岗位的基本原则

D. 该做法违反了设置会计工作岗位的基本原则中的内部牵制制度的要求

（2）针对事项（3），下列说法中正确的有（　　）。

A. 张某不得担任该单位的会计机构负责人

B. 张某可以担任该单位的会计机构负责人

C. 不符合《会计基础工作规范》中回避制度的相关规定

D. 张某不得在该单位担任任何职务

（3）针对事项（1），根据《中华人民共和国会计法》的规定，下列说法中正确的有（　　）。

A. 责令限期改正

B. 可对该单位处3 000元以上5万元以下罚款

C. 可对直接负责的主管人员处2 000元以上2万元以下罚款

D. 由于情节严重，可吊销直接责任人员的会计从业资格证书

（4）根据《中华人民共和国会计法》的规定，针对事项（1）中"单位在发票上未填写单位名称"的问题，其后应该采取的正确做法为（　　）。

A. 由发票经手人补填单位名称并作出文字说明

B. 由发票出具单位补正并加盖单位印章

C. 由该单位更正并加盖单位印章

D. 由该单位更正并由检查组确认

（5）针对事项（4），下列说法中正确的有（　　）。

A. 符合《中华人民共和国会计法》的规定

B. 属于私设账簿的行为，违反了《中华人民共和国会计法》的规定

C. 可对该单位处2 000元以上5 万元以下罚款

D. 可对该单位处5 000元以上5 万元以下罚款

62. 宏康公司在2012 年发生以下业务：

（1）材料采购人员甲持转账支票一张到北京采购材料，经多方考察，最终与北京的 W 公司签订了采购合同，W 公司按照合同按时发货后，甲将转账支票交给对方以进行材料价款的结算。

（2）宏康公司收到一张已承兑的商业汇票，汇票上记载的出票日期为"2012 年3 月15 日"，到期日为出票后三个月，2012 年6 月16 日，公司财务人员持该商业汇票到银行办理收款，银行以票据填写不正确为由拒绝办理。

（3）为扩大生产规模，宏康公司新购买一台生产设备，设备价款300 万元，公司拟背书一张款项到期的商业汇票以支付货款，汇票金额为500 万元。在背书时，公司在票据的背面进行了签章，并记载了被背书人的名称。由于实际支付的货款小于汇票金额，公司在背书栏注明"仅背书300 万"的字样，随即交给设备供应商。

（4）宏康公司向 F 公司销售货物一批，对方希望用2 个月的商业汇票来结算，由于是第一次合作，宏康公司要求 F 公司为票据提供保证。F 公司找到 A 公司和 V 公司，经协商，两家公司愿意为 F 公司的商业汇票提供担保，并按照规定办理了担保事宜。汇票到期，由于 F 公司资金周转困难，无法按时支付汇

票金额，宏康公司找到了 A 公司，要求 A 公司代为偿付所有货款，A 公司认为，B 公司也是保证人，自己不应该承担所有责任，于是只支付了一半货款，拒绝了剩余款项的支付。

根据以上资料，回答下列问题：

（1）下列关于支票的说法，正确的是（　　）。

A. 支票既可同城使用，也可异地使用

B. 支票只限于同城使用，不能异地使用

C. 所有的支票均可同城使用

D. 所有的支票均可用于转账

（2）下列属于商业汇票绝对记载事项的是（　　）。

A. 确定的金额　　　　B. 付款人名称

C. 收款人名称　　　　D. 出票人签章

（3）发票日期"2012 年3 月15 日"的正确写法是（　　）。

A. 贰零壹贰年叁月壹拾伍日

B. 贰零壹贰年零叁壹拾伍日

C. 贰零壹贰年叁月零壹拾伍日

D. 壹贰年叁月壹拾伍日

（4）下列说法正确的是（　　）。

A. "仅背书300 万"的写法不正确

B. "仅背书300 万"的写法正确

C. 宏康公司商业汇票的背书行为无效

D. 宏康公司商业汇票的背书行为有效

（5）下列说法正确的是（　　）。

A. A 公司拒绝支付另一半货款的做法是正确的

B. A 公司拒绝支付另一半货款的做法是不正确的

C. 宏康公司要求 A 公司支付所有货款的做法符合法律规定

D. 宏康公司要求 A 公司支付所有货款的做法不符合法律规定

## 模拟试卷（七）参考答案与精讲解析

**一、单项选择题**

1. 【参考答案】D

【解析】保险的税率为5%，所以该保险公司当月应缴纳的营业税为2.5 万元。

2. 【参考答案】B

【解析】我国税法构成要素中，税目是税法中具体规定应当征税的项目，是征税对象的具体化。

3. 【参考答案】B

【解析】汇兑分为信汇和电汇两种；汇兑适用于单位和个人各种款项的结算；汇兑是汇款人委托银行

将其款项支付给收款人的结算方式。

4. 【参考答案】B

【解析】银行结算账户的监督管理部门是中国人民银行。

5. 【参考答案】C

【解析】会计人员违反职业道德，情节严重的，由财政部门吊销其会计从业资格证书。

6. 【参考答案】A

【解析】会计工作由财政部门主管并明确在管理体制上实行统一领导，分级管理原则。

7.【参考答案】A

【解析】中国人民银行总行于负责制定统一的支付结算法律制度。

8.【参考答案】A

【解析】根据《中华人民共和国会计法》的规定，主管全国会计工作的政府部门是财政部。

9.【参考答案】B

【解析】熟悉准则是遵循准则、坚持准则的前提。

10.【参考答案】D

【解析】扣缴义务人应当自扣缴义务发生之日起30日内，向所在地的主管税务机关申报办理扣缴税款登记，领取扣缴税款登记证件。

11.【参考答案】A

【解析】会计职业道德教育的主要内容包括会计职业道德观念教育、会计职业警示教育、会计职业规范教育。

12.【参考答案】D

【解析】征税对象的数额达到起征点的就全部数额征税；征税对象的数额未达到起征点的不征税；当课税对象小于免征额时，不予征税。

13.【参考答案】A

【解析】建账是如实记录和反映经济活动情况的重要前提。

14.【参考答案】B

【解析】各单位的会计行为属于财政部门实施会计监督检查的对象。

15.【参考答案】C

【解析】对于检查中发现的违反会计法律的行为，按照法律规定进行依法处理，构成犯罪的依法追究刑事责任。

16.【参考答案】D

【解析】经国务院和省级人民政府批准或授权财政部门开设的特殊过渡性专户，用于记录、核算和反映预算单位的特殊专项支出活动，并用于与国库单一账户清算是特设专户。

17.【参考答案】B

【解析】用道德观念自觉抵制自己的不良欲望，体现的是廉洁自律的要求。

18.【参考答案】A

【解析】爱岗敬业指的是忠于职守的事业精神，这是会计职业道德的基础。

19.【参考答案】C

【解析】初级会计实务属于初级会计资格考试科目。

20.【参考答案】D

【解析】会计职业道德建设应与会计专业技术资格实行考评、聘用相结合。

二、多项选择题

21.【参考答案】ABCD

【解析】会计账簿登记，必须以经过审核的会计凭证为依据，并符合有关法律、行政法规和国家统一的会计制度的规定；会计账簿记录发生错误或者隔页、缺号、跳行的，应当按照国家统一的会计制度规定的方法更正，并由会计人员和会计机构负责人（会计主管人员）在更正处盖章；记账凭证应当根据经过审核的原始凭证及有关资料编制；会计账簿登记必须以经过审核的会计凭证为依据；年度结账日为公历年度的每年12月31日，半年度、季度和月度结账日分别为公历年度每半年、每季、每月的最后一天。

22.【参考答案】ABCD

【解析】属于税务代理的法定业务的有受聘税务顾问、办理发票领购手续、制作涉税文书、扣缴税款报告。

23.【参考答案】ABCD

【解析】货币资金分为现金、银行存款及其他货币资金；其他货币资金包括外埠存款、银行本票存款、信用卡存款、信用证存款。

24.【参考答案】AC

【解析】采取委托银行收款方式销售货物，为发出货物并办妥托收手续的当天；销售应税劳务，为提供劳务同时收讫销售额或取得索取销售额的凭据的当天。

25.【参考答案】ABCD

【解析】《会计法》规定任何单位和个人不得伪造、变造会计凭证；伪造、变造会计账簿；伪造、变造其他会计资料；提供虚假的财务会计报告。

26.【参考答案】CD

【解析】会计账簿保管期限为25年的有银行存款日记账和库存现金日记账。

27.【参考答案】AD

【解析】我国《预算法》规定预算支出中的补贴支出形式包括粮油补贴和农业机耕机械补贴。

28.【参考答案】BCD

【解析】在我国现行的下列税种中，属于地方税的有土地增值税、车船税、房产税。

29.【参考答案】BC

【解析】所谓变造会计凭证、会计账簿及其他会计资料，是指用涂改、挖补等手段来改变会计凭证、会计账薄等的真实内容、歪曲事实真相的行为，即篡改事实。

30.【参考答案】ABCD

【解析】根据《会计法》和有关法规的规定，财政部门负责会计人员业务管理的内容包括会计从业资格管理、会计专业技术职务资格管理、会计人员评优表彰奖惩、会计人员继续教育。

31.【参考答案】ABD

【解析】总结我国会计工作和会计教育经验，研究和推动会计专业的教育改革；开展会计领域国际学术交流与合作；发挥学会联系政府与会员的桥梁和纽带作用，接受政府和其他单位委托，组织开展有关工作属于中国会计学会职责。

32.【参考答案】ABCD

【解析】除另有规定外，居民企业以企业登记注册地为纳税地点；非居民企业在中国境内设立机构、场所的，以机构、场所所在地为纳税地点；居民企业登记注册地在境外的，以实际管理机构所在地为纳税地点；非居民企业在中国境内设立两个或者两个以上机构、场所的，经税务机关审核批准，可以选择由其主要机构、场所汇总缴纳企业所得税。

33.【参考答案】ABCD

【解析】《代理记账管理办法》中规定了代理记账机构设置的条件、代理记账的业务范围、代理记账机构与委托人的关系、代理记账人员的道德规则。

34.【参考答案】BC

【解析】客观是公正的基础，公正是客观的反映。

35.【参考答案】ACD

【解析】税收程序法有《中华人民共和国海关法》、《中华人民共和国税收征收管理法》、《进出口关税条例》。

36.【参考答案】ABCD

【解析】付款人承兑汇票后，应当承担到期付款的责任，包括承兑人于汇票到期日必须向持票人无条件地支付汇票上的金额；承兑人必须对汇票上的一切权利人承担责任；承兑人不得以其与出票人之间资金关系来对抗持票人，拒绝支付汇票金额；承兑人的票据责任不因持票人未在法定期限提示付款而解除。

37.【参考答案】ABCD

【解析】中央预算的编制内容包括本级预算收入和支出、上一年度结余用于本年度安排的支出、返还或者补助地方的支出、地方上解的收入。

38.【参考答案】ABCD

【解析】会计人员应以马克思主义、毛泽东思想、邓小平理论、"三个代表"重要思想为指导，树立科学的人生观和价值观，自觉抵制享乐主义、个人主义、拜金主义等错误的思想，这是在会计工作中做到廉洁自律的思想基础。

39.【参考答案】ABCD

【解析】营业税税目包括销售不动产、建筑业、服务业、娱乐业。

40.【参考答案】ABCD

【解析】我国财政部门履行的会计行政管理主要有会计监督检查、会计市场管理、会计准则制度及相关标准规范的制定和组织实施、会计专业人才评价。

三、判断题

41.【参考答案】√

【解析】财政授权支付是通过"单位零余额账户"进行核算支付的，该账户可提取现金。

42.【参考答案】×

【解析】单位负责人对本单位的会计工作和会计资料的真实性、完整性负责。

43.【参考答案】×

【解析】征税人是指法律、行政法规规定代表国家行使征税权的征税机关。包括各级税务机关、财政机关和海关。

44.【参考答案】×

【解析】具备条件的乡、民族乡、镇以及县级以上各级预算必须设立国库。

45.【参考答案】×

【解析】企业必须采用统一的会计处理方法。

46.【参考答案】√

【解析】一般纳税人会计核算不健全，或者不能够提供准确税务资料的，应按销售额依照增值税税率计算应纳税额，不得抵扣进项税额，也不得使用增值税专用发票。

47.【参考答案】×

【解析】经济业务是指一个经济组织与其他经济组织和个人之间发生的各种经济利益交换，如产品销售；经济事项是指在一个经济组织内部发生的具有经济影响的各类事件，如计提折旧。

48.【参考答案】×

【解析】各部门、各单位的预算支出，必须按照本级政府财政部门批复的预算科目和数额执行，不得挪用；确需作出调整的，必须经本级政府同意。

49.【参考答案】×

【解析】个人所得税其实没有"起征点"这一提法，通常部分大众媒体所说的"起征点"，其实只是个人所得税工资薪金税目的"费用扣除额"。

50.【参考答案】×

【解析】对于那些自觉遵守会计职业道德规范的优秀会计人员，并没有物质奖励。

51.【参考答案】√

【解析】税收程序法是指税务管理方面的法律，具体规定税收征收管理、纳税程序、发票管理、税务争议处理等。

52.【参考答案】√

【解析】增值税专用发票只限于增值税一般纳税人领购使用，增值税小规模纳税人和非增值税纳税人不得领购使用。

53.【参考答案】√

【解析】款项和有价证券是各单位的流动性最强的资产。

54.【参考答案】√

【解析】注册会计师在进行审计鉴证时应以超然独立的姿态，进行公平公正的判断和评价，出具客观、适当的审计意见。

55.【参考答案】×

【解析】原始凭证是在经济业务事项发生时由经办人员直接取得或者填制、用以表明某项经济业务事项已经发生或完成情况、明确有关经济责任的一种原始凭据。

56.【参考答案】√

【解析】根据规定，担任单位会计机构负责人（会计主管人员）的，除取得会计从业资格证书外，还应当具备会计师以上专业技术职务资格或者从事会计工作3年以上经历。

57.【参考答案】√

【解析】会计工作的政府监督主体是县级以上的人民政府财政部门，财政部门实施会计监督的对象是会计行为。

58.【参考答案】√

【解析】注册会计师在执业中发现被审计单位有违反国家统一的会计制度及国家相关法律制度的经济业务事项，应当按照规定在审计报告中予以充分反映。

59.【参考答案】√

【解析】会计人员服务的主体包括管理者、所有者、社会公众。

60.【参考答案】×

【解析】扣缴义务人发生扣缴义务时也需要办理税务登记。

## 四、案例分析题

61.（1）【参考答案】BCD

【解析】会计和出纳不能由同一人担任，故A错误，B正确；由一人兼任会计和出纳违反了设置会计工作岗位的基本原则中的内部牵制制度，故C和D正确。

（2）【参考答案】AC

【解析】《会计基础工作规范》第十六条规定：国家机关、国有企业、事业单位任用会计人员应当实行回避制度。单位领导人的直系亲属不得担任本单位的会计机构负责人、会计主管人员。会计机构负责人、会计主管人员的直系亲属不得在本单位会计机构中担任出纳工作。需要回避的直系亲属为：夫妻关系、直系血亲关系、三代以内旁系血亲以及配偶亲关系。故B错误，A和C正确。单位领导人的直系亲属可以担任除以上条例规定的职务外的其他职务，故D错误。

（3）【参考答案】ABCD

【解析】根据《中华人民共和国会计法》的规定，ABCD均正确。

（4）【参考答案】B

【解析】单位在发票上未填写单位名称应由发票出具单位补正并加盖单位印章，不能由该单位或发票经手人擅自更正。

（5）【参考答案】BC

【解析】设置两套账属于私设账簿的行为，违反《中华人民共和国会计法》的规定，由县级以上人民政府财政部门责令限期改正，可以对单位并处二千元以上五万元以下的罚款；对其直接负责的主管人员和其他直接责任人员，可以处二千元以上二万元以下的罚款。故B和C正确。

62.（1）【参考答案】B

【解析】支票是出票人签发的、委托办理支票存款业务的银行在见票时无条件支付确定的金额给收款人或者持票人的票据。它适用于在同一票据交换区域需要支付各种款项的单位和个人。支票分为现金支票、转账支票和普通支票。现金支票只能用于支取现金；转账支票只能用于转账；普通支票可以用于支取现金，也可用于转账。在普通支票左上角划两条平行线的，为划线支票，划线支票只能用于转账，不能支取现金。

（2）【参考答案】ABCD

【解析】签发商业汇票必须记载如下事项：（1）标明"商业承兑汇票"或"银行承兑汇票"的字样；（2）无条件支付的委托；（3）确定的金额；（4）付款人名称；（5）收款人名称；（6）出票日期；（7）出票人签章。欠缺记载上述事项之一的，商业汇票无效。

（3）【参考答案】A

【解析】票据的出票日期必须使用中文大写。在填写月、日时，月为壹、贰和壹拾的，日为壹至玖和壹拾、贰拾和叁拾的，应在其前加"零"；日为拾壹至拾玖的，应在其前面加"壹"。如 2 月 12 日，应写成零贰月壹拾贰日；10 月 20 日，应写成零壹拾月零贰拾日。

（4）【参考答案】AC

【解析】商业汇票背书是指以转让商业汇票权利或者将一定的商业汇票的权得授予他人行使为目的，按照法定的事项和方式在商业汇票背面或粘单上记载有关事项并签章的票据行为。"仅背书 300 万"不正确。部分背书，该背书无效。

（5）【参考答案】BC

【解析】A 公司拒绝支付另一半货款的做法是不正确的，宏康公司要求 A 公司支付所有货款的做法符合法律规定。因为商业汇票的保证为多个保证人的，保证人之间承担连带责任，持票人可以不分先后向保证人中的一个或者数人或者全体就全部票据金额及有关费用行使票据权利，其所有保证人不得拒付。

# 会计从业资格考试《财经法规与会计职业道德》模拟试卷（八）

**一、单项选择题**（在每小题给出的四个备选答案中，只有一个正确答案，请将所选答案的字母填在题后的括号内。每小题1分，共20分）

1. 我国的会计管理体制是( )。
A. 统一领导
B. 分级管理
C. 统一领导、分级管理
D. 统一领导、集中管理

2. 根据《会计档案管理办法》的规定，一般企业、事业单位销毁会计档案，应由( )。
A. 会计部门负责人监销
B. 同级财政部门派人监销
C. 同级审计部门派人监销
D. 档案部门和会计部门共同派人监销

3. 根据《企业财务会计报告条例》的规定，企业对外提供虚假财务会计报告，可以对企业( )。
A. 直接责任人员处以2 000元以上10 000元以下罚款
B. 处以100 000元以上300 000元以下罚款
C. 处以5 000元以上100 000元以下罚款
D. 处以2 000元以上20 000元以下罚款

4. 根据《会计法》的规定，单位内部的会计工作管理，应由( )负责。
A. 单位会计机构负责人
B. 总会计师
C. 单位负责人
D. 上级主管部门

5. 企业不应高估资产或者收益、低估负债或者费用，这遵循的会计信息质量要求是( )。
A. 谨慎性要求
B. 重要性要求
C. 明晰性要求
D. 相关性要求

6. 某公司的下列人员中，按照《会计法》的规定应当是本单位会计责任主体的是( )。
A. 董事长
B. 总经理
C. 总会计师
D. 财务处长

7. 在对会计工作的国家监督中，除( )的普遍性监督外，其他有关部门按照法律、行政法规的授权和部门的职责分工，从行业管理、履行职责的角度出发，也有对有关单位会计资料实施监督检查的职权。
A. 财政部门
B. 工商管理部门
C. 税务部门
D. 审计部门

8. 会计移交清册一般应当填制( )。
A. 一式两份
B. 一式三份
C. 一份
D. 一式四份

9. 单位私设会计账簿但未构成犯罪的，由( )责令限期改正，并可对单位和个人处以罚款。
A. 县级以上人民政府
B. 县级以上审计部门
C. 县级以上税务部门
D. 县级以上人民政府财政部门

10. 《会计档案管理办法》规定，银行存款日记账的保管期限是( )。
A. 10 年
B. 15 年
C. 25 年
D. 永久

11. 下列不属于会计档案的是( )。
A. 银行存款余额调节表
B. 固定资产卡片
C. 会计档案移交清册
D. 月度财务收支计划表

12. 会计人员应当接受继续教育，持证人员每年接受培训（面授）的时间累计不得少于( )小时。
A. 96
B. 48
C. 24
D. 32

13. 业务收支以外币为主的单位，其编报的财务会计报告应当折算为( )。
A. 美元
B. 人民币
C. 英镑
D. 任何一种货币

14. 现行《会计法》于( )由第九届人大常委会第十二次会议修订通过。
A. 1985 年 1 月 21 日
B. 1993 年 12 月 29 日
C. 1999 年 10 月 31 日
D. 2000 年 3 月 10 日

15. 我国的会计法律制度包括( )。
A. 会计法律、会计规章
B. 会计法律、会计行政法规
C. 会计法律、会计行政法规、会计规章
D. 会计法律、会计行政法规、国家统一的会计制度、地方性会计法规

16. 《会计法》中规定的"法律责任"的主要形式是( )。
A. 行政责任和民事责任
B. 行政责任和刑事责任
C. 民事责任和刑事责任
D. 行政责任、民事责任和刑事责任

17. 注册于上海浦东的某外商投资企业因贷款需向中国建设银行某分行报送年度会报表, 结账截止日应为(　　)。

　　A. 公历3月31日　　B. 公历4月1日

　　C. 公历10月31日　　D. 公历12月31日

18. 对于不具备《会计从业资格管理办法》中规定的(　　)以上会计专业学历的人员, 要求从事会计工作的, 必须通过考试取得会计从业资格。

　　A. 初中　　　　　　B. 高中

　　C. 大专　　　　　　D. 中专

19. 如果企业向不同的会计资料使用者提供财务会计报告, 下列说法符合《会计法》规定的是(　　)。

　　A. 其编制依据可根据编制目的的不同而有所不同

　　B. 其编制依据应当一致

　　C. 只要有充分理由, 编制依据可不一致

　　D. 客观上要求其编制依据的一致性, 但经有关领导批准, 允许其出现不一致

20. 在使用中文的前提下, 可同时使用另一种通用文字作为会计记录文字的地区或单位包括(　　)。

　　A. 民族自治地方, 经济特区的外商投资企业、外国企业和其他外国组织

　　B. 民族自治地方, 在我国境内的外商投资企业、外国企业和其他外国组织

　　C. 少数民族多的地区, 经济特区的外商投资企业、外国企业和其他外国组织

　　D. 少数民族多的地区, 在我国境内的外商投资企业、外国企业和其他外国组织

**二、多项选择题(在每小题给出的四个备选答案中, 有两个或两个以上正确答案, 请将所选答案的字母填在题后的括号内。不选、多选、错选均不得分。每小题2分, 共40分)**

21. 我国《会计法》的适用范围包括(　　)。

　　A. 企事业单位　　　B. 国家机关

　　C. 个体工商户　　　D. 社会团体

22. 对伪造、变造会计凭证、会计账簿或者财务会计报告的行为, 县级以上人民政府财政部门可给予的制裁措施是(　　)。

　　A. 责令限期改正

　　B. 通报

　　C. 罚款

　　D. 吊销会计从业资格证书

23. 记账凭证应当具备的内容有(　　)。

　　A. 填制凭证的日期

　　B. 接受凭证的单位

　　C. 会计科目、金额

　　D. 填制凭证人员、稽核人员、记账人员、会计机构负责人、会计主管人员签名或者盖章

24. 《会计法》规定, 各单位应当根据会计业务的需要来决定是否设置会计机构。以下说法中, 正确的是(　　)。

　　A. 各单位都应设置会计机构和会计人员

　　B. 不设置会计机构的单位, 不需在有关机构中设置会计人员

　　C. 不设置会计机构的单位, 应当在有关机构中设置会计人员并指定会计主管人员

　　D. 对于不具备设置会计机构和会计人员条件的, 应当委托经批准设立的从事代理记账业务的中介机构进行代理记账

25. 下列属于代理记账机构及其从业人员义务的有(　　)。

　　A. 对在执行业务中知悉的商业秘密, 负有保密的义务

　　B. 对委托人示意其作出不当的会计处理、提供不实的会计资料以及其他不符合法律法规规定的要求应当拒绝

　　C. 对委托人提出的有关会计处理原则的问题负有解释的责任

　　D. 代理委托方定期向税务机关提供税务资料

26. 委托代理记账的委托人应当履行的义务有(　　)。

　　A. 对本单位发生的经济业务事项, 应当填制或者取得符合国家统一的会计制度规定的原始凭证

　　B. 及时向代理记账机构提供真实、完整的原始凭证和其他相关资料

　　C. 应当配备专人负责日常货币收支和保管

　　D. 对于代理记账机构退回的要求按照国家统一的会计制度规定进行更正、补充的原始凭证, 应当及时予以更正、补充

27. 规范会计资料的国家统一的会计制度目前主要有(　　)。

　　A.《会计法》

　　B.《会计基础工作规范》

　　C.《会计档案管理办法》

　　D.《企业会计制度》

28. 我国《会计法》规定, (　　)必须符合国家统一的会计制度的规定。

A. 会计凭证　　　　B. 会计账簿

C. 财务会计报告　　D. 其他会计资料

29.《会计法》所称的单位负责人是指(　　)。

A. 法律规定代表单位行使职权的主要负责人

B. 行政法规规定代表单位行使职权的主要负责人

C. 行政规章规定代表单位行使职权的主要负责人

D. 单位法定代表人

30. 单位聘用没有会计从业资格证书的人员从事会计工作的(　　)。

A. 由县级以上人民政府财政部门责令限期改正

B. 对直接负责的主管人员和其他直接责任人员，可以处2 000元以上20 000元以下的罚款

C. 对直接负责的主管人员和其他直接责任人员给予行政处分

D. 对单位并处3 000元以上50 000元以下的罚款

31. 根据《会计专业职务试行条例》的规定，会计人员的基本条件有(　　)。

A. 初步掌握财务会计知识和技能

B. 熟悉并能按照执行有关会计法规和财务会计制度

C. 能担负一个岗位的财务会计工作

D. 大学专科或中等专业学校毕业，在财务会计工作岗位上见习一年期满

32. 根据《会计法》的规定，对"随意变更会计处理方法"的行为，应当承担的法律责任是(　　)。

A. 由县级以上人民政府财政部门责令限期改正

B. 对单位处以3 000元以上50 000元以下的罚款

C. 对其直接负责的主管人员可以处以2 000元以上20 000元以下的罚款

D. 构成犯罪的，依法追究刑事责任

33. 下列各项中，属于会计类专业的有(　　)。

A. 财务管理　　　　B. 注册会计师专门化

C. 会计　　　　　　D. 审计学

34.《会计从业资格管理办法》规定，不具备会计从业资格的人员，不得(　　)。

A. 从事会计工作

B. 参加会计专业技术资格考试或评审

C. 参加会计专业职务的聘任

D. 申请取得会计人员荣誉证书

35. 根据规定，会计人员在办理移交手续前必须做好(　　)准备工作。

A. 已经受理的经济业务尚未填制会计凭证的应当填制完毕

B. 尚未登记的账目应当登记完毕，结出余额，并在最后一笔余额后加盖经办人印章

C. 整理好应该移交的各项资料，对未了事项和遗留问题要写出书面说明材料

D. 编制移交清册，列明应当移交的会计凭证、会计账簿、现金、有价证券等内容，实行会计电算化的单位，从事该项工作的移交人员还应当在移交清册中列明会计软件及密码、会计软件数据磁盘（磁带等）及有关资料、实物等内容

36.《会计法》规定，对单位直接负责的主管人员和其他直接责任人员可以处2 000元以上20 000元以下罚款的行为有(　　)。

A. 私设会计账簿

B. 以未经审核的会计凭证为依据登记会计账簿

C. 未按照规定填制、取得原始凭证

D. 伪造、变更会计凭证和会计账簿

37. 单位内部会计监督是指为了保护单位资产的(　　)，保证经营活动符合国家法律、法规和内部有关管理制度，提高经济管理水平和效率，而在单位内部采取的一系列相互制约、相互监督的制度和方法。

A. 完整　　　　　　B. 安全

C. 收益　　　　　　D. 使用效率

38. 按照《会计法》的规定，审计、税务、人民银行等部门依据职责可以对有关单位的会计资料实施监督检查，(　　)。

A. 有关部门在进行监督检查之前必须征得财政部门同意或批准

B. 有关部门监督检查后，应当出具检查结论

C. 有关部门监督检查后所出具的监督检查结论，需交财政部门存档备案

D. 有关部门应尽量利用其他部门监督检查后所出具的检查结论，避免重复查账

39. 财政部门履行的会计行政管理职能主要有(　　)。

A. 会计准则制度及相关标准规范的制定和组织实施

B. 会计市场管理

C. 会计专业人才评价

D. 会计监督检查

40. 中国注册会计师协会的主要职责有(　　)。

A. 组织对注册会计师的任职资格、注册会计师和会计师事务所的执业情况进行年度检查

B. 审批和管理本会会员，指导地方注册会计师协会办理注册会计师注册

C. 制定行业自律管理规范，对违反行业自律管理规范的行为予以惩戒

D. 组织实施注册会计师全国统一考试，组织和推动会员培训工作，组织业务交流，开展理论研究，提供技术支持

**三、判断题（每小题1分，共20分。认为正确的，在题后的括号内写"√"；认为错误的，在题后的括号内写"×"。判断正确的得分，判断错误的扣分，不答不得分也不扣分。本类题最低分为零分）**

41. 对于作出不予颁发会计从业资格证书的决定，申请人享有依法申请行政复议或者提起行政诉讼的权利。（　　）

42. 会计人员继续教育根据教育对象分为高级、中级、初级三个层次。（　　）

43. 为企业内部控制提供咨询的会计师事务所，原则上可以同时为同一企业提供内部控制审计服务。（　　）

44. 委托人对代理记账机构在委托合同约定的范围内的行为承担责任，代理记账机构对其专职从业人员和兼职从业人员的业务活动承担责任。（　　）

45. 单位负责人是单位会计工作的责任主体，所以，会计机构、会计人员没有会计监督的职权。（　　）

46. 季度、月度财务会计报告通常仅指会计报表，会计报表至少应当包括资产负债表和现金流量表。（　　）

47. 代理记账是一种会计中介服务，是指从事代理记账业务的会计师事务所机构接受委托人的委托办理会计业务。（　　）

48. 会计人员的岗位应该有计划地进行轮换。（　　）

49. 根据《会计法》的规定，原始凭证有错误的，应当由出具单位重开或者更正，更正处应当加盖出具单位印章。（　　）

50. 任何单位不得以未经审核的会计凭证为依据登记会计账簿。（　　）

51. 单位接受监督检查部门依法实施的会计监督检查是法定义务，必须如实提供相关会计资料以及有关情况。（　　）

52. 单位的会计人员是会计工作社会监督的对象。（　　）

53. 我国会计年度采用公历制，主要是与我国的计划和财政年度保持一致。（　　）

54. 单位提供的担保、未决诉讼或有关事项，应当按照国家统一的会计制度的规定，在财务会计报告中予以说明。（　　）

55. 填制记账凭证时，可以将不同内容和类别的原始凭证汇总填制在一张记账凭证上。（　　）

56. 实行会计电算化的单位，所有账簿都应当定期打印。（　　）

57. 《会计基础工作规范》规定，对账工作至少每月进行一次。（　　）

58. 企业对外提供的财务会计报告应当依次编订页数，加具封面，装订成册，加盖公章。（　　）

59. 县级以上人民政府对代理记账机构及其从事代理记账业务情况实施监督检查。（　　）

60. 内部会计控制应当遵循成本效益原则，以合理地控制成本，达到最佳的控制效益。（　　）

**四、案例分析题（阅读材料，回答下面的问题。每小题10分，共20分）**

61. 某国有独资公司，生产经营规模不大，当地财政部门在对该公司进行执法检查的过程中发现下列问题：

（1）该公司未设置总会计师，但设置了专门的会计机构。

（2）该公司会计机构负责人李某，是该公司法定代表人王某的配偶。

（3）该公司出纳小王系单位办公室主任的女儿，小王刚刚会计学本科毕业，已报名参加当年度的会计从业资格考试，同时她还兼管稽核、会计档案保管和固定资产账簿的登记工作。

（4）该公司会计人员赵某1月份离职，办理工作交接时未发现任何异常，至6月份，接替人员张某方发现其中有部分会计资料不真实，张某和赵某互相推卸责任，此事目前仍未解决。

根据上述资料，回答下列问题：

（1）针对事项（1），下列说法中正确的有（　　）。

A. 该国有独资公司应当设置总会计师

B. 该国有独资公司可以不设置总会计师

C. 如果设置总会计师，该公司不得再设置与总会计师职责重叠的副职

D. 如果设置总会计师，应当将其作为单位领导成员

（2）针对事项（2），下列说法中不正确的有（　　）。

A. 该公司由于生产经营规模不大,可以不实行会计人员回避制度

B. 会计机构负责人由李某担任不符合会计人员回避制度

C. 李某不得在该公司会计机构中担任出纳工作

D. 李某可以在该公司会计机构中担任出纳工作

(3)针对事项(3),下列说法中正确的有( )。

A. 根据回避制度,办公室主任的女儿不得担任出纳工作

B. 从事出纳工作必须取得会计从业资格证书,该公司任用小王担任出纳不符合规定

C. 根据内部牵制制度,出纳不得兼管稽核、会计档案保管的工作

D. 出纳可以兼管固定资产账目的登记工作

(4)根据事项(4),会计人员赵某离职办理交接时,应由( )监交。

A. 单位负责人　　B. 人事部门主管人员

C. 会计机构负责人　　D. 其他岗位会计人员

(5)根据事项(4),对交接时未发现的不真实会计资料,( )应当承担相应的责任。

A. 法定代表人王某　　B. 会计机构负责人李某

C. 移交人员赵某　　D. 接替人员张某

62. 甲企业于2009年10月成立,因经营规模较小,拟不设置会计机构,将会计工作委托新兴财务咨询公司代理。新兴财务咨询公司于2009年9月成立,并通过工商行政部门核准登记,负责人贾某为持有会计从业资格证书的高级会计师,另有10名专职员工(其中3名持有会计从业资格证书)。

根据以上资料,回答下列问题:

(1)根据《会计法》对设置会计机构的相关规定,以下说法中正确的有( )。

A. 实行企业化管理的事业单位,应当设置会计机构

B. 社会团体和其他组织,可以不单独设置会计机构

C. 不单独设置会计机构的单位,应当在有关机构中设置会计人员并指定会计主管人员

D. 不具备设置会计机构和会计人员条件的单位,应当委托会计类中介机构代理记账

(2)从事代理记账业务的机构,应当具备的条件包括( )。

A. 具有4名以上持有会计从业资格证书的兼职从业人员

B. 具有3名以上持有会计从业资格证书的会计师

C. 具有3名以上持有会计从业资格证书的专职从业人员

D. 经县级以上财政部门批准,并取得财政部门统一印制的代理记账许可证书

(3)关于甲企业准备委托新兴财务咨询公司为其代理记账,以下说法中正确的是( )。

A. 新兴财务咨询公司已经具备代理记账的资格

B. 新兴财务咨询公司尚不具备代理记账的资格

C. 新兴财务咨询公司应到当地财政部门办理批准手续

D. 新兴财务咨询公司应当至少再增加1名持有会计从业资格证书的兼职从业人员

(4)甲企业委托中介机构代理记账,必须做到( )。

A. 对本单位发生的经济业务事项,委托中介机构填制符合国家统一的会计制度规定的原始凭证

B. 配备专人负责日常货币收支和保管

C. 及时向代理记账机构提供真实、完整的原始凭证和其他相关资料

D. 对于代理记账机构退回的,要求按照国家统一的会计制度规定进行更正、补充的原始凭证,应当及时予以更正、补充

(5)代理记账机构及其从业人员应做到( )。

A. 按照委托合同办理代理记账业务,遵守有关法律、行政法律和国家统一的会计制度的规定

B. 对在执行业务中知悉的商业秘密,应当保密

C. 对委托人示意其作出不当的会计处理,应当拒绝

D. 对委托人提出的有关会计处理原则问题,应当予以解释

## 模拟试卷(八)参考答案与精讲解析

一、单项选择题

1.【参考答案】C

【解析】我国实行的是统一领导、分级管理的会计管理体制。国务院财政部门主管全国的会计工作,县级以上地方各级人民政府财政部门管理本行政区域内的会计工作。

**2.【参考答案】D**

【解析】一般企业、事业单位销毁会计档案时，应当由单位的档案部门和会计部门共同派人监销；国家机关销毁会计档案时，还应当由同级财政部门、审计部门派人参加监销。

**3.【参考答案】C**

【解析】根据《企业财务会计报告条例》第四十条的规定，企业编制、对外提供虚假的或者隐瞒重要事实的财务会计报告，尚不构成犯罪的，由县级以上人民政府财政部门予以通报，对企业可以处5 000元以上100 000元以下的罚款；对直接负责的主管人员和其他直接责任人员，可以处3 000元以上50 000元以下的罚款。

**4.【参考答案】C**

【解析】依据《会计法》的规定，单位负责人对本单位的会计工作和会计资料的真实性、完整性负责。

**5.【参考答案】A**

【解析】会计信息质量谨慎性要求企业对交易或者事项进行会计确认、计量和报告时保持应有的谨慎，不应高估资产或者收益、低估负债或者费用。

**6.【参考答案】A**

【解析】依据《会计法》的规定，单位负责人对本单位的会计工作和会计资料的真实性、完整性负责。而该法所规定的单位负责人，是指单位法定代表人或者法律、行政法规规定代表单位行使职权的主要负责人。选项中只有"董事长"符合题意。

**7.【参考答案】A**

【解析】在对会计工作的国家监督中，除财政部门的普遍性监督外，其他有关部门按照法律、行政法规的授权和部门的职责分工，从行业管理、履行职责的角度出发，也有对有关单位会计资料实施监督检查的职权。

**8.【参考答案】B**

【解析】移交清册一般应当填制一式三份，交接双方各执一份，存档一份。

**9.【参考答案】D**

【解析】根据《会计法》第四十二条的规定，单位私设会计账簿但未构成犯罪的，由县级以上人民政府财政部门责令限期改正，并可对单位和个人处以罚款。

**10.【参考答案】C**

【解析】依据《会计档案管理办法》的规定，现金和银行存款日记账的保管期限是25年。

**11.【参考答案】D**

【解析】会计档案是指会计凭证、会计账簿和财务报告等会计核算专业材料，是记录和反映单位经济业务的重要史料和证据。本题选项ABC都属于会计档案，选项D属于企业的文本档案。

**12.【参考答案】C**

【解析】会计持证人员每年接受继续教育培训（面授）的时间不得少于24小时。

**13.【参考答案】B**

【解析】会计核算以人民币为记账本位币。业务收支以人民币以外的货币为主的单位，可以选定其中一种货币作为记账本位币，但是编报的财务会计报告应当折算为人民币。

**14.【参考答案】C**

【解析】现行《会计法》于1999年10月31日由第九届人大常委会第十二次会议修订通过。

**15.【参考答案】D**

【解析】我国的会计法律制度包括会计法律、会计行政法规、国家统一的会计制度和地方性会计法规。

**16.【参考答案】B**

【解析】法律责任，是指违反法律规定的行为应当承担的法律后果，即对违法者的制裁。法律责任包括民事责任、行政责任和刑事责任，但《会计法》只规定了行政责任和刑事责任。

**17.【参考答案】D**

【解析】企业应当依照有关法律、行政法规和本条例规定的结账日进行结账，不得提前或者延迟。年度结账日为公历年度每年的12月31日；半年度、季度、月度结账日分别为公历年度每半年、每季、每月的最后一天。

**18.【参考答案】D**

【解析】对于不具备《会计从业资格管理办法》中规定的中专以上会计专业学历的人员，要求从事会计工作的，必须通过考试取得会计从业资格。

**19.【参考答案】B**

【解析】企业依照《企业财务会计报告条例》规定向有关各方提供的财务会计报告，其编制基础、编制依据、编制原则和方法应当一致，不得提供编制基础、编制依据、编制原则和方法不同的财务会计报告。

**20.【参考答案】B**

【解析】会计记录的文字应当使用中文。在民族自治地方，会计记录可以同时使用当地通用的一种民族文字。在我国境内的外商投资企业、外国企业和其他外国组织的会计记录可以同时使用一种外国文字。

**二、多项选择题**

21.【参考答案】ABD

【解析】我国《会计法》的适用范围包括：国家机关、社会团体、公司、企事业单位及其他组织。个体商户设置账簿、进行会计核算的具体办法，由国务院财政部门依据《会计法》的原则另行规定。

22.【参考答案】BCD

【解析】《会计法》第四十三条规定，伪造、变造会计凭证、会计账簿，编制虚假财务会计报告，尚不构成犯罪的，由县级以上人民政府财政部门予以通报，可以对单位并处5 000元以上100 000元以下的罚款；对其直接负责的主管人员和其他直接责任人员，可以处3 000元以上50 000元以下的罚款；属于国家工作人员的，还应当由其所在单位或者有关单位依法给予撤职直至开除的行政处分；对其中的会计人员，并由县级以上人民政府财政部门吊销会计从业资格证书。

23.【参考答案】ACD

【解析】记账凭证的内容必须具备：填制凭证的日期；凭证编号；经济业务摘要；会计科目；金额；所附原始凭证张数；填制凭证号、稽核人员、记账人员、会计机构负责人、会计主管人员签名或者盖章。收款和付款记账凭证还应当由出纳人员签名或者盖章。

24.【参考答案】CD

【解析】各单位应当根据会计业务的需要，设置会计机构，或者在有关机构中设置会计人员并指定会计主管人员；不具备设置条件的，应当委托经批准设立从事会计代理记账业务的中介机构代理记账。

25.【参考答案】ABC

【解析】代理记账机构及其从业人员应当履行下列义务：（1）按照委托合同办理代理记账业务，遵守有关法律、行政法规和国家统一的会计制度的规定；（2）对在执行业务中知悉的商业秘密应当保密；（3）对委托人示意其作出不当的会计处理，提供不实的会计资料，以及其他不符合法律、行政法规和国家统一的会计制度规定的要求，应当拒绝；（4）对委托人提出的有关会计处理原则问题应当予以解释。

26.【参考答案】ABCD

【解析】委托代理记账的委托人应当履行下列义务：（1）对本单位发生的经济业务事项，应当填制或者取得符合国家统一的会计制度规定的原始凭证；

（2）应当配备专人负责日常货币收支和保管；（3）及时向代理记账机构提供真实、完整的原始凭证和其他相关资料；（4）对于代理记账机构退回的要求按照国家统一的会计制度规定进行更正、补充的原始凭证，应当及时予以更正、补充。

27.【参考答案】BCD

【解析】《会计基础工作规范》、《会计档案管理办法》和《企业会计制度》属于规范会计资料的国家统一的会计制度。《会计法》属于会计法律。

28.【参考答案】ABCD

【解析】《会计法》第十三条规定，会计凭证、会计账簿、财务会计报告和其他会计资料，必须符合国家统一的会计制度的规定。

29.【参考答案】ABD

【解析】我国《会计法》所称的单位负责人是指单位法定代表人或者法律、行政法规规定代表单位行使职权的主要负责人。

30.【参考答案】ABD

【解析】根据《会计从业资格管理办法》第三十四条和《会计法》第四十二条的规定，单位聘用没有会计从业资格证书的人员从事会计工作的，由县级以上人民政府财政部门责令限期改正，可以对单位并处3 000元以上50 000元以下的罚款；对其直接负责的主管人员和其他直接责任人员，可以处2 000元以上20 000元以下的罚款。

31.【参考答案】ABCD

【解析】《会计专业职务试行条例》第七条规定，会计人员的基本条件有：（1）初步掌握财务会计知识和技能；（2）熟悉并能按照执行有关会计法规和财务会计制度；（3）能担负一个岗位的财务会计工作；（4）大学专科或中等专业，学校毕业，在财务会计工作岗位上见习一年期满。

32.【参考答案】ABCD

【解析】根据《会计法》第四十二条的规定，对"随意变更会计处理方法"的行为，由县级以上人民政府财政部门责令限期改正，可以对单位并处3 000元以上50 000元以下的罚款；对其直接负责的主管人员和其他直接责任人员，可以处2 000元以上20 000元以下的罚款；属于国家工作人员的，还应当由其所在单位或者有关单位依法给予行政处分。构成犯罪的，依法追究刑事责任。

33.【参考答案】ABCD

【解析】根据《会计从业资格管理办法》第十条的规定，会计类专业包括；会计学、会计电算化、注册会计师专门化、审计学、财务管理和理财学。

34.【参考答案】ABCD

【解析】《会计从业资格管理办法》第三条规定，各单位不得任用（聘用）不具备会计从业资格的人员从事会计工作。不具备会计从业资格的人员，不得从事会计工作，不得参加会计专业技术资格考试或评审、会计专业职务的聘任，不得申请取得会计人员荣誉证书。

35.【参考答案】ABCD

【解析】根据《会计基础工作规范》第二十七条的规定，会计人员办理移交手续前，必须及时做好以下工作：（1）已经受理的经济业务尚未填制会计凭证的，应当填制完毕；（2）尚未登记的账目，应当登记完毕，并在最后一笔余额后加盖经办人员印章；（3）整理应该移交的各项资料，对未了事项写出书面材料；（4）编制移交清册，列明应当移交的会计凭证、会计账簿、会计报表、印章、现金、有价证券、支票簿、发票、文件、其他会计资料和物品等内容；实行会计电算化的单位，从事该项工作的移交人员还应当在移交清册中列明会计软件及密码、会计软件数据磁盘（磁带等）及有关资料、实物等内容。

36.【参考答案】ABC

【解析】根据《会计法》第四十二条的规定，有选项 ABC 所述行为的，由县级以上人民政府财政部门责令限期改正，可以对单位并处 3 000 元以上 50 000 元以下的罚款；对其直接负责的主管人员和其他直接责任人员，可以处 2 000 元以上 20 000 元以下的罚款；属于国家工作人员的，还应当由其所在单位或者有关单位依法给予行政处分。伪造、变造会计凭证、会计账簿，编制虚假财务会计报告，尚不构成犯罪的，由县级以上人民政府财政部门予以通报，可以对单位并处 5 000 元以上 100 000 元以下的罚款；对其直接负责的主管人员和其他直接责任人员，可以处 3 000 元以上 50 000 元以下的罚款。

37.【参考答案】AB

【解析】单位内部会计监督是指为了保护单位资产的安全、完整，保证经营活动符合国家法律、法规和内部有关管理制度，提高经济管理水平和效率，而在单位内部采取的一系列相互制约、相互监督的制度和方法。

38.【参考答案】BD

【解析】《会计法》第三十三条规定，财政、审计、税务、人民银行、证券监管、保险监管等部门应当依照有关法律、行政法规规定的职责，对有关单位

的会计资料实施监督检查。前款所列监督检查部门对有关单位的会计资料依法实施监督检查后，应当出具检查结论。有关监督检查部门已经作出的检查结论能够满足其他监督检查部门履行本部门职责需要的，其他监督检查部门应当加以利用，避免重复查账。

39.【参考答案】ABCD

【解析】财政部门履行的会计行政管理职能主要有：（1）会计准则制度及相关标准规范的制定和组织实施；（2）会计市场管理；（3）会计专业人才评价；（4）会计监督检查。

40.【参考答案】ABCD

【解析】中国注册会计师协会的主要职责有：（1）审批和管理本会会员，指导地方注册会计师协会办理注册会计师注册；（2）拟订注册会计师执业准则、规则，监督、检查实施情况；（3）组织对注册会计师的任职资格、注册会计师和会计师事务所的执业情况进行年度检查；（4）制定行业自律管理规范，对违反行业自律管理规范的行为予以惩戒；（5）组织实施注册会计师全国统一考试；（6）组织和推动会员培训工作；（7）组织业务交流，开展理论研究，提供技术支持；（8）开展注册会计师行业宣传；（9）协调行业内、外部关系，支持会员依法执业，维护会员合法权益；（10）代表中国注册会计师行业开展国际交往活动；（11）指导地方注册会计师协会工作；（12）办理法律、行政法规规定和国家机关委托或授权的其他有关工作。

三、判断题

41.【参考答案】√

【解析】对于作出不予颁发会计从业资格证书的决定，申请人享有依法申请行政复议或者提起行政诉讼的权利。

42.【参考答案】√

【解析】会计人员继续教育根据教育对象分为高级、中级、初级三个层次。

43.【参考答案】×

【解析】为企业内部控制提供咨询的会计师事务所，不得同时为同一企业提供内部控制审计服务。

44.【参考答案】√

【解析】委托人对代理记账机构在委托合同约定的范围内的行为承担责任，代理记账机构对其专职从业人员和兼职从业人员的业务活动承担责任。

45.【参考答案】×

【解析】根据《会计法》第四条和第五条的规定，单位负责人对本单位的会计工作和会计资料的真

实性、完整性负责。会计机构、会计人员依照《会计法》规定进行会计核算，实行会计监督。

**46.【参考答案】**×

**【解析】**季度、月度财务会计报告通常仅指会计报表，会计报表至少应当包括资产负债表和利润表。

**47.【参考答案】**×

**【解析】**代理记账是指从事代理记账业务的社会中介机构接受委托人的委托办理会计业务。委托人是指委托代理记账机构办理会计业务的单位。代理记账机构是指从事代理记账业务的中介机构。

**48.【参考答案】**√

**【解析】**会计人员的岗位应该有计划地进行轮换。

**49.【参考答案】**×

**【解析】**原始凭证有错误的，应当由出具单位重开或者更正，更正处应当加盖出具单位印章。

**50.【参考答案】**√

**【解析】**任何单位不得以未经审核的会计凭证为依据登记会计账簿。

**51.【参考答案】**√

**【解析】**单位接受监督检查部门依法实施的会计监督检查是法定义务，必须如实提供相关会计资料以及有关情况。

**52.【参考答案】**×

**【解析】**会计工作的社会监督主要是指由注册会计师及其所在的会计师事务所依法对委托单位的经济活动进行的审计、鉴证的一种监督制度。因此其监督的对象是委托单位的经济活动。

**53.【参考答案】**√

**【解析】**我国会计年度采用公历制，主要是与我国的计划和财政年度保持一致。

**54.【参考答案】**√

**【解析】**单位提供的担保、未决诉讼或有关事项，应当按照国家统一的会计制度的规定，在财务会计报告中予以说明。

**55.【参考答案】**×

**【解析】**记账凭证可以根据每一张原始凭证填制，或者根据若干张同类原始凭证汇总填制，也可以根据原始凭证汇总表填制。但不得将不同内容和类别的原始凭证汇总填制在一张记账凭证上。

**56.【参考答案】**×

**【解析】**《会计基础工作规范》第六十一条规定，实行会计电算化的单位，总账和明细账应当定期打印。法律没有规定其他账簿也应当定期打印。

**57.【参考答案】**×

**【解析】**《会计基础工作规范》第六十三条规定，对账工作每年至少进行一次。

**58.【参考答案】**√

**【解析】**企业对外提供的财务会计报告应当依次编订页数，加具封面，装订成册，加盖公章。

**59.【参考答案】**×

**【解析】**县级以上人民政府财政部门对代理记账机构及其从事代理记账业务情况实施监督检查。

**60.【参考答案】**√

**【解析】**内部会计控制应当遵循成本效益原则，以合理地控制成本，达到最佳的控制效益。

**四、案例分析题**

**61.（1）【参考答案】**BCD

**【解析】**本题考核会计岗位设置。根据《会计法》规定，各单位应当根据会计业务的需要设置会计机构，国有的和国有资产占控股地位或者主导地位的大、中型企业必须设置总会计师。该公司是独资企业，生产经营规模不大，可以不设置总会计师。

**（2）【参考答案】**AC

**【解析】**本题考核会计人员回避制度。单位负责人的直系亲属不得担任本单位的会计机构负责人、会计主管人员；会计机构负责人、会计主管人员的直系亲属不得在本单位担任出纳工作。因此，李某可以担任出纳工作，但不得担任会计机构负责人的工作。

**（3）【参考答案】**BCD

**【解析】**本题考核会计人员。回避制度为：单位负责人的直系亲属不得担任本单位的会计机构负责人、会计主管人员；会计机构负责人、会计主管人员的直系亲属不得在本单位担任出纳工作。办公室主任的女儿担任出纳工作不违背回避制度。

**（4）【参考答案】**C

**【解析】**本题考核会计人员的工作交接。一般会计人员办理会计工作交接手续时，由单位的会计机构负责人、会计主管人员负责监交。

**（5）【参考答案】**C

**【解析】**本题考核会计人员的工作交接。移交人员对移交的会计凭证、会计账簿、会计报表和其他会计资料的合法性、真实性承担法律责任。

**62.（1）【参考答案】**AC

**【解析】**根据《会计法》规定，从有效发挥会计职能作用的角度看，实行企业化管理的事业单位，大、中型企业应当设置会计机构。不设置会计机构的应设置会计人员并指定会计主管人员。会计主管人员是负责组织管理会计事务、行使会计机构负责人职权的负责人。

（2）【参考答案】CD

【解析】对于不具备设置会计机构和会计人员条件的单位应当委托代理记账机构办理会计业务。除会计师事务所以外，代理记账机构应当经所在地的县级以上人民政府财政部门批准，并取得由财政部统一印制的代理记账许可证书。并且从事代理记账业务的机构应当具备 3 名以上持有会计从业资格证书的专职从业人员。

（3）【参考答案】BC

【解析】《代理记账管理办法》规定申请设立除会计师事务所以外的代理记账机构，应当经所在地的县级以上人民政府财政部门（以下简称审批机关）批准，并领取由财政部统一印制的代理记账许可证书。具体审批机关由省、自治区、直辖市、计划单列市人民政府财政部门确定。故新兴财务咨询公司通过工商行政部门核准登记不符合相关申请资格，其应该到当地财政部门办理批准手续。

（4）【参考答案】BCD

【解析】委托代理记账的委托人的义务包括以下内容：（1）对本单位发生的经济业务事项，应当填制或者取得符合国家统一会计制度规定的原始凭证；（2）应当配备专人负责日常货币收支和保管；（3）及时向代理记账机构提供真实、完整的凭证和其他相关资料；（4）对于代理记账机构退回的要求按照国家统一会计制度的规定进行更正、补充的原始凭证，应当及时予以更正、补充。对本单位发生的经济业务事项，应当由该单位自行填制符合国家统一会计制度的原始凭证，所以 A 选项错误。

（5）【参考答案】ABCD

【解析】代理记账机构及其从业人员的义务包括以下内容：（1）按照委托合同办理代理记账业务，遵守有关法律、行政法规和国家统一的会计制度的规定；（2）对在执行业务中知悉的商业秘密应当保密；（3）对委托人示意要求作出的会计处理，提供不实会计资料以及其他不符合法律、行政法规和国家统一的会计制度规定的要求的，应当拒绝；（4）对委托人提出的有关会计处理原则问题应当予以解释。

# 会计从业资格考试《财经法规与会计职业道德》模拟试卷（九）

**一、单项选择题（在每小题给出的四个备选答案中，只有一个正确答案，请将所选答案的字母填在题后的括号内。每小题 1 分，共 20 分）**

1. 存款人名称、单位法定代表人或主要负责人、住址以及其他开户资料发生的变更是指(　　)。

A. 银行结算账户的开立　　B. 银行结算账户变更

C. 临时存款账户变更　　D. 异地存款账户变更

2. 根据营业税的规定，现行营业税共设置了(　　)税目。

A. 7 个　　　　　　　　B. 9 个

C. 11 个　　　　　　　D. 14 个

3. 下列各项中，不属于会计职业道德修养环节的是(　　)。

A. 道德认知　　　　　B. 道德价值

C. 道德情感　　　　　D. 道德行为

4. 税务机关对自然人纳税人采取税收保全措施时，下列物品中不得采取税收保全措施的有(　　)。

A. 车辆

B. 一处住房以外的豪宅

C. 单价 5 000 元以下的生活用品

D. 古玩字画

5. 一个单位内具体负责会计工作的中层领导人员称为(　　)。

A. 单位负责人

B. 注册会计师

C. 会计机构负责人（会计主管人员）

D. 中级会计师

6. 《会计基础工作规范》属于(　　)。

A. 会计法律

B. 国家统一的会计制度

C. 会计行政法规

D. 地方性法规

7. 下列各项中，不属于单位负责人的是(　　)。

A. 总会计师

B. 有限责任公司董事长

C. 执行合伙企业事务的合伙人

D. 国有企业厂长

8. 下列选项中，属于代理记账机构及其从业人员义务的是(　　)。

A. 委托人委托的其他会计业务

B. 及时提供真实、完整的原始凭证和其他相关资料

C. 对在执行业务中知悉的商业秘密应当保密

D. 对本单位发生的经济业务事项，应当填制或者取得符合国家统一会计制度规定的原始凭证

9. 当事人对省级以下税务机关做出的具体行为不服的，向(　　)申请行政复议。

A. 国家税务总局　　　B. 上一级仲裁机构

C. 上一级税务机关　　D. 所在地税务机关

10. 按照税收的征收权限和收入支配权限分类，可以将我国税种分为中央税、地方税和中央地方共享税。下列各项中，属于中央税的是(　　)。

A. 契税　　　　　　　B. 消费税

C. 营业税　　　　　　D. 企业所得税

11. 开户银行对已开户 1 年，但未发生任何业务且未欠开户银行债务的单位银行结算账户，应通知单位自发出通知之日起(　　)内办理销户手续。

A. 30 日　　　　　　　B. 5 日

C. 60 日　　　　　　　D. 1 年

12. 2011 年 2 月份，甲公司出租其自有的仓库两间，每间每月收取租金为 2 万元，则甲公司 2 月份应缴纳的营业税为(　　)万元。

A. 0　　　　　　　　　B. 0.1

C. 0.2　　　　　　　　D. 0.4

13. 诚实守信要求会计人员做到(　　)。

A. 不泄露秘密　　　　B. 保持应有的独立性

C. 积极参与管理　　　D. 强化服务

14. 下列各项中，不允许纳税人在计算增值税时扣除外购固定资产的价值的增值税类型是(　　)。

A. 生产型增值税　　　B. 消费型增值税

C. 未定型增值税　　　D. 收入型增值税

15. 从事货物生产或者提供应税劳务为主，并兼营货物批发或者零售的纳税人，年应税销售额在(　　)万元以下的，认定为小规模纳税人。

A. 50　　　　　　　　B. 60

C. 70　　　　　　　　D. 80

16. 会计人员在工作中"懒"、"惰"、"拖"的不良习惯和作风，是会计人员违背会计职业道德规范中(　　)的具体体现。

A. 爱岗敬业　　　　　B. 诚实守信

C. 办事公道　　　　　D. 客观公正

17. 下列各项中，不属于提高技能的基本要求

是( )。

A. 具有不断提高会计专业技能的意识和愿望

B. 不断进取，主动求知

C. 具有勤学苦练的精神和科学的学习方法

D. 强化服务意识，提高服务质量

18. 会计人员要忠于职守，尽职尽责，这一基本要求体现的会计职业道德是( )。

A. 爱岗敬业　　　　B. 财务管理

C. 廉洁自律　　　　D. 客观公正

19. "慎独"是会计职业道德修养中的一种很高的境界，"慎独"的前提是( )。

A. 职业行为　　　　B. 职业技能

C. 职业实践　　　　D. 职业信念和职业品德

20. 下列有关票据承兑的说法正确的是( )。

A. 定日付款的商业承兑汇票，持票人应当在汇票到期日前向付款人提示承兑

B. 见票后定期付款的汇票，持票人应当自出票日起10日内向付款人提示承兑

C. 付款人承兑汇票的，应当在汇票正面或者背面记载"承兑"字样和承兑日期并签章

D. 票据承兑后，持票人未在法定期限提示付款的，承兑人的票据责任解除

**二、多项选择题（在每小题给出的四个备选答案中，有两个或两个以上正确答案，请将所选答案的字母填在题后的括号内。不选、多选、错选均不得分。每小题2分，共40分）**

21. 我国《预算法》规定预算支出中的补贴支出形式包括( )。

A. 粮油补贴　　　　B. 财政贴息支出

C. 对外援助支出　　D. 农业机耕器械的补贴

22. 下列属于政府采购部门规章的有( )。

A. 《政府采购法》

B. 《政府采购审实施细则》

C. 《政府采购信息公告管理办法》

D. 《政府采购货物和服务招标摧毁标管理办法》

23. 下列关于增值税类型的说法中正确的是( )。

A. 生产型增值税不允许纳税人在计算增值税时扣除外购固定资产的价值

B. 收入型增值税允许纳税人在计算增值税时，将外购固定资产折旧部分扣除

C. 消费型增值税允许纳税人在计算增值税时，将外购固定资产的价值一次性全部扣除

D. 我国现行增值税属于消费型增值税

24. 根据税收征收管理法律制度的规定，下列各项中，属于税务机关采取的税收强制执行措施的有( )。

A. 书面通知纳税人开户银行暂停支付纳税人存款

B. 书面通知纳税人开户银行从其存款中扣缴税款

C. 拍卖所扣押的纳税人价值相当于应纳税款的财产，以拍卖所得抵缴税款

D. 扣押纳税人价值相当于应纳税款的财产

25. 下列选项中，构成税法基本要素的有( )。

A. 税率　　　　　　B. 纳税期限

C. 征税对象　　　　D. 纳税义务人

26. 根据规定，政府采购的原则包括( )。

A. 公开透明原则　　B. 公平竞争原则

C. 公正原则　　　　D. 诚实信用原则

27. 营业税按行业实行有差别的比例税率，其中适用5%营业税税率的有( )。

A. 文化体育业　　　B. 金融保险业

C. 转让无形资产　　D. 销售不动产

28. 累进税率是根据征税对象数额的大小不同，规定不同等级的税率，它可分为( )。

A. 全额累进税率　　B. 超额累进税率

C. 全率累进税率　　D. 超率累进税率

29. 下列各项中，属于会计职业道德中"客观公正"基本要求的有( )。

A. 端正态度　　　　B. 依法办事

C. 忠于职守　　　　D. 不偏不倚

30. 会计人员如果泄露本单位的商业秘密，可能导致的后果有( )。

A. 会计人员的信誉将受到损害

B. 会计人员将承担法律责任

C. 单位的经济利益将遭受损失

D. 会计行业声誉将受到损害

31. 会计的基本职能是( )。

A. 会计预测　　　　B. 会计核算

C. 会计决策　　　　D. 会计监督

32. 下列各项中，不属于会计职业技能的有( )。

A. 隐瞒收入的技能　B. 作假账的技巧

C. 如何逃税避税　　D. 沟通职业经验

33. 下列关于小规模纳税人的认定标准及相关规定的表述中，正确的有( )。

A. 从事货物生产或提供应税劳务为主，并兼营

货物批发或零售的纳税人，年应税销售额在 50 万元以下的

B. 从事货物批发或零售的纳税人，年应税销售额在 80 万元以下的

C. 年应税销售额超过小规模纳税人标准的个人、非企业性单位、不经常发生应税行为的企业

D. 小规模纳税人增值税征收率一律为3%

34. 根据规定，一般存款账户用于办理存款人( )。

A. 借款转存　　　　B. 借款归还
C. 现金缴存　　　　D. 现金支取

35. 下列情形中，体现政府采购功能中的"节约财政支出、提高采购资金的使用效益"功能的有( )。

A. 优先采购国产的货物
B. 通过规范化的政府采购以避免暗箱操作
C. 实行政府集中采购
D. 将采购资金直接拨付给供应商，减少了资金流通环节

36. 营业额是纳税人提供应税劳务、转让无形资产或销售不动产向对方收取的全部价款和价外费用。价外费用包括向对方收取的( )。

A. 手续费　　　　B. 集资费
C. 代收款项　　　D. 代垫款项

37. 下列各项中，不符合从事代理记账业务的中介机构的条件有( )。

A. 2 名以上持有会计从业资格证书的专职从业人员
B. 无固定的办公场所
C. 没有健全的代理记账业务规范和财务会计管理制度
D. 主管代理记账业务的负责人具有会计师以上专业技术职务资格

38. 根据规定，政府采购执行模式表述正确的有( )。

A. 采购纳入集中采购目录的政府采购项目，应当实行集中采购
B. 集中采购必须委托集中采购机构代理采购
C. 采购未纳入集中采购目录的政府采购项目，只能实行自行采购
D. 采购未纳入集中采购目录的政府采购项目，可以自行采购，也可以委托集中采购机构在委托的范围内代理采购

39. 按照货币资金的存放地点及其用途的不同，可以将其分为( )。

A. 现金　　　　　B. 银行存款
C. 其他货币资金　D. 国库券

40. 下列各项中，属于会计职业道德"诚实守信"要求的有( )。

A. 努力钻研业务
B. 保守秘密，不为利益所诱惑
C. 保持应有的独立性
D. 执业谨慎，信誉至上

三、判断题（每小题 1 分，共 20 分。认为正确的，在题后的括号内写"√"；认为错误的，在题后的括号内写"×"。判断正确的得分，判断错误的扣分，不答不得分也不扣分。本类题最低分为零分）

41. 代理记账机构违反《代理记账管理办法》规定和国家有关规定造成委托人会计核算混乱、损害国家和委托人利益，委托人故意向代理记账机构隐瞒真实情况或者委托人同代理记账机构共同提供不真实会计资料的，应当承担相应的法律责任。( )

42. 各级政府审计部门对本级各部门、各单位和下级政府的预算执行、决算实施审计监督。( )

43. 税收的特征包括：强制性、无偿性和固定性。( )

44. 保证人的保证责任不限于确定的票据债务人，凡对被保证的票据债务人享有权利的一切票据权利人，均可依该保证向保证人主张权利。( )

45. 单位和个人只要符合相关条件，均可根据需要在异地开立相应的银行结算账户。( )

46. 会计职业道德具有广泛的社会性。( )

47. 在从价定率征收的情况下，根据不同的应税消费品确定不同的比例税率，以应税消费品的销售额为基数乘以比例税率计算应纳税额。( )

48. 持卡人恶意透支是指持卡人超过规定限额或规定期限，并经发卡银行催收无效的透支行为。( )

49. 对伪造会计账簿的直接责任人员可处3 000元以上 5 万元以下的罚款。( )

50. 会计机构负责人（会计主管人员）是指在一个单位内具体负责会计工作的高层领导人员。( )

51. 坚持准则，是指会计人员在处理业务过程中，严格按照会计法律制度办事，不为主观或他人意志所左右。( )

52. 我国税务刑事处罚的主刑包括死刑、无期徒刑、有期徒刑、拘役、罚金。( )

53. 参与管理是要求会计人员提高职业技能和专

业胜任能力，以适应工作需要。（　　）

54. 诚实守信是会计人员干好本职工作的基础和条件，是其应具备的基本道德素质。（　　）

55. 单位现金结算的限额，由单位所对应开户银行决定。（　　）

56. 我国会计职业道德规范的主要内容包括：爱岗敬业、诚实守信、办事公道、服务群众、奉献社会。（　　）

57. 会计行业组织对会计职业道德进行自律和约束。（　　）

58. 会计资料的内容和要求必须符合会计制度规定。（　　）

59. 除国家税务总局另有规定外，纳税人一经认定为小规模纳税人后，不得转为一般纳税人。（　　）

60. 会计准则制度及相关标准规范的制定和组织实施是财政部门管理会计工作的一项最基本职能。（　　）

**四、案例分析题（阅读材料，回答下面的问题。每小题 10 分，共 20 分）**

61. 某企业负责人多次授意会计机构负责人王某伪造会计凭证。王某依据《会计法》，向企业负责人多次讲明私设会计账簿是违法的，拒绝设置账外账。负责人的目的没有达到，随后以王某学历较低为由，将其与本科毕业的没有会计从业资格证且从未从事过会计工作的某车间办公室主任对调，企业负责人目的得以实现。一个月后，又以王某不懂专业业务为由免去其主任职务，改任车间统计员，其会计师职务不再聘任。

根据以上材料，回答下列问题：

（1）单位负责人授意李某伪造会计凭证的行为，如尚不构成犯罪的（　　）。

A. 可以处 3 000 元以上 3 万元以下的罚款

B. 可以处 2 000 元以上 2 万元以下的罚款

C. 可以处 5 000 元以上 5 万元以下的罚款

D. 可以处 1 万元以上 20 万元以下的罚款

（2）对于伪造、变造会计凭证的行为，尚不构成犯罪的，应当给予的处罚有（　　）。

A. 通报

B. 罚款

C. 行政处分

D. 吊销会计从业资格证书

（3）除单位负责人对依法履行职责、抵制违反《会计法》规定行为的李某采用调离岗位方式实行打

击报复外，实行打击报复的方式还有（　　）。

A. 降级　　　　　　　B. 撤职

C. 解聘　　　　　　　D. 开除

（4）单位负责人对李某实行打击报复，情节恶劣，构成犯罪的，可以处（　　）。

A. 3 年以下有期徒刑

B. 5 年以下有期徒刑

C. 拘役

D. 3 年以下有期徒刑，并处 1 万元以上 10 万元以下的罚款

（5）对受打击报复的李某，应当（　　）。

A. 恢复其名誉　　　　B. 恢复其原有职务

C. 赔偿精神损失　　　D. 恢复其级别

62. 某市财政部门在对辖区内的一个生产企业进行会计执法检查中发现下列问题：

（1）该企业销售货物时将向购买方收取款项的 80% 金额作为发票金额开具发票，其他款项记入私密账本。

（2）该企业采用电子计算机进行会计核算，但是其使用的软件经财政部门验证不符合国家统一的会计制度的规定。

（3）该企业规定对经理级以上人员交来的发票，一律不必审核，直接作为记账凭证的依据。

（4）该企业对外提供的财务报告上只有会计机构负责人的签名。

（5）该企业从设立以来坚持每年销毁一次会计档案，销毁时要求企业负责人、会计机构负责人及会计人员均在场。

根据以上材料，回答下列问题：

（1）下列有关事项（3）的说法中，正确的有（　　）。

A. 该企业的这一规定不符合会计法律制度的规定

B. 会计机构、会计人员必须审核原始凭证，这是法定职责

C. 记账凭证应当根据经过审核原始凭证及有关资料编制

D. 会计机构、会计人员对领导交来的原始凭证，只能无条件地接受

（2）下列有关财务会计报告的签章，表述错误的有（　　）。

A. 财务会计报告应当由单位负责人和主管会计工作的负责人、会计机构负责人（会计主管人员）签名或盖章

B. 财务会计报告应当由单位负责人和主管会计工作的负责人、会计机构负责人（会计主管人员）签名并盖章

C. 设置总会计师的单位，还须由总会计师签名或盖章

D. 设置总会计师的单位，还须由总会计师签名并盖章

（3）下列有关会计电算化的表述中，错误的有(　　)。

A. 用电子计算机进行会计核算的单位，只要能保证其生成的会计资料可靠，可以自由选用会计软件

B. 用电子计算机生成的会计资料必须符合国家统一的会计制度的要求

C. 用电子计算机进行会计核算，也必须保证会计资料的真实、完整

D. 只要使用的会计软件符合要求，其生成的会计资料也必定可靠

（4）根据事项（1）的内容，下列说法中正确的

有(　　)。

A. 该企业的行为属于账外设账

B. 县级以上人民政府应当责令其限期改正

C. 可以对该企业处3 000元以上5万元以下的罚款

D. 可以对该企业直接负责的主管人员和其他直接责任人员处2 000元以上2万元以下的罚款

（5）下列针对事项（5）的说法中，不正确的有(　　)。

A. 会计档案应当根据法定期限妥善保管，不得随意销毁

B. 定期保管的会计档案，最低保管年限为5年

C. 会计档案的销毁应当由单位档案管理机构提出销毁意见，会同会计机构共同鉴定，严格审查，编造销毁清册，报单位负责人批准后，由单位档案管理机构和会计机构共同派员监销

D. 对故意销毁的会计人员，县级以上人民政府财政部门可以吊销其会计从业资格证书

# 模拟试卷（九）参考答案与精讲解析

**一、单项选择题**

1.【参考答案】B

【解析】存款人名称、单位法定代表人或主要负责人、住址以及其他开户资料发生的变更是指银行结算账户变更。

2.【参考答案】B

【解析】现行营业税的税目按照行业、类别的不同设置了9个税目。

3.【参考答案】B

【解析】会计职业道德修养的环节包括形成正确的会计职业道德认知、培养高尚的会计职业道德情感、树立坚定的会计职业道德信念、养成良好的会计职业道德行为。

4.【参考答案】C

【解析】个人及所抚养家属维持生活必需的住房和用品，不在税收保全措施的范围之内。

5.【参考答案】C

【解析】会计机构负责人（会计主管人员）是在一个单位内具体负责会计工作的中层领导人员。

6.【参考答案】B

【解析】《会计基础工作规范》属于会计规范性文件，属于国家统一的会计制度的范畴。

7.【参考答案】A

【解析】单位负责人是指单位法定代表人或者法律、行政法规规定代表单位行使职权的主要负责人。

8.【参考答案】C

【解析】代理记账机构及其从业人员的义务包括：（1）按照委托合同办理代理记账业务，遵守有关法律、行政法规和国家统一的会计制度的规定；（2）对在执行业务中知悉的商业秘密应当保密；（3）对委托人示意要求作出的会计处理，提供不实会计资料以及其他不符合法律、行政法规和国家统一的会计制度规定的要求的，应当拒绝；（4）对委托人提出的有关会计处理原则问题应予以解释。

9.【参考答案】C

【解析】当事人对省级以下税务机关做出的具体行为不服的，向上一级税务机关申请行政复议。

10.【参考答案】B

【解析】中央税是指由中央政府征收和管理使用或由地方政府征收后全部划解中央政府所有并支配使用的一类税。如我国现行的关税和消费税等。

11.【参考答案】A

【解析】开户银行对已开户1年，但未发生任何业务且未欠开户银行债务的单位银行结算账户，应通知单位自发出通知之日起30日内办理销户手续。

12.【参考答案】C

【解析】转让无形资产的税率是5%，2×2×5% =0.2（万元）。

13.【参考答案】A

【解析】诚实守信的基本要求包括做老实人，说老实话，办老实事，不搞虚假；实事求是，如实反映；保守秘密，不为利益所诱惑；执业谨慎，信誉至上。

14.【参考答案】A

【解析】生产型增值税不允许纳税人在计算增值税时扣除外购固定资产的价值。

15.【参考答案】A

【解析】小规模纳税人的认定标准：从事货物生产或提供应税劳务的纳税人以及以从事货物生产或提供应税劳务为主，并兼营货物批发或零售的纳税人，年应税销售额在五十万元以下的。

16.【参考答案】A

【解析】爱岗敬业指的是忠于职守的事业精神，这是会计职业道德的基础。

17.【参考答案】A

【解析】爱岗敬业指的是忠于职守的事业精神，这是会计职业道德的基础。

18.【参考答案】A

【解析】爱岗敬业指的是忠于职守的事业精神，这是会计职业道德的基础。爱岗敬业的基本要求是热爱会计工作、敬重会计职业、严肃认真、一丝不苟、忠于职守、尽职尽责。

19.【参考答案】D

【解析】"慎独"的前提是坚定的职业信念和职业良心，其基本特征是以高度自觉性为前提，通过自我约束、自我监督，可以更好地培养、锻炼坚强的职业道德信念和意志。

20.【参考答案】A

【解析】商业汇票可以在出票时向付款人提示承兑后使用，也可以在出票后先使用再向付款人提示承兑。定日付款或者出票后定期付款的商业汇票，持票人应当在汇票到期日前向付款人提示承兑。见票后定期付款的汇票，持票人应当自出票日起一个月内向付款人提示承兑。

二、多项选择题

21.【参考答案】AD

【解析】粮油补贴和农业机耕器械的补贴属于我国《预算法》规定预算支出中的补贴支出。

22.【参考答案】CD

【解析】《政府采购货物和服务招标投标管理办法》（财政部令第十八号），《政府采购信息公告管理办法》（财政部令第十九号），它们都属于政府采购部门规章。

23.【参考答案】ABCD

【解析】生产型增值税不允许纳税人在计算增值税时扣除外购固定资产的价值；收入型增值税允许纳税人在计算增值税时，将外购固定资产折旧部分扣除；消费型增值税允许纳税人在计算增值税时，将外购固定资产的价值一次性全部扣除。我国现行增值税属于消费型增值税。

24.【参考答案】BC

【解析】书面通知纳税人开户银行从其存款中扣缴税款和拍卖所扣押的纳税人价值相当于应纳税款的财产，以拍卖所得抵缴税款属于税务机关采取的税收强制执行措施。

25.【参考答案】ACD

【解析】构成税法的基本要素包括：征税对象、纳税人和税率。

26.【参考答案】BC

【解析】政府采购的原则包括公开透明原则、公平竞争原则、公正原则、诚实信用原则。

27.【参考答案】BCD

【解析】金融保险业、转让无形资产、销售不动产适用5%营业税税率。

28.【参考答案】ABD

【解析】一般多在收益课税中使用，有全额累进税率、超额累进税率、超率累进税率和超倍累进税率四种形式。

29.【参考答案】ABD

【解析】客观公正的基本要求包括依法办事；实事求是，不偏不倚；保持独立性。

30.【参考答案】ABCD

【解析】一方面，会计人员是单位里的一员，泄露单位的商业秘密后会使单位利益受损；另一方面，泄露商业秘密是违法行为，一经查出，会计人员就会受到相应的法律制裁；一经披露，还会对整个会计行业的声望产生负面影响，整个会计行业的利益将会蒙受损失。

31.【参考答案】BD

【解析】会计的基本职能包括进行会计核算和实施会计监督两个方面。

32.【参考答案】ABC

【解析】隐瞒收入的技能、作假账的技巧、如何逃税避税不属于会计职业技能。

33. 【参考答案】ABCD

【解析】小规模纳税人的认定标准是：（1）从事货物生产或提供应税劳务的纳税人以及以从事货物生产或提供应税劳务为主，并兼营货物批发或零售的纳税人，年应税销售额在五十万元以下的。（2）其他纳税人，年应税销售额在八十万元以下的。（3）年应税销售额超过小规模纳税人标准的个人、非企业性单位、不经常发生应税行为的企业，视同小规模纳税人纳税。小规模纳税人为3%征收率。

34. 【参考答案】ABC

【解析】一般存款账户用于办理存款人借款转存、借款归还和其他结算的资金收付。该账户可以办理现金缴存，但不得办理现金支取。

35. 【参考答案】CD

【解析】政府采购通过公开、公平、公正、透明和科学的制度设计，充分引入竞争机制，使得政府采购主体能够购买到性价比较高的货物、工程和服务，从而起到节约财政支出、提高采购资金使用效益的作用。

36. 【参考答案】ABCD

【解析】价外费用包括价外向购买方收取的手续费、补贴、基金、集资费、返还利润、奖励费、违约金、滞纳金、延期付款利息、赔偿金、代收款项、代垫款项、包装费、包装物租金、储备费、优质费、运输装卸费以及其他各种性质的价外收费。

37. 【参考答案】ABC

【解析】从事代理记账业务的中介机构的条件：一是至少有三名持有会计证的专职从业人员，同时可以聘用一定数量相同条件的兼职从业人员；二是主管代理记账业务的负责人必须具有会计师以上专业技术资格；三是有健全的代理记账业务规范和财务会计管理制度；四是机构的设立必须依法经过工商行政管理部门或者其他管理部门核准登记。

38. 【参考答案】ABD

【解析】集中采购是指由政府设立的职能机构统一为其他政府机构提供采购服务的一种采购组织实施形式。按照政府采购法的规定，集中采购必须委托采购机构代理采购。设区的市、自治州以上的人民政府根据本级政府采购项目组织集中采购的需要设立集中采购机构。实行集中采购有利于取得规模效益，减低采购成本，保证采购质量，贯彻落实政府采购的政策导向，便于实施统一的管理和监督等优点。但是，集中采购周期长、程序复杂，难以满足用户多样化的需求，特别是无法满足紧急情况的采购需要。

39. 【参考答案】ABC

【解析】按照货币资金的存放地点及其用途的不同，可以将其分为现金、银行存款和其他货币资金。

40. 【参考答案】BD

【解析】"诚实守信"要求包括以下4点：（1）做老实人，办老实事；（2）实事求是，如实反映；（3）保守秘密，不为利益所动；（4）执业谨慎，信誉至上。

三、判断题

41. 【参考答案】√

【解析】代理记账机构违反《代理记账管理办法》规定和国家有关规定造成委托人会计核算混乱、损害国家和委托人利益，委托人故意向代理记账机构隐瞒真实情况或者委托人会同代理记账机构共同提供不真实会计资料的，应当承担相应的法律责任。

42. 【参考答案】√

【解析】各级政府审计部门对本级各部门、各单位和下级政府的预算执行、决算实施审计监督。

43. 【参考答案】√

【解析】税收的特征包括：强制性、无偿性和固定性。

44. 【参考答案】√

【解析】保证人的保证责任不限于确定的票据债务人，凡对被保证的票据债务人享有权利的一切票据权利人，均可依该保证向保证人主张权利。

45. 【参考答案】√

【解析】单位和个人只要符合相关条件，均可根据需要在异地开立相应的银行结算账户。

46. 【参考答案】√

【解析】会计职业道德具有广泛的社会性。

47. 【参考答案】√

【解析】在从价定率征收的情况下，根据不同的应税消费品确定不同的比例税率，以应税消费品的销售额为基数乘以比例税率计算应纳税额。

48. 【参考答案】√

【解析】持卡人恶意透支是持持卡人超过规定限额或规定期限，并经发卡银行催收无效的透支行为。

49. 【参考答案】√

【解析】对伪造会计账簿的直接责任人员可处3 000元以上5万元以下的罚款。

50. 【参考答案】×

【解析】会计主管人员是负责组织管理会计事务、行使会计机构负责人职权的负责人。

51. 【参考答案】√

【解析】坚持准则，是指会计人员在处理业务过程中，严格按照会计法律制度办事，不为主观或他人意志所左右。

**52.【参考答案】×**

**【解析】**我国税收刑事处罚主刑包括管制、拘役、有期徒刑、无期徒刑、死刑；附加刑主要是罚金和没收财产。

**53.【参考答案】×**

**【解析】**参与管理就是要求会计人员积极主动地向单位领导反映本单位的财务、经营状况及存在的问题，主动提出合理化建议，积极的参与市场调研和预测，参与决策方案的制订和选择，参与决策的执行、检查和监督，为领导的经营管理和决策活动，当好助手和参谋。

**54.【参考答案】×**

**【解析】**爱岗敬业是为人民服务和集体主义精神的具体体现，是社会主义职业道德一切基本规范的基础。

**55.【参考答案】×**

**【解析】**按照《现金管理暂行条例》及其实施细则的规定，库存现金限额由开户银行根据各单位的实际情况来核定。

**56.【参考答案】×**

**【解析】**我国会计职业道德规范的主要内容包括：爱岗敬业，诚实守信，廉洁自律，客观公正，坚持准则，提高技能，参与管理，强化服务。

**57.【参考答案】√**

**【解析】**会计行业组织对会计职业道德进行自律和约束。

**58.【参考答案】√**

**【解析】**会计资料的内容和要求必须符合会计制度规定。

**59.【参考答案】×**

**【解析】**《中华人民共和国增值税暂行条例实施细则》第二十九条明确规定：小规模纳税人一经认定为一般纳税人后，不得再转为小规模纳税人。

**60.【参考答案】√**

**【解析】**会计准则制度及相关标准规范的制定和组织实施是财政部门管理会计工作的一项最基本的职能。

**四、案例分析题**

**61.（1）【参考答案】C**

**【解析】**《会计法》第四十五条规定：授意、指使、强令会计机构、会计人员及其他人员伪造、变造会计凭证、会计账簿，编制虚假财务会计报告或者隐

匿、故意销毁依法应当保存的会计凭证、会计账簿、财务会计报告，构成犯罪的，依法追究刑事责任；尚不构成犯罪的，可以处五千元以上五万元以下的罚款。

**（2）【参考答案】ABCD**

**【解析】**根据《会计法》第四十三条规定：伪造、变造会计凭证、会计账簿，编制虚假财务会计报告的行政责任：通报、罚款、行政处分、吊销会计从业资格证书。

**（3）【参考答案】ABCD**

**【解析】**根据《会计法》第四十六条规定：单位负责人对依法履行职责、抵制违反本法规定行为的会计人员以降级、撤职、调离工作岗位、解聘或者开除等方式实行打击报复，构成犯罪的，依法追究刑事责任；尚不构成犯罪的，由其所在单位或者有关单位依法给予行政处分。对受打击报复的会计人员，应当恢复其名誉和原有职务、级别。

**（4）【参考答案】AC**

**【解析】**根据《会计法》第二百五十五条规定：公司、企业、事业单位、机关、团体的领导人对依法履行职责、抵制违反《会计法》规定行为的会计人员实行打击报复，情节恶劣的，构成打击报复会计人员罪。根据《刑法》规定，对犯打击报复会计人员罪的，处 3 年以下有期徒刑或者拘役。

**（5）【参考答案】ABD**

**【解析】**根据《会计法》第二百五十五条规定：单位负责人对依法履行职责、抵制违反《会计法》规定行为的会计人员实行打击报复，情节轻微，危害性不大，不构成犯罪的，由其所在单位或者有关单位依法给予行政处分。对受打击报复的会计人员的补救措施：恢复其名誉、恢复职位。

**62.（1）【参考答案】ABC**

**【解析】**该企业的这一规定不符合会计法律制度的规定；会计机构、会计人员必须审核原始凭证，这是法定职责；记账凭证应当根据经过审核原始凭证及有关资料编制。

**（2）【参考答案】AC**

**【解析】**财务会计报告应当由单位负责人和主管会计工作的负责人、会计机构负责人（会计主管人员）签名并盖章；设置总会计师的单位，还须由总会计师签名并盖章。

**（3）【参考答案】AC**

**【解析】**用电子计算机生成的会计资料必须符合国家统一的会计制度的要求；只要使用的会计软件符

合要求,其生成的会计资料也必定可靠。

(4)【参考答案】ACD

【解析】该企业的行为属于账外设账;可以对该企业处3 000元以上5万元以下的罚款;D可以对该企业直接负责的主管人员和其他直接责任人员处2 000元以上2万元以下的罚款。

(5)【参考答案】B

【解析】会计档案应当根据法定期限妥善保管,不得随意销毁;会计档案的销毁应当由单位档案管理机构提出销毁意见,会同会计机构共同鉴定,严格审查,编造销毁清册,报单位负责人批准后,由单位档案管理机构和会计机构共同派员监销;对故意销毁的会计人员,县级以上人民政府财政部门可以吊销其会计从业资格证书。

## 会计从业资格考试《财经法规与会计职业道德》模拟试卷（十）

一、单项选择题（在每小题给出的四个备选答案中，只有一个正确答案，请将所选答案的字母填在题后的括号内。每小题1分，共20分）

1. 财务会计报告不包括（　　）。

A. 会计报表　　　　B. 会计报表附注

C. 财务报告分析　　D. 财务情况说明书

2. 记账人员与经济业务或会计事项的审批人员、经办人员、财物保管人员的职责权限应当明确，应当体现（　　）、相互制约的要求。

A. 相互分离　　　　B. 相互监督

C. 相互交叉　　　　D. 相互配合

3. 税务机关征收税款时，必须向纳税人出具（　　）。

A. 收据　　　　　　B. 发票

C. 扣款凭证　　　　D. 完税凭证

4. 持证人员在同一会计从业资格管理机构管辖范围内调转工作单位，且继续从事会计工作的，应当自离开原工作单位之日起（　　）日内，填写调转登记表，持会计从业资格证书及调入单位开具的会计从业工作的证明，办理调转登记。

A. 15　　　　　　　B. 30

C. 60　　　　　　　D. 90

5. 会计账簿记录发生错误，按规定更正后，需要有关人员在更正处（　　）。

A. 签名并盖章　　　B. 签名或盖章

C. 盖章　　　　　　D. 不用盖章或签名

6. 由出票银行签发的，出票银行在见票时按照实际结算金额无条件支付给收款人或者持票人的票据是（　　）。

A. 银行本票　　　　B. 银行汇票

C. 支票　　　　　　D. 银行承兑汇票

7. 下列不属于预算收入的是（　　）。

A. 税收收入

B. 依照规定应当上缴的国有资产收益

C. 依照规定应当上缴的集体资产收益

D. 专项收入

8. 会计人员在独立工作、无人监督时，仍能坚持自己的道德信念，依据一定的道德原则去行事的教育方法是（　　）。

A. 自重自省法　　　B. 自警自励法

C. 自我解剖法　　　D. 自律慎独法

9. 下列不属于建立账务处理程序制度的是（　　）。

A. 单位会计指标体系

B. 会计账簿的设置

C. 会计科目及其明细科目的设置和使用

D. 会计核算的组织形式

10. 凡是涉及款项和财物收付、结算及登记的任何一项工作，必须由两人或两人以上分工办理，以起到相互制约的作用，这样的工作制度为（　　）。

A. 内部稽核制度　　B. 内部牵制制度

C. 内部审计制度　　D. 内部约束制度

11. 根据《税收征收管理法》规定，扣缴义务人应扣未扣、应收未收税款的，由税务机关向纳税人追缴税款，并对扣缴义务人处一定数额的罚款。其罚款限额是（　　）。

A. 2 000元以下

B. 200元以上5 000元以下

C. 应扣未扣、应收未收税款50%以上3倍以下

D. 应扣未扣、应收未收税款50%以上5倍以下

12. 在普通支票左上角划两条平行线的，为划线支票，划线支票可以当作（　　）使用。

A. 现金支票　　　　B. 转账支票

C. 普通支票　　　　D. 以上三种均可

13. （　　）是指单位为了提高会计信息质量，保护资产的安全、完整，确保有关法律、法规和规章制度的贯彻执行等而制定和实施的一系列控制方法、措施和程序。

A. 内部会计控制　　B. 内部会计监督

C. 内部稽核制度　　D. 内部审计制度

14. 有独立的生产经营权、在财务上独立核算并定期向发包人交承包费的承包人，应当（　　），向其承包业务发生地税务机关申报办理税务登记。

A. 自承包合同签订之日起30日内

B. 自承包合同签订之日起45日内

C. 自纳税义务发生之日起80日内

D. 自纳税义务发生之日起45日内

15. 违反中国人民银行的规定，擅自印制票据的，由中国人民银行责令改正，处以（　　）的罚款；情节严重的，中国人民银行有权提请有关部门吊销其营业执照。

A. 1万元以上20万元以下

B. 2 万元以上 20 万元以下

C. 1 万元以上 10 万元以下

D. 2 万元以上 10 万元以下

16. （　　）是在会计机构内部，对于本机构在会计流程中的会计凭证、会计账簿、会计报表及其他会计资料进行自我检查或者审核的一项工作，是对会计信息的再确认、再监督的过程。

A. 会计控制　　　　B. 会计审计

C. 会计稽核　　　　D. 会计牵制

17. 对未按规定填制、取得原始凭证的，县级以上财政部门可以给予的处罚是（　　）。

A. 责令限期改正，对单位并处 4 万元的罚款

B. 对单位处 7 万元的罚款

C. 责令限期改正，并对会计机构负责人处 3 万元的罚款

D. 对其他直接责任人员处 3 万元的罚款

18. 按照增值税的纳税义务发生时间的规定，下列说法错误的是（　　）。

A. 采取委托银行收款结算方式的，为发出货物并办妥托收手续的当天

B. 采取直接收款方式销售货物，不论货物是否发出，均为收到销售款或者取得销售款凭据的当天

C. 采取赊销和分期收款结算方式，且无书面合同的，为发出货物的当天

D. 将货物交付给他人代销，为收到受托人送交货款的当天

19. 结算作为一种法律行为，不属于其法律特征的是（　　）。

A. 支付结算必须通过批准的金融机构进行

B. 支付结算是一种要式行为

C. 支付结算的发生取决于委托人的意志

D. 支付结算实行分级管理的管理体制

20. 会计机构负责人（会计主管人员）办理会计工作交接手续时，负责监交的人员应当是（　　）。

A. 其他会计人员　　B. 总会计师

C. 单位负责人　　　D. 主管财务的负责人

**二、多项选择题（在每小题给出的四个备选答案中，有两个或两个以上正确答案，请将所选答案的字母填在题后的括号内。不选、多选、错选均不得分。每小题 2 分，共 40 分）**

21. 下列各项中，属于会计行政法规的有（　　）。

A. 《会计从业资格管理办法》

B. 《总会计师条例》

C. 《企业财务会计报告条例》

D. 《会计基础工作规范》

22. 我国的税款征收方式主要有（　　）。

A. 查账征收　　　　B. 代扣代缴

C. 定期定额征收　　D. 委托代征

23. 会计档案是记录和反映经济业务事项的重要历史资料和证据，一般包括（　　）。

A. 原始凭证　　　　B. 会计管理制度

C. 会计移交清册　　D. 财务计划

24. 收入总额中的下列收入为不征税收入的是（　　）。

A. 财政拨款

B. 依法收取并纳入财政管理的行政事业性收费

C. 政府性基金

D. 国务院规定的其他不征税收入

25. 商业汇票的承兑银行必须具备的条件有（　　）。

A. 与出票人具有真实的委托付款关系

B. 具有支付汇票金额的可靠资金

C. 内部管理完善

D. 经其法人授权的银行审定

26. 下列属于会计人员工作交接范围的是（　　）。

A. 会计人员临时离职

B. 会计人员离职

C. 会计人员调动工作

D. 会计人员因病不能工作

27. 需要办理注销登记的情形包括（　　）。

A. 纳税人因经营期限届满而自动解散

B. 从事生产经营的纳税人住所、经营地点变动，涉及改变原主管税务机关的

C. 纳税人被工商行政管理机关吊销营业执照

D. 企业资不抵债而破产

28. 从事代理记账工作的人员的义务有（　　）。

A. 按照委托合同办理代理记账业务，遵守有关法律、法规和国家统一的会计制度的规定

B. 保守商业秘密

C. 对委托人示意要求作出不当的会计处理，提供不实的会计资料，应当拒绝

D. 对委托人提出的有关会计处理原则问题负有解释的责任

29. 开展自我批评的自我认识环节的基本方法是（　　）。

A. 理论对照　　　　B. 实践对照

C. 榜样对照　　　　D. 观念对照

30. 企业以货币形式和非货币形式从各种来源取

得的收入，为收入总额。包括(　　)。

A. 股息、红利等权益性投资收益

B. 利息收入

C. 租金收入

D. 特许权使用费收入

31. 某上市公司的会计总监李某泄露本公司的商业秘密，这可能导致的后果有(　　)。

A. 李某受到法律的制裁

B. 公司的经济利益将遭受损失

C. 会计行业声誉将受到损害

D. 李某的信誉将受到损害

32. 下列选项中，符合参与管理基本要求的是(　　)。

A. 会计人员小李向领导提出采购方案

B. 会计人员小王提出自己关于生产管理的可行性方案

C. 出纳小张认为自己只需要做好本职工作，不需要再钻研其他相关业务

D. 会计人员小黄结合自己的专业知识，钻研企业的营销策略

33. 总会计师负责组织的工作主要包括(　　)。

A. 协助单位负责人对本单位的生产经营和业务管理等问题作出决策

B. 负责本单位财务会计机构的设置和会计人员的配备

C. 参与技术改造、商品价格的制定

D. 组织编制和执行预算、财务收支计划

34. 目前正在使用的增值税专用发票按使用的文字的不同，可分为(　　)。

A. 中文版　　　　　B. 中英文版

C. 蒙汉文版　　　　D. 藏汉文版

35. 编制决算草案，必须符合法律、行政法规，做到(　　)。

A. 收支数额准确　　B. 简洁明晰

C. 内容完整　　　　D. 报送及时

36. 付款人在承付期内，对于(　　)，可以向银行提出全部或部分拒绝付款。

A. 货款已经支付或计算有错误的款项

B. 验单付款，发现所列货物品种与合同不符

C. 没有签订购销合同，未订明托收承付结算方式的款项

D. 无足够资金支付的款项

37. 以下关于税务登记的内容错误的有(　　)。

A. 纳税人应当在恢复生产经营之前，需要向税务机关申报办理复业登记

B. 纳税人税务登记表的内容发生变更，但税务登记证中的内容未发生变化的，税务机关应重新换发税务登记证

C. 纳税人在办理注销税务登记前，需要向税务机关结算应纳税款、滞纳金等

D. 从事生产经营的纳税人发生解散，依法终止纳税义务的，首先可向工商行政管理机关办理注销登记，随后办理注销税务登记

38. 财政部门对会计职业道德监督检查的途径有(　　)。

A. 会计法执法检查与会计职业道德检查相结合

B. 会计从业资格证书注册登记管理与会计职业道德检查相结合

C. 会计行业自律

D. 单位内部的会计职业道德建设

39. 根据《代理记账管理暂行办法》规定，下列各项中，属于代理记账机构可以接受委托，代表委托人办理的业务有(　　)。

A. 申报纳税

B. 登记会计账簿

C. 编制财务会计报告

D. 出具审计报告

40. 下列选项中，属于税收法律级次中税收部门规章的有(　　)。

A. 《增值税暂行条例实施细则》

B. 《中华人民共和国消费税暂行条例》

C. 《中华人民共和国税收征收管理法实施细则》

D. 《中华人民共和国海关进出口货物征收管理办法》

**三、判断题（每小题 1 分，共 20 分。认为正确的，在题后的括号内写"√"；认为错误的，在题后的括号内写"×"。判断正确的得分，判断错误的扣分，不答不得分也不扣分。本类题最低分为零分）**

41. 从事会计工作的人员，必须取得会计从业资格证书。(　　)

42. 保管期满但未结清的债权债务原始凭证，经单位负责人批准后可以销毁。(　　)

43. 会计职业道德教育的主要形式是自我教育。(　　)

44. 为了便于结算，一个单位可以同时在几家金融机构开立银行基本存款账户。(　　)

45. 会计人员继续教育的对象是在岗的从事会计工作的人员。(　　)

46. 原始凭证的经济业务摘要错误的只能重开。（　　）

47. 发票限于领购单位和个人在本省、自治区、直辖市内开具。（　　）

48. 办事公道是职业道德的基础，是社会主义职业道德所倡导的首要规范。（　　）

49. 会计职业道德教育规范教育是通过开展对违法会计行为典型案例的讨论，给会计人员以启发和警示。（　　）

50. 存款人只能在注册地或住所地开立银行结算账户。（　　）

51. 纳税人在税收减免期间，可以不办理纳税申报。（　　）

52. 增值税是对在我国境内销售货物，提供加工、修理修配劳务及进口劳务的单位和个人，就其应税货物和应税劳务的增值额为计税依据计算征收的一种流转税。（　　）

53. 信用卡贷记卡透支按月计算单利，准贷记卡透支按月计收复利，透支利率为日利率0.05%，并根据中国人民银行的此项利率调整而调整。（　　）

54. 对既没有税收纳税义务又不需领用收费（经营）票据的社会团体，可以只办理税务登记但不发给税务登记证件。（　　）

55. 专业发票是一种特殊种类的发票，不套印税务机关的统一发票监制章。（　　）

56. 纳税人对税务机关作出的具体征税行为不服而求助行政救济时，税务行政复议是税务行政诉讼的必经前置程序。（　　）

57. 部门预算既包括财政预算内拨款收支计划，又包括财政预算外核拨资金收支计划和部门其他收支计划。（　　）

58. 在预算执行中，因上级政府返还或者给予补助而引起的预算收支变化，不属于预算调整。（　　）

59. 注册会计师依法承办审计业务时，客户的会计责任和注册会计师的审计责任不能相互替代，但是注册会计师工作过程中的恪尽职守可以减轻客户的会计责任。（　　）

60. 根据规定，担任国有大、中型企业总会计师者，应取得会计师任职资格，主管一个单位或者单位内一个重要方面的财务会计工作时间不少于5年。（　　）

**四、案例分析题（阅读材料，回答下面的问题。每小题10分，共20分）**

61. 2012年4月，某市财政局派出检查组对2011年度的会计工作进行检查。检查中了解到以下情况：

会计王某2010年6月取得会计从业资格证书并从事会计工作至今，未办理注册登记。

甲公司2011年7月以来的现金日记账和银行存款日记账没有完全按照连续编号的页码顺序登记，有跳行、隔页现象。

2011年11月，办公室工作人员李某（取得会计从业资格证书）调到财务处担任出纳，原出纳陈某调到销售处。李某与陈某在办理会计工作交接手续时，因财务处长在外地出差，遂指定财务处一名会计负责监交工作。在办理交接中，李某发现在"白条顶库"问题，于是打电话向财务处长汇报，财务处长指示李某先办理完交接手续，并责承由陈某接管出纳工作后，再对"白条顶库"问题逐个查清处理。随后，李某、陈某及监交人按指示完成了交接事宜。

2011年12月，由于市场方面的原因，公司产品滞销，亏损已成定局，董事长胡某指使财务处长对公司该年度的财务数据进行调整，以确保公司实现"盈利"。公司财务处长遵照办理。

根据以上材料，回答下列问题：

（1）《会计从业资格管理办法》规定，会计从业资格证书实行注册登记制度。王某应当自从事会计工作之日起（　　）日内，办理注册登记。

A. 30　　　　　　　　B. 50

C. 60　　　　　　　　D. 90

（2）李某与陈某在办理会计工作交接手续时，应当由（　　）负责监交。

A. 其他会计人员　　　B. 会计机构负责人

C. 单位负责人　　　　D. 单位审计人员

（3）会计人员工作交接时，对于甲公司的"白条顶库"现象，应当由（　　）在规定期限内负责查清处理。

A. 移交人员　　　　　B. 接替人员

C. 会计机构负责人　　D. 单位监察人员

（4）对于甲公司会计账簿记录发生的隔页、跳行现象，正确的做法是（　　）。

A. 按照规定的方法更正，并由会计机构负责人签名

B. 按照规定的方法更正，并由会计人员签名

C. 按照规定的方法更正，并由会计人员盖章

D. 按照规定的方法更正，并由会计人员和会计机构负责人在更正处盖章

（5）根据《会计法》规定，甲公司调整财务数据的行为，对其直接负责的主管人员和其他直接责任

人员，可以处以（　　）的罚款。

   A. 五万元以下

   B. 三千元以上五万元以下

   C. 一万元

   D. 二千元以上五万元以下

62. 根据下列资料完成（1）～（5）题。

2012 年末，盛润公司主管财务会计工作的副总经理王某召集财务部部长李某及相关人员开会，重点研究 2012 年财务决算的相关事宜，同时财务部汇报几项工作，由领导决定。以下是会议上的部分发言：

王某：受金融危机的影响，公司今年的内销及外销均大幅度下滑，亏损已成定局。财务部正在准备编制 2012 年年报，希望李部长组织相关专业人员多想方法，尽量减少亏损，以完成上级年初下达的考核指标。李部长，你们现在有什么具体打算和措施？

李某：根据财务部的初步测算，今年的收入同比下降 21%，成本费用却上升 3%，要完成上级年初下达的减亏目标十分困难。目前只能采取一些技术处理，考虑可以采取三项措施：一是宝灵公司是与我们有长期协作关系的大客户，可以与其协商，年末先向宝灵开销售发票 1 020 万元，明年再用退货名义冲回，公司估计能减亏 5%；二是可以延长固定资产折旧年限，从而减少折旧费用，估计能减亏 2%；三是我们的长期借款离到期还有很长时间，今年情况特殊，可以暂不计提利息，使财务费用减少 125 万元，减亏 1%。如果综合采取上述三项措施，预计可以实现今年的减亏目标。

王某：我看李部长的三项措施很有效，就按李部长的方案执行吧。另外，关于出纳员小王辞职的事以及销毁会计档案的事，也顺便定一下，李部长再介绍一下情况。

李某：出纳员小王前一段时间跳槽到一外资企业，时间紧迫，走的十分匆忙，没来得及办理交接，但我已经看过账了，没有问题，现在出纳工作已有小张接替，工作过度十分平稳。

王某：好的，没有问题，让小张好好干。

李某：最近档案科提出，档案科库房越来越紧张，准备将 10 年前的原始凭证、记账凭证和明细账全部销毁，但总账、日记账和年度财务报告继续保管。10 年前的档案都是原领导班子留下的，继续保管已没有意义，我觉得应该销毁。

王某：就这么定吧，明天通知档案科，请他们立即销毁。

（1）盛润公司年末向宝灵公司开具发票来完成减亏任务的行为属于（　　）。

   A. 变造会计凭证　　　B. 伪造会计凭证

   C. 私设会计账簿　　　D. 隐匿会计账簿

（2）下列说法中正确的有（　　）。

   A. 盛润公司调整固定资产折旧年限的行为属于正常的会计政策变更

   B. 盛润公司调整固定资产折旧年限的行为属于随意变更会计方法

   C. 盛润公司计提长期借款利息违反了权责发生制

   D. 盛润公司不计提长期借款利息符合《会计法》的要求

（3）关于会计人员交接，下列说法中正确的有（　　）。

   A. 小王与小张不用办理交接手续

   B. 小王与小张需要办理交接手续

   C. 小王与小张之间的交接应由副总经理王某监交

   D. 小王与小张之间的交接不应由财务经理监交

（4）关于会计档案销毁，下列说法中正确的有（　　）。

   A. 档案部门提出的销毁会计档案事项，符合《会计档案管理办法》的规定

   B. 经副总经理王某批准后，档案科即可予以销毁会计档案

   C. 销毁会计档案应由档案科和财务部共同派员监销

   D. 总账和日记账应永久保管

（5）假定财政部门在会计信息质量检查中发现并追究相关人员责任，下列说法中不正确的有（　　）。

   A. 法人代表（总经理）没有参加会议因而不承担任何责任

   B. 财务部部长李某不应承担全部责任

   C. 财政部门可以根据情节，吊销王某和李某的会计从业资格证书

   D. 参加销毁会计档案的人员均应负刑事责任

# 模拟试卷（十）参考答案与精讲解析

**一、单项选择题**

1.【参考答案】C

【解析】财务会计报告由三个部分组成：会计报表、会计报表附注、财务情况说明书。故选 C。

2.【参考答案】A

【解析】记账人员与经济业务或会计事项的审批人员、经办人员、财物保管人员的职责权限应当明确，并体现相互分离、相互制约的要求，这是对机构控制和职务控制的基本要求。故选 A。

3.【参考答案】D

【解析】税务机关征收税款时，必须给纳税人开具完税凭证。扣缴义务人代扣、代收税款时，纳税人要求扣缴义务人开具代扣、代收税款凭证的，扣缴义务人应当开具。故选 D。

4.【参考答案】D

【解析】持证人员在同一会计从业资格管理机构管辖范围内调转工作单位，且继续从事会计工作的，应当自离开原工作单位之日起 90 日内，持会计从业资格证书及调入单位开具的会计从业工作的证明，办理调转登记。故选 D。

5.【参考答案】C

【解析】会计账簿记录发生错误，按规定更正后，需要有关人员在更正处盖章。故选 C。

6.【参考答案】B

【解析】银行汇票是出票银行签发的，由其在见票时按照实际结算金额无条件支付给收款人或者持票人的票据。故选 B。

7.【参考答案】C

【解析】预算由预算收入和预算支出组成。预算收入包括：（1）税收收入；（2）依照规定应当上缴的国有资产收益；（3）专项收入；（4）其他收入。故选 C。

8.【参考答案】D

【解析】自律慎独法是要求会计人员在独立工作、无人监督时，仍能坚持自己的道德信念，依据一定的道德原则去行事的教育方法。故选 D。

9.【参考答案】D

【解析】建立账务处理程序制度的内容主要包括：会计科目及其明细科目的设置和使用；会计凭证的格式、审核要求和传递程序；会计核算方法；会计账簿的设置；编制会计报表的种类和要求；单位会计

指标体系。ABC 选项属于建立账务处理程序制度的内容。故选 D。

10.【参考答案】B

【解析】内部牵制制度，也称钱账分管制度，是内部控制制度的重要组成部分。内部牵制制度是指凡是涉及款项和财物收付、结算及登记的任何一项工作，必须由两人或两人以上分工办理，以起到相互制约作用的一种制度。故选 B。

11.【参考答案】C

【解析】《税收征收管理法》规定，扣缴义务人应扣未扣、应收而不收税款的，由税务机关向纳税人追缴税款，对扣缴义务人处应扣未扣、应收未收税款 50% 以上 3 倍以下的罚款。故选 C。

12.【参考答案】B

【解析】在普通支票左上角划两条平行线的，为划线支票，划线支票只能用于转账，不得支取现金。转账支票只能用于转账，不能提取现金。故选 B。

13.【参考答案】A

【解析】内部会计控制，是指单位为了提高会计信息质量，保护资产的安全、完整，确保有关法律、法规和规章制度的贯彻执行等而制定和实施的一系列控制方法、措施和程序。故选 A。

14.【参考答案】A

【解析】有独立的生产经营权、在财务上独立核算并定期向发包人或者出租人交承包费或租金的承包人，应当自承租合同签订之日起 30 日内，向其承租业务发生地税务机关申报办理税务登记。故选 A。

15.【参考答案】A

【解析】违反中国人民银行的规定，擅自印制票据的，由中国人民银行责令改正，处以 1 万元以上 20 万元以下的罚款；情节严重的，中国人民银行有权提请有关部门吊销其营业执照。故选 A。

16.【参考答案】C

【解析】稽核，即稽查与复核。会计稽核，是在会计机构内部，对于本机构在会计流程中的会计凭证、会计账簿、会计报表及其他会计资料进行自我检查或者审核的一项工作，是对会计信息的再确认、再监督的过程。故选 C。

17.【参考答案】A

【解析】对未按规定填制、取得原始凭证的，由县级以上财政部门责令限期改正，对单位并处 3 000

元以上 5 万元以下的罚款；对直接负责的主管人员和其他直接责任人员，可以处 2 000 元以上 2 万元以下的罚款。故选 A。

18.【参考答案】D

【解析】委托其他纳税人代销货物，为收到代销单位的代销清单或者收到全部或者部分货款的当天。未收到代销清单及货款的，为发出代销货物满 180 天的当天。故选 D。

19.【参考答案】D

【解析】本题考核支付结算的特征。即：（1）必须通过中国人民银行、批准的金融机构进行；（2）是一种要式行为；（3）其发生取决于委托人的意思；（4）实行统一管理和分级管理相结合的管理体制；（5）必须依法进行。故选 D。

20.【参考答案】C

【解析】会计机构负责人（会计主管人员）办理会计工作交接手续时，负责监交的人员应当是单位负责人，必要时，主管单位可以派人会同监交。故选 C。

**二、多项选择题**

21.【参考答案】BC

【解析】会计行政法规是指由国务院制定并发布，或者国务院有关部门拟定并经国务院批准发布，调整经济生活某些方面会计关系的法律规范。例如国务院发布的《企业财务会计报告条例》《总会计师条例》。《会计从业资格管理办法》《会计基础工作规范》属于国家统一的会计制度。故选 BC。

22.【参考答案】ABCD

【解析】我国的税款征收方式包括查账征收、查定征收、查验征收、定期定额征收、委托代征、代扣代缴、代收代缴。故选 ABCD。

23.【参考答案】AC

【解析】会计档案一般分为以下几种：（1）会计凭证类，包括原始凭证、记账凭证、汇总凭证和银行存款余额调节表等；（2）会计账簿类，包括总账、日记账、明细账、固定资产卡片、辅助账等；（3）财务会计报告类，包括月度、季度、半年度、年度财务报告及相关文字分析资料等；（4）其他类，包括会计移交清册、会计档案保管清册、会计档案销毁清册等。AC 属于会计档案，BD 属于文书档案。故选 AC。

24.【参考答案】ABCD

【解析】收入总额中的下列收入为不征税收入：（1）财政拨款；（2）依法收取并纳入财政管理的行政事业性收费、政府性基金；（3）国务院规定的其他不征税收入。故选 ABCD。

25.【参考答案】ABCD

【解析】ABCD 承兑银行必须具备的条件：一是与出票人具有真实的委托付款关系；二是具有支付汇票金额的可靠资金；三是内部管理完善，经其法人授权的银行审定。故选 ABCD。

26.【参考答案】ABCD

【解析】《会计法》规定，会计人员在调动工作或离职时必须办理会计工作交接。除此之外，会计人员在临时离职或其他原因暂时不能工作时，也应办理会计工作交接。故选 ABCD。

27.【参考答案】ABCD

【解析】我国《税法》规定，纳税人因经营期限届满而自动解散；企业由于改组、分级合并等原因而被撤销；企业资不抵债而破产；纳税人住所、经营地址迁移而涉及改变原主管税务机关的；纳税人被工商行政管理机关吊销营业执照；以及纳税人依法终止履行纳税义务的其他情形，应向税务登记机关申报办理注销税务登记。故选 ABCD。

28.【参考答案】ABCD

【解析】《代理记账管理办法》规定，从事代理记账工作的人员应当履行 ABCD 四项义务。故选 ABCD。

29.【参考答案】ABC

【解析】自我认识的基本方法就是对照。具体分析对照的方法大体上可划分为三种：一是理论对照，二是实践对照，三是榜样对照。故选 ABC。

30.【参考答案】ABCD

【解析】企业以货币形式和非货币形式从各种来源取得的收入，为收入总额。包括：（1）销售货物收入；（2）提供劳务收入；（3）转让财产收入；（4）股息、红利等权益性投资收益；（5）利息收入；（6）租金收入；（7）特许权使用费收入；（8）接受捐赠收入；（9）其他收入。故选 ABCD。

31.【参考答案】ABCD

【解析】保密守信，不为利益所诱惑是会计职业道德诚实守信的具体体现。会计人员如果泄露本单位的商业秘密，不仅会对单位的利益造成威胁，同时也将会损害会计人员自身的形象和利益。泄露商业秘密属于违法行为，一旦查出，泄露秘密的会计人员将承担法律责任。会计人员泄露商业秘密还将对整个会计职业的社会声誉产生负面影响，使会计职业信誉"受到怀疑"，整个行业的利益会蒙受损失。故选 ABCD。

32.【参考答案】ABD

【解析】参与管理要求会计人员在做好本职工作的同时，努力钻研相关业务，全面熟悉本单位经营活动和业务流程，主动提出合理化建议，协助领导决策，积极参与管理。故选ABD。

33.【参考答案】BD

【解析】总会计师负责组织的工作包括组织编制和执行预算、财务收支计划、信贷计划，拟定资金筹措和使用方案，开辟财源，有效地使用资金；建立健全经济核算制度，强化成本管理，进行经济活动分析，精打细算，提高经济效益；负责本单位财务会计机构的设置和会计人员的配备，组织对会计人员进行业务培训和考核；支持会计人员依法行使职权等。AC选项为总会计师协助、参与的工作。故选BD。

34.【参考答案】ABD

【解析】目前正在使用的增值税专用发票按使用的文字的不同，可分为中文版、中英文版、维汉文版、藏汉文版。故选ABD。

35.【参考答案】ACD

【解析】决算草案由各级政府、各部门、各单位，在每一预算年度终了后按照国务院规定的时间编制。编制决算草案的具体事项，由国务院财政部门部署。编制决算草案，必须符合法律、行政法规，做到收支数额准确、内容完整、报送及时。故选ACD。

36.【参考答案】ABC

【解析】对以下情况中，付款人在承付期内，可以向银行提出全部或部分拒绝付款：（1）没有签订购销合同，未订明托收承付结算方式的款项；（2）未经双方事先达成协议，收款人提前交货或因逾期交货付款人不再需要该项货物的款项；（3）未按合同规定的到货地址发货的款项；（4）代销、寄销、赊销商品的款项；（5）验单付款，发现所列货物的品种、规格、数量、价格与合同规定不符，或货物已到，经查验货物与合同规定或发货清单不符的款项；（6）验货付款，经查验货物与合同规定或与发货清单不符的款项；（7）货款已经支付或计算有错误的款项。故选ABC。

37.【参考答案】BD

【解析】纳税人税务登记表的内容发生变更，但税务登记证中的内容未发生变化的，税务机关不必重新换发税务登记证件。从事生产经营的纳税人发生解散，依法终止纳税义务的，应先持有关证件办理注销税务登记，然后再向工商行政管理机关办理注销登记。纳税人在恢复生产经营之前，需要向税务机关申报办理复业登记；纳税人在办理注销税务登记前，需要向税务机关结清有关应纳税款、滞纳金。故选BD。

38.【参考答案】AB

【解析】财政部门对会计职业道德监督检查的途径有：会计法执法检查与会计职业道德检查相结合，会计从业资格证书注册登记管理与会计职业道德检查相结合，会计专业技术资格考评、聘用与会计职业道德检查相结合。故选AB。

39.【参考答案】BC

【解析】根据规定，代理记账机构可以接受委托代表委托人办理的业务有：（1）进行会计核算，包括审核原始凭证、填制记账凭证、登记会计账簿、编制财务会计报告等；（2）定期向有关部门和其他财务会计报告使用者提供财务会计报告；（3）定期向税务机关提供税务资料；（4）承办委托人委托的其他会计业务。故选BC。

40.【参考答案】AD

【解析】《中华人民共和国消费税暂行条例》和《中华人民共和国税收征收管理办法实施细则》属于税收行政法规。

**三、判断题**

41.【参考答案】√

【解析】根据规定，会计从业资格是指进入会计职业、从事会计工作的一种法定资质。

42.【参考答案】×

【解析】保管期满但未结清的债权债务原始凭证和涉及其他未了事项的原始凭证，不得销毁，而应当单独抽出立卷，保管到未了事项完结后方可按规定的程序进行销毁。

43.【参考答案】√

【解析】会计职业道德教育的主要形式是接受教育和自我教育。

44.【参考答案】×

【解析】存款人只能选择一家金融机构开立一个基本存款账户，不能多头开立基本存款账户。

45.【参考答案】×

【解析】会计人员继续教育的对象为取得并持有会计从业资格证书的人员，而不只是在岗的会计人员。

46.【参考答案】×

【解析】原始凭证记载的内容有误，由开具单位重开或更正，更正必须由原始凭证出具单位进行，并在更正处加盖出具单位印章。

47.【参考答案】×

【解析】《税收征管法》第四十九条规定，欠缴税款数额较大的纳税人在处分其不动产或者大额资产之前，应当向税务机关报告。

48.【参考答案】×

【解析】爱岗敬业是职业道德的基础，是社会主义职业道德所倡导的首要规范。

49.【参考答案】×

【解析】会计职业道德规范教育是指对会计人员开展以会计法律制度、会计职业规范为主要内容的教育。会计职业道德警示教育是通过开展对违法会计行为典型案例的讨论，给会计人员以启发和警示。

50.【参考答案】√

【解析】《人民币银行结算账户管理办法》第五条规定，存款人应在注册地或住所地开立银行结算账户。

51.【参考答案】×

【解析】票据上有伪造、变造签章的，所有票据当事人的票据权利因此丧失。

52.【参考答案】×

【解析】增值税是对销售货物或者提供加工、修理修配劳务以及进口货物的单位和个人就其实现的增值额征收的一个税种。

53.【参考答案】×

【解析】贷记卡按月计收复利，准贷记卡透支按月计收单利。透支利率为日利率0.05%，并根据中国人民银行的此项利率调整而调整。

54.【参考答案】√

【解析】对既没有税收纳税义务又不需领用收费（经营）票据的社会团体等，可以只登记不发证。

55.【参考答案】√

【解析】专业发票是指国有金融、保险企业的存贷、汇兑、转账凭证，保险凭证；国有邮政、电信企业的邮票、邮单、话单、电报收据；国有铁路、民用航空企业和交通部门、国有公路、水上运输企业的客票、货票等。经国家税务总局或者省、市、自治区税务机关批准，专业发票可由政府主管部门自行管理，不套印税务机关的统一发票监制章。

56.【参考答案】√

【解析】税务行政复议是我国行政复议制度的一个重要组成部分。税务行政复议是指当事人（纳税人、扣缴义务人、纳税担保人及其他税务当事人）不服税务机关及其工作人员作出的税务具体行政行为，依法向上一级税务机关（复议机关）提出申请，复议机关经审理对原税务机关具体行政行为依法作出维持、变更、撤销等决定的活动。

57.【参考答案】√

【解析】部门预算内容由预算内扩展到预算外的，既包括一般预算收支计划，又包括政府基金预算收支计划；既包括正常经费预算，又包括专项支出预算；既包括财政预算内拨款收支计划，又包括财政预算外核拨资金收支计划和部门其他收支计划，使预算全面完整地反映政府活动的范围和方向，增强预算的透明度和调控能力。这是部门预算完整性的体现。

58.【参考答案】√。

【解析】根据《预算法》的规定，在预算执行中，因上级政府返还或者给予补助而引起的预算收支变化，不属于预算调整。

59.【参考答案】×

【解析】注册会计师的审计责任不能替代、减轻或免除单位负责人的会计责任。

60.【参考答案】×

【解析】总会计师应当取得会计师任职资格，主管一个单位或者单位内一个重要方面的财务会计工作不少于3年则按照规定的更正方法进行更正。

**四、案例分析题**

61.（1）【参考答案】D

【解析】持证人员从事会计工作，应当自从事会计工作之日起90日内，填写注册登记表，并持会计从业资格证书和所在单位出具的从事会计工作的证明，向单位所在地或所属部门、系统的会计从业资格管理机构办理注册登记。

（2）【参考答案】B

【解析】一般会计人员办理交接手续，由会计机构负责人（会计主管人员）监交。

（3）【参考答案】A

【解析】现金要根据会计账簿记录余额当面点交，不得短缺，接替人员发现不一致或"白条抵库"现象时，应当由移交人员在规定期限内负责查清处理。

（4）【参考答案】C

【解析】《会计工作基础规范》中规定的记账规则包括：会计账簿应当按照连续编号的页码顺序登记；会计账簿记录发生错误或隔页、缺号、跳行的，应当按照会计制度规定的方法更正，并由会计人员和会计机构负责人（会计主管人员）在更正处盖章，以明确责任等。

（5）【参考答案】B

【解析】伪造、变造会计凭证、会计账簿，编制虚假财务会计报告，构成犯罪的，依法追究刑事责任。有前款行为，尚不构成犯罪的，由县级以上人民政府财政部门予以通报，可以对单位并处五千元以上十万元以下的罚款；对其直接负责的主管人员和其他直接责任人员，可以处三千元以上五万元以下的罚款；属于国家工作人员的，还应当由其所在单位或者有关单位依法给予撤职直至开除的行政处分；对其中的会计人员，并由县级以上人民政府财政部门吊销会计从业资格证书。

62.（1）【参考答案】B

【解析】该行为属于"无中生有"，属于伪造会计凭证。

（2）【参考答案】B

【解析】固定资产折旧年限不得随意变更，不计提长期借款利息违反权责发生制。

（3）【参考答案】B

【解析】会计人员调动工作或离职，必须与接管人员办清交接手续。一般会计人员办理交接手续，由会计机构负责人（会计主管人员）监交。

（4）【参考答案】C

【解析】原始凭证、记账凭证和明细账保管期限为15年，所以该单位销毁决定不符合《会计档案管理办法》。保管期满需要销毁，应由单位档案管理机构提出销毁意见，会同会计机构共同鉴定，编造销毁清册，报单位负责人批准后，由单位档案管理机构和会计机构共同派员监销。总账保管期限是15年，日记账中现金和银行存款日记账保管期限为25年，其他为15年。

（5）【参考答案】ACD

【解析】选项A，法人代表为单位负责人，应对单位会计工作和会计资料的真实性、完整性负责。选项C，对主管财务会计工作的副总经理王某，不要求一定要持有会计从业资格证书，对于李某一定要吊销其会计从业资格证书，而不是"根据情节"。选项D，参加销毁会计档案的人员不一定都构成犯罪，不一定负刑事责任。

会计从业资格考试三科合一
精品 10 套卷

# 科目三

# 《初级会计电算化》

# 会计从业资格考试《初级会计电算化》模拟试卷（一）

一、单项选择题（在每小题给出的四个备选答案中，只有一个正确答案，请将所选答案的字母填在题后的括号内。每小题1分，共45分）

1. 账务处理模块以（　）为原始数据。
A. 会计账簿　　B. 会计报表
C. 会计凭证　　D. 会计科目

2. 会计电算化未来的发展趋势要求会计电算化与（　）相结合。
A. 内部控制　　B. 内部审计
C. ERP系统　　D. 内部监督

3. 《会计核算软件基本功能规范》中规定，会计核算软件中采用的总分类会计科目名称、编号方法，必须符合（　）说法。
A. 编号必须为三位数字
B. 名称不得超过4个汉字
C. 名称及编号都必须符合国家统一会计制度的规定
D. 不能增加国家统一会计制度中未规定明细科目代码

4. 随机存储器简称为（　）。
A. ROM　　B. RAM
C. CD-ROM　　D. CPU

5. 会计核算软件的核心是（　）。
A. 报表系统　　B. 采购系统
C. 账务处理系统　　D. 成本核算系统

6. 商品化会计软件的缺点是（　）。
A. 成本高
B. 见效慢
C. 维护没有保障
D. 有些功能不能满足企业的需要

7. 下列（　）人员负责规定会计软件系统各类使用人员的操作权限。
A. 系统维护员　　B. 系统操作员
C. 软件编程人员　　D. 电算主管

8. 采用会计电算化软件的单位，其会计档案保管期限与手工核算时相比，应该（　）。
A. 一致　　B. 有所差别
C. 延长　　D. 缩短

9. E-mail指的是（　）。
A. 利用计算机网络及时地向特定对象传送文字、声音、图像或图形的一种通信方式
B. 电报、电话、电传等通信方式
C. 无线和有线的总称
D. 报文的传送

10. 资源共享包括（　）。
A. 硬件共享
B. 数据共享
C. 软件共享
D. 硬件共享、软件共享和数据共享

11. 下列四项中，合法的IP地址是（　）。
A. 190.220.5　　B. 206.53.3.78
C. 206.53.312.78　　D. 123,43,82,220

12. 计算机会计核算系统功能模块主要包括（　）。
A. 账务处理模块　　B. 报表模块
C. 工资核算模块　　D. 以上全部

13. 常见系统软件包括（　）。
A. 操作系统、程序设计语言和数据库管理系统
B. 操作系统、文字处理软件
C. 汇编语言、高级语言、机器语言
D. DOS、WINDOS98/2000/NT

14. 局域网的简称是（　）。
A. LAN　　B. WAN
C. MAN　　D. CN

15. Internet的地址有两种方式，下面地址表示不正确的是（　）。
A. 199.60.103.1　　B. 12.267.34.1
C. cav.rensoft.com　　D. car.rensoft.com.cn

16. 计算机病毒的特点有以下几种论述，其中不正确的是（　）。
A. 破坏性　　B. 偶然性
C. 传染性　　D. 潜伏性

17. 一般来说，中小企业实施会计电算化的合理做法是（　）。
A. 购买商品化会计软件
B. 本单位定点开发软件
C. 使用国外会计软件
D. 从其他企业复制取得会计软件

18. 关于审核操作，下列说法中错误的是（　）。
A. 审核人必须具有审核权
B. 作废凭证不能被审核，也不能被标错
C. 审核人和制单人可以是同一个人

D. 凭证一经审核，不能被直接修改或删除

19. 电算化后，部分会计核算的管理方法需要修改，那么下列说法不正确的是(    )。

A. 会计科目要保留汉字会计科目名称

B. 一级会计科目编码应符合会计制度要求

C. 现金、银行日记账可采用活页式账页

D. 一般账簿可以按天、月、季、年打印

20. 以账套主管的身份注册系统管理时，不能进行的操作是(    )。

A. 建立账套    B. 修改账套

C. 年度账清空    D. 年度账引入

21. 对应于常用工具栏里"复制"按钮的快捷键是(    )。

A. Ctrl + C    B. Ctrl + I

C. Ctrl + V    D. Ctrl + Z

22. 在不同的运行着的应用程序之间切换，可以利用快捷键(    )。

A. Alt + ESC    B. Ctrl + ESC

C. Alt + Tab    D. Ctrl + Tab

23. 设汉字点阵为 32×32，那么 100 个汉字的字形信息所占用的字节数是(    )。

A. 12 800    B. 3 200

C. 32×3 200    D. 32×32

24. 在进行文档选择时，按(    )键的同时拖动鼠标可选择一个矩形。

A. Ctrl + Shift    B. Shift

C. Ctrl    D. Alt

25. 计算机具有超强的记忆存储能力，可以存储大量的会计资料并对它们进行处理，因此大大提高了会计工作的(    )。

A. 能力    B. 效率和质量

C. 成本    D. 劳动强度

26. 系统最多可以建立(    )套账。

A. 996    B. 997

C. 998    D. 999

27. 下列不属于计算机病毒特点的是(    )。

A. 潜伏性    B. 感染性

C. 衍生性    D. 破坏性

28. 计算机的软件，即指计算机的(    )加上有关的文档资料。

A. 程序    B. 主机

C. 硬件    D. 键盘

29. 计算机的数据输出设备主要有(    )、打印机、绘图仪等。

A. 显示器    B. 键盘

C. 鼠标    D. 光笔

30. 一台主机上连接若干台终端，支持多个用户同时使用的工作方式叫(    )。

A. 单用户    B. 多用户

C. 网络    D. 客户机—服务器

31. 在 Windows XP 环境中，对磁盘文件进行管理的一个常用工具是(    )。

A. 写字板    B. 我的公文包

C. 我的电脑    D. 剪贴板

32. 运行记账后，电算化账务系统处理的一般过程是(    )。

A. 选择要记账的凭证范围

B. 系统自动检验记账凭证

C. 数据保护

D. 以上均是

33. 使用计算机实现账务处理，首先要做(    )。

A. 系统初始化    B. 输入凭证

C. 记账    D. 转账

34. 会计核算系统中，编辑数据时，出现是否放弃本次操作（Y/N）？回答 Y 表示(    )。

A. 操作无效，保留原值

B. 操作无效，不保留原值

C. 操作有效，保留原值

D. 操作有效，不保留原值

35. 未经审核的记账凭证(    )记账。

A. 可以    B. 不能

C. 有时可以    D. 不确定是否可以

36. 下列设备中，不属于计算机输出设备的是(    )。

A. 绘图仪    B. 音响装置

C. 显示器    D. 触摸屏

37. 目前使用最广泛的是(    )绘图仪。

A. 笔式    B. 喷墨式

C. 发光二极管    D. 针式

38. 计算机存储器分为内存储器和外存储器两类，下列说法正确的是(    )。

A. 内存储器存储容量较小且存取速度慢

B. 外存储器存储容量大且存取速度快

C. 内存储器存储容量较小且存取速度快

D. 外存储器比内存储器存取速度快

39. (    )是计算机数字世界与电话机模拟世界联系的桥梁，是模拟信号和数字信号的"翻译员"。

A. 网卡    B. 声卡

C. 调制解调器　　　D. 显卡

40. ( )是针对某个应用领域的具体问题而开发的应用程序，是直接面向用户需要的一类软件。

A. 应用软件　　　B. 系统软件

C. 专用软件　　　D. 通用软件

41. 结账只能由有( )的人进行。

A. 审核权限　　　B. 结账权限

C. 记账权限　　　D. 填制凭证权限

42. 在计算机工作过程中，运算器不断从( )中获取数据。

A. 外存储器　　　B. 内存储器

C. 软盘　　　　　D. 光盘

43. 以下 Excel 2003 函数中对应错误的是( )。

A. 快速求和：SUM

B. 最大值：MAX

C. 计数函数：COUNT

D. 条件函数：COUNTIF

44. 可在已打开的 Excel 2003 和 Word 2003 之间切换操作的是( )。

A. Alt + F1　　　B. Ctrl + Alt

C. Alt + Tab　　　D. Ctrl + Shift

45. 在 Excel 2003 中，打印预览功能不可以通过( )方法实现。

A. 使用"文件"菜单中的"打印预览"命令

B. 使用"编辑"菜单中的"打印预览"命令

C. 工具栏上的打印预览按钮

D. "打印"命令对话框的打印预览功能

**二、多项选择题（在每小题给出的四个备选答案中，有两个或两个以上正确答案，请将所选答案的字母填在题后的括号内。不选、多选、错选均不得分。每小题 1 分，共 30 分)**

46. 商品化会计软件的运行环境主要包括( )。

A. 硬件环境　　　B. 软件环境

C. 操作系统　　　D. 经济环境

47. 从计算机数据管理技术的发展来看，会计核算软件经历的阶段有( )。

A. 手工核算　　　B. 人工管理

C. 文件管理系统　D. 数据库系统

48. 从用户使用的角度划分，一般可将计算机分为( )。

A. 微型计算机　　B. 服务器

C. 终端计算机　　D. 工作站

49. 广义的会计电算化是指与实现会计工作电算化有关的所有工作，包括( )。

A. 会计电算化软件的开发和应用

B. 会计电算化人才的培训

C. 会计电算化的宏观规划、市场的培育与发展

D. 会计电算化的制度建设

50. 对会计电算化档案管理要做到防磁、( )工作。

A. 防震　　　　　B. 防火

C. 防潮　　　　　D. 防尘

51. 会计核算软件应当具备的初始化功能包括( )。

A. 输入会计核算所必需的期初数字及有关资料

B. 输入需要在本期进行对账的未达账项

C. 定义自动转账凭证，包括会计制度允许的自动冲回凭证等

D. 输入操作人员岗位分工情况，包括操作人员姓名、操作权限、操作密码等

52. 下列( )操作可实现不同窗口（任务）之间的切换。

A. 单击任务栏的按钮

B. 按 Alt + Tab 键

C. 单击应用程序图标

D. 双击鼠标

53. 下列关于回收站的描述中，正确的有( )。

A. 回收站是硬盘上的一个文件夹

B. 删除的文件都先放入回收站中

C. 回收站中的文件不可还原

D. 回收站的大小可以调整

54. 下列属于 Word 2003 编辑窗口中的元素有( )。

A. 标题栏　　　　B. 工具栏

C. 菜单栏　　　　D. 状态栏

55. 下列判断 CPU 性能的指标有( )。

A. 大小　　　　　B. 倍速

C. 型号　　　　　D. 主频

56. 下列属于软盘的特点有( )。

A. 存储容量大　　B. 移动性好

C. 存储容量小　　D. 移动性差

57. 计算机的技术性能指标包括( )。

A. 主频　　　　　B. 字长

C. 内存容量　　　D. 分辨率

58. 《会计核算软件基本功能规范》中对记账凭证的编号有以下( )规定。

A. 同一类型的记账凭证必须保证当月凭证编号

的连续

　　B. 同一类型的记账凭证当月凭证编号可以不连续

　　C. 不可以由键盘手工输入凭证编号

　　D. 可以由会计核算软件自动产生凭证编号

59. 常用的对鼠标的操作有( )。

　　A. 单击　　　　　　　B. 双击

　　C. 单击右键　　　　　D. 拖动

60. Excel 2003 软件中地址的形式有( )。

　　A. 绝对地址　　　　　B. 相对地址

　　C. 混合地址　　　　　D. 交叉地址

61. 在 Word 2003 编辑状态下，通过( )可以选中整个文档内容。

　　A. Ctrl + A

　　B. 在选取区内双击

　　C. 按住 Ctrl 键的同时单击选取区内任意位置

　　D. 在选取区内三击

62. 在 Word 2003 文档中，可以用鼠标拖动的方法实现文本块的移动。具体操作是，先选定 Word 2003 文本块，然后( )。

　　A. 按住 Ctrl 键并拖动鼠标

　　B. 按住 Shift 键并拖动鼠标

　　C. 按住 Alt 键并拖动鼠标

　　D. 直接拖动鼠标

63. 下列设备中，属于输入设备的有( )。

　　A. 键盘　　　　　　　B. 鼠标

　　C. 扫描仪　　　　　　D. 绘图仪

64. 计算机软件分为( )。

　　A. 系统软件　　　　　B. 会计核算软件

　　C. 应用软件　　　　　D. 操作系统

65. 使用银行对账功能，对账单在核对中出现下列( )情况，不能使用自动核销功能核销未达账项。

　　A. 多对多　　　　　　B. 多对一

　　C. 一对多　　　　　　D. 一对一

66. 利用键盘输入汉字的方法包括( )。

　　A. 数字码　　　　　　B. 字形码

　　C. 拼音码　　　　　　D. 其他输入法

67. 按硬件结构划分，会计核算软件可分为( )。

　　A. 单用户会计核算软件

　　B. 专用会计软件

　　C. 多用户（网络）会计核算软件

　　D. 通用会计软件

68. 计算机的应用领域包括( )。

　　A. 科学计算　　　　　B. 数据处理

　　C. 过程控制　　　　　D. 计算机辅助系统

69. 在计算机应用中，属于辅助系统的有( )。

　　A. 人工智能　　　　　B. 计算机辅助设计

　　C. 卫星制导　　　　　D. 计算机辅助教学

70. 下列属于会计核算软件功能模块的是( )。

　　A. 账务处理功能模块

　　B. 存货核算功能模块

　　C. 应收/应付账款核算模块

　　D. 财务分析功能模块

71. 选择会计核算软件时应注意的问题是( )。

　　A. 所选软件的技术指标是否能够满足需要

　　B. 会计软件的功能是否能充分满足和保证企事业单位的特殊需求

　　C. 售后服务的质量

　　D. 是否有同类企业已成功地运用了该种软件

72. 通用会计核算软件的特点有( )。

　　A. 购置成本相对较低

　　B. 软件质量高

　　C. 系统初始化工作量小

　　D. 适应性较强

73. 下列有关结账的说法中正确的有( )。

　　A. 若指定月份月末有尚未记账的凭证，则不允许结账

　　B. 每月可多次结账

　　C. 上个月未结账，下一个月不能记账

　　D. 指定月份月末结账后，不能再输入当月的记账凭证

74. 会计核算软件进行初始化设置时，需要进行选择会计核算方法的有( )。

　　A. 记账方法　　　　　B. 固定资产折旧方法

　　C. 存货计价方法　　　D. 成本核算方法

75. 在 Excel 2003 中，用户可以输入的数据包括( )。

　　A. 公式　　　　　　　B. 数字

　　C. 文本　　　　　　　D. 日期和时间

**三、判断题**（认为正确的，在题后的括号内写"√"；认为错误的，在题后的括号内写"×"。判断正确的得分，判断错误的扣分，不答不得分也不扣分。每小题 1 分，共 10 分。本类题最低分为零分）

76. 会计电算化是会计信息化的初级阶段，是会计信息化的基础工作。( )

77. 按适用范围划分，会计软件可分为单用户会

计软件和多用户会计软件。（　　）

78. 已采用计算机代替手工记账的单位，其会计档案保管期限可以按照《会计档案管理方法》的规定执行。（　　）

79. 尽管会计账簿比较清晰，计算机打印输出的会计账簿中的表格线条也不能减少。（　　）

80. 账务处理软件的年度期初数据录入后，软件必须提供平衡校验功能，保证借方年初数与贷方年初数相等、本年累计借方发生数与本年累计贷方发生数相等、借方余额合计与贷方余额合计相等。（　　）

81. 在 Windows XP 中，窗口只有两种状态：最大化、最小化。（　　）

82. 会计核算软件中，对于拟采用的总分类会计科目的名称和编号方法，用户可以根据自己的需要设定。（　　）

83. 会计软件系统中，设置的操作员一旦被引用，仍可以被修改和删除。（　　）

84. 电算审核员对判断有错的会计凭证，可直接修改该张凭证。（　　）

85. 应用软件不能直接对硬件进行操作，它是通过系统软件对硬件进行操作。（　　）

**四、不定项选择题（在每小题给出的四个备选答案中，有一个或一个以上正确答案，请将所选答案的字母填在题后的括号内。不选、多选、错选均不得分。共 3 小题，15 分）**

86. （Windows 操作题，3 分）退出 Word 2003 的操作方法有（　　）。

A. 选择"文件"菜单中的"关闭"

B. 选择"文件"菜单中的"退出"

C. 单击 Word 2003 工作窗口标题栏上端的"×"按钮

D. 选择"文件"菜单中的"另存为"

87. （Word 操作题，共 3 小题，计 6 分）针对下面文字，按题目要求作答：

会计电算化的发展阶段

会计电算化的内容比较广泛，可以从不同的角度进行归纳。从会计电算化的发展过程来看，主要分为三个基本的阶段，即：会计核算电算化阶段、会计管理电算化阶段和会计决策电算化阶段。

会计核算电算化是会计电算化的第一个阶段，在这一阶段主要完成如下工作：设置会计科目、填制会计凭证、登记会计账簿、进行成本计算、编制会计报表等。会计核算电算化就是指在这几个方面运用会计软件，实现会计数据处理的电子计算机化。

会计管理电算化是在会计核算电算化的基础上，利用会计核算提供的数据和其他有关信息，借助计算机会计管理软件提供的功能和信息，帮助财会人员合理地筹措和运用资金，以达到节约生产成本和费用开支，提高经济效益的目的。

会计决策电算化是通过会计辅助决策支持软件来完成决策工作。一般来说，它是根据会计预测的结果，对产品销售和定价、生产、成本、资金和企业经营方向等内容进行分析，以便帮助企业管理层做出合理的决策。

（1）（不定项选择题，2 分）将文章中所有的"会计电算化"替换为"Accounting Information System"，当出现操作错误，实现恢复操作的快捷键是（　　）。

A. Ctrl + Z　　　　　　B. Ctrl + A

C. Ctrl + Y　　　　　　D. Alt + Backspace

（2）（不定项选择题，2 分）把标题"会计电算化的发展阶段"的段后间距设置为"1 行"的操作方法是（　　）。

A. 用鼠标选中标题，在"视图"菜单上单击"段落"，在弹出的对话框中选择段后间距"1 行"，然后单击"确定"按钮

B. 用鼠标选中标题，在"工具"菜单上单击"段落"，在弹出的对话框中选择段后间距"1 行"，然后单击"确定"按钮

C. 用鼠标选中标题，在"编辑"菜单上单击"段落"，在弹出的对话框中选择段后间距"1 行"，然后单击"确定"按钮

D. 用鼠标选中标题，在"格式"菜单上单击"段落"，在弹出的对话框中选择段后间距"1 行"，然后单击"确定"按钮

（3）（不定项选择题，2 分）下面的操作步骤正确的有（　　）。

A. 选中标题，在工具栏中选择字体、字号、颜色按钮，可设置标题字体种类、大小和颜色

B. 使用 Ctrl + H，出现替换窗口，在查找内容中输入会计电算化，在替换内容中输入题目要求的，然后单击全部替换，即可完成对所选文字的替换操作

C. 在第二段前面输入"1."，同样的道理分别在第三、第四分别输入"2."和"3."，即可完成分别在第二、第三、第四自然段前面增加符号"1."、"2."、"3."的操作

D. 使用 Ctrl + X，将第一段文字剪切，然后将光标移动到最后一段后面，单击回车键，然后使用

Ctrl + V进行粘贴，即可完成将第一个自然段全部移到文章的最后，使之成为最后一个自然段的操作

88.（表格操作题，共 2 小题，计 6 分）下表为"学生成绩表"，请按题目要求作答：

| 姓名 | 数学 | 英语 | 计算机 |
|------|------|------|--------|
| 刘宁 | 90 | 100 | 88 |
| 王伟 | 60 | 73 | 92 |
| 赵亮 | 82 | 72 | 67 |
| 马方 | 50 | 60 | 71 |

（1）（不定项选择题，3 分）在表格最后增加一列，在第一行输入"语文"第二行至第五行依次输入"87"，"96"，"93"，"88"的操作方法为（　　）。

A. 首先选中当前表格，然后点击菜单栏的"表格"菜单项中的"插入"菜单，选择"列（在右侧）"菜单，然后在已插入列的各行输入相应内容

B. 将光标移到当前表格的第一行，然后点击菜单栏的"表格"菜单项中的"插入"菜单，选择"列（在右侧）"菜单，然后在已插入列的各行输入相应内容

C. 将光标移到当前表格的最后一行，然后点击菜单栏的"表格"菜单项中的"插入"菜单，选择"列（在右侧）"菜单，然后在已插入列的各行输入相应内容

D. 将光标移到当前表格的最后一列，然后点击菜单栏的"表格"菜单项中的"插入"菜单，选择"列（在右侧）"菜单，然后在已插入列的各行输入相应内容

（2）（不定项选择题，3 分）将第一行所有单元格内容居中，并设置字体为"宋体"的操作方法是（　　）。

A. 在工具栏上的"格式"栏上单击"居中"按钮。点击菜单栏上的"格式"菜单选项中的"字体"标签，在弹出的对话框中选择"字体"选项卡中的"宋体"，然后单击"确定"按钮

B. 在工具栏上的"格式"栏上双击"居中"按钮。点击菜单栏上的"格式"菜单选项中的"字体"标签，在弹出的对话框中选择"字体"选项卡中的"宋体"，然后单击"确定"按钮

C. 在工具栏上的"格式"栏上单击"居中"按钮。点击菜单栏上的"编辑"菜单选项中的"字体"标签，在弹出的对话框中选择"字体"选项卡中的"宋体"，然后单击"确定"按钮

D. 在工具栏上的"格式"栏上双击"居中"按钮。点击菜单栏上的"插入"菜单选项中的"字体"标签，在弹出的对话框中选择"字体"选项卡中的"宋体"，然后单击"确定"按钮

# 模拟试卷（一）参考答案与精讲解析

## 一、单项选择题

1.【参考答案】C

【解析】账务处理模块是会计核算的核心，是以会计凭证为原始数据，通过凭证的输入和处理完成记账、算账、对账、转账、结账、账簿查询及账务数据管理等功能。

2.【参考答案】A

【解析】会计电算化未来的发展趋势要求会计电算化与内部控制相结合。

3.【参考答案】C

【解析】根据《会计核算软件基本功能规范》中的规定，会计核算软件中采用的总分类会计科目名称、编号方法时，其名称及编号都必须符合国家统一会计制度的规定。

4.【参考答案】B

【解析】随机存储器简称 RAM。ROM（Read On-

ly Memory）是只读存储器。

5.【参考答案】C

【解析】会计核算软件中的用于会计核算的功能模块一般可以划分为：账务处理、应收/应付款核算、工资核算、固定资产核算、存货核算、销售核算、成本核算、会计报表生成与汇总、财务分析等，其中财务处理模块是会计核算软件的核心模块。

6.【参考答案】D

【解析】商品化会计软件的优点是见效快、成本低、安全可靠、维护有保障，其缺点是不能全部满足企业的各种核算与管理要求，同时对于会计人员要求较高。

7.【参考答案】D

【解析】根据电算主管的岗位职责，其中之一是负责规定会计软件系统中各类使用人员的操作权限。

8.【参考答案】A

【解析】按照有关规定，会计电算化档案包括机内会计数据、软盘等备份的会计数据，以及打印输出的会计凭证、账簿、报表等数据，其保管期限与手工核算时相比，应该一致。

9.【参考答案】A

【解析】电子邮件（Electronic Mail），简称E-mail，是用户通过Internet发送的信函。这些信函以文本内容为主，也可以附加程序、其他格式的文档、图形、动画、图像、音频、视频等多媒体信息。电子邮件是Internet上最基本的服务之一，是网络用户之间进行快速、简便、可靠和低成本联络的通信手段。

10.【参考答案】D

【解析】资源共享是指网络上的用户能部分或全部地享受网络中的资源，它是计算机网络最主要的功能。资源共享包括硬件共享、软件共享和数据共享。

11.【参考答案】B

【解析】IP地址长度为32位二进制数，为了方便理解和记忆，通常采用X.X.X.X的格式来表示，每个X为8位二进制数，通常以十进制方式表示，如202.113.29.119，每个X的取值范围为0~255。这种格式的地址常称为点分十进制地址。

12.【参考答案】D

【解析】会计核算软件的功能模块一般可划分为账务处理、应收/应付款核算、工资核算、固定资产核算、存货核算、销售核算、成本核算、会计报表生成与汇总、财务分析等。

13.【参考答案】A

【解析】计算机软件分为系统软件和应用软件两大类。系统软件是用于对计算机软硬件资源进行管理、监控和维护，以及对各类应用软件进行解释和运行的软件。系统软件是计算机必备的支持软件。系统软件包括操作系统、语言处理程序、数据库管理系统、各类支持服务程序等。

14.【参考答案】A

【解析】广域网（Wide Area Network，简称WAN）。又称远程网，通常是指作用范围为几十到几千公里的网络，由相距较远的计算机系统或局域网互联而成。局域网（Local Area Network，简称LAN）。通常是指作用范围在几米到几公里的网络。局域网是一种在小区域内使用的由多台计算机组成的网络。城域网（Metropolitan Area Network，简称MAN）。基本上是一种大型的局域网，通常使用与局域网相似的技术。

15.【参考答案】B

【解析】Internet网址主要有以下几种表示形式。IP地址：接入Internet的每台计算机都有一个由授权机构分配的全球唯一的号码，称为IP地址。IP地址长度为32位二进制数，为了方便理解和记忆，通常采用X.X.X.X的格式来表示，每个X为8位二进制数，通常以十进制方式表示，每个X的取值范围为0~255。域名地址：域名一般用通俗易懂的一组英文符号表示。Internet主机域名的一般格式为：www.<用户名>.<二级域名>.<一级域名>。

16.【参考答案】B

【解析】计算机病毒是一种人为蓄意编制的能够侵入计算机系统并可导致计算机系统故障的具有自我复制能力的计算机程序。计算机病毒的特点有感染性、隐蔽性、潜伏性、破坏性、触发性。

17.【参考答案】A

【解析】一般中小企业实施会计电算化的合理做法是购买商品化会计软件。

18.【参考答案】C

【解析】会计制度规定，审核员与制单员不能为同一人。

19.【参考答案】D

【解析】采用电算化后会计核算的管理方法，部分需要修改，但账簿的打印还应按规定执行。

20.【参考答案】A

【解析】账套主管负责所选账套的维护工作。主要包括对所选账套进行修改、对年度账进行管理，以及该账套操作员权限的设置等。

21.【参考答案】A

【解析】对应于常用工具栏里"剪切"按钮的快捷键是Ctrl+X，"复制"按钮的快捷键是Ctrl+C，"粘贴"按钮的快捷键是Ctrl+V。

22.【参考答案】C

【解析】在不同的运行着的应用程序之间切换时，可以利用快捷键Alt+Tab。

23.【参考答案】A

【解析】若汉字点阵为32×32，那么一个汉字的字形信息所占用的字节数是128，100个汉字的字形信息所占用的字节数则为12 800。

24.【参考答案】D

【解析】在进行文档选择时，按Alt键的同时拖动鼠标可选择一个矩形。

25.【参考答案】B

【解析】计算机存储、处理会计信息，提高了会计工作的效率和质量。

26.【参考答案】D

【解析】账套指的是一组相互关联的数据。一般来说，我们可以为企业中每个独立核算的单位建立一个账套，系统最多可以建立999套账。账套管理包括账套的建立、修改、引入和输出等。

27.【参考答案】C

【解析】计算机病毒对计算机系统具有极大的破坏性，计算机病毒特点包括感染性、隐蔽性、潜伏性、破坏性、触发性。

28.【参考答案】A

【解析】计算机软件就是那些能使计算机正常工作的各种程序及其相应的数据和文档。软件被分为系统软件和应用软件两大类，会计软件属于应用软件的一种。

29.【参考答案】A

【解析】常用的输入设备有：鼠标、键盘、光笔、扫描仪等。常用的输出设备有：显示器、打印机、绘图仪等。

30.【参考答案】B

【解析】按硬件结构划分，会计核算软件可分为单用户会计核算软件和多用户（网络）会计核算软件。单用户会计核算软件是将会计核算软件安装在一台或几台计算机上，每台计算机的会计核算软件单独运行，生成的数据只存储在各自的计算机中，计算机之间不能直接实现数据的交换和共享。多用户（网络）会计核算软件是指将会计核算软件安装在一个多用户系统的主机（或计算机网络的服务器）上，该系统中各个终端（工作站）可以同时运行软件，且不同终端（工作站）上的会计操作人员能够共享会计信息。

31.【参考答案】C

【解析】在Windows XP环境中，对磁盘文件进行管理的常用工具是"资源管理器"和"我的电脑"。单击"我的电脑"窗口工具栏上的"文件夹"按钮，窗口分成左右两个窗格显示，称为"资源管理器"窗口。

32.【参考答案】D

【解析】选择要记账的凭证范围，系统自动检验记账凭证和数据保护均是运行记账后，电算化账务系统处理的一般过程。

33.【参考答案】A

【解析】使用计算机实现账务处理，首先要做系统初始化。系统初始化是将通用会计软件转变成专用会计软件，并将手工会计业务数据移植到计算机中的一系列准备工作，这是使用财务软件的基础。系统初始化工作的好坏，直接影响到会计电算化工作的效果。

34.【参考答案】A

【解析】Y表示操作无效，保留原值；N表示操作有效，不保留原值。

35.【参考答案】B

【解析】未经审核的记账凭证不能记账。审核凭证是审核员按照财会制度，对制单员填制的记账凭证进行检查核对，主要审核记账凭证是否与原始凭证相符，会计分录是否正确等。

36.【参考答案】D

【解析】计算机的输出设备种类很多，如显示器、打印机、绘图仪、音响装置等。D选项是计算机的输入设备。

37.【参考答案】A

【解析】绘图仪有笔式、喷墨式和发光二极管三大类。其中，笔式绘图仪是目前使用最广泛的。

38.【参考答案】C

【解析】内存储器也称主存储器（简称主存），一般只存放急需处理的数据和正在执行的程序。它直接与CPU相连接，存储容量较小，但速度快。

39.【参考答案】C

【解析】调制解调器（Modem）是普通用户上网的必备硬件，网友们爱称它为"猫"，是计算机数字世界与电话机模拟世界联系的桥梁。它是模拟信号和数字信号的"翻译员"。

40.【参考答案】A

【解析】应用软件是相对于系统软件而言的，是针对某个应用领域的具体问题而开发的应用程序，是直接面向用户需要的一类软件。

41.【参考答案】B

【解析】结账只能由有结账权限的人进行。

42.【参考答案】B

【解析】在计算机工作工程中，运算器不断从内存储器中获取数据。

43.【参考答案】D

【解析】执行逻辑判断的函数是IF，COUNTIF的作用是统计某一区域中符合条件的单元格数目。

44.【参考答案】C

【解析】本题考核Excel 2003和Word 2003之间的切换操作。

45.【参考答案】B

【解析】"编辑"菜单中没有"打印预览"命令。

## 二、多项选择题

**46.【参考答案】ABC**

【解析】选择商品化会计软件时，必须明确该软件的运行环境，了解其性能指标，主要包括硬件环境与软件环境。硬件环境是指系统对网络结构、主机性能的要求；软件环境主要是指系统所需的系统软件和应用软件要求。

**47.【参考答案】BCD**

【解析】从计算机数据管理技术的发展来看，会计核算软件经历的阶段有人工管理、文件管理系统、数据库系统。

**48.【参考答案】ABC**

【解析】从用户使用的角度划分，一般可以将计算机分为微型计算机、服务器、终端计算机等。

**49.【参考答案】ABCD**

【解析】广义的会计电算化，是指与实现会计工作电算化有关的所有工作，包括会计电算化软件的开发和应用，会计电算化人才的培训，会计电算化的宏观规划，会计电算化的制度建设，会计电算化软件市场的培育与发展等。

**50.【参考答案】BCD**

【解析】对会计电算化档案管理要做到防磁、防火、防潮、防尘工作，重要会计档案应准备双份，存放在两个不同的地点，最好在两个不同的建筑物内。

**51.【参考答案】ABCD**

【解析】会计核算软件应具备以下初始化功能：输入会计核算所必需的期初数字及有关资料、输入需要在本期进行对账的未达账项、选择会计核算方法、定义自动转账凭证、输入操作人员的岗位分工情况、提供必要的方法对输入的初始数据进行正确性校验。

**52.【参考答案】AB**

【解析】当几个任务同时运行时，任务栏上均有相应的图标。切换任务的方法有两种：第一种方法：用鼠标单击任务栏上所要执行的程序。第二种方法：按住"Alt"键的同时按下"Tab"键，每按一次"Tab"键就切换一个任务。

**53.【参考答案】AD**

【解析】选项AD正确，回收站是硬盘上的一个文件夹，而且其大小可以进行调整。选项BC是错误的，按住Shift键的同时删除文件，被删除的文件就不放入回收站。回收站中的文件既可彻底删除，也可还原。

**54.【参考答案】ABCD**

【解析】除了以上四项外，还包括文档编辑区、标尺等内容。

**55.【参考答案】CD**

【解析】CPU的型号越高、主频越快，则CPU的性能就越高。运算器和控制器合称为中央处理器（在微机中也称为微处理器），简称CPU。它是计算机的核心部件，其性能高低直接决定一个计算机系统的档次。CPU的性能是通过处理器在一秒钟内所能执行操作的数量来评估的，CPU的速度由字长和主频两个指标来决定。

**56.【参考答案】BC**

【解析】软盘存储器简称软盘，目前常用的软盘是容量为1.44MB的3.5英寸软盘。在软盘的左下角，有一个可以活动的小滑块，即写保护开关。当滑块挡住小孔时，软盘处于读写状态；当滑块拔下露出小孔时，软盘处于写保护状态，即只能读不能写。软盘便于携带，用户可以方便地通过软盘传递信息。但软盘容量较小，读写速度也较慢。

**57.【参考答案】ABC**

【解析】计算机的技术性能指标是衡量主要标志，主要有以下几种：主频、字长、内存容量、存取周期、运算速度。

**58.【参考答案】AD**

【解析】根据《会计核算软件基本功能规范》的有关规定，记账凭证的编号必须满足以下几项要求：同一类型的记账凭证必须保证当月凭证编号的连续；可以由手工输入，也可以由会计核算软件自动产生凭证编号等。

**59.【参考答案】ABCD**

【解析】常用的鼠标操作是单击、双击、右键单击、拖动、指向。

**60.【参考答案】ABC**

【解析】地址包括绝对地址、相对地址和混合地址，因此选ABC。

**61.【参考答案】ACD**

【解析】选中整个文档可以在选取区内三击或按Ctrl + A的组合键或按Ctrl的同时单击选取区内任一位置。因此选ACD

**62.【参考答案】BD**

【解析】按住Ctrl键并拖动鼠标表示复制，按住Shift键并拖动鼠标表示拖动，直接拖动也是可以的，因此选BD。

**63.【参考答案】ABC**

【解析】常用的输入设备有键盘、鼠标、扫描仪、条形码输入器、写字板、触摸屏、数码相机等。

绘图仪属于输出设备。

64. 【参考答案】AC

【解析】计算机软件就是那些能使计算机正常工作的各种程序及其相应的数据和文档。计算机软件分为系统软件和应用软件。操作系统属于系统软件，会计软件属于应用软件的一种。

65. 【参考答案】ABC

【解析】对账单在核对中出现多对多、多对一、一对多情况时不能使用自动核销功能核销未达账项。

66. 【参考答案】ABCD

【解析】键盘输入法是最普遍的，用户利用各种汉字输入方法的编码敲击键盘来输入汉字。利用键盘输入汉字的方法有数字码、拼音码、字形码和其他输入法（音形码和形音码）。

67. 【参考答案】AC

【解析】按照不同的划分标准，会计核算软件可分为不同的种类。如按硬件结构划分，会计核算软件可分为：单用户会计核算软件和多用户（网络）会计核算软件。按会计核算软件的通用范围划分，会计核算软件可分为专用会计核算软件和通用会计核算软件。

68. 【参考答案】ABCD

【解析】现代计算机具有非常高的可靠性，可以长时间连续无故障地工作。它不仅可以用来进行科学计算、信息处理，还广泛用于工业过程控制、计算机辅助设计、计算机通信、人工智能等领域。总之，计算机已成为人类活动不可缺少的工具。

69. 【参考答案】BD

【解析】计算机应用辅助系统包括：计算机辅助设计，计算机辅助制造，计算机辅助教学。

70. 【参考答案】ABCD

【解析】会计核算软件是一个复杂的大系统，主要包括九个功能模块：账务处理功能模块、工资核算功能模块、应收/应付款核算功能模块、固定资产核算功能模块、成本核算功能模块、存货核算功能模块、会计报表生成与汇总功能模块、销售核算功能模块、财务分析功能模块。因此，ABCD 四个选项都是会计核算系统的功能模块。

71. 【参考答案】ABCD

【解析】四项均是选择会计软件时应注意的问题。

72. 【参考答案】ABD

【解析】通用软件系统初始化工作量大。

73. 【参考答案】ACD

【解析】结账每月只能进行一次。

74. 【参考答案】ABCD

【解析】会计核算方法包括记账方法、固定资产折旧方法、存货计价方法、成本核算方法等。

75. 【参考答案】ABCD

【解析】公式、数字、文本、日期、时间等都是 Excel 2003 中可以输入的数据。

三、判断题

76. 【参考答案】√

【解析】会计电算化是会计信息化的初级阶段和基础工作。

77. 【参考答案】×

【解析】会计核算软件按照硬件结构划分，可分为单用户会计核算软件和多用户（网络）会计核算软件。

78. 【参考答案】√

【解析】已采用计算机代替手工记账的单位，其会计档案保管期限可以按照《会计档案管理方法》的规定执行。具体来说，会计电算化系统开发的全套文档资料，其保存期限截至该系统停止使用或有重大更改后的五年。

79. 【参考答案】×

【解析】如果会计账簿比较清晰，计算机打印输出的会计账簿中的表格线条可以适当减少。

80. 【参考答案】√

【解析】由于账务处理软件的年度期初数据是否平衡具有非常重要的作用，它对软件能否准确应用举足轻重。因此，软件必须提供平衡校验功能，保证借方年初数与贷方年初数相等、本年累计借方发生数与本年累计贷方发生数相等、借方余额合计与贷方余额合计相等。

81. 【参考答案】×

【解析】在 Windows XP 中，窗口的大小可以调整，因此其右上角的按钮包括：最大化/还原、最小化以及关闭按钮。用户可以根据提示进行选择。

82. 【参考答案】×

【解析】会计核算软件中，对于拟采用的总分类会计科目的名称和编号方法，一级科目必须按照财政部门的要求命名和编码，其他级别的科目名称和编号，用户可以根据自己的需要设定。

83. 【参考答案】×

【解析】会计软件系统中，所设置的操作员一旦被引用，便不能被修改和删除。

84. 【参考答案】×

【解析】电算审核员不可以直接修改凭证。

85.【参考答案】√

【解析】应用软件是在硬件和系统软件的支持下，为解决各类具体应用问题而编制的软件。

**四、不定项选择题**

86.【参考答案】BC

【解析】退出 Word 2003 操作方法有选择"文件"菜单中的"退出"；单击 Word 2003 工作窗口标题栏上端的"×"按钮。

87.（1）【参考答案】C

【解析】本题考核快捷键。选项 AD 是实现撤销的快捷键，选项 B 是全选的快捷键。

（2）【参考答案】D

【解析】段落调整在"格式"菜单中。

（3）【参考答案】D

【解析】ABCD 均是正确的 Word 2003 文档编辑的方式。

88.【参考答案】

（1）D

（2）A

# 会计从业资格考试《初级会计电算化》模拟试卷（二）

**一、单项选择题**（在每小题给出的四个备选答案中，只有一个正确答案，请将所选答案的字母填在题后的括号内。每小题 1 分，共 45 分）

1. 计算机时代的到来是以（　　）为标志。
A. 第一台计算机的发明
B. 半导体的应用
C. 微处理器出现
D. 人工智能

2. 计算机辅助教学的英文缩写是（　　）。
A. CAM　　　　　　B. UPS
C. CAI　　　　　　D. NET

3. 在计算机中构成一个字节的二进制位是（　　）。
A. 8 位　　　　　　B. 4 位
C. 6 位　　　　　　D. 16 位

4. 下面描述中，正确的是（　　）。
A. 1KB = 1 024 × 1 024B
B. 1KB = 1 024MB
C. 1MB = 1 024 × 1 024B
D. 1GB = 1 024KB

5. 在一个汉字内码两个字节中，每个字节的最高位是（　　）。
A. 1 和 1　　　　　B. 1 和 0
C. 0 和 1　　　　　D. 0 和 0

6. 微机硬件系统的基本组成是（　　）。
A. 主机、输入设备、存储器
B. 中央处理器、存储器、输入输出设备
C. 主机、输出设备、显示器
D. 键盘、显示器、打印机、运算器

7. 下列各组设备中，全部属于输入设备的一组是（　　）。
A. 键盘、磁盘和打印机
B. 键盘、扫描仪和鼠标
C. 键盘、鼠标和显示器
D. 硬盘、打印机和键盘

8. 下列设备中，属于输入设备的是（　　）。
A. 显示器　　　　　B. 打印机
C. 键盘　　　　　　D. 中央处理器

9. 计算机中的 CACHE 是（　　）。
A. 随机存储器　　　B. 高速缓冲存储器
C. 顺序存储器　　　D. 只读存储器

10. 软盘不能写入只能读出的原因是（　　）。
A. 新盘未格式化　　B. 已使用过的软盘片
C. 写保护　　　　　D. 以上均不正确

11. CPU 最主要的性能指标是（　　）。
A. 主频　　　　　　B. 运算能力
C. 时钟周期　　　　D. 字长

12. 用 MIPS 为单位来衡量的 CPU 性能指标是（　　）。
A. 时钟频率　　　　B. 运算速度
C. 可靠性　　　　　D. 型号

13. 常见系统软件包括（　　）。
A. 操作系统、程序设计语言和数据库管理系统
B. 操作系统、文字处理软件
C. 汇编语言、高级语言、机器语言
D. DOS、WINDOS98/2000/NT

14. 局域网的简称是（　　）。
A. LAN　　　　　　B. WAN
C. MAN　　　　　　D. CN

15. Internet 的地址有两种方式，下面地址表示不正确的是（　　）。
A. 199.60.103.1
B. 12.267.34.1
C. cav.rensoft.com
D. car.rensoft.com.cn

16. 计算机病毒的特点有以下几种论述，其中不正确的是（　　）。
A. 破坏性　　　　　B. 偶然性
C. 传染性　　　　　D. 潜伏性

17. 中小企业的会计岗位设置也应该满足内部牵制制度的要求，下列符合要求的是（　　）。
A. 软件操作兼任审核记账
B. 软件开发员兼任软件操作
C. 会计主管兼任电算主管
D. 软件操作兼任会计出纳

18. 计算机替代手工记账应当满足一个前提和三项基本条件，其中前提是（　　）。
A. 计算机与手工核算双轨运行 3 个月以上，并且两套会计账要一致
B. 配备了计算机硬件设备和适用的会计软件
C. 配备了相应的会计电算化工作人员
D. 建立了严格的内部管理制度

19. 如果账套的启用日期是 2012 年 3 月，则初始

余额录入时需录入(    )。

　　A. 期初余额　　　　B. 借方发生额

　　C. 贷方发生额　　　D. 三种都要

　　20. 有关会计电算化系统开发过程中的资料保管期为(    )。

　　A. 软件使用后开始 5 年

　　B. 软件使用后开始 10 年

　　C. 软件停止使用或有重大修改后 5 年

　　D. 软件停止使用或有重大修改后 10 年

　　21. Windows 是多任务操作系统,所谓"多任务"的含义是(    )。

　　A. 可以同时复制多个文件

　　B. 可以同时移动多个文件

　　C. 可以同时运行多个程序

　　D. 可以允许多个用户同时使用

　　22. 在 Windows XP 中,"回收站"是(    )。

　　A. 内存中的一块区域

　　B. 硬盘上的一块区域

　　C. 软盘上的一块区域

　　D. 高速缓存中的一块区域

　　23. 在资源管理器的文件夹窗口中,带"+"的文件夹图标表示该文件夹(    )。

　　A. 是根目录

　　B. 包含文件

　　C. 包含子文件夹

　　D. 包含更多的文件和子文件夹

　　24. 下列操作中,能在中文和英文状态之间快速切换的组合键是(    )。

　　A. Ctrl + Shift　　　B. Ctrl + 空格

　　C. Alt + P 功能　　　D. Shift + 空格

　　25. 汉字在计算机内进行处理、存储的编码称为(    )。

　　A. 机内码　　　　　B. 输入码

　　C. 交换码　　　　　D. 输出码

　　26. 常用工具栏里"剪切"按钮所对应的快捷键是(    )。

　　A. Ctrl + Z　　　　B. Ctrl + X

　　C. Ctrl + C　　　　D. Ctrl + V

　　27. 将 A3 设置为当前单元格,单击"插入"菜单中的"行"命令后,空行将添加在 A3 的(    )。

　　A. 上方　　　　　　B. 下方

　　C. 左侧　　　　　　D. 右侧

　　28. 公式 " = SUM(Al:B2)"需要对(    )求和。

　　A. A1,B2　　　　　B. A2,B1

　　C. A1,A2,B1　　　D. A1,A2,B1,B2

　　29. 下面(    )项在打开 Excel 2003 窗口后,不能添加新的工作簿。

　　A. 单击"常用"工具栏的"新建"按钮

　　B. 单击"文件"菜单栏中的"新建"按钮

　　C. 按 Ctrl + N 键

　　D. 按 Ctrl + S 键

　　30. 在 Word 2003 的打印预览状态下,若要打印文件,(    )。

　　A. 必须退出预览状态后才能打印

　　B. 在打印预览状态下也可以直接打印

　　C. 在打印预览状态下不能打印

　　D. 只能在打印预览状态下打印

　　31. Word 2003 "文件"菜单底部显示的文件名是(    )。

　　A. 正在使用的文件名

　　B. 正在打印的文件名

　　C. 扩展名为 DOC 的文件名

　　D. 最近被 Word 处理过的文件名

　　32. 以下(    )有权在系统中建立企业账套。

　　A. 企业老总　　　　B. 系统管理员

　　C. 账套主管　　　　D. 销售总监

　　33. 部门编码级次为 2 - 2 - 2,则下列部门编码中正确的是(    )。

　　A. 办公室 101　　　B. 办公室 01001

　　C. 办公室 0101　　　D. 办公室 0100101

　　34. 账务处理系统中使用科目代码是为了方便(    )。

　　A. 编写程序　　　　B. 记忆

　　C. 计算机处理　　　D. 报表的阅读

　　35. "管理费用"科目通常设置(    )辅助核算。

　　A. 部门　　　　　　B. 个人往来

　　C. 客户往来　　　　D. 供应商往来

　　36. 若凭证类别只设置一种,通常为(    )。

　　A. 记账凭证　　　　B. 收款凭证

　　C. 现金凭证　　　　D. 银行凭证

　　37. 若某一科目既有一级科目又有二级科目,输入科目余额时应(    )。

　　A. 只输一级科目余额

　　B. 只输二级科目余额

　　C. 两者都输入

　　D. 输入哪一个都可以

38. 账务系统中的日常处理主要是( )。

A. 账簿处理　　　　B. 报表处理

C. 输出处理　　　　D. 凭证处理

39. 填制凭证时，输入的会计科目编码应当是( )科目编码。

A. 一级　　　　　　B. 二级

C. 总账　　　　　　D. 末级

40. 只能对( )凭证进行记账。

A. 已保存　　　　　B. 没错误

C. 已修改　　　　　D. 已审核

41. 结账操作每月进行( )。

A. 一次　　　　　　B. 二次

C. 三次　　　　　　D. 不确定

42. 用友报表系统中，输入关键字必须在( )状态下进行。

A. 格式　　　　　　B. 数据

C. 计算　　　　　　D. 单元

43. 财务报表的编制过程中，QM( )函数代表的意思是( )。

A. 期初余额　　　　B. 期末余额

C. 借方发生额　　　D. 贷方发生额

44. 工资管理系统中，不属于系统固定的工资项目的是( )。

A. 应发合计　　　　B. 实发合计

C. 扣款合计　　　　D. 基本工资

45. 固定资产管理中，计提折旧后，将根据( )生成记账凭证。

A. 折旧清单　　　　B. 折旧分析表

C. 折旧统计表　　　D. 折旧分配表

**二、多项选择题（在每小题给出的四个备选答案中，有两个或两个以上正确答案，请将所选答案的字母填在题后的括号内。不选、多选、错选均不得分。每小题 1 分，共 30 分）**

46. 广义的电算化包括( )

A. 会计电算化软件的开发和应用

B. 会计电算化人才的培养

C. 会计电算化的宏观规划

D. 互联网的发展和规划

47. 我国会计电算化发展经历了( )。

A. 起步或称缓慢发展阶段

B. 自发发展阶段

C. 有组织、有计划的稳步发展阶段

D. 竞争提高阶段

48. 如按硬件结构划分，会计核算软件可分为( )。

A. 单用户会计核算软件

B. 专用会计软件

C. 多用户（网络）会计核算软件

D. 通用会计软件

49. 在计算机应用中，属于辅助系统的有( )。

A. 人工智能　　　　B. 计算机辅助设计

C. 卫星制导　　　　D. 计算机辅助教学

50. 计算机的应用领域包括( )。

A. 科学计算　　　　B. 数据处理

C. 过程控制　　　　D. 计算机辅助系统

51. 计算机中的数据形式有( )。

A. 数值　　　　　　B. 文字

C. 图像　　　　　　D. 声音

52. 一个完整的计算机系统由( )组成。

A. 软件系统　　　　B. 软盘和硬盘

C. 硬件系统　　　　D. ROM 和 RAM

53. 下列不能单独使用的控制键是( )。

A. Ctrl　　　　　　B. Alt

C. Del　　　　　　D. Enter

54. 下列( )等部件可构成计算机的主机。

A. 键盘　　　　　　B. CPU

C. 显示器　　　　　D. 内存

55. 下列判断 CPU 性能的指标有( )。

A. 大小　　　　　　B. 倍速

C. 型号　　　　　　D. 主频

56. 下列属于软盘的特点有( )。

A. 存储容量大　　　B. 移动性好

C. 存储容量小　　　D. 移动性差

57. 计算机的技术性能指标包括( )。

A. 主频　　　　　　B. 字长

C. 内存容量　　　　D. 分辨率

58. 下列属于移动存储设备的是( )。

A. U 盘　　　　　　B. 移动硬盘

C. 扫描仪　　　　　D. 存储卡

59. 下列属于操作系统的软件是( )。

A. Word 2003　　　B. DOS

C. Windows XP　　　D. UNIX

60. 高级语言的源程序需翻译成机器语言能执行的目标程序才能执行，这种翻译方式有( )。

A. 汇编　　　　　　B. 转换

C. 编译　　　　　　D. 解释

61. 以下属于应用软件的有( )。

A. 文字处理软件　　B. 数据库管理系统

C. 财务管理系统 　　D. 图形软件

62. 下列代表一级域名的是( )。

A. ac 　　　　　　B. hk

C. jp 　　　　　　D. uk

63. 计算机安全技术是在不断发展的领域，就目前来说，主要有以下关键技术( )。

A. 信息加密技术 　　B. 漏洞扫描技术

C. 入侵检测技术 　　D. 防火墙技术

64. 下列属于审核记账员的职责包括( )。

A. 对操作员输入的凭证进行审核并及时记账，打印输出有关的账表

B. 定期检查电算化系统的软件、硬件运行情况

C. 负责电算化系统升级换版的调试工作

D. 对不符合要求的凭证和输出的账表不予签章确认

65. 计算机替代手工账的步骤是( )。

A. 整理手工会计业务数据

B. 建立会计账户体系并确定编码

C. 规范各类账证表格式和会计核算方法与过程

D. 会计软件初始化

66. 计算机与手工并运行的时间正确的是( )。

A. 试运行的时间应该在三个月以上，一般不超过一年

B. 初始时间设在 11 月 1 日

C. 时间跨度最好能跨年

D. 初始时间设在 1 月 10 日

67. 对用磁性介质保存的电算化会计档案应采用下列( )方式进行保管。

A. 准备双重备份

B. 双重备份应放在不同地点，以防止同时损坏

C. 做好防磁、防尘、防潮工作

D. 双重备份应放在同一地点，以防止丢失

68. Windows XP 的鼠标操作有( )。

A. 单击左键 　　　B. 双击左键

C. 单击右键 　　　D. 双击右键

69. 一个 Windows XP 窗口可以被( )。

A. 移动 　　　　　B. 最大化

C. 最小化 　　　　D. 改变大小

70. 在 Word 2003 文档中，可以用鼠标拖动的方法实现文本块的移动。具体操作是，先选定 Word 2003 文本块，然后( )。

A. 按住 Ctrl 键并拖动鼠标

B. 按住 Shift 键并拖动鼠标

C. 按住 Alt 键并拖动鼠标

D. 直接拖动鼠标

71. 在 Word 2003 中，对于选中的文字能够实现"剪切"功能的操作包括( )。

A. 选择编辑菜单中的"剪切"

B. 选择工具栏中的"剪切"

C. Ctrl + X

D. 选择右键菜单中的"剪切"

72. 在 Word 2003 编辑状态下，通过( )操作可以进入扩展选取模式。

A. 单击键盘上 F8 键

B. 单击键盘上 F5 键

C. 单击状态栏上的"扩展"指示器

D. 双击状态栏上的"扩展"指示器

73. 在 Excel 2003 中，修改工作表名字的操作可以从( )实现。

A. 用鼠标左键双击工作表标签

B. 用鼠标右键单击工作表标签

C. 按住 Alt 键同时用鼠标左键双击

D. 用鼠标左键单击

74. 用友报表系统中，属于账务取数函数的有( )。

A. QM( ) 　　　　B. QC( )

C. PTOTAL( ) 　　D. PMAX( )

75. 用友报表系统中，哪些操作可打开"定义公式"对话框( )

A. 单击"fx"按钮 　B. 双击某公式单元

C. 单击"∑"按钮 　D. 单击某公式单元

**三、判断题（认为正确的，在题后的括号内写"√"；认为错误的，在题后的括号内写"×"。判断正确的得分，判断错误的扣分，不答不得分也不扣分。每小题 1 分，共 10 分。本类题最低分为零分）**

76. 计算机能否输出正确的会计信息，完全取决于处理程序的正确与否。( )

77. 关闭显示器的电源，将使正在运行的程序立即停止运行。( )

78. 对软盘进行写保护设置是防止软盘感染计算机病毒的有效措施之一。( )

79. 某单位会计电算化的实施与该单位的性质、行业、规模等因素都有关系，其最终目的是要建立一个适应本单位会计管理工作所需要的电算化会计信息系统。( )

80. 数据录入员通常由会计人员结合本人所负责的核算业务承担其录入工作，并对录入数据的正确性负责。( )

81. 账务处理系统中的数据备份只需将计算机内的凭证、科目表和账簿文件复制到硬盘上予以保存即可。（　　）

82. 会计核算软件中，对于拟采用的总分类会计科目的名称和编号方法，用户可以根据自己的需要进行设定。（　　）

83. 会计软件系统中，设置的操作员一旦被引用，仍可以被修改和删除。（　　）

84. 只有审核后的凭证才能执行记账操作。（　　）

85. 用友报表系统中，增加表页是在"数据"状态下进行的。（　　）

**四、不定项选择题（在每小题给出的四个备选答案中，有一个或一个以上正确答案，请将所选答案的字母填在题后的括号内。不选、多选、错选均不得分。共 3 小题，15 分）**

86.（Windows 操作题，3 分）在考试文件夹下创建一个名为电算化的文件夹的操作步骤为（　　）。

A. 右键单击"开始"，在弹出的快捷菜单中选择"资源管理器"，点击 C 盘，找到考试文件夹并打开，然后在右窗口空白位置右击鼠标，在弹出的快捷菜单选择"新建—文件夹"—输入"电算化"

B. 左键单击"开始"，在弹出的快捷菜单中选择"资源管理器"，点击 C 盘，找到考试文件夹并打开，然后在右窗口空白位置右击鼠标，在弹出的快捷菜单选择"新建—文件夹"—输入"电算化"

C. 右键单击"开始"，在弹出的快捷菜单中选择"资源管理器"，点击 C 盘，找到考试文件夹并打开，然后在右窗口空白位置左击鼠标，在弹出的快捷菜单选择"新建—文件夹"—输入"电算化"

D. 左键单击"开始"，在弹出的快捷菜单中选择"资源管理器"，点击 C 盘，找到考试文件夹并打开，然后在左窗口空白位置右击鼠标，在弹出的快捷菜单选择"新建—文件夹"—输入"电算化"

87.（Word 操作题，共 3 小题，计 6 分）针对下面文字，请按题目要求作答：

激清音以感余，愿接膝以交言。欲自往以结誓，惧冒礼之为愆；待凤鸟以致辞，恐他人之我先。意惶惑而靡宁，魂须臾而九迁：愿在衣而为领，承华首之余芳；悲罗襟之宵离，怨秋夜之未央！愿在裳而为带，束窈窕之纤身；嗟温凉之异气，或脱故而服新！愿在发而为泽，刷玄鬓于颓肩；悲佳人之屡沐，从白水而枯煎！愿在眉而为黛，随瞻视以闲扬；悲脂粉之尚鲜，或取毁于华妆！愿在莞而为席，安弱体于三秋；悲文茵之代御，方经年而见求！愿在丝而为履，附素足以周旋；悲行止之有节，空委弃于床前！愿在昼而为影，常依形而西东；悲高树之多荫，慨有时而不同！愿在夜而为烛，照玉容于两楹；悲扶桑之舒光，奄灭景而藏明！愿在竹而为扇，含凄飙于柔握；悲白露之晨零，顾襟袖以缅邈！愿在木而为桐，作膝上之鸣琴；悲乐极而哀来，终推我而辍音！

（1）（不定项选择题，3 分）将正文内容分成"偏左"的两栏的操作方法是（　　）。

A. 单击"编辑"菜单中的"分栏"命令，打开"分栏"对话框，在"预设"框中选择"偏左"，单击"确定"按钮

B. 单击"视图"菜单中的"分栏"命令，打开"分栏"对话框，在"预设"框中选择"偏左"，单击"确定"按钮

C. 单击"格式"菜单中的"分栏"命令，打开"分栏"对话框，在"预设"框中选择"偏左"，单击"确定"按钮

D. 单击"工具"菜单中的"分栏"命令，打开"分栏"对话框，在"预设"框中选择"偏左"，单击"确定"按钮

（2）（不定项选择题，2 分）将正文的行距设置为"2 倍行距"的操作方法是（　　）。

A. 用鼠标选中正文，在"工具"菜单上单击"段落"，在弹出的对话框中选择行距设置为"2 倍行距"，然后单击"确定"按钮

B. 用鼠标选中正文，在"视图"菜单上单击"段落"，在弹出的对话框中选择行距设置为"2 倍行距"，然后单击"确定"按钮

C. 用鼠标选中正文，在"格式"菜单上单击"段落"，在弹出的对话框中选择行距设置为"2 倍行距"，然后单击"确定"按钮

D. 用鼠标选中正文，在"编辑"菜单上单击"段落"，在弹出的对话框中选择行距设置为"2 倍行距"，然后单击"确定"按钮

（3）（不定项选择题，2 分）插入一幅剪贴画，将环绕方式设置为"紧密型"的操作方法是（　　）。

A. 单击"插入"菜单，选择"图片"—"剪贴画"命令，插入一幅剪贴画，调整图片至适当位置；右键单击插入的剪贴画，选择"设置图片格式"对话框，选定"版式"选项卡，将环绕方式设置为"紧密型"，单击"确定"按钮

B. 单击"插入"菜单，选择"图片"—"剪贴画"命令，插入一幅剪贴画，调整图片至适当位置；

双击插入的剪贴画，打开"设置图片格式"对话框，选定"版式"选项卡，将环绕方式设置为"紧密型"，单击"确定"按钮

C. 单击"格式"菜单，选择"图片"—"剪贴画"命令，插入一幅剪贴画，调整图片至适当位置；单击插入的剪贴画，打开"设置图片格式"对话框，选定"版式"选项卡，将环绕方式设置为"紧密型"，单击"确定"按钮

D. 单击"格式"菜单，选择"图片"—"剪贴画"命令，插入一幅剪贴画，调整图片至适当位置；双击插入的剪贴画，打开"设置图片格式"对话框，选定"版式"选项卡，将环绕方式设置为"紧密型"，单击"确定"按钮

88.（Excel 操作题，共 2 小题，计 6 分）下表为"首都机场航班时刻表"，请按题目要求作答：

|   | A | B | C | D | E |
|---|---|---|---|---|---|
| 1 | 首都机场航班时刻表 | | | | |
| 2 | 机型 | 离港城市 | 离港时间 | 到港时间 | 飞行时间 |
| 3 | 757 | 福州 | 4：00PM | 6：20PM | 2：20 |
| 4 | 737 | 长春 | 10：00AM | 11：20AM | 1：20 |
| 5 | 737 | 成都 | | 1：50PM | 2：30 |
| 6 | 757 | 上海 | 3：00PM | 5：15PM | 2：15 |

（1）（不定项选择题，3 分）在 C5 单元格内键入数据"11：20AM"，数据格式与该列其他相应数据格式保持一致的操作方法为（    ）。

A. 用鼠标选中第三行，录入 11：20AM；选中 C3 单元格，单击工具栏中的"格式刷"，然后将鼠标移到 C5 单元格拖动

B. 用鼠标选中第三列，录入 11：20AM；选中 C3 单元格，单击工具栏中的"格式刷"，然后将鼠标移到 C5 单元格拖动

C. 将鼠标定位在 C3 单元格，录入 11：20AM；选中 C5 单元格，单击工具栏中的"格式刷"，然后将鼠标移到 C3 单元格拖动

D. 将鼠标定位在 C5 单元格，录入 11：20AM；选中 C3 单元格，单击工具栏中的"格式刷"，然后将鼠标移到 C5 单元格拖动

（2）（不定项选择题，3 分）以"飞行时间"为关键字，递增排序的操作方法是（    ）。

A. 单击"数据"中的"排序"命令项，在对话框中的"主关键字"处选"飞行时间"并选升序按钮，单击"确定"按钮

B. 单击"工具"中的"排序"命令项，在对话框中的"主关键字"处选"飞行时间"并选升序按钮，单击"确定"按钮

C. 单击"格式"中的"排序"命令项，在对话框中的"主关键字"处选"飞行时间"并选升序按钮，单击"确定"按钮

D. 单击"视图"中的"排序"命令项，在对话框中的"主关键字"处选"飞行时间"并选升序按钮，单击"确定"按钮

# 模拟试卷（二）参考答案与精讲解析

## 一、单项选择题

1.【参考答案】A

【解析】计算机时代的到来是以第一台计算机的发明为标志。1946 年 2 月，世界上第一台数字电子计算机 ENIAC，在美国的宾夕法尼亚大学问世。

2.【参考答案】C

【解析】计算机辅助教学（Computer Aided Instruction，简称 CAI）是指利用计算机来辅助完成教学计划的软件系统，包括教学系统、自学系统、演示系统、测试系统、考试系统等内容。

3.【参考答案】A

【解析】计算机内部运算的是二进制数，因此，计算机中数据的最小单位就是二进制的一个数位，简称为位，英文名称是 bit，音译为"比特"。我们将 8 个二进制位的集合称作一个"字节"，英文名称是

Byte，它是计算机存储和运算的基本单位。这样，一个数字、字母或字符就可以用 1 个字节来表示。如字符"A"表示成"01000001"。

4.【参考答案】C

【解析】存储器中所有存储单元的总和称为这个存储器的存储容量，描述存储器容量的单位按从小到大的顺序排列，分别有 B、KB、MB、GB、TB。它们之间的换算关系如下：1TB = 1024GB =（1024 × 1024）MB =（1024 × 1024 × 1024）KB =（1024 × 1024 × 1024 × 1024）B。

5.【参考答案】A

【解析】二进制的最高位是 1。

6.【参考答案】B

【解析】硬件系统是指组成一台计算机的各种物理装置，它们由各种具体的物理器件组成，是计算机

进行工作的物质基础。例如，计算机的处理器芯片、存储器芯片、底板（母板）、各类扩充板卡、机箱、键盘、鼠标、显示器、打印机、软盘、硬盘等都是计算机的硬件。

**7.【参考答案】B**

【解析】输入设备是指向计算机输入各种信息（程序、文字、数据、图像等）的设备。常用的输入设备有键盘、鼠标、扫描仪、笔形码输入器、光笔、触摸屏等。输出设备是指用来输出计算机处理结果的设备，其主要功能是把计算机处理后的结果转换成人们习惯接受的信息形式（如字符、图像、表格、声音等），或能为其他机器所接受的形式。最常用的输出设备有显示器、打印机、绘图仪等。例如，会计报表、会计账簿等一般可以用打印机按照指定要求打印输出。

**8.【参考答案】C**

【解析】输入设备是指向计算机输入各种信息（程序、文字、数据、图像等）的设备。常用的输入设备有键盘、鼠标、扫描仪、笔形码输入器、光笔、触摸屏等。输出设备是指用来输出计算机处理结果的设备，其主要功能是把计算机处理后的结果转换成人们习惯接受的信息形式（如字符、图像、表格、声音等），或能为其他机器所接受的形式。最常用的输出设备有显示器、打印机、绘图仪等。例如，会计报表、会计账簿等一般可以用打印机按照指定要求打印输出。

**9.【参考答案】B**

【解析】Cache 是位于 CPU 和内存之间的规模较小但速度很快的一种存储器，主要用来存放当前内存中使用最频繁的程序块和数据块，并以接近 CPU 的速度向 CPU 提供程序指令和数据，其目的是解决 CPU 和 RAM 之间速度不匹配的矛盾。

**10.【参考答案】C**

【解析】在软盘的左下角，有一个可以活动的小滑块，即写保护开关。当滑块挡住小孔时，软盘处于读写状态；当滑块被扳下露出小孔时，软盘处于写保护状态，即只能读不能写。

**11.【参考答案】A**

【解析】主频是指计算机的时钟频率，即 CPU 在单位时间（秒）内的平均操作次数，是决定计算机速度的重要指标，以兆赫兹（MHz）为单位。因为 CPU 中每条指令的执行是通过若干条基本的硬件动作完成的，这些动作按时钟周期的节拍来进行，所以一般时钟频率越高（周期越短），计算机的运算速度就越快。

**12.【参考答案】B**

【解析】运算速度是指计算机每秒钟所能执行的指令数，一般以每秒所能执行的百万条指令数来衡量，单位为每秒百万条指令（MIPS）。影响计算机运算速度的主要因素是中央处理器（CPU）的主频和存储器的存取周期。

**13.【参考答案】A**

【解析】计算机软件分为系统软件和应用软件两大类。系统软件是用于对计算机软硬件资源进行管理、监控和维护，以及对各类应用软件进行解释和运行的软件。系统软件是计算机必备的支持软件。系统软件包括操作系统、语言处理程序、数据库管理系统、各类支持服务程序等。

**14.【参考答案】A**

【解析】广域网（Wide Area Network，简称 WAN）。又称远程网，通常是指作用范围为几十到几千公里的网络，由相距较远的计算机系统或局域网互联而成。局域网（Local Area Network，简称 LAN）。通常是指作用范围在几米到几公里的网络。局域网是一种在小区域内使用的由多台计算机组成的网络。城域网（Metropolitan Area Network，简称 MAN）。基本上是一种大型的局域网，通常使用与局域网相似的技术。

**15.【参考答案】B**

【解析】Internet 网址主要有以下几种表示形式。IP 地址：接入 Internet 的每台计算机都有一个由授权机构分配的全球唯一的号码，称为 IP 地址。IP 地址长度为 32 位二进制数，为了方便理解和记忆，通常采用 X. X. X. X 的格式来表示，每个 X 为 8 位二进制数，通常以十进制方式表示，每个 X 的取值范围为 0～255。域名地址：域名一般用通俗易懂的一组英文符号表示。Internet 主机域名的一般格式为：www.<用户名>.<二级域名>.<一级域名>。

**16.【参考答案】B**

【解析】计算机病毒是一种人为蓄意编制的能够侵入计算机系统并可导致计算机系统故障的具有自我复制能力的计算机程序。计算机病毒的特点有感染性、隐蔽性、潜伏性、破坏性、触发性。

**17.【参考答案】C**

【解析】中小企业实行会计电算化后的电算化会计岗位设置，应该注意满足内部牵制制度的要求，如出纳和记账审核不应是同一人，软件开发人员不能操作软件处理会计业务等。小规模单位电算化岗位的设立，可由会计主管兼任电算主管和审核记账岗位，由会计人员担任操作员和电算化维护员,还应单独设立出纳员岗位。

**18.【参考答案】A**

【解析】为保证会计电算化后会计工作的质量,《会计电算化管理办法》和《会计电算化工作规范》都对计算机替代手工记账提出了应当具备的一个前提和三项基本条件,企事业单位在系统正式运行之前应该认真检查自己是否满足了这些条件。其中,一个大前提是计算机与手工会计核算应该并行三个月以上,计算机与手工核算的数据相互一致,软件运行也安全可靠;其次要求打印输出的证账表格式必须正确,签名盖章必须齐全。三项基本条件则是:配有适用的会计软件和相应的计算机硬件设备、配备相应的会计电算化工作人员、建立健全严格的内部管理制度。

**19.【参考答案】D**

【解析】如果是在年初建账,只需整理各账户的期初余额;如果是在年中某月建账,须整理出以前各月各账户的发生额。初始余额录入时需录入期初余额、借方发生额、贷方发生额。

**20.【参考答案】C**

【解析】会计电算化系统开发过程中的资料一般有:系统分析书、系统设计书、软件测试报告、各种编码说明、代码清单、各种解决方案等,这些都应视同会计档案保管,保管期截至该系统停止使用或有重大更改后5年。

**21.【参考答案】C**

【解析】Windows XP是多任务操作系统,所谓"多任务"的含义是可以同时运行多个程序。

**22.【参考答案】B**

【解析】"回收站"是一个电子垃圾箱,被用户删除的文件等对象会暂时存放其中,但未真正从硬盘上删除。如果发现某些被删除的文件还有用,可以双击"回收站"图标,打开"回收站"窗口,将它们"还原"恢复回去;当觉得这些文件确实没有用时,则选择"清空回收站",彻底删除这些文件。

**23.【参考答案】C**

【解析】在左窗格中,如果某驱动器或文件夹前有折叠标记"+",表示该对象中含有子文件夹。单击该标记,可打开该文件夹,并在左窗格中显示该文件夹下的所有子文件夹,同时,其标记变为扩展标记"-",单击扩展标记可将该文件夹折叠起来。如果某文件夹中不含任何子文件夹,则这文件夹前面没有任何标记,当在左窗格中单击扩展标记和折叠标记对文件夹树的显示方式进行变换时,右窗格的内容不会发生变化。

**24.【参考答案】B**

【解析】无论切换到哪种中文输入法,如果希望切换回英文输入法,均可按"Ctrl+空格"组合键来实现。该组合键可以快速进行中英文输入法之间的切换。

**25.【参考答案】A**

【解析】输入的汉字码由键盘管理程序转换成机内码,以便处理、保存、显示、打印和传输等。

**26.【参考答案】B**

【解析】对应于常用工具栏里"剪切"按钮的快捷键是Ctrl+X,"复制"按钮的快捷键是Ctrl+C,"粘贴"按钮的快捷键是Ctrl+V。

**27.【参考答案】A**

【解析】在表格中添加单元格、行或列。可以分别采用菜单或工具栏按钮的方法添加单元格、行或列。如果用工具栏按钮操作,先要在"视图"菜单下打开"表格和边框"工具。用菜单操作的步骤如下(以插入单元格为例):选择要插入的单元格(行或列),执行"表格"菜单下的"插入单元格"命令。删除列或行的方法基本相同。首先选定要删除的列或行,然后单击"表格"菜单的"删除"级联菜单的"列"或"行"命令。

**28.【参考答案】D**

【解析】区域的表示方法是用区域符(冒号)将区域的两个对角的单元地址隔开,它表示的是两个对角单元之间所有的单元格。

**29.【参考答案】D**

【解析】建立新工作簿的方法有以下几种:(1)每次启动Excel 2003时,系统将自动建立一个新工作簿,文件名为Book1.xls。用户在保存工作簿时,可另存为其他的文件名。(2)单击常用工具栏中的"新建"按钮。(3)选择"文件"菜单中的"新建"命令,在"新建"对话框中选择"工作簿",并按下"确定"按钮。按Ctrl+S键是保存。

**30.【参考答案】B**

【解析】在打印预览状态下,单击"设置"按钮,可以切换到"页面设置"对话框;单击"打印"按钮,可以切换到"打印"对话框;单击"关闭"按钮,可以退出"打印预览"状态。

**31.【参考答案】D**

【解析】系统默认状态下,"文件"菜单的底部将列出最近使用过的三个文件名。要想改变"文件"菜单底部是否列出最近使用过的文件,以及它们的具体个数，可以进入"工具"菜单"选项"命令对话框，在对话框的"常规"选项卡中进行相应的设置。

**32.【参考答案】B**

【解析】系统允许以两种身份注册进入系统管理。一是以系统管理员（Admin）的身份，二是以账套主管的身份。系统管理员负责整个系统的总体控制和维护工作，可以管理该系统中所有的账套。以系统管理员身份注册进入后，可以进行账套的建立、引入和输出，设置操作员和账套主管，设置和修改操作员的密码及其权限等。账套主管负责所选账套的维护工作。主要包括对所选账套进行修改、对年度账进行管理（包括创建、清空、引入、输出以及各子系统的年末结转、所选账套的数据备份），以及该账套操作员权限的设置等。

**33.【参考答案】C**

【解析】编码方案是指设置编码的级次方案，这里采用群码方案，这是一种分段组合编码，每一段有固定的位数。编码规则由级次和级长两部分构成。级次是指分类编码共分几级，级长是指每级的编码位数。编码总级长为每级编码级长之和。

**34.【参考答案】C**

【解析】会计科目名称是指会计科目的汉字名称。科目编码是计算机使用的科目代码，而科目汉字名称，则是证、账、表上显示和打印的标志，是企业与外部交流信息所使用的标志。账务处理系统中使用科目代码是为了方便计算机处理。

**35.【参考答案】A**

【解析】辅助账是指科目的辅助核算内容，主要有个人往来、客户往来、供应商往来、部门核算、项目核算等，另外还有外币核算、数量核算、银行账和日记账辅助核算。"管理费用"科目通常设置部门辅助核算。

**36.【参考答案】A**

【解析】系统提供五种常用分类方式供用户选择：（1）记账凭证；（2）收款凭证、付款凭证、转账凭证；（3）现金凭证、银行凭证、转账凭证；（4）现金收款凭证、现金付款凭证、银行收款凭证、银行付款凭证、转账凭证；（5）自定义凭证类别。

**37.【参考答案】B**

【解析】期初余额录入是将手工会计资料录入到计算机的过程之一。余额和累计发生额的录入要从最末级科目开始，上级科目的余额和累计发生数据由系统自动计算。有下级科目的账户，上级科目的金额是不用输入的。由下级自动汇总。

**38.【参考答案】D**

【解析】在总账系统中，初始设置完成后，便能够进行日常业务处理。日常业务处理的任务主要包括填制凭证、审核凭证、记账，查询和打印输出各种凭证和账簿。

**39.【参考答案】D**

【解析】凭证正文内容包括：①摘要。输入本笔分录的业务说明，要求简洁明了，不能为空。②科目。必须输入末级科目。输入时，可以输入科目编码、中文科目名称、英文科目名称或助记码等。③辅助信息。

**40.【参考答案】D**

【解析】在电算化方式下，记账凭证经审核签字后，由有记账权限的操作员发出记账指令，由计算机按照预先设计的记账程序自动进行合法性检查、科目汇总并登记总账和明细账、日记账、部门账、往来账、项目账以及备查账等。

**41.【参考答案】A**

【解析】在电算化方式下，结账工作与手工操作相比简单得多，结账是一种成批数据处理，每月只结账一次，主要是对当月日常处理限制和对下月账簿的初始化，均由计算机自动完成。

**42.【参考答案】B**

【解析】报表制作分为两大部分来处理，即报表格式与公式设计以及报表数据处理工作。在报表格式设计状态下进行有关格式设计的操作，例如表尺寸、行高列宽、单元属性、单元风格、组合单元、关键字，以便定义报表的单元公式（计算公式）、审核公式及舍位平衡公式。在报表的数据状态下管理报表的数据，例如输入数据、增加或删除表页、审核、舍位平衡、制作图形、汇总、合并报表等。

**43.【参考答案】B**

【解析】账务取数函数主要有：

| 总账函数 | 金额式 | 数量式 | 外币式 |
|---|---|---|---|
| 期初额函数： | QC（） | sQC（） | wQC（） |
| 期末额函数： | QM（） | sQM（） | wQM（） |
| 发生额函数： | FS（） | sFS（） | wFS（） |
| 累计发生额函数： | LFS（） | sLFS（） | wLFS（） |
| 条件发生额函数： | TFS（） | sTFS（） | wTFS（） |
| 对方科目发生额函数： | DFS（） | sDFS（） | wDFS（） |
| 净额函数： | JE（） | sJE（） | wJE（） |
| 汇率函数： | HL（） | | |

**44.【参考答案】D**

【解析】系统中有一些固定项目，是工资账中必不可少的，包括"应发合计"、"扣款合计"、"实发合计"，这些项目不能删除和重命名。其他项目可根据实际情况定义或参照增加。

**45.【参考答案】D**

**【解析】**自动计提折旧是固定资产系统的主要功能之一。可以根据录入系统的资料，利用系统提供的"折旧计提"功能，对各项资产每期计提一次折旧，并自动生成折旧分配表，然后制作记账凭证，将本期的折旧费用自动登账。

**二、多项选择题**

**46.【参考答案】ABC**

**【解析】**会计电算化有狭义和广义之分。狭义的会计电算化，是指以电子计算机为主体的当代电子信息技术在会计工作中的应用。具体来说，就是利用会计软件"指挥"各种计算机设备替代手工完成，或完成在手工条件下很难完成甚至无法完成的会计工作的过程。广义的会计电算化，是指与实现会计工作电算化有关的所有工作，包括会计电算化软件的开发和应用，会计电算化人才的培养，会计电算化的宏观规划，会计电算化的制度建设，会计电算化软件市场的培育与发展等。

**47.【参考答案】ABCD**

**【解析】**简单说来，我国会计电算化的发展可以分为以下四个阶段：起步或称缓慢发展阶段（1983年以前）；自发发展阶段（1983～1987年）；有组织、有计划的稳步发展阶段（1987～1996年）；竞争提高阶段（1996年至今）。

**48.【参考答案】AC**

**【解析】**按照不同的划分标准，会计核算软件可分为不同的种类。如按硬件结构划分，会计核算软件可分为：单用户会计核算软件和多用户（网络）会计核算软件。

**49.【参考答案】BD**

**【解析】**计算机辅助系统是利用计算机帮助人们完成某项任务的系统。常用的计算机辅助系统有计算机辅助设计（CAD）、计算机辅助制造（CAM）、计算机辅助教学（CAI）等。

**50.【参考答案】ABCD**

**【解析】**计算机是一种高度自动化的信息处理设备，尤其是采用了大规模和超大规模集成电路以后，其运算速度更快，计算精度更高，存储容量更大，逻辑判断能力更强。现代计算机已具有非常高的可靠性，可以长时间连续无故障地工作。它不仅可以用来进行科学计算、信息处理，还广泛应用于工业过程控制、计算机辅助设计、计算机通信、人工智能等领域。总之，计算机已成为人类活动不可缺少的工具。

**51.【参考答案】ABCD**

**【解析】**计算机内部采用二进制形式表示数据，即用"0"和"1"的编码表示数据。此处数据包括数值、文字、图像、声音等多种形式。计算机内部采用二进制的原因有三：（1）电路简单，容易实现，而且稳定可靠；（2）二进制数运算法则简单，可简化硬件结构；（3）便于逻辑运算。

**52.【参考答案】AC**

**【解析】**一个完整的计算机系统由硬件系统和软件系统两大部分组成。硬件系统是指组成一台计算机的各种物理装置，它们由各种具体的物理器件组成，是计算机进行工作的物质基础。例如，计算机的处理器芯片、存储器芯片、底板（母板）、各类扩充板卡、机箱、键盘、鼠标、显示器、打印机、软盘、硬盘等都是计算机的硬件。软件系统则指管理、控制和维护计算机的各种程序、数据以及相关资料的总称，它决定了计算机可以进行的工作。

**53.【参考答案】AB**

**【解析】**Ctrl键和Alt键通常不能单独使用，它们要与其他键配合，才能发生作用。

**54.【参考答案】BD**

**【解析】**CPU和内存构成计算机的主机。

**55.【参考答案】CD**

**【解析】**CPU的型号越高、主频越快，则CPU的性能就越高。运算器和控制器合称为中央处理器（在微机中也称为微处理器），简称CPU。它是计算机的核心部件，其性能高低直接决定一个计算机系统的档次。CPU的性能是通过处理器在一秒钟内所能执行操作的数量来评估的，CPU的速度由字长和主频两个指标来决定。

**56.【参考答案】BC**

**【解析】**软盘存储器简称软盘，目前常用的软盘是容量为1.44MB的3.5英寸软盘。在软盘的左下角，有一个可以活动的小滑块，即写保护开关。当滑块挡住小孔时，软盘处于读写状态；当滑块拔下露出小孔时，软盘处于写保护状态，即只能读不能写。软盘便于携带，用户可以方便地通过软盘传递信息。但软盘容量较小，读写速度也较慢。

**57.【参考答案】ABC**

**【解析】**计算机的技术性能指标是衡量计算机系统性能优劣的主要标志，计算机系统的性能指标主要有以下几种：主频、字长、内存容量、存取周期、运算速度。

**58.【参考答案】ABD**

【解析】随着通用串行总线（USB）出现在PC机上并逐渐盛行，借助USB接口，移动存储产品也逐步成为现在存储设备的主要成员，并大有替代软盘作为随身携带的存储设备之趋势。常用的移动存储设备有U盘、活动硬盘、存储卡。

**59.【参考答案】BCD**

【解析】操作系统（Operating System，简称OS）是最基本、最重要的系统软件，已成为计算机系统必不可少的基本组成部分。它负责管理计算机系统的全部软件和硬件资源，合理组织计算机各部分协调工作，为用户提供操作界面和编程接口。计算机启动后，首先要把操作系统调入内存，由它控制和支持在同一计算机上运行的其他程序。目前比较通用的操作系统有Windows XP、UNIX、Windows NT、Linux等。Word 2003属于应用软件。

**60.【参考答案】CD**

【解析】与汇编语言类似，计算机也不能直接识别和执行用高级语言编写的程序。因此，必须配备一种工具，把用高级语言编写的源程序翻译成计算机可执行的机器语言程序（目标程序）。有两种方式可以实现高级语言程序的翻译，即解释方式和编译方式。

**61.【参考答案】ACD**

【解析】应用软件多种多样，例如文字处理软件、表格处理软件、游戏软件等。会计核算软件、企业管理软件、各种用途的软件包也都属于应用软件。

**62.【参考答案】BCD**

【解析】一级域名也称顶级域名，除美国之外，世界上每个国家或地区都具有唯一的一级域名，例如，"cn"代表中国，"jp"代表日本，"uk"代表英国，tw代表台湾等。二级域名一般为该主机所隶属的行业。例如，"edu"为教育机构，"com"为商业机构，"net"为主要网络支持中心，"gov"为政府部门，"mil"为军事组织，"int"为国际组织，"ac"为科研机构，"org"为非营利组织等。ac是二级域名，代表科研机构。

**63.【参考答案】ABCD**

【解析】计算机安全技术是一门不断发展的学科，就目前来说，主要有以下关键技术：防火墙技术，信息加密技术，漏洞扫描技术，入侵检测技术，病毒检测和消除技术。

**64.【参考答案】AD**

【解析】该岗位要求具备会计和计算机知识，达

到会计电算化初级知识培训水平，可由主管会计兼任。具体职责如下：审核原始凭证的真实性、正确性，对不符合规定的原始单据不作为记账凭证依据；将不真实、不合法、不完整、不规范的凭证退还给各有关人员更正修改后，再进行审核；对操作员输入的凭证进行审核并及时记账，打印输出有关的账表；负责凭证的审核工作，包括各类代码的合法性、摘要的规范性、会计科目和会计数据的正确性以及附件的完整性等；对不符合要求的凭证和输出的账表不予签章确认；审核记账人员不得兼任出纳工作；结账前，检查已审核签字的记账凭证是否全部记账。选项BC是电算维护员的职责。

**65.【参考答案】ABCD**

【解析】替代手工账的过程是会计工作从手工核算向电算化核算的过渡阶段，是会计电算化工作中非常重要的阶段。在具体实施之前，单位要作出总体实施方案，包括整理手工会计业务数据，确定会计核算方法和数据处理过程，建立会计科目编码体系，设置各种会计凭证、账簿、报表的格式和项目，会计软件的初始化，以及在试运行阶段人工与计算机数据进行对比分析等工作。

**66.【参考答案】BC**

【解析】计算机与手工并运行的试运行时间应该在三个月以上，一般不超过六个月，初始时间最好放在年初、年末、季初、季末等特殊的会计时期，时间跨度最好能跨年，这样才能更全面地比较手工数据和电算化数据。

**67.【参考答案】ABC**

【解析】对电算化会计档案管理要做好防磁、防火、防潮、防尘、防盗、防虫蛀、防霉烂和防鼠咬等工作。重要会计档案应有双备份，存放在两个不同的地点，最好在两个不同的建筑物内。

**68.【参考答案】ABC**

【解析】在Windows中用户可以使用鼠标快速选择屏幕上的对象。鼠标的基本操作包括：（1）单击左键（简称单击）；（2）双击左键（简称双击）；（3）拖放；（4）单击右键；（5）指向。

**69.【参考答案】ABCD**

【解析】窗口的操作：（1）移动窗口。移动窗口的方法是，将鼠标指针移到窗口的标题栏，按住鼠标左键并拖动窗口到所需要的位置即可。（2）改变窗口大小。在窗口非最大化状态时，将鼠标指针移至窗口的边框或对角，当指针变为双向箭头时，拖动鼠标即可改变窗口的大小。（3）排列窗口。除了用移动

和改变窗口大小的方式排列窗口之外，还可用命令的方式来排列窗口。（4）窗口之间的切换。如果同时打开多个窗口，需要在多个窗口之间进行切换（即改变当前窗口）。（5）关闭窗口。当完成工作或不再使用某些窗口时，可以采用关闭窗口操作来实现。

70.【参考答案】BD

【解析】按住 Ctrl 键并拖动鼠标是复制，按住 Alt 键并拖动鼠标不起作用。

71.【参考答案】ABCD

【解析】Word 2003 中，实现某些操作命令的方法有四种：一是菜单法、二是工具栏法、三是快捷键法、四是快捷菜单法。"剪切"命令就是其中之一。

72.【参考答案】AD

【解析】进入扩展选取模式只有两种方式：一是单击键盘上的 F8 键，二是双击状态栏上的"扩展"指示器。

73.【参考答案】ABC

【解析】要修改某工作表的名字，只需双击工作表标签中该工作表名，使其反白显示，然后再次单击，插入点将出现在工作表名中供用户编辑修改，也可以重新输入全新的表名。

74.【参考答案】AB

【解析】PTOTAL（ ）和 PMAX（ ）都是自本表本页取数函数。账务取数函数主要有：QC（ ）sQC（ ），wQC（ ），QM（ ），sQM（ ），wQM（ ），FS（ ），sFS（ ），wFS（ ），LFS（ ），sLFS（ ），wLFS（ ），TFS（ ），sTFS（ ），wTFS（ ），DFS（ ），sDFS（ ），wDFS（ ），JE（ ），sJE（ ），wJE（ ），HL（ ）。

75.【参考答案】ABC

【解析】单击某公式单元表示选中该单元。

### 三、判断题

76.【参考答案】×

【解析】由于会计软件经过严格的设计与审核，所以计算机能否输出正确的会计信息，可以说与处理程序的关系不是很大。在软件使用过程中，数据输入的正确与否，决定着会计核算软件处理结果的准确性。

77.【参考答案】×

【解析】关闭显示器的电源，并不会使正在运行的程序停止运行。

78.【参考答案】√

【解析】对软盘进行写保护设置是防止软盘感染计算机病毒的有效措施之一。

79.【参考答案】√

【解析】由于大中型企事业单位与中小型企事业单位在人员配备、岗位设置等方面均有不同的要求，所以在具体实施过程中，必须考虑该单位的性质、所属行业、规模等因素。

80.【参考答案】√

【解析】数据录入员的岗位职责规定，由会计人员结合本人所负责的核算业务承担其录入工作，并对录入数据的正确性负责。

81.【参考答案】×

【解析】账务处理系统中的数据备份功能，是系统提供的专门功能，而不是简单地将计算机内的凭证、科目表和账簿文件复制到硬盘上保存即可。

82.【参考答案】×

【解析】会计核算软件中，对于拟采用的总分类会计科目的名称和编号方法，一级科目必须按照财政部门的要求命名和编码，其他级别的科目名称和编号，用户可以根据自己的需要进行设定。

83.【参考答案】×

【解析】会计软件系统中，所设置的操作员一旦被引用，便不能被修改和删除。

84.【参考答案】√

【解析】在电算化方式下，记账凭证经审核签字后，由具有记账权限的操作员发出记账指令，计算机将按照预先设计的记账程序自动进行合法性检查、科目汇总，并登记总账和明细账、日记账、部门账、往来账、项目账以及备查账等。

85.【参考答案】√

【解析】在报表的"数据"状态下，可以管理报表的数据，如输入数据、增加或删除表页、审核、舍位平衡、制作图形、汇总、合并报表等。

### 四、不定项选择题

86.【参考答案】A

87.【参考答案】

（1）C

（2）C

（3）AB

88.【参考答案】

（1）D

（2）A

# 会计从业资格考试《初级会计电算化》模拟试卷（三）

一、单项选择题（在每小题给出的四个备选答案中，只有一个正确答案，请将所选答案的字母填在题后的括号内。每小题1分，共45分）

1. 将会计核算软件划分为通用会计核算软件和专用会计核算软件的依据是（　　）。

A. 会计信息系统的服务层次

B. 会计软件不同的适用范围

C. 会计信息共享功能

D. 以上都对

2. CAD 是（　　）的简称。

A. 计算机辅助系统　　B. 计算机辅助设计

C. 计算机辅助制造　　D. 计算机辅助教学

3. 电算化会计核算流程与手工会计核算流程（　　），但核算流程中各环节的工作内容有很大差别。

A. 不相同

B. 完全一样，没有差别

C. 基本相同

D. 大部分不相同

4. 下列各项中，（　　）不属于计算机替代手工记账的条件。

A. 配有适用的会计软件，并且计算机与手工双轨运行5个月以上，计算机与手工核算的数据一致，且软件运行安全可靠

B. 配有专门的或主要用于会计核算工作的计算机或计算机终端

C. 建立健全相应的内部管理制度

D. 配有与会计电算化工作需要相适应的专职人员

5. 会计核算软件中的文字输入、屏幕提示和打印输出必须采用（　　）。

A. 英文　　　　　　B. 中英文对照

C. 中文　　　　　　D. 少数民族文字对照

6. 会计核算软件的核心子系统是（　　）子系统。

A. 应收/应付款核算　　B. 账务处理

C. 工资核算　　　　　D. 报表处理

7. 存储器是用来存放（　　）的。

A. 数字　　　　　　B. 文字

C. 表格　　　　　　D. 程序和数据

8. 根据（　　）在计算机上直接编制记账凭证，由计算机打印输出。

A. 收款凭证　　　　B. 付款凭证

C. 转账凭证　　　　D. 原始凭证

9. 在账务处理系统初始化时，（　　）一旦设定，会计账簿的启用日期就被确定下来。

A. 会计期间　　　　B. 启用日期

C. 凭证日期　　　　D. 口令

10. 会计核算软件在（　　）允许使用的范围内，不得出现由于自身原因造成的死机或者非正常退出等情况。

A. 技术性能　　　　B. 使用性能

C. 设计性能　　　　D. 开发性能

11. 2008年6月，财政部、证监会、审计署、银监会、保监会联合发布了（　　），取得了内控体系建设的重大突破和阶段性成果。

A.《企业内部控制基本规范》

B.《企业内部控制应用指引》

C.《企业内部控制评价指引》

D.《企业内部控制审计指引》

12. 中国会计信息化委员会暨 XBRL 中国地区组织于（　　）正式成立。

A. 2006年4月　　　　B. 2008年11月

C. 2009年10月　　　　D. 2010年10月

13. 不属于人工管理阶段会计核算软件的特点的是（　　）。

A. 会计核算软件主要用于会计业务的单项处理

B. 会计核算软件主要模仿手工会计数据处理的方式和程序

C. 着重解决数据量大、计算简便但重复次数较多的单项会计业务

D. 单项会计业务有机地集成起来

14. 下列不属于模拟手工记账探索起步阶段基本特征的是（　　）。

A. 程序简单

B. 程序和数据相互联系

C. 以文件来实现数据管理

D. 无数据管理

15. （　　）不是计算机替代手工记账的必要条件。

A. 适用的会计软件和相应的计算机硬件

B. 整理各账户的余额

C. 配备相应的会计电算化工作人员

D. 建立严格的内部管理制度

16. 实现会计电算化的最终目的是为( )服务。

A. 会计决策　　　　B. 会计监督

C. 会计核算　　　　D. 管理

17. 会计核算软件按( )可划分为单用户和多用户会计核算软件。

A. 适用范围　　　　B. 提供信息的层次

C. 开发商　　　　　D. 硬件结构

18. 下列选项中，不属于我国会计电算化发展趋势的是( )。

A. 向"管理一体化"方向扩展

B. 单位会计电算化与行业会计电算化相互渗透，相互促进

C. 软件技术与管理组织措施日趋结合

D. 会计电算化的开展与管理向个性化方向发展

19. 下列选项中，不属于会计软件技术发展趋势的是( )。

A. 支持跨平台运行　　B. 分布式应用

C. 统一的用户界面　　D. 高可靠性和安全性

20. 按照会计核算软件的通用范围划分，会计核算软件可分为( )。

A. 单用户和多用户会计核算软件

B. 标准和非标准会计核算软件

C. 统一和非统一会计核算软件

D. 通用和专用会计核算软件

21. 通用会计核算软件的最大缺陷是( )。

A. 专业性差　　　　B. 成本高

C. 统一的用户界面　D. 高可靠性和安全性

22. 商品化会计软件与定点开发会计软件的最大区别在于( )。

A. 是否准确　　　　B. 是否通用

C. 是否迅速　　　　D. 是否安全

23. 详细规定了会计核算软件应具备的功能模块及其内容的文件是( )。

A. 《会计核算软件管理的几项规定（试行）》

B. 《关于会计核算软件评审问题的补充规定（试行）》

C. 《会计核算软件基本功能规范》

D. 《会计电算化管理办法》

24. 计算机会计核算系统主要包括( )。

A. 账务处理系统　　B. 报表系统

C. 工资核算系统　　D. 以上全部

25. 下列不属于账务处理模块相应功能的是( )。

A. 输入记账凭证

B. 经审核后的记账凭证由系统自动过账到相应的明细账和总账

C. 提供凭证查询、打印等功能

D. 完成职工工资的计算

26. 账务处理模块与其他模块之间的联系主要表现为( )。

A. 原始凭证的审核

B. 记账凭证数据的传递

C. 总账、明细账的等级

D. 原始凭证的汇总

27. ( )模块的主要功能是对软件的各个子系统进行统一的操作管理和数据维护。

A. 总账　　　　　　B. 系统初始化

C. 系统管理　　　　D. UFO 报表

28. 下列不属于固定资产核算子系统功能的是( )。

A. 固定资产的增减变动

B. 计提折旧

C. 月末结账

D. 凭证的审核与记账

29. 下列属于会计核算软件与手工会计核算的不同点的是( )。

A. 目标

B. 遵守的会计准则和会计制度

C. 遵守基本会计理论和会计方法

D. 会计核算工具

30. ( )是用来对汉字进行存储、运算和编码的。

A. 机内码　　　　　B. 数字码

C. 拼音码　　　　　D. 字型码

31. 计算机的神经中枢是( )。

A. 运算器　　　　　B. 控制器

C. 内存储器　　　　D. 外存储器

32. 存储容量1KB是( )个 Byte。

A. 1 024 × 1 024　　B. 1 024

C. 512　　　　　　D. 256

33. 一般情况下断电后 ROM 存储的信息( )。

A. 丢失　　　　　　B. 被存储到硬盘

C. 不会丢失　　　　D. 被重写

34. 下列针对存储器 RAM 的说法正确的是( )。

A. 断电后存储在其上的信息将全部消失且无法

恢复

 B. 断电后存储在其上的信息将全部消失，但可以恢复

 C. 存储在其上的数据不能改写

 D. 存储在其上的信息可以永久保存

35. 下列针对计算机存储器的说法错误的是( )。

 A. 内存储器由许多存储单元组成

 B. 访问存储器中的信息不需要存储单元的地址

 C. 存储器的存储单元都有自己的单元地址

 D. 度量存储器容量的基本单位为字节

36. 下列设备中，不属于计算机输出设备的是( )。

 A. 绘图仪    B. 音响装置

 C. 显示器    D. 触摸屏

37. 目前使用最广泛的是( )绘图仪。

 A. 笔式    B. 喷墨式

 C. 发光二极管  D. 针式

38. 计算机存储器分为内存储器和外存储器两类，下列说法正确的是( )。

 A. 内存储器存储容量较小且存取速度慢

 B. 外存储器存储容量大且存取速度快

 C. 内存储器存储容量较小且存取速度快

 D. 外存储器比内存储器存取速度快

39. ( )是计算机数字世界与电话机模拟世界联系的桥梁，是模拟信号和数字信号的"翻译员"。

 A. 网卡    B. 声卡

 C. 调制解调器  D. 显卡

40. ( )是针对某个应用领域的具体问题而开发的应用程序，是直接面向用户需要的一类软件。

 A. 应用软件   B. 系统软件

 C. 专用软件   D. 通用软件

41. ( )是最基本、最重要的系统软件，已成为计算机系统必不可少的基本组成部分。

 A. 语言处理程序  B. 操作系统

 C. 数据库管理系统 D. 支持服务程序

42. 根据数据库数据模型( )的不同，可把数据库管理系统分为层次型、网状型、关系型三类。

 A. 组织结构   B. 使用范围

 C. 隶属系统   D. 设计方法

43. 与计算机具体的硬件无关，表达方式接近于被描述的问题，接近于自然语言和数学语言，易被人们掌握和接受的是( )。

 A. 机器语言   B. 汇编语言

 C. 高级语言   D. 程序语言

44. 计算机网络最主要的功能是( )。

 A. 资源共享   B. 分布处理

 C. 信息传送   D. 数据运算

45. 计算机能够直接识别的语言是( )。

 A. 低级语言   B. 汇编语言

 C. 机器语言   D. JAVA 语言

**二、多项选择题（在每小题给出的四个备选答案中，有两个或两个以上正确答案，请将所选答案的字母填在题后的括号内。不选、多选、错选均不得分。每小题 1 分，共 30 分）**

46. 会计核算软件的功能模块一般可以划分为( )等模块。

 A. 账务处理模块  B. 工资核算

 C. 固定资产管理  D. 生产制造

47. 建立会计账户体系并确定编码的过程应该遵循的原则包括( )。

 A. 符合财政部和有关管理部门的规定

 B. 满足本单位会计核算与管理的要求

 C. 保持相对稳定

 D. 保持体系完整，不能只有下级科目而没有上级科目

48. 下列属于计算机硬件的是( )。

 A. 鼠标    B. 显示器

 C. 打印机    D. 硬盘

49. 我国 20 世纪 80 年代的会计电算化主要处于( )阶段。

 A. 努力创新   B. 实验试点

 C. 理论研究   D. 稳步发展

50. 电算审查岗位可以设置在采用( )的单位。

 A. 大型计算机   B. 微型计算机

 C. 小型计算机   D. 大型会计软件

51. 计算机网络的主要功能有( )。

 A. 资源共享   B. 信息传送

 C. 分布处理   D. 协同商务

52. 工资管理系统的转账处理可以包括( )方法。

 A. 设置手动转账凭证

 B. 设置自动转账凭证

 C. 通过设计工资分配表自动转账

 D. 通过设计工资分配表手动转账

53. 按硬件结构划分，会计核算软件可分为( )。

A. 通用会计核算软件

B. 专用会计核算软件

C. 单用户会计核算软件

D. 多用户会计核算软件

54. 凭证是账务系统最基本最重要的资料来源，其中下列( )属于计算机账务系统处理的凭证来源。

A. 手工凭证　　　　B. 机制凭证

C. 原始凭证　　　　D. 派生凭证

55. 通用会计核算软件的特点有( )。

A. 能够满足任何待业的所有需求

B. 一般是由专业软件公司研制的

C. 一般能够在市场上公开销售

D. 一般能满足不同单位会计核算的基本需要

56. 下列选项中，属于我国会计电算化发展趋势的是( )。

A. 向"管理一体化"方向扩展

B. 单位会计电算化与行业会计电算化相互渗透，相互促进

C. 软件技术与管理组织措施日趋结合

D. 会计电算化的开展与管理向个性化方向发展

57. 我国的会计信息化工作的发展经历了( )。

A. 模拟手工记账的探索起步阶段

B. 与其他业务结合的推广发展阶段

C. 引入会计专业判断的渗透融合阶段

D. 与内控相结合建立 ERP 系统的集成管理阶段

58. 会计核算软件的功能模块包括( )。

A. 财务分析　　　　B. 材料核算

C. 成本核算　　　　D. 交纳税金

59. 应收/应付账款核算模块的主要功能包括( )。

A. 完成企业应收/应付账款的日常登记，并编制记账凭证

B. 处理资金往来结算过程中发生的各种结算票据

C. 进行应收账款账龄分析

D. 根据各种折旧计算方法计算固定资产折旧

60. 财政部设置了会计电算化( )等级培训。

A. 初级　　　　B. 中级

C. 高级　　　　D. 特级

61. 确定我国商品化会计核算软件的评审制度和标准的文件包括( )。

A.《会计核算软件管理的几项规定（试行）》

B.《会计电算化工作规范》

C.《关于会计核算软件评审问题的补充规定（试行）》

D.《会计电算化管理办法》

62. 2006 年 7 月，我国成立了企业内部控制标准委员会，其成员包括( )。

A. 财政部、国资委

B. 证监会、审计署

C. 国税总局、工商总局

D. 银监会、保监会

63. 企业内部控制体系的具体内容包括( )。

A.《企业内部控制基本规范》

B.《企业内部控制应用指引》

C.《企业内部控制评价指引》

D.《企业内部控制审计指引》

64. 可扩展商业报告语言（XBRL）的特点包括( )。

A. 基于互联网、跨平台操作

B. 专门用于财务报告编制、披露和使用

C. 实现数据集成与最大化使用

D. 实现会计信息数出一门、资料共享

65. 任何一个会计软件都是由( )组成的。

A. 模块　　　　　　B. 数据库

C. 会计运算程序　　D. 会计软件文档

66. 会计软件按照会计信息系统的服务层次和提供信息的深入程度分类，包括( )。

A. 会计预测软件　　B. 会计核算软件

C. 会计管理软件　　D. 会计决策软件

67. 与专用会计核算软件相比较，通用会计核算软件的优点有( )。

A. 成本相对较低

B. 维护量小且维护有保障

C. 开发者决定系统的扩充与修改

D. 原件开发水平较高

68. 按软件开发者的主体不同，专用会计核算软件可以划分为( )。

A. 本单位自行开发的会计核算软件

B. 委托其他单位开发的会计核算软件

C. 与其他单位联合开发的会计核算软件

D. 第三方开发的会计核算软件

69. 下列属于会计核算软件的是( )。

A. 账务处理软件　　B. 固定资产核算软件

C. 金融资产核算软件　D. 工资核算软件

70. 按硬件结构划分，会计核算软件可分

为（　　）。

　　A. 通用会计核算软件

　　B. 单用户会计核算软件

　　C. 专用会计核算软件

　　D. 多用户会计核算软件

　　71. 选择会计核算软件时应注意的问题是（　　）。

　　A. 所选软件的技术指标是否能够满足需要

　　B. 会计软件的功能是否能充分满足和保证企事业单位的特殊需求

　　C. 售后服务的质量

　　D. 是否有同类企业已成功地运用了该种软件

　　72. 通用会计核算软件的特点有（　　）。

　　A. 购置成本相对较低

　　B. 软件质量高

　　C. 系统初始化工作量小

　　D. 适应性较强

　　73. 程序设计语言按其对计算机硬件的依赖程度，可分为（　　）。

　　A. 机器语言　　　　B. 汇编语言

　　C. 高级语言　　　　D. 编码语言

　　74. 一般地账务处理系统主要由初始设置和（　　）模块组成。

　　A. 凭证处理　　　　B. 月末处理

　　C. 账簿输出　　　　D. 编制报表

　　75. 下列选项中，属于存货核算模块的功能有（　　）。

　　A. 及时反映采购业务的发生、货款的支付及存货入库情况

　　B. 提供各种存货的库存动态状况

　　C. 自动进行材料费用的分配，生成材料费用分配表

　　D. 自动编制机制转账凭证

　　**三、判断题**（认为正确的，在题后的括号内写"√"；认为错误的，在题后的括号内写"×"。判断正确的得分，判断错误的扣分，不答不得分也不扣分。每小题 1 分，共 10 分。本类题最低分为零分）

　　76. 会计账簿的登记、更正可以不符合国家统一的会计制度的规定。（　　）

　　77. 操作人员无权将操作口令告知他人，但在特殊情况下，口令密码可向领导汇报。（　　）

　　78. 电算主管负责保证计算机硬件、软件的正常运行，防止利用计算机进行舞弊。（　　）

　　79. 存储器分为软盘和硬盘两种。（　　）

　　80. ROM 只读不写，RAM 可读可写。（　　）

　　81. 操作系统是用于管理、操作和维护计算机各种资源并使其正常高效运行的软件。（　　）

　　82. 系统软件是计算机系统必备的软件。（　　）

　　83. 服务程序属于计算机的应用软件。（　　）

　　84. 既有凭证输入权又有凭证审核权的人员可以审核任何记账凭证。（　　）

　　85. 单位自行组织会计电算化培训可以解决会计电算化实施中存在的关键问题，特别是多部门协作时出现的较为复杂的问题。（　　）

　　**四、不定项选择题**（在每小题给出的四个备选答案中，有一个或一个以上正确答案，请将所选答案的字母填在题后的括号内。不选、多选、错选均不得分。共 3 小题，15 分）

　　86.（Windows 操作题，3 分）在硬盘上找某个文件，方法较快的是（　　）。

　　A. 打开"我的电脑"，选 C 盘，再按文件夹查找

　　B. 使用"开始"菜单中的"查找"命令

　　C. 使用资源管理器"工具"菜单中的"查找"命令

　　D. 使用写字板"编辑"菜单中的"查找"命令

　　87.（Word 操作题，共 3 小题，计 6 分）针对下面文字，按题目要求作答：

计算机终端

　　终端最初是指一种计算机外部设备，现在泛指一种由显示器、控制器及键盘合为一体的设备。它与微型计算机的根本区别在于它没有独立的中央处理器（CPU），也没有自己的内存。其主要功能就是将键盘输入的请求数据发往主机（或打印机），并将主机运算的结果显示出来。随着互联网的发展，目前"终端"一词又有了新的含义，它泛指一切可以介入网络的设备，例如个人电脑、网络电视、可以上网的手机、个人数字助理（PDA）等。

　　（1）（不定项选择题，2 分）将标题"计算机终端"的字体设置为"仿宋体"，字号为"三号"的操作方法是（　　）。

　　A. 在工具栏上的"字体"下拉列表中选择"仿宋体"单击，再选择字号下拉列表框中选择"三号"单击

　　B. 用鼠标选中标题，在"编辑"菜单上单击"字体"，在弹出的对话框中选择"字体"选项卡中的"仿宋体"和"三号"，然后单击"确定"按钮

　　C. 用鼠标选中标题，在工具栏上的"字体"下

拉列表中选择"仿宋体"单击，再选择字号下拉列表框中选择"三号"单击

D. 用鼠标选中标题，在"格式"菜单上单击"字体"，在弹出的"字体"对话框中选择"字体"选项卡中的"仿宋体"和"三号"，然后单击"确定"按钮

（2）（不定项选择题，2分）将正文中的"中央处理器"文字"加粗"的操作方法是（　　）。

A. 在工具栏的"格式"栏上双击"B"按钮

B. 用鼠标选中正文中的"中央处理器"，然后在工具栏的"格式"栏上单击"B"按钮

C. 用鼠标选中正文中的"中央处理器"，然后在工具栏的"格式"栏上双击"B"按钮

D. 在工具栏的"格式"栏上单击"B"按钮

（3）（不定项选择题，2分）把正文"终端最初……个人数字助理（PDA）等。"的行距设置为"2倍行距"的操作方法是（　　）。

A. 用鼠标选中全文，在"工具"菜单上单击"段落"，在弹出的对话框中选择行距设置为"2倍行距"，然后单击"确定"按钮

B. 用鼠标选中全文，在"视图"菜单上单击"段落"，在弹出的对话框中选择行距设置为"2倍行距"，然后单击"确定"按钮

C. 用鼠标选中全文，在"格式"菜单上单击"段落"，在弹出的对话框中选择行距设置为"2倍行距"，然后单击"确定"按钮

D. 用鼠标选中全文，在"编辑"菜单上单击"段落"，在弹出的对话框中选择行距设置为"2倍行距"，然后单击"确定"按钮

88. （表格操作题，共2小题，计6分）下表是"学生成绩表"，请按题目要求作答：

| 姓名 | 语文 | 数学 | 英语 | 总分 |
|---|---|---|---|---|
| 张三 | 87 | 92 | 80 | |
| 李四 | 96 | 83 | 92 | |
| 陈红 | 93 | 85 | 94 | |
| 王宇 | 88 | 97 | 91 | |
| 单科总分 | | | | |

（1）（不定项选择题，2分）将第一行中所有单元格内容居中，并设定字体为"黑体"的操作方法是（　　）。

A. 在工具栏的"格式"栏上单击"居中"按钮。点击菜单的"格式"菜单项中的"字体"标签，在弹出的对话框中选择"字体"选项卡中的"黑体"，然后单击"确定"按钮

B. 在工具栏的"格式"栏上双击"居中"按钮。点击菜单栏的"格式"菜单项中的"字体"标签，在弹出的对话框中选择"字体"选项卡中的"黑体"，然后单击"确定"按钮

C. 在工具栏的"格式"栏上单击"居中"按钮。点击菜单栏的"编辑"菜单项中的"字体"标签，在弹出的对话框中选择"字体"选项卡中的"黑体"，然后单击"确定"按钮

D. 在工具栏的"格式"栏上双击"居中"按钮。点击菜单栏的"插入"菜单项中的"字体"标签，在弹出的对话框中选择"字体"选项卡中的"黑体"，然后单击"确定"按钮

（2）（不定项选择题，3分）计算所有学生的"总分"，公式为所有学生各科成绩的合计的操作方法是（　　）。

A. 将光标移动到"总分"列中需要计算的学生所在行上，然后点击菜单栏的"工具"菜单项中的"公式"，在弹出的"公式"对话框中的"公式"栏输入公式"=SUM（ABOVE）"，然后单击"确定"按钮

B. 将光标移动到"总分"列中需要计算的学生所在行上，然后点击菜单栏的"工具"菜单项中的"公式"，在弹出的"公式"对话框中的"公式"栏输入公式"=SUM（LEFT）"，然后单击"确定"按钮

C. 将光标移动到"总分"列中需要计算的学生所在行上，然后点击菜单栏的"表格"菜单项中的"公式"，在弹出的"公式"对话框中的"公式"栏输入公式"=SUM（ABOVE）"，然后单击"确定"按钮

D. 将光标移动到"总分"列中需要计算的学生所在行上，然后点击菜单栏的"表格"菜单项中的"公式"，在弹出的"公式"对话框中的"公式"栏输入公式"=SUM（LEFT）"，然后单击"确定"按钮

# 模拟试卷（三）参考答案与精讲解析

## 一、单项选择题

**1.【参考答案】B**

【解析】按照不同的划分标准，会计核算软件可分为不同的种类。若按适用范围划分，会计核算软件可分为专用会计核算软件和通用会计核算软件。

**2.【参考答案】B**

【解析】CAD 是计算机辅助设计的简称。

**3.【参考答案】C**

【解析】电算化会计核算流程与手工会计核算流程基本相同，但核算流程中各环节的工作内容有很大差别。

**4.【参考答案】A**

【解析】A 表述错误，应该为配有适用的会计软件，并且计算机与手工双轨运行 3 个月以上，计算机与手工核算的数据一致，且软件运行安全可靠。

**5.【参考答案】C**

【解析】会计核算软件中的文字输入、屏幕提示和打印输出必须采用中文，可以同时提供少数民族文字或者外国文字对照。

**6.【参考答案】B**

【解析】账务处理系统是会计核算软件的核心子系统。

**7.【参考答案】D**

【解析】存储器是指计算机系统中具有记忆能力的部件，用来存放程序和数据。

**8.【参考答案】D**

【解析】根据原始凭证在计算机上直接编制记账凭证，由计算机打印输出。

**9.【参考答案】B**

【解析】在账务处理系统初始化时，启用日期一旦设定，会计账簿的启用日期就被确定下来。

**10.【参考答案】C**

【解析】会计核算软件在设计性能允许使用的范围内，不得出现由于自身原因造成的死机或者非正常退出等情况。

**11.【参考答案】A**

【解析】2008 年 6 月，财政部、证监会、审计署、银监会、保监会联合发布了《企业内部控制基本规范》，取得了内控体系建设的重大突破和阶段性成果。

**12.【参考答案】B**

【解析】2008 年 11 月，中国会计信息化委员会暨 XBRL 中国地区组织正式成立。

**13.【参考答案】D**

【解析】人工管理阶段，企业管理中应用的会计核算软件主要是模仿手工会计数据处理的方式和程序，着重解决那些数据量大、计算简便但重复次数多的单项会计业务的处理。

**14.【参考答案】C**

【解析】模拟手工记账探索起步阶段的主要内容是利用计算机代替手工成批处理大量数据，其基本特征是：程序简单，程序和数据相互联系，无数据管理。

**15.【参考答案】B**

【解析】为保证会计电算化后会计工作的质量，《会计电算化管理办法》和《会计电算化工作规范》都对计算机替代手工记账提出了应当具备的一个前提和三项基本条件，三项基本条件则是：(1)配有适用的会计软件和相应的计算机硬件设备；(2)配备相应的会计电算化工作人员；(3)建立健全严格的内部管理制度。

**16.【参考答案】D**

【解析】实现会计核算电算化是会计电算化的基础，全面提高企业现代化管理水平则是会计电算化的主要目的。

**17.【参考答案】D**

【解析】按硬件结构划分，会计核算软件可分为单用户会计核算软件和多用户（网络）会计核算软件。

**18.【参考答案】D**

【解析】我国会计电算化发展趋势的有：向"管理一体化"方向扩展；单位会计电算化与行业会计电算化相互渗透，相互促进；软件技术与管理组织措施日趋结合；会计电算化的开展与管理向规范化、标准化方向发展。

**19.【参考答案】C**

【解析】会计软件技术发展趋势：支持跨平台运行；支持多种应用系统数据交换；系统高度集成；分布式应用；多语种支持及个性化用户界面；高可靠性和安全性；面向电子商务应用。

**20.【参考答案】D**

【解析】按适用范围划分，会计核算软件可分为专用会计核算软件和通用会计核算软件。

21.【参考答案】A

【解析】专业性差是通用会计核算软件的最大缺陷。

22.【参考答案】B

【解析】商品化会计软件与定点开发会计软件的最大区别在于是否通用。

23.【参考答案】C

【解析】《会计核算软件基本功能规范》中详细规定了会计核算软件所应具备的功能模块及其内容。

24.【参考答案】D

【解析】会计核算软件的功能模块一般可划分为账务处理、应收/应付款核算、工资核算、固定资产核算、存货核算、销售核算、成本核算、会计报表生成与汇总、财务分析等。

25.【参考答案】C

【解析】账务处理是财务会计系统中最核心的系统，以凭证处理为中心，进行账簿报表的管理。可与各个业务系统无缝连接，实现数据共享。企业所有的核算最终在总账中体现。

26.【参考答案】B

【解析】账务处理子系统以会计凭证为数据处理对象，而会计凭证包含的会计信息相对比较全面、标准，因此账务处理子系统与其他子系统之间的联系也主要表现为凭证数据的传递。

27.【参考答案】C

【解析】用友软件设立了一个独立的系统管理模块，由该模块为各子系统提供统一的环境，对整个系列产品的公共任务进行统一管理。

28.【参考答案】D

【解析】固定资产核算功能模块主要用来反映单位固定资产增减变动及折旧计提情况。与手工处理类似，软件也通过固定资产卡片来管理固定资产的增减变动情况。对于折旧计提则是通过设置自定义转账凭证的方式每月由计算机自动完成。用户可根据固定资产分类及管理要求设计建立固定资产卡片，确定固定资产计提折旧的方法，随时登记固定资产增减变动情况，按规定时间（期间）进行汇总计算固定资产原值、计提的累计折旧额及净值；按预先设计的自动转账凭证自动编制资产增减变动与计提折旧等会计凭证，并自动转入账务处理功能模块；定期生成和输出固定资产明细账和资料卡片，详细反映固定资产的价值状况及变动内容。

29.【参考答案】D

【解析】会计核算软件与手工会计核算的不同点包括：会计核算工具不同；会计信息载体不同；记账规则不完全相同；账务处理流程存在差别；内部控制方式不同；会计机构及人员分工不同。ABC选项为两者的共同点。

30.【参考答案】A

【解析】输入的汉字码由键盘管理程序转换成机内码，以便处理、保存、显示、打印和传输等。

31.【参考答案】B

【解析】控制器是整个计算机的指挥中心，负责从存储器中取出指令，并对指令进行分析判断后产生一系列的控制信号，控制计算机各部件自动连续地完成各种操作。控制器负责控制计算机各部件协调工作，并使整个处理过程有条不紊地进行。它的基本功能是从内存中按顺序取指令和执行指令，即控制器按程序计数器指出的指令地址从内存中取出该指令进行译码，然后根据该指令功能向有关部件发出控制命令，执行该指令。另外，控制器在工作的过程中，还要接收各部件反馈回来的信息。

32.【参考答案】B

【解析】存储容量1KB是1 024个Byte。即1KB = 1 024B。

33.【参考答案】C

【解析】该题考核计算机硬件知识点，断电后，通过ROM存储的信息不会丢失。

34.【参考答案】A

【解析】RAM中的信息可以随时读出和写入，用来存放计算机工作时所需要的程序和数据。由于RAM依靠计算机电源供电，当计算机掉电（即停电）时，RAM中的信息会完全丢失，并不可恢复。通常人们所说的内存就是指随机存储器RAM，它有较高的读写速度，但存储容量小且价格较贵，不能永久地保存程序和数据。

35.【参考答案】B

【解析】存储器是计算机系统中的记忆装置，用来存储程序和数据，它的基本功能是在控制器的控制下按照指定的地址存入和取出各种信息。存储器中最小的存储单元是字节（简称B），每个存储器都有许多存储单元，所有存储单元都按顺序编号，这些编号称为地址。存储器中所有存储单元的总和称为这个存储器的存储容量，描述存储器容量的单位按从小到大的顺序排列，分别有B、KB、MB、GB、TB。故ACD正确。而访问存储器中的信息是需要存储单元地址的。

36.【参考答案】D

【解析】计算机的输出设备种类很多，如显示器、打印机、绘图仪、音响装置等。D 选项是计算机的输入设备。

37.【参考答案】A

【解析】绘图仪有笔式、喷墨式和发光二极管三大类。其中，笔式绘图仪是目前使用最广泛的。

38.【参考答案】C

【解析】内存储器也称主存储器（简称主存），一般只存放急需处理的数据和正在执行的程序。它直接与 CPU 相连接，存储容量较小，但速度快。

39.【参考答案】C

【解析】调制解调器（Modem）是普通用户上网的必备硬件，网友们爱称它为"猫"，是计算机数字世界与电话机模拟世界联系的桥梁。它是模拟信号和数字信号的"翻译员"。

40.【参考答案】A

【解析】应用软件是相对于系统软件而言的，是针对某个应用领域的具体问题而开发的应用程序，是直接面向用户需要的一类软件。

41.【参考答案】B

【解析】操作系统（Operating System，简称 OS）是最基本、最重要的系统软件，它负责管理和控制计算机的所有硬件、软件资源的程序，合理组织计算机各部分协调工作，为用户提供操作界面和编程接口。

42.【参考答案】D

【解析】根据数据库数据模型设计方法的不同，可把数据库管理系统分为层次型、网状型、关系型三类。

43.【参考答案】C

【解析】高级语言与具体计算机的机器指令无关，其表达方式更接近于人类自然语言的思维逻辑，接近于自然语言、易于理解、面向问题的程序设计语言。

44.【参考答案】A

【解析】资源共享是指网络上的用户能部分或全部地享受网络中的资源，它是计算机网络最主要的功能。

45.【参考答案】C

【解析】计算机唯一能识别的语言就是机器语言，所以其他语言必须转换成机器语言才能被计算机所识别。

二、多项选择题

46.【参考答案】ABC

【解析】选项 D 不属于会计核算软件的功能模块。

47.【参考答案】ABCD

【解析】本题考核替代手工记账的过程。

48.【参考答案】ABCD

【解析】计算机的硬件包括鼠标、显示器、打印机、软盘、硬盘、键盘等。

49.【参考答案】BC

【解析】我国的会计电算化从 20 世纪 80 年代开始。当时，会计电算化主要处于实验试点和理论研究阶段。

50.【参考答案】ACD

【解析】采用大型、小型计算机和大型会计软件的单位，可设立电算审查岗位。

51.【参考答案】ABC

【解析】计算机网络的主要功能有：资源共享、信息传送、分布处理。

52.【参考答案】BC

【解析】工资管理系统的转账处理包括设置自动转账凭证和通过设计工资分配表自动转账。

53.【参考答案】CD

【解析】会计核算软件按照硬件结构划分，可分为单用户会计核算软件和多用户（网络）会计核算软件。

54.【参考答案】ABD

【解析】作为会计电算化账务系统最基本最重要的资料，手工凭证、机制凭证和派生凭证都是合法的凭证来源。

55.【参考答案】BCD

【解析】通用会计核算软件一般是指由专业软件公司研制，公开在市场上销售，能适应不同行业、不同单位会计核算与管理基本需要的会计核算软件。其特点是：软件可以在多个单位使用，一次开发、多次使用，研制效益比较高。但这类软件研制难度较大，而且并不是所有类型的企业都适用，只能在一定范围内通用。

56.【参考答案】ABC

【解析】我国会计电算化发展趋势的有：向"管理一体化"方向扩展；单位会计电算化与行业会计电算化相互渗透，相互促进；软件技术与管理组织措施日趋结合；会计电算化的开展与管理向规范化、标准化方向发展。

57.【参考答案】ABCD

【解析】我国的会计信息化工作经历了模拟手工

记账的探索起步阶段、与其他业务结合的推广发展阶段、引入会计专业判断的渗透融合阶段，以及与内控相结合建立 ERP 系统的集成管理阶段。

58.【参考答案】ABC

【解析】会计核算软件的功能模块包括账务处理系统、应收/应付账款核算、销售核算和财务分析等。故选 ABC。

59.【参考答案】ABC

【解析】应收/应付账款子系统完成各应收账款的登记，并编制记账凭证，动态地反映各客户信息和应收/应付账款信息；处理企业在进行资金往来结算过程中发生的各种结算票据，尤其是各种应收/应付票据的等级、利息计算等；进行应收账款账龄分析和坏账估计；自动勾兑往来账款等。D 选项是固定资产核算子系统的功能。

60.【参考答案】ABC

【解析】财政部组织全国开展的初级、中级和高级会计电算化培训，培训的对象是在职会计人员，无论本单位是否使用会计软件都可以接受培训。故选 ABC。

61.【参考答案】AC

【解析】财政部于 1989 年底和 1990 年 7 月先后发布了《会计核算软件管理的几项规定（试行）》和《关于会计核算软件评审问题的补充规定（试行）》两个文件，确定了商品化会计核算软件的评审制度和标准。

62.【参考答案】ABD

【解析】2006 年 7 月，财政部、证券监督管理委员会（以下简称证监会）、国务院国有资产监督管理委员会（以下简称国资委）、审计署、银行业监督管理委员会（以下简称银监会）、保险监督管理委员会（以下简称保监会）联合发起成立我国企业内部控制标准委员会。

63.【参考答案】ABCD

【解析】四个选项均属于内部控制体系的内容。

64.【参考答案】ABCD

【解析】可扩展商业报告语言，是基于互联网、跨平台操作，专门应用于财务报告编制、披露和使用的计算机语言，可以为公司提供一种统一的方法在网上标记财务和其他信息。通过 XBRL，有关数据可以准确地在不同操作系统、不同数据库、不同软件之间传输和交换，这种语言能从根本上实现数据的集成与最大化。

65.【参考答案】ABD

【解析】任何一个会计软件都是由模块、数据库和会计软件文档三大部分组成的。

66.【参考答案】BCD

【解析】会计软件按照会计信息系统的服务层次和提供信息的深入程度分类，可以分为会计核算软件、会计管理软件和会计决策软件。

67.【参考答案】ABCD

【解析】与专用会计核算软件相比较，通用会计核算软件具有通用性强、成本相对较低、维护量小且维护有保障、原件开发水平较高、开发者决定系统的扩充与修改等优点。

68.【参考答案】ABC

【解析】按软件开发者的主体不同，定点开发会计核算软件又可划分为本单位自行开发的会计核算软件、委托其他单位开发的会计核算软件与其他单位联合开发的会计核算软件三种类型。

69.【参考答案】ABCD

【解析】凡是具备相对独立完成会计数据输入、处理和输出功能的模块的软件，如账务处理软件、固定资产核算软件、工资核算软件、长期股权投资核算软件、金融资产核算软件等，均可视为会计核算软件。

70.【参考答案】BD

【解析】按硬件结构划分，可分为单用户会计核算软件和多用户（网络）会计核算软件。

71.【参考答案】ABCD

【解析】四项均是选择会计软件时应注意的问题。

72.【参考答案】ABD

【解析】通用软件系统初始化工作量大。C 不包括在内。

73.【参考答案】ABC

【解析】编码语言不属于程序设计语言。

74.【参考答案】ABC

【解析】D 选项，编制报表不属于账务处理内容。

75.【参考答案】ABCD

【解析】四个选项均是存货核算模块的功能。

三、判断题

76.【参考答案】×

【解析】《会计法》规定，使用电子计算机进行会计核算的，其软件及生成的会计凭证、会计账簿、财务会计报告和其他会计资料必须符合国家统一的会计制度规定。会计账簿的登记、更正也应当符合国家统一的会计制度的规定。

**77.【参考答案】**×

【解析】为了保证会计电算化系统的安全使用，操作人员无权将操作口令告知他人，即使是领导也不可以。倘若确实出现特殊情况，可重新设置操作口令。

**78.【参考答案】**×

【解析】电算维护人员负责保证计算机硬件、软件的正常运行，电算审查人员对电算化系统运行进行监督，防止利用计算进行舞弊；电算主管负责协调计算机及会计软件系统的运行工作。

**79.【参考答案】**×

【解析】存储器分为内存储器和外存储器。

**80.【参考答案】**√

**81.【参考答案】**√

【解析】操作系统是最基本、最重要的系统软件，已成为计算机系统必不可少的基本组成部分。操作系统是由指挥与管理计算机系统运行的程序模板和数据结构组成的一种大型软件系统，其功能是管理计算机的硬件资源和软件资源，为用户提供高效、周到的服务。

**82.【参考答案】**√

**83.【参考答案】**×

【解析】服务程序属于计算机的系统软件。

**84.【参考答案】**×

【解析】既有凭证输入权又有凭证审核权的人员可以审核任何除了自己填制的记账凭证。

**85.【参考答案】**√

【解析】有条件的大型企业常常采用单位自行组织会计电算化培训这种培训形式，通过统一组织培训来解决会计电算化实施中存在的关键问题，特别是多部门协作时出现的较为复杂的问题。

**四、不定项选择题**

**86.【参考答案】**B

【解析】使用"开始"菜单中的"查找"命令，可以较快地在硬盘上查找文件。

**87.【参考答案】**

（1）CD

（2）B

（3）C

**88.【参考答案】**

（1）A

（2）D

# 会计从业资格考试《初级会计电算化》模拟试卷（四）

一、单项选择题（在每小题给出的四个备选答案中，只有一个正确答案，请将所选答案的字母填在题后的括号内。每小题1分，共45分）

1. CPU（中央处理器）是计算机的（    ）。
A. 心脏　　　　　　　B. 应用软件
C. 系统软件　　　　　D. 外部设备

2. 计算机最主要的工作原理是（    ）。
A. 存储程序与程序控制
B. 高速度与高精度
C. 可靠性与可用性
D. 有记忆能力

3. 计算机软件包括应用软件和（    ）。
A. 游戏软件　　　　　B. 程序设计软件
C. 数据库管理软件　　D. 系统软件

4. 报表汇总时，进行汇总的各个报表格式，应当（    ）。
A. 相同　　　　　　　B. 不相同
C. 近似　　　　　　　D. 不好说

5. 计算机的软件系统可分为（    ）。
A. 程序与数据
B. 程序、数据与文档
C. 系统软件与应用软件
D. 操作系统与语言处理程序

6. 计算机病毒是指（    ）。
A. 带细菌的磁盘
B. 具有破坏性的特制程序
C. 已经损坏的磁盘
D. 被破坏了的程序

7. （    ）是衡量计算机性能的最重要的部件。
A. 存储器　　　　　　B. 中央处理器
C. 外存储器　　　　　D. 内存储器

8. 下列（    ）情况不能反映会计电算化系统进行数据备份和恢复的重要性。
A. 备份软盘存储不当引起数据丢失
B. 软件故障造成财务数据丢失
C. 计算机病毒造成财务数据丢失
D. 人为的误操作造成财务数据丢失

9. 计算机病毒主要通过（    ）传播到其他计算机。
A. 磁盘与网络　　　　B. 微生物病毒体
C. 人体　　　　　　　D. 电源

10. 账务处理中，建立会计科目功能中，科目建立顺序是先建（    ）科目。
A. 二级　　　　　　　B. 明细
C. 一级　　　　　　　D. 现金

11. （    ）在很大程度上决定了计算机的运行速度。
A. 主频　　　　　　　B. 字长
C. 内存容量　　　　　D. 外设配置

12. 对 CD - ROM 光盘能进行的操作是（    ）
A. 格式化　　　　　　B. 读文件
C. 写数据　　　　　　D. 删除文件

13. 会计软件系统在保管过程中要特别注意（    ）。
A. 防止数据毁损丢失
B. 防火防盗
C. 不断进行测试以确保软件正常使用
D. 升级管理

14. 构成计算机系统的各种物理设备称为（    ）。
A. 计算机系统　　　　B. 主机
C. 计算机硬件系统　　D. 外设

15. 计算机硬件的核心是（    ）。
A. 运算器　　　　　　B. 控制器
C. 中央处理器　　　　D. 存储器

16. 在微机中，运算器的主要功能是（    ）。
A. 算术运算
B. 逻辑运算
C. 算术运算和逻辑运算
D. 信息处理

17. 在计算机中负责指挥和控制计算机各部分自动并协调一致进行工作的部件是（    ）。
A. 控制器　　　　　　B. 运算器
C. 存储器　　　　　　D. 总线

18. 存储器分为内存储器和外存储器两类，下面说法正确的是（    ）。
A. 它们中的数据均可被 CPU 直接调用
B. 只有外存储器中的数据可被 CPU 直接调用
C. 它们中的数据均不能被 CPU 直接调用
D. 只有内存储器中的数据可被 CPU 直接调用

19. 下列设备中，属于输入设备的是（    ）。
A. 显示器　　　　　　B. 打印机
C. 键盘　　　　　　　D. 中央处理器

20. 引入会计专业判断的渗透融合阶段是会计电算化发展的(　　)。

A. 低级阶段　　　　　B. 初级阶段

C. 中级阶段　　　　　D. 高级阶段

21. 账务处理系统中账套号设置的最重要的要求是(　　)。

A. 只能用两位数字　　B. 账套号不能重复

C. 只能用两位字符　　D. 可以任意设置

22. "开始"按钮,通常位于桌面的(　　)。

A. 底行左侧　　　　　B. 底行右侧

C. 左上侧　　　　　　D. 右上侧

23. 会计核算软件的核心是(　　)。

A. 报表系统　　　　　B. 采购系统

C. 账务处理系统　　　D. 成本核算系统

24. 商品化会计软件的缺点是(　　)。

A. 成本高

B. 见效慢

C. 维护没有保障

D. 有些功能不能满足企业的需要

25. 下面一组均是可执行文件扩展名的是(　　)。

A. . com、. exe、. bat

B. . txt、. bat、. exe

C. . sys、. com、. exe

D. . bas、. bat、. com

26. 在计算机中组成一个字节的二进制位数是(　　)。

A. 4　　　　　　　　B. 8

C. 12　　　　　　　 D. 16

27. 下列不属于操作系统软件的是(　　)。

A. DOS　　　　　　 B. Word

C. Windows　　　　　D. UNIX

28. 如果会计科目的编码方案为 4 - 2 - 2 - 2,那么(　　)为 3 级科目编码。

A. 100101　　　　　 B. 0101

C. 1001010101　　　 D. 10010102

29. 用友软件中,(　　)模块的主要功能是对软件的各个子系统进行统一的操作和数据维护。

A. 点账　　　　　　 B. 系统初始化

C. 系统管理　　　　 D. 会计报表

30. 某企业使用了 3222 的会计科目的编码方案,请问,1010101 科目是(　　)。

A. 一级科目　　　　 B. 二级科目

C. 三级科目　　　　 D. 四级科目

31. 在设置科目的余额方向时,应根据(　　)确定科目方向。

A. 科目的名称　　　 B. 科目的性质

C. 科目的代码　　　 D. 科目的级次

32. 电算化会计核算基本流程正确的是(　　)。

A. 编制记账凭证、凭证审核、记账、结账、编制报表

B. 编制记账凭证、凭证审核、结账、记账、编制报表

C. 编制报表、凭证审核、记账、结账、编制记账凭证

D. 编制报表、凭证审核、结账、记账、编制记账凭证

33. 以下电算化会计岗位中,主管会计一般不兼任的是(　　)。

A. 电算主管　　　　 B. 电算维护

C. 审核记账　　　　 D. 数据分析

34. 下列属于电算审查岗位职责的是(　　)。

A. 监督计算机及会计软件系统的运行,防止舞弊

B. 保护计算机硬件、软件的正常运行,管理机内会计数据

C. 对计算机内的会计数据进行分析

D. 对凭证进行审核记账

35. 直接管理、操作、维护计算机及会计核算软件的工作岗位是(　　)。

A. 会计主管　　　　 B. 系统管理员岗位

C. 电算化会计岗位　 D. 基本会计岗位

36. 电算操作人员有权(　　)。

A. 请人代输

B. 拒绝输入没有审核的凭证

C. 修改数据库

D. 改动数字

37. (　　)负责定义各操作人员的权限。

A. 单位负责人

B. 主管财务的单位负责人

C. 账套主管

D. 三者都可以

38. 按照《会计档案管理办法》的规定,下列说法中不正确的有(　　)。

A. 我国境内所有单位的会计档案不得携带出境

B. 单位合并后原各单位仍存续的,其会计档案仍应由原各单位保管

C. 固定资产卡片于固定资产报废清理后保管

5 年

D. 会计档案的保管期限分为 3 年、5 年、10 年、15 年、25 年 5 类

39. 下列关于系统管理注册说法不正确的是( )。

A. 设置操作员功能主要可以完成增加、修改和删除操作员的功能

B. 操作员编号在系统中必须唯一

C. 在不同的账套中，操作员编号可以重复

D. 所设置的操作员一旦被引用，则不能被修改和删除

40. 会计电算化后，会计岗位可以分为( )。

A. 电算主管、软件操作、审核记账、电算维护、数据分析

B. 会计主管、出纳、工资核算员、成本核算员、现金管理员等

C. 基本会计岗位和电算化会计岗位

D. 专职会计岗位和电算化会计岗位

41. 在会计软件使用的最初阶段，人工与计算机往往需要同时进行，其目的不包括( )。

A. 检查已建立的会计电算化核算系统是否充分满足要求

B. 运行中发现的问题是否还应进行修改

C. 双重的劳动能够提高会计电算化核算系统的效率

D. 使用人员对软件的操作是否存在问题

42. 在开展会计电算化的工作中，为避免失误应分三步走，具体内容是( )。

A. 先咨询，再培训，后实施

B. 先培训，再咨询，后实施

C. 先安装，再运行，后检测

D. 先运行，再修正，后检测

43. 会计电算化岗位及其权限设置应该由( )来设置。

A. 电算主管　　　　B. 单位领导

C. 维护人员　　　　D. 用户自己

44. 通用会计核算软件比专业会计核算软件( )。

A. 通用性强，开发水平高

B. 维护量小，购置成本高

C. 成本高，开发水平高

D. 通用性差，维护量大

45. 电算化后，部分会计核算的管理方法需要修改，那么下列说法不正确的是( )。

A. 会计科目要保留汉字会计科目名称

B. 一级会计科目编码应符合会计制度要求

C. 现金、银行日记账可采用活页式账页

D. 一般账簿可以按天、月、季、年打印

二、多项选择题 （在每小题给出的四个备选答案中，有两个或两个以上正确答案，请将所选答案的字母填在题后的括号内。不选、多选、错选均不得分。每小题 1 分，共 30 分）

46. 以下缩写正确的有( )。

A. 计算机辅助设计：CAD

B. 计算机辅助制造：CAM

C. 人工智能：AI

D. 计算机辅助教学：CAT

47. 存储器可以分为( )。

A. 基本存储器　　　B. 次要存储器

C. 外存储器　　　　D. 内存储器

48. 下列属于 CPU 的是( )。

A. 只读处理器　　　B. 随机处理器

C. 控制器　　　　　D. 运算器

49. 以下属于低级语言的有( )。

A. 机器语言　　　　B. 汇编语言

C. 高级语言　　　　D. 非过程性语言

50. 微型计算机的特点( )。

A. 体积小　　　　　B. 价格低

C. 功能全　　　　　D. 操作方便

51. 计算机软件可分为( )。

A. 系统软件　　　　B. 应用软件

C. 计算机语言　　　D. 程序

52. 财务报表的功能包括( )。

A. 文件管理功能　　B. 格式设计功能

C. 公式设计功能　　D. 数据处理功能

53. 建立计算机网络的目的是( )。

A. 硬件资源共享　　B. 软件资源共享

C. 信息共享　　　　D. 信息传递

54. ( )要每天登记并打印输出，做到日清月结。

A. 现金日记账　　　B. 总分类账

C. 明细分类账　　　D. 银行存款日记账

55. 基本会计核算账簿管理包括( )的查询及打印。

A. 总账　　　　　　B. 余额表

C. 明细账　　　　　D. 客户往来账

56. 影响计算机运算速度的主要因素是( )。

A. 中央处理器（CPU）的主频

B. 存储器的存取周期

C. 内存储器的容量

D. 计算机系统的字长

57. 计算机硬件系统由各种具体的器件组成，是计算机进行工作的物质基础。下列选项中，属于计算机硬件系统的是（　　）。

A. 中央处理器　　　　B. 主存储器

C. 辅助存储器　　　　D. 输出设备

58. 下列设备属于计算机输入设备的有（　　）。

A. 键盘　　　　　　　B. 鼠标

C. 扫描仪　　　　　　D. 显示器

59. 计算机的性能指标有（　　）。

A. 计算机速度　　　　B. 字长

C. 存储容量　　　　　D. 显示器尺寸

60. 计算机主要性能指标包括（　　）。

A. 运算速度　　　　　B. 存储速度

C. 存储容量　　　　　D. 输入/输出速度

61. 决定 CPU 性能的主要指标是（　　）。

A. 字长　　　　　　　B. 主频

C. 外频　　　　　　　D. 缓存

62. 各申请使用会计核算软件替代手工记账的单位必须符合以下条件（　　）。

A. 使用的会计核算软件已达到《会计核算软件基本功能规范》的要求

B. 必须使用商品化财务软件

C. 已制定软、硬件管理制度及会计电算化后的会计档案保管制度

D. 使用会计核算软件与手工会计核算同时运行三个月以上，并取得一致的结果

63. 为保证会计电算化后会计工作的质量，应当具备一个前提和三项基本条件，下列选项中，符合这个大前提的是（　　）。

A. 计算机与手工会计核算应该并行三个月以上

B. 计算机与手工核算的数据相互一致

C. 软件运行安全可靠

D. 打印输出的证账表格式正确，签名盖章齐全

64. 会计电算化环境下，下列应作为会计档案进行保管的有（　　）。

A. 会计凭证　　　　　B. 会计账簿

C. 会计报表　　　　　D. 电子数据

65. 会计电算化档案包括（　　）等数据。

A. 机内会计数据

B. 软盘等备份的会计数据

C. 打印输出的会计凭证

D. 打印输出的会计报表

66. 对用磁性介质保存的电算化会计档案应采用下列（　　）方式进行保管。

A. 双重备份应放在同一地点，以防止丢失

B. 双重备份应放在不同地点，以防止同时损坏

C. 做好防磁、防尘、防潮工作

D. 准备双重备份

67. 以下选项中，属于因特网应用的是（　　）。

A. 远程登录　　　　　B. 资源共享

C. 电子公告板　　　　D. 新闻组

68. 会计电算化档案管理的主要任务是（　　）。

A. 监督和保证按要求生成各种档案

B. 确保各种会计档案的安全性与保密性

C. 保证各种会计档案得到合理有效利用

D. 检查会计科目体系的正确性和完整性

69. 对会计档案的管理要做好（　　）工作，重要的档案备两份，放在不同的地方。

A. 防磁　　　　　　　B. 防火

C. 防潮　　　　　　　D. 防尘

70. 计算机代替手工记账，其主要工作有（　　）。

A. 制定计算机正常运转措施

B. 数据转换

C. 计算机与手工并行

D. 甩账验收

71. 替代手工账的基本条件有（　　）。

A. 计算机与手工核算双轨运行 3 个月以上

B. 配有相应的计算机硬件设备

C. 做好手工账的结账工作

D. 配有与会计电算化工作需要相适应的专职人员

72. 目前开展会计电算化岗位培训的形式主要有（　　）。

A. 会计从业人员自主参加的会计电算化培训

B. 财政部组织开展的会计电算化培训

C. 软件公司提供的会计软件培训

D. 单位自行组织的会计电算化培训

73. 根据会计软件应用的需要，会计电算化培训主要包括（　　）。

A. 计算机各种硬件设备的使用

B. 杀毒软件的使用

C. 操作系统的基本应用

D. 会计软件应用知识

74. 设置会计科目时应遵循的原则包括（　　）。

A. 符合财政部和有关管理部门的规定

B. 满足本单位会计核算与管理的要求

C. 满足会计报表的要求

D. 保持科目的相对稳定性

75. 不同程序设计语言编写的源程序无法直接执行，必须经过翻译才能被计算机所接受，这些翻译程序就是计算机语言处理程序，包括( )。

A. 编码程序　　　　B. 翻译程序

C. 解释程序　　　　D. 汇编程序

**三、判断题（认为正确的，在题后的括号内写"√"；认为错误的，在题后的括号内写"×"。判断正确的得分，判断错误的扣分，不答不得分也不扣分。每小题 1 分，共 10 分。本类题最低分为零分）**

76. 账务处理系统中，填制记账凭证时只需输入总账科目。( )

77. 会计核算软件信息载体的缺点是存储的数据文件具有无形性，容易复制、篡改与删除且不留痕迹。( )

78. 工资核算系统初始化中的部门编码和职工类型编码是必须设置的内容。( )

79. 在计算机工作过程中，控制器不断从存储器中获取数据。( )

80. 账务处理系统初始化设置一般包括：设置基础档案、设置会计科目、设置凭证类别、录入期初余额等操作。( )

81. 尽管会计账簿比较清晰，计算机打印输出的会计账簿中的表格线条也不能减少。( )

82. 当会计单位实现了会计核算信息系统的电算化后，该单位全部会计工作就实现了电算化。( )

83. 任何计算机系统都存在着由于操作失误、硬件、软件、网络本身出现故障，而导致系统数据丢失甚至瘫痪的风险。( )

84. 在试运行阶段，可以直接用计算机输出的记账凭证替代手工记账凭证，根据有关规定进行审核并装订成册，作为会计档案保存。( )

85. 通用会计核算软件功能多，因而软件质量往往不高。( )

**四、不定项选择题（在每小题给出的四个备选答案中，有一个或一个以上正确答案，请将所选答案的字母填在题后的括号内。不选、多选、错选均不得分。共 3 小题，15 分）**

86. （Windows 操作题，3 分）保存以只读文件打开的 Word 2003 文档，应使用"文件"菜单下的( )命令。

A. 保存　　　　B. 另存为

C. 新建　　　　D. 另存为网页

87. （Word 操作题，共 3 小题，计 6 分）

针对下面文字，按题目要求作答：

青春，对于我们来说，或许只是一个充满活力的代名词。可是，对于那些已经站在青春的尾巴上的人来说，是如此的珍贵。即使青春如花美眷，也敌不过似水流年。总会随着时间的流逝，一点点的失去它的美丽光泽。虽然对于他们来说，青春的美丽年华，那如霓虹灯绚烂的生活，犹如星子划过夜空，那些激动人心的瞬间，那些永远的画面虽然已经消失，但是烙在他们心灵深处的印痕却依然清晰如初，永不磨灭。因为他们唯一的青春时光已经溜走，只剩下了回忆，也只能通过回忆，来弥补他们空虚的过去。所以他们依旧会在某个风清月明的时刻，重提青春，重提那些简单透明的少年与美丽的花儿。他们已经没有了可以无止境挥霍的大好青春，有的只是将要挥手告别的青春背影。他们只想挥手告别，却会突然面对自己的这个错误的选择。用一个最美好的时光换来自己的娱乐，一再地放纵自己。对于他们，总会面对青春渐去的背影，时光划过的青春，留下的遗憾，感叹自己的过错。

（1）（不定项选择题，2 分）在段首设置艺术字，内容为"青春"，艺术字式样选第 2 列第 3 行的样式；艺术字字体选"黑体"字号 32 磅。其操作方法是( )。

A. 将鼠标置于段首，单击"格式"—"图片"—"艺术字"菜单，弹出"艺术字库"对话框，选择合适的艺术字样式，单击"确定"按钮，弹出"编辑'艺术字库'文字"对话框，在对话框内输入文字内容为"青春"，设置字体为"黑体"、字号为"32"，最后单击"确定"按钮

B. 将鼠标置于段首，单击"插入"—"图片"—"艺术字"菜单，弹出"艺术字库"对话框，选择合适的艺术字样式，单击"确定"按钮，弹出"编辑'艺术字库'文字"对话框，在对话框内输入文字内容为"青春"，设置字体为"黑体"、字号为"32"，最后单击"确定"按钮

C. 将鼠标置于段首，单击"绘图"工具栏上的"插入艺术字"按钮，弹出"艺术字库"对话框，选择合适的艺术字样式，单击"确定"按钮，弹出"编辑'艺术字库'文字"对话框，在对话框内输入文字内容为"青春"，设置字体为"黑体"、字号为"32"，最后单击"确定"按钮

D. 将鼠标置于段首，单击"图片"工具栏上的"插入艺术字"按钮，弹出"艺术字库"对话框，选

择合适的艺术字样式，单击"确定"按钮，弹出"编辑'艺术字库'文字"对话框，在对话框内输入文字内容为"青春"，设置字体为"黑体"、字号为"32"，最后单击"确定"按钮

（2）（不定项选择题，2 分）设置页脚：插入当前日期并居中。其操作方法是（　　）。

A. 单击"插入"菜单下的"页脚"菜单，选择"编辑页脚"菜单项，插入当前时间和日期，单击工具栏上的"▤"菜单

B. 单击"视图"菜单下的"页脚"菜单，选择"编辑页脚"菜单项，插入当前时间和日期，单击工具栏上的"▤"菜单

C. 双击页面下方空白处，打开页眉页脚编辑界面，把鼠标置于"页脚"区域，单击时间和日期菜单项，单击工具栏上的"▤"菜单

D. 单击页面下方空白处，打开页眉页脚编辑界面，把鼠标置于"页脚"区域，单击时间和日期菜单项，单击工具栏上的"▤"菜单

（3）（不定项选择题，2 分）首句设置为首字下沉，下沉位置为"下沉"。其操作方法是（　　）。

A. 选中第一句，单击"格式"菜单下的"首字下沉"菜单，系统弹出"首字下沉"对话框，在"位置"下方选中"下沉"，单击"确定"按钮

B. 选中第一句，单击"编辑"菜单下的"首字下沉"菜单，系统弹出"首字下沉"对话框，在"位置"下方选中"下沉"，单击"确定"按钮

C. 选中第一句，单击"视图"菜单下的"首字下沉"菜单，系统弹出"首字下沉"对话框，在"位置"下方选中"下沉"，单击"确定"按钮

D. 选中第一句，单击"工具"菜单下的"首字下沉"菜单，系统弹出"首字下沉"对话框，在"位置"下方选中"下沉"，单击"确定"按钮

88.（表格操作题，共 3 小题，计 6 分）下表是"学生成绩表"，请按题目要求作答：

| 学号 | 姓名 | 性别 | 数学 | 语文 | 外语 |
|------|------|------|------|------|------|
| 9905 | 周易 | 男 | 92 | 88 | 86 |
| 9902 | 李文佳 | 女 | 88 | 84 | 86 |
| 9903 | 张京 | 女 | 75 | 82 | 94 |
| 9906 | 周亮 | 男 | 81 | 76 | 99 |
| 9901 | 高峰 | 男 | 98 | 87 | 88 |
| 9904 | 王敏 | 女 | 96 | 85 | 75 |

（1）（不定项选择题，2 分）在表格最后增加一列，在该列第二行输入"总分"两字的操作方法

是（　　）。

A. 首先选中当前表格，然后点击菜单的"表格"菜单项中的"插入"菜单，选择"列（在右侧）"菜单，然后在已插入列的第二行输入"总分"

B. 将光标移到当前表格的第一行，然后点击菜单栏的"表格"菜单项中的"插入"菜单，选择"列（在右侧）"菜单，然后在已插入列的第二行输入"总分"

C. 将光标移到当前表格的最后一行，然后点击菜单栏的"表格"菜单项中的"插入"菜单，选择"列（在右侧）"菜单，然后在已插入列的第二行输入"总分"

D. 将光标移到当前表格的最后一列，然后点击菜单栏的"表格"菜单项中的"插入"菜单，选择"列（在右侧）"菜单，然后在已插入列的第二行输入"总分"

（2）（不定项选择题，2 分）使用 SUM 函数计算每个学生的"总分"的操作方法是（　　）。

A. 将光标移动到"总分"列中需要计算的行，然后点击菜单栏的"工具"菜单项中的"公式"菜单，在弹出的"公式"对话框中的"公式"栏输入公式"＝SUM（ABOVE）"，然后单击"确定"按钮

B. 将光标移动到"总分"列中需要计算的行，然后点击菜单栏的"表格"菜单项中的"公式"菜单，在弹出的"公式"对话框中的"公式"栏输入公式"＝SUM（ABOVE）"，然后单击"确定"按钮

C. 将光标移动到"总分"列中需要计算的行，然后点击菜单栏的"工具"菜单项中的"公式"菜单，在弹出的"公式"对话框中的"公式"栏输入公式"＝SUM（LEFT）"，然后单击"确定"按钮

D. 将光标移动到"总分"列中需要计算的行，然后点击菜单栏的"表格"菜单项中的"公式"菜单，在弹出的"公式"对话框中的"公式"栏输入公式"＝SUM（LEFT）"，然后单击"确定"按钮

（3）（不定项选择题，2 分）将第一行的各列合并单元格，并将内容居中，字体设为"仿宋"的操作方法是（　　）。

A. 点击菜单栏的"表格"菜单项中的"合并单元格"，在工具栏的"格式"栏点击"居中"菜单。完成合并单元格和内容居中操作；点击菜单栏的"编辑"菜单项中的"字体"菜单，在弹出的对话框中选择字体选项卡中的"仿宋"，然后单击"确定"按钮

B. 用鼠标选中表格的第一行，点击菜单栏的

"表格"菜单项中的"合并单元格",在工具栏的"格式"栏上点击"居中"菜单。完成合并单元格和内容居中操作;点击菜单栏的"编辑"菜单项中的"字体"菜单,在弹出的对话框中选择字体选项卡中的"仿宋",然后单击"确定"按钮

C. 用鼠标选中表格的第一行,点击菜单栏的"表格"菜单项中的"合并单元格",在工具栏的"格式"栏上点击"居中"菜单。完成合并单元格和内容居中操作;点击菜单栏的"格式"菜单项中的

"字体"菜单,在弹出的对话框中选择字体选项卡中的"仿宋",然后单击"确定"按钮

D. 用鼠标选中当前表格,点击菜单栏的"表格"菜单项中的"合并单元格",在工具栏的"格式"栏上双击"居中"菜单。完成合并单元格和内容居中操作;点击菜单栏的"格式"菜单项中的"字体"菜单,在弹出的对话框中选择字体选项卡中的"仿宋",然后单击"确定"按钮

# 模拟试卷(四)参考答案与精讲解析

一、单项选择题

1.【参考答案】A

【解析】CPU(中央处理器)是计算机的心脏,也称为微处理器。

2.【参考答案】A

【解析】计算机的存储程序和程序控制原理被称为冯·诺依曼原理,是计算机最主要的工作原理。

3.【参考答案】D

【解析】计算机软件可分为系统软件和应用软件两大类。

4.【参考答案】A

【解析】报表汇总时,进行汇总的各个报表格式,应当相同。

5.【参考答案】C

【解析】计算机软件可分为两大类:一类是系统软件,另一类是应用软件。

6.【参考答案】B

【解析】计算机病毒是一种人为蓄意编制的具有自我复制能力并可以制造计算机系统的计算机程序。

7.【参考答案】B

【解析】中央处理器是衡量计算机性能的最重要的部件。

8.【参考答案】A

【解析】备份软盘存储不当引起数据丢失是备份的缺点,不是会计电算化系统进行数据备份和恢复的重要性。

9.【参考答案】A

【解析】计算机病毒主要通过软盘、计算机网络去传染其他计算机。

10.【参考答案】C

【解析】在设置会计科目的时候要逐级向下增设,即先设置上级会计科目,再设置下级会计科目。

11.【参考答案】A

【解析】主频指的是CPU在单位时间内的平均"运行"次数,是计算机一个重要的性能指标。它在很大程度上决定了计算机的运行速度。

12.【参考答案】B

【解析】目前微机中使用最普遍的是只读式光盘CD-ROM,它只能读出数据但不能写入数据,每张光盘容量可达几百MB。要使用CD-ROM,微机上就须配备光盘驱动器(简称光驱)。

13.【参考答案】D

【解析】软件系统在保管期限内要注意做好旧版本的升级管理。

14.【参考答案】C

【解析】一个完整的计算机系统由硬件系统和软件系统两大部分组成。硬件系统是指组成一台计算机的各种物理装置,它们由各种具体的物理器件组成,是计算机进行工作的物质基础。

15.【参考答案】C

【解析】运算器和控制器统称为中央处理器,即CPU(Central Processing Unit)。它是计算机硬件的核心。

16.【参考答案】C

【解析】该题针对"计算机硬件"知识点进行考核。

17.【参考答案】A

【解析】控制器是整个计算机的指挥中心,负责从存储器中取出指令,并对指令进行分析判断后产生一系列的控制信号,控制计算机各部件自动连续地完成各种操作。

18.【参考答案】D

【解析】存储器是计算机系统中的记忆装置,用来存储程序和数据,它的基本功能是在控制器的控制

下按照指定的地址存入和取出各种信息。按照存储器在计算机结构中所处的位置不同，可分为内存储器和外存储器两类。CPU只和内存储器直接进行信息交换，当CPU需要访问外存储器的数据时，需要先将数据读入内存储器，然后CPU再从内存储器中访问该数据，CPU输出数据时，也是先写入内存储器，然后再由内存储器写入外存储器。

19.【参考答案】C

【解析】输入设备是指向计算机输入各种信息（程序、文字、数据、图像等）的设备。常用的输入设备有键盘、鼠标、扫描仪、条形码输入器、光笔、触摸屏等。输出设备是指用来输出计算机处理结果的设备，其主要功能是把计算机处理后的结果转换成人们习惯接受的信息形式（如字符、图像、表格、声音等），或能为其他机器所接受的形式。最常用的输出设备有显示器、打印机、绘图仪等。例如，会计报表、会计账簿等一般可以用打印机按照指定要求打印输出。

20.【参考答案】D

【解析】引入会计专业判断的渗透融合阶段是会计电算化发展的高级阶段，目的是实现会计管理的电算化。

21.【参考答案】B

【解析】账务处理系统中账套号设置的最重要的要求是账套号不能重复。

22.【参考答案】A

【解析】"开始"按钮在默认状态下通常位于桌面的底行左侧，但其位置可以根据用户的要求进行调整。

23.【参考答案】C

【解析】会计核算软件中的用于会计核算的功能模块一般可以划分为：账务处理、应收/应付款核算、工资核算、固定资产核算、存货核算、销售核算、成本核算、会计报表生成与汇总、财务分析等，其中财务处理模块是会计核算软件的核心模块。

24.【参考答案】D

【解析】商品化会计软件的优点是见效快、成本低、安全可靠、维护有保障，其缺点是不能全部满足企业的各种核算与管理要求，同时对于会计人员要求较高。

25.【参考答案】A

【解析】一个文件名由两部分构成：文件主名和扩展名。计算机中，可执行文件的扩展名有".bat"、".exe"、".com"。

26.【参考答案】B

【解析】我们将8个二进制位的集合称作一个"字节"，英文名称是Byte，它是计算机存储和运算的基本单位。这样，一个数字、字母或字符就可以用1个字节来表示。

27.【参考答案】B

【解析】Word属于应用软件。通用应用软件大致可分为文字处理、表格处理、图形（像）处理、网络或统计等。

28.【参考答案】D

【解析】按此方案，一级科目为4位，二级科目全编码为6位（其中一级编码4位），三级科目全编码为8位（其中一级编码4位，二级编码2位）。故只有答案D符合条件（8位）。

29.【参考答案】C

【解析】系统管理模块的主要功能是对软件的各个子系统进行统一的操作和数据维护，具体包括：账套管理；年度账管理；操作员及权限管理。

30.【参考答案】C

【解析】一级科目三位101，二级科目两位01，三级科目两位01。故选C。

31.【参考答案】B

【解析】不同性质的科目，科目余额的方向不同。所以，在设置科目的余额方向时，应根据科目的性质确定科目方向。故选B。

32.【参考答案】A

【解析】电算化会计核算基本流程为编制记账凭证、审核记账凭证、记账、结账以及编制报表。故选A。

33.【参考答案】B

【解析】电算维护人员负责保证计算机硬件、软件的正常运行，管理机内会计数据。此岗要求具备计算机和会计知识，达到会计电算化中级水平。采用中小型计算机和网络化会计核算软件的单位，应设立此岗位，此岗位在大中型企业中应由专职人员担任。维护人员一般不对会计数据进行操作。

34.【参考答案】A

【解析】电算审查人员对电算化系统运行进行监督，防范利用电算化系统的舞弊。要求具备会计和计算机知识，达到会计电算化中级水平，此岗可由会计稽核人员兼任。采用中小型计算机和网络化会计软件的单位，可设立此岗位。具体职责是：（1）监督计算机及会计软件系统的运行，防止利用计算机进行舞弊。（2）审查电算化系统各人员岗位设置是否合理，内部控制是否完善，各类人员是否越权使用软件。

（3）发现系统问题或隐患，及时向会计主管反映，提出处理意见。

**35.【参考答案】C**

【解析】电算化会计岗位是指直接管理、操作、维护计算机，以及会计软件系统的工作岗位。电算化会计岗位可设立如下：（1）电算主管：负责协调计算机及会计软件系统的运行工作。（2）软件操作：负责输入记账凭证和原始凭证等会计数据，输出记账凭证、会计账簿、报表和进行部分会计数据处理工作。（3）审核记账：负责对输入计算机的记账凭证和原始凭证等数据进行审核。（4）系统维护：负责保证计算机硬件、软件的正常运行，管理机内会计数据。（5）电算审查：负责监督计算机及会计软件系统的运行，防止利用计算机进行舞弊。（6）数据分析：负责对计算机内的会计数据进行分析。（7）会计档案资料保管员：负责存档数据盘、程序软盘，输出的账表、凭证和各种会计档案资料的保管工作，做好软盘、数据及资料的安全保密工作。

**36.【参考答案】B**

【解析】根据相关规定，没有审核的凭证电算操作人员有权拒绝输入。故选B。

**37.【参考答案】C**

【解析】账套主管负责所选账套的维护工作。主要包括对所选账套进行修改、对年度账进行管理，以及定义该账套操作员权限等。故选C。

**38.【参考答案】D**

【解析】各种会计档案的保管期限根据其特点分为永久和定期两种。会计档案的定期保管期限分为：3年、5年、10年、15年、25年5种。

**39.【参考答案】C**

【解析】以系统管理员身份进入系统可以设置操作员功能，包括增加、修改和删除操作员功能；操作员编号在系统中必须唯一，即使在不同的账套中，操作员编号也不能重复。

**40.【参考答案】C**

【解析】企业实行会计电算化后，会计岗位包括基本会计岗位和电算化会计岗位。

**41.【参考答案】C**

【解析】计算机与手工并行的主要任务是：检查已建立的会计电算化核算系统是否充分满足要求，使用人员对软件的操作是否存在问题，对运行中发现的问题是否还应进行修改，并逐步建立比较完善的电算化内部管理制度等。

**42.【参考答案】A**

【解析】随着会计电算化普及程度的提高，选择一套会计软件系统是一项重大决策。为避免工作中的失误，我们建议，开展会计电算化工作应分三步走：即先咨询，再培训，后实施。

**43.【参考答案】A**

【解析】会计电算化岗位及其权限设置应该由电算主管设置。

**44.【参考答案】A**

【解析】与专业会计核算软件相比，通用会计核算软件具有通用性强、开发水平高、维护量小、购置成本相对较低等优点。

**45.【参考答案】D**

【解析】电算化后，部分会计核算的管理方法需要修改，会计科目要保留汉字会计科目名称，一级会计科目编码应符合会计制度要求，现金、银行日记账可采用活页式账页。

**二、多项选择题**

**46.【参考答案】ABC**

【解析】计算机辅助教学简称CAI。

**47.【参考答案】CD**

【解析】存储器可以分为外存储器和内存储器。

**48.【参考答案】CD**

【解析】运算器和控制器合称CPU。

**49.【参考答案】AB**

【解析】机器语言和汇编语言都是面向机器的语言，被称为低级语言。

**50.【参考答案】ABCD**

【解析】微型计算机：体积小、价格低、功能全、操作方便。

**51.【参考答案】AB**

【解析】计算机软件可分为系统软件和应用软件。

**52.【参考答案】ABCD**

【解析】财务报表的功能包括文件管理功能、格式设计功能、公式设计功能、数据处理功能、图表功能。

**53.【参考答案】ABCD**

【解析】建立计算机网络的目的是硬件资源、软件资源、信息共享和信息传递。

**54.【参考答案】AD**

【解析】现金日记账和银行存款日记账要每天登记并打印输出，做到日清月结。

**55.【参考答案】ABC**

【解析】基本会计核算账簿管理包括总账、余额表、明细账、序时账、多栏账的查询及打印。

56.【参考答案】AB

【解析】影响计算机运算速度的主要因素是中央处理器（CPU）的主频和存储器的存取周期。

57.【参考答案】ABCD

【解析】四个选项均属于计算机硬件系统。

58.【参考答案】ABC

【解析】输入设备是用于计算机的各种信息的输入，是计算机信息的入口。如键盘、鼠标、扫描仪、光笔、触摸屏、数码相机、摄像机、语音录入装置等。D 选项是计算机的输出设备。

59.【参考答案】ABC

【解析】计算机的技术性能指标是衡量计算机系统性能优劣的主要标志，计算机系统的性能指标主要有以下几种：主频，字长，内存容量，存取周期，运算速度。

60.【参考答案】ABCD

【解析】四个选项均是衡量计算机性能的主要指标。

61.【参考答案】BCD

【解析】CPU 主要的性能指标包括主频、外频和倍频数、内部缓存、二级缓存、MMX 技术等，故选 BCD。

62.【参考答案】ACD

【解析】B 选项，申请使用会计核算软件替代手工记账的单位可以使用自行开发的会计软件。

63.【参考答案】ABCD

【解析】为保证会计电算化后会计工作的质量，《会计电算化管理办法》和《会计电算化工作规范》都对计算机替代手工记账提出了应当具备的一个前提和三项基本条件。一个大前提是计算机与手工会计核算应该并行三个月以上，计算机与手工核算的数据相互一致，软件运行也安全可靠；其次要求打印输出的证账表格式必须正确，签名盖章必须齐全。

64.【参考答案】ABCD

【解析】实行会计电算化后，会计档案应包括存储在计算机中的会计数据（以磁带、磁盘、光盘、缩微胶片方式存储的会计数据），以及计算机打印出的书面形式的会计数据。会计数据是指：（1）会计凭证、会计账簿、会计报表（包括报表格式和计算公式），记载会计业务的原始凭证等数据；（2）会计电算化系统开发过程或会计电算化系统实施过程中的各种开发实施资料，如开发的需求分析书、系统设计书、实施过程中的参数设置情况表等；（3）其他会计资料。这些档案无论其是以纸质形式还是以电子数据形式存储在计算机内或是存放在磁盘等介质上，都属于会计电算化档案。严格来讲，会计电算化档案资料的内容多于传统手工会计核算。

65.【参考答案】ABCD

【解析】本题主要考核对会计电算化档案的掌握。四个选项均属于会计电算化档案。

66.【参考答案】BCD

【解析】双重备份应放在不同地点，以防止同时损坏，所以选项 A 不正确。

67.【参考答案】ABD

【解析】因特网的主要应用领域包括万维网、文件传输、电子邮件、远程登录、电子公告板和新闻板等。

68.【参考答案】ABC

【解析】D 选项是在人工与计算机数据对比时，要进行的工作，不属于会计电算化档案管理的主要任务。

69.【参考答案】ABCD

【解析】会计电算化会计档案管理应当强调各种电算化会计档案的安全与保密，单位对电算化会计档案管理要做到防磁、防火、防潮、防尘等工作，重要会计档案应准备双份，存放在两个以上不同的地点。故选 ABCD。

70.【参考答案】BCD

【解析】计算机代替手工记账，其主要工作有数据转换、计算机与手工并行、甩账验收。

71.【参考答案】ABD

【解析】替代手工账的三项基本条件是：（1）配有适用的会计软件，并且计算机与手工核算双轨运行 3 个月以上；（2）配有相应的计算机硬件设备；（3）配有与会计电算化工作需要相适应的专职人员。

72.【参考答案】BCD

【解析】目前开展会计电算化岗位培训主要有三种形式：（1）财政部组织开展的初级、中级和高级会计电算化培训；（2）软件公司提供的会计软件培训；（3）单位自行组织的会计电算化培训。

73.【参考答案】ACD

【解析】根据会计软件应用的需要，培训主要包括如下内容：计算机知识，包括计算机系统组成原理、各种硬件设备的使用、操作系统的基本应用，汉字输入方法等；会计软件应用知识，包括系统的安装、启动、初始化及各模块的操作应用。

**74.**【参考答案】ABCD

【解析】设置会计科目时应遵循以下原则：(1)符合财政部和有关管理部门的规定；(2)满足本单位会计核算与管理的要求；(3)满足会计报表的要求；(4)要保持体系完整，不能只有下级科目而没有上级科目；(5)要保持科目的相对稳定性；(6)要考虑与子系统的衔接。

**75.**【参考答案】BCD

【解析】计算机语言成为实现人和计算机信息交换的一种工具，但不同程序设计语言编写的源程序，机器无法直接执行，必须经过翻译才能被计算机接受。这些翻译程序就是计算机语言处理程序，包括汇编程序、编译程序和解释程序。

### 三、判断题

**76.**【参考答案】×

【解析】科目必须输入末级科目。

**77.**【参考答案】√

**78.**【参考答案】√

【解析】编码和职工类型编码在工资核算系统初始化中是必须设置的内容。

**79.**【参考答案】×

【解析】在计算机工作过程中，运算器不断从存储器中获取数据。

**80.**【参考答案】√

【解析】账务处理系统初始化设置一般包括：设置基础档案、设置会计科目、设置凭证类别、录入期初余额等操作。

**81.**【参考答案】×

【解析】如果会计账簿比较清晰，计算机打印输出的会计账簿中的表格线条可以适当减少。

**82.**【参考答案】×

【解析】会计电算化可分为三个不同的发展阶段，即会计核算电算化、会计管理电算化和会计决策电算化，会计核算电算化只是会计电算化的初级阶段。实现了会计核算电算化并非是全部会计工作实现了电算化。

**83.**【参考答案】√

【解析】系统故障风险，指由于操作失误，硬件、软件、网络本身出现故障，而导致系统数据丢失甚至瘫痪的风险。

**84.**【参考答案】√

**85.**【参考答案】×

【解析】通用会计核算软件一般是指由专业软件公司研制，公开在市场上销售，能适应不同行业、不同单位会计核算与管理基本需要的会计核算软件。其特点是：软件可以在多个单位使用，一次开发、多次使用，研制效益比较高。但这类软件研制难度较大，而且并不是所有类型的企业都适用，只能在一定范围内通用。

### 四、不定项选择题

**86.**【参考答案】B

【解析】保存以只读方式打开的 Word 2003 文档，应使用"文件"菜单下的另存为命令。

**87.**【参考答案】

(1) BC

(2) AC

(3) A

**88.**【参考答案】

(1) D

(2) D

(3) C

# 会计从业资格考试《初级会计电算化》模拟试卷（五）

**一、单项选择题（在每小题给出的四个备选答案中，只有一个正确答案，请将所选答案的字母填在题后的括号内。每小题1分，共45分）**

1. 在键盘上，有的键标注了上下两个符号，如果要输入该键上边表示的符号应该（ ）。

A. 直接按该键

B. 同时按下 Shift 键和该键

C. 按一下 Shift 键，再按该键

D. 同时按下 Alt 键和该键

2. 凭证正文内容包括摘要、辅助信息、金额和（ ）。

A. 数量和单价    B. 会计科目

C. 单位代码    D. 结算方式和票号

3. 系统初始化是指将通用会计软件转变成（ ）。

A. 单用户会计核算软件

B. 系统软件

C. 专用会计软件

D. 多用户会计核算软件

4. 计算机替代手工记账应当满足三项基本要求，其中要求建立健全内部管理制度。下列制度中，不在要求范围之内的是（ ）。

A. 岗位责任制度    B. 操作管理制度

C. 会计方法管理制度    D. 会计档案管理制度

5. （ ）不是记账凭证输入的项目。

A. 摘要    B. 会计科目及编号

C. 金额    D. 审核人

6. 下列不属于会计软件初始化功能的是（ ）。

A. 输入期初数据    B. 选择会计核算方法

C. 输入本期未达账项    D. 录入凭证

7. （ ）处理日常的财务作业，并以企业实体为单位对外出具按照规定格式生成的各种会计报表。

A. 管理会计子系统    B. 财务会计子系统

C. 账务处理子系统    D. 报表核算子系统

8. 会计核算软件应当具有在机内（ ）的情况下，利用现有数据恢复到最近状态的功能。

A. 会计数据被破坏    B. 会计报表被破坏

C. 会计软件被破坏    D. 会计制度被破坏

9. 下列各项中，（ ）一般用来存放大量暂时不用的程序和数据。

A. 运算器    B. 控制器

C. 内存储器    D. 外存储器

10. 手工会计核算的所有信息都以（ ）为会计数据的存储介质。

A. 光盘    B. 磁盘

C. 纸介质    D. 磁带

11. 进入20世纪90年代后，企业积极研究对传统会计组织和业务处理流程的重整，以实现企业内部以（ ）为核心的信息集成化。

A. 会计核算系统    B. 会计管理系统

C. 会计决策系统    D. 账务处理系统

12. 第二代计算机的主要特征是（ ）。

A. 电子管

B. 晶体管

C. 中小规模集成电路

D. 大规模和超大规模集成电路

13. 会计核算软件应当具有结账功能，结账前会计核算软件应当自动检查本期输入的会计凭证是否（ ）。

A. 全部通过审核    B. 全部登记入账

C. 全部打印输出    D. 全部借贷平衡

14. 中小企业的会计岗位设置也应该注意满足内部牵制制度的要求，下列设置符合要求的是（ ）。

A. 软件操作兼任审核记账

B. 软件开发员兼任软件操作

C. 会计主管兼任电算主管

D. 软件操作兼任会计出纳

15. （ ）是为了解决一个或一类特定问题而设计的计算机。

A. 微型计算机    B. 服务器

C. 专用计算机    D. 通用计算机

16. 每秒百万条指令（MIPS）是（ ）的单位。

A. 字长   B. 内存容量   C. 存储周期   D. 运算速度

17. 下列各组设置中，全部属于输入设备的一组是（ ）。

A. 键盘、磁盘和打印机   B. 键盘、扫描仪和鼠标

C. 键盘、鼠标和显示器   D. 硬盘、打印机和键盘

18. 目前，微机的字长以（ ）为主。

A. 64位、128位    B. 128位、16位

C. 32位、64位    D. 32位、128位

19. 会计核算软件提供的报表自定义功能不包括（ ）。

A. 定义报表格式

B. 定义报表项目

C. 定义各项目的数据来源

D. 核对账目

20. 财政部在1994年发布的(　　)中详细规定了会计核算所应具备的功能模块及其内容。

A. 《会计电算化工作规范》

B. 《会计核算软件基本功能规范》

C. 《会计基础工作规范》

D. 《会计电算化管理办法》

21. 计算机替代手工记账应当满足三项基本要求,其中要求建立健全内部管理制度。下列制度中,不在要求范围之内的是(　　)。

A. 岗位责任制度　　B. 操作管理制度

C. 会计方法管理制度　D. 会计档案管理制度

22. 单位(　　)情况,不需要建立相应的审批手续。

A. 修改记账凭证

B. 修改正在使用的会计核算软件

C. 改变会计核算软件运行环境

D. 升级正在使用的会计核算软件

23. 在账务处理系统中,账簿中的数据(　　)。

A. 不可以修改或删除　B. 可以删除

C. 可以增加　　　　　D. 可以修改

24. 早期人们编程使用的计算机语言是(　　)。

A. BASIC语言　　　　B. 机器语言

C. 汇编语言　　　　　D. 高级语言

25. 在账务处理系统中进行科目设置时,需要设置的辅助核算都应设在(　　)。

A. 最高一级明细科目

B. 所有科目

C. 最低一级明细科目

D. 任何一级科目

26. 应收/应付账款核算模块的主要功能有(　　)。

A. 系统初始化

B. 客户(或供应商)档案管理

C. 技术凭证输入及审核

D. 以上都正确

27. 各种会计账簿的数据都来源于(　　)数据。

A. 会计科目　　　　B. 记账凭证

C. 原始凭证　　　　D. 期初余额

28. 在机内总分类账和明细分类账的直接登账依据完全相同的情况下,总分类账可以用总分类账户(　　)对照表替代。

A. 本期发生额　　　B. 本期余额

C. 上期发生额　　　D. 上期余额

29. 巨型机也称为(　　)。

A. 大型机　　　　　B. 中型机

C. 超级计算机　　　D. 微型机

30. 下列各项,不属于微型计算机特点的是(　　)。

A. 体积小　　　　　B. 灵活性大

C. 价格昂贵　　　　D. 使用方便

31. Windows XP操作系统是一个(　　)。

A. 单用户多任务操作系统

B. 单用户单任务操作系统

C. 多用户单任务操作系统

D. 多用户多任务操作系统

32. 硬盘工作时,应特别注意避免(　　)。

A. 强烈震动　　　　B. 噪声

C. 光线直射　　　　D. 环境卫生不好

33. 在用Word 2003编辑时,文字下面的红色波浪线表示(　　)。

A. 可能有语法错误

B. 可能有拼写错误

C. 自动对所输入文字的修饰

D. 对输入的确认

34. 在Word 2003中,执行"编辑"菜单中的"全选"命令后(　　)。

A. 整个文档被选择

B. 插入点所在的段落被选择

C. 插入点所在的行被选择

D. 插入点至文档的开头被选择

35. 启动Word 2003后,可以新建文档的个数是(　　)。

A. 1个　　　　　　　B. 4个

C. 6个　　　　　　　D. 受内存空间的限制

36. 在Excel 2003中输入字符串时,若该字符串的长度超过单元格的显示宽度,则超过的部分最有可能(　　)。

A. 被截断删除

B. 右侧单元格为空时继续超格显示

C. 给出错误提示

D. 作为另一个字符串存入右侧相邻单元

37. 若在工作组中选取一组单元格,则其中活动单元格的数目是(　　)。

A. 1行单元格　　　B. 1个单元格

C. 1列单元格　　　D. 被选中的单元格个数

38. 选择会计软件时,应选择(　　)产品。

A. 原版或盗版　　　　B. 原版

C. 原版或部分原版　　D. 不好说

39. 在 Windows XP 中，任务栏的作用是（　　）。

A. 显示系统的所有功能

B. 只显示当前活动窗口名

C. 只显示正在后台工作的窗口名

D. 实现窗口之间的切换

40. 在 Word 2003 中，"打开"文档的作用是（　　）。

A. 将指定的文档从内存中读入，并显示出来

B. 为指定的文档打开一个空白窗

C. 将指定的文档从外存中读入，并显示出来

D. 显示并打印指定文档的内容

41. 用友报表系统中，可以用（　　）来唯一标识一个表页。

A. 单元　　　　　　　B. 函数

C. 区域　　　　　　　D. 关键字

42. 在 Windows XP 中，"回收站"是（　　）。

A. 内存中的一块区域

B. 硬盘上的一块区域

C. 软盘上的一块区域

D. 高速缓存中的一块区域

43. 在 Word 2003 文档中，出现在"文件"菜单底部列出的文件名表示（　　）。

A. 该文档正在使用

B. 该文档正在打印

C. 扩展名为".doc"的文件

D. 最近用 Word 2003 处理过的文档

44. 下列字符中，ASCII 码值最小的是（　　）。

A. d　　　　　　　　B. B

C. m　　　　　　　　D. W

45. 微机中，CAM 的含义是（　　）。

A. 计算机辅助设计　　B. 计算机辅助制造

C. 计算机辅助教学　　D. 计算机辅助测量

**二、多项选择题（在每小题给出的四个备选答案中，有两个或两个以上正确答案，请将所选答案的字母填在题后的括号内。不选、多选、错选均不得分。每小题 1 分，共 30 分）**

46. 凭证一旦保存，下列（　　）不能修改。

A. 凭证类别　　　　　B. 凭证编号

C. 摘要　　　　　　　D. 辅助信息

47. 存档的手续主要是指各种审批手续，如打印输出的账表，必须有（　　）签章才能存档保管。

A. 会计主管　　　　　B. 系统管理员

C. 一般会计人员　　　D. 主办会计

48. 常用对鼠标的操作有（　　）。

A. 单击　　　　　　　B. 双击

C. 单击右键　　　　　D. 拖动

49. 会计电算化档案管理的主要任务是（　　）。

A. 监督和保证按要求生成各种档案

B. 保证各种会计档案得到合理有效的利用

C. 确保各种会计档案存储的安全性和保密性

D. 打印和输出会计档案

50. 为了保证会计软件的功能能够满足企事业单位的实际需要，应考虑的因素为（　　）。

A. 会计软件的行业特点

B. 行业监管机构对会计核算的具体要求

C. 企事业单位会计核算的特殊性

D. 适应会计工作发展的需要

51. 电算维护员的职责有（　　）。

A. 定期检查电算化系统的软件、硬件的运行情况

B. 应及时对电算化系统运行中软件、硬件的故障进行排除

C. 负责电算化系统升级换版调试工作

D. 负责监督计算机及会计软件系统的运行，防止利用计算机进行舞弊

52. 会计核算软件应当提供（　　）的打印输出功能。

A. 日记账　　　　　　B. 总分类账

C. 明细分类账　　　　D. 会计报表

53. 固定资产核算软件具有的特点有（　　）。

A. 数据核算及存储量大

B. 日常数据输入量少

C. 输出内容多

D. 计算重复性强

54. 下列设备中，同时属于输入输出设备的有（　　）。

A. 键盘　　　　　　　B. 软盘

C. 硬盘　　　　　　　D. 显示器

55. 模拟手工记账的探索起步阶段的工作内容包括（　　）。

A. 设置会计科目电算化

B. 填制会计凭证电算化

C. 成本计算电算化

D. 编制会计报表电算化

56. 用友报表系统中，报表数据文件还能够被转换成的文件格式包括（　　）。

A. xls　　　　　　　　B. mdb

C. txt D. exe

57. 用友报表系统中，下列哪些操作是在数据状态下进行的( )？

A. 舍位平衡 B. 插入表页

C. 输入关键字 D. 整表重算

58. 用友报表系统中，( )是系统提供的默认关键字。

A. 单位名称 B. 年

C. 月 D. 日

59. 用友报表系统中，取数函数包括( )。

A. 自总账取数函数

B. 自本表本页取数函数

C. 自本表他页取数函数

D. 自其他报表取数函数

60. 用友报表系统中，属于账务取数函数的有( )。

A. QM( ) B. QC( )

C. PTOTAL( ) D. PMAX( )

61. 用友报表系统中，报表公式定义包括( )。

A. 计算公式 B. 审核公式

C. 舍位平衡公式 D. 校验公式

62. 用友报表系统中，哪些操作可打开"定义公式"对话框( )？

A. 单击 fx 按钮 B. 双击某公式单元

C. 单击"∑"按钮 D. 单击某公式单元

63. 下列软件中，属于应用软件的有( )。

A. 文字处理软件 B. 表格处理软件

C. 游戏软件 D. 会计核算软件

64. 用友报表系统中，报表格式定义包括的内容有( )。

A. 设置报表尺寸 B. 设置组合单元

C. 画表格线 D. 设置关键字

65. 计算机的应用领域包括( )。

A. 科学计算 B. 数据处理

C. 过程控制 D. 计算机辅助系统

66. 建立账套完成之后，( )不能修改。

A. 账套号 B. 账套名称

C. 启用会计期 D. 账套主管

67. 辅助核算科目主要包括( )科目。

A. 项目辅助 B. 部门辅助

C. 现金辅助 D. 银行存款辅助

68. 可以由会计电算化初级人员担任的岗位有( )。

A. 电算主管 B. 数据录入员

C. 数据审核员 D. 电算维护员

69. 凭证录入时的控制措施主要包括( )等几个方面。

A. 凭证类别和编号 B. 凭证金额

C. 制单日期 D. 会计科目

70. 下列各项中，属于银行对账内容的有( )。

A. 录入银行存款期初余额

B. 录入银行对账单

C. 银行对账

D. 生成银行存款余额调节表

71. 存储器可以分为( )。

A. 基本存储器 B. 巨型存储器

C. 外存储器 D. 内存储器

72. 下列各项中，属于计算机账务系统处理的凭证来源的有( )。

A. 手工凭证 B. 机制凭证

C. 原始凭证 D. 派生凭证

73. 对于记账总的来说，如果记账员已经开始记账，那么( )。

A. 记账员可以被删除

B. 记账员可以根据情况增加权限

C. 记账员可以被注销

D. 记账员的某些权限可以禁止

74. 一个报表的标题包括( )。

A. 报表名称 B. 报表编制日期

C. 编制单位 D. 使用货币单位

75. 系统初始化处理后，对会计科目的维护包括( )。

A. 开设新的银行存款账号

B. 修改会计科目编码

C. 必要时增加新的会计科目

D. 修改会计科目编码及名称的对立关系

**三、判断题（认为正确的，在题后的括号内写"√"；认为错误的，在题后的括号内写"×"。判断正确的得分，判断错误的扣分，不答不得分也不扣分。每小题 1 分，共 10 分。本类题最低分为零分）**

76. "会计电算化"一词是 1981 年在长春市召开的"财务、会计成本应用电子计算机专题讨论会"上正式提出的。( )

77. 实行会计电算化的单位必须要将会计档案打印出来保管。( )

78. 电算化会计档案的管理要做好防磁、防火、防潮、防尘，重要的会计档案应有双备份，存放在同

一地点。（　　）

79. 固定资产核算模块中，增减方式包括输入和输出两种方式。（　　）

80. 在计算机工作的过程中，运算器不断从存储器中获取数据，经运算后将结果返回存储器。（　　）

81. 内存容量和存取时间是决定内存优劣的两个重要指标。（　　）

82. 运算器是 CPU 中完成加、减、乘、除等算术运算的部件，而控制器即是完成与、或、非等逻辑运算的部件。（　　）

83. 会计电算化与手工会计处理会计信息载体是相同的。（　　）

84. 会计核算软件可以任意划分会计期间，分期结算账目，这是会计核算软件灵活性的表现。（　　）

85. 汇编语言是一种符号化的机器语言。（　　）

**四、不定项选择题（在每小题给出的四个备选答案中，有一个或一个以上正确答案，请将所选答案的字母填在题后的括号内。不选、多选、错选均不得分。共 3 小题，15 分）**

86. （Windows 操作题，3 分）在资源管理器中删除文件，错误的是操作时选中文件后（　　）。

A. 在"文件"菜单选："删除"命令

B. 按 Ctrl + V 组合键

C. 单击右键，选"删除"命令

D. 按 Delete 键

87. （Word 操作题，共 3 小题，计 6 分）

对下面文字请按题目要求作答：

我走至窗前，静静的凝视着窗楞上那一抹湛蓝，被一种难以言喻的思绪围绕着。

漂亮的蝴蝶，湛蓝的翅膀上落下点点雨痕，犹如朵朵盛开的玉兰花。那一刻我多么想把它迎进房间，但我怕打扰了它，更怕打破了这凄美的忧伤。

雨停了，暮色渐浓了，蝴蝶轻轻展翅，徘徊了好久，似乎有些不舍的飞走了，但很快又飞回来，在窗外徘徊着。我的唇角微微上扬，可这喜悦是短暂的，它在风中划着美丽的弧线，旋转着越飞越高，越飞越远……心中又莫名的一阵惆怅，似有点点悲凉。我只能木然的看着它离去，消失在暮色里……

（1）（不定项选择题，2 分）将第一句中"那一抹湛蓝"字体设置为"隶书"，字号为"三号"的操作方法是（　　）。

A. 在工具栏上的"字体"下拉列表中选择"隶

书"单击，再选择字号下拉列表框中选择"三号"单击

B. 用鼠标选中标题，在"编辑"菜单上单击"字体"，在弹出的对话框中选择"字体"选项卡中的"隶书"和"三号"，然后单击"确定"按钮

C. 用鼠标选中标题，在工具栏上的"字体"下拉列表中选择"隶书"单击，再选择字号下拉列表框中选择"三号"单击

D. 用鼠标选中标题，在"格式"菜单上单击"字体"，在弹出的"字体"对话框中选择"字体"选项卡中的"隶书"和"三号"，然后单击"确定"按钮

（2）（不定项选择题，2 分）将正文中的"雨停了，暮色渐浓了"文字"倾斜"的操作方法是（　　）。

A. 在工具栏的"格式"栏上双击"I"按钮

B. 用鼠标选中正文中的"中央处理器"，然后在工具栏的"格式"栏上单击"I"按钮

C. 用鼠标选中正文中的"中央处理器"，然后在工具栏的"格式"栏上双击"I"按钮

D. 在工具栏的"格式"栏上单击"I"按钮

（3）（不定项选择题，2 分）把正文"我走至窗前……消失在暮色里……"的行距设置为"1.5 倍行距"的操作方法是（　　）。

A. 用鼠标选中正文，在"工具"菜单上单击"段落"，在弹出的对话框中选择行距设置为"1.5 倍行距"，然后单击"确定"按钮

B. 用鼠标选中全文，在"视图"菜单上单击"段落"，在弹出的对话框中选择行距设置为"1.5 倍行距"，然后单击"确定"按钮

C. 用鼠标选中全文，在"格式"菜单上单击"段落"，在弹出的对话框中选择行距设置为"1.5 倍行距"，然后单击"确定"按钮

D. 用鼠标选中全文，在"编辑"菜单上单击"段落"，在弹出的对话框中选择行距设置为"1.5 倍行距"，然后单击"确定"按钮

88. （表格操作题，共 2 小题，计 6 分）下表是"学生成绩表"，请按题目要求作答：

| 姓名 | 语文 | 数学 | 英语 | 总分 |
| --- | --- | --- | --- | --- |
| 王宇 | 93 | 85 | 94 | |
| 李言 | 96 | 83 | 92 | |
| 陈莎 | 87 | 92 | 80 | |
| 张镜 | 88 | 97 | 91 | |
| 单科总分 | | | | |

（1）（不定项选择题，2分）将第一行中所有单元格内容居中，并设定字体为"楷书"的操作方法是（    ）。

A. 在工具栏的"格式"栏上单击"居中"按钮。点击菜单栏的"格式"菜单项中的"字体"标签，在弹出的对话框中选择"字体"选项卡中的"楷书"，然后单击"确定"按钮

B. 在工具栏的"格式"栏上双击"居中"按钮。点击菜单栏的"格式"菜单项中的"字体"标签，在弹出的对话框中选择"字体"选项卡中的"楷书"，然后单击"确定"按钮

C. 在工具栏的"格式"栏上单击"居中"按钮。点击菜单栏的"编辑"菜单项中的"字体"标签，在弹出的对话框中选择"字体"选项卡中的"楷书"，然后单击"确定"按钮

D. 在工具栏的"格式"栏上双击"居中"按钮。点击菜单栏的"插入"菜单项中的"字体"标签，在弹出的对话框中选择"字体"选项卡中的"楷书"，然后单击"确定"按钮

（2）（不定项选择题，3分）计算所有学生的"总分"，公式为所有学生各科成绩的合计的操作方法是（    ）。

A. 将光标移动到"总分"列中需要计算的学生所在行上，然后点击菜单栏的"工具"菜单项中的"公式"，在弹出的"公式"对话框中的"公式"栏输入公式"＝SUM（ABOVE）"，然后单击"确定"按钮

B. 将光标移动到"总分"列中需要计算的学生所在行上，然后点击菜单栏的"工具"菜单项中的"公式"，在弹出的"公式"对话框中的"公式"栏输入公式"＝SUM（LEFT）"，然后单击"确定"按钮

C. 将光标移动到"总分"列中需要计算的学生所在行上，然后点击菜单栏的"表格"菜单项中的"公式"，在弹出的"公式"对话框中的"公式"栏输入公式"＝SUM（ABOVE）"，然后单击"确定"按钮

D. 将光标移动到"总分"列中需要计算的学生所在行上，然后点击菜单栏的"表格"菜单项中的"公式"，在弹出的"公式"对话框中的"公式"栏输入公式"＝SUM（LEFT）"，然后单击"确定"按钮

## 模拟试卷（五）参考答案与精讲解析

**一、单项选择题**

1.【参考答案】B

【解析】在键盘上，有的键标注了上下两个符号，同时按下Shift键和该键可输入该键上边表示的符号。

2.【参考答案】B

【解析】凭证正文内容包括摘要、辅助信息、金额和会计科目。

3.【参考答案】C

【解析】系统初始化是指将通用会计软件转变成专用会计软件，并将手工会计业务数据移植到计算机中的一系列准备工作，这是使用财务软件的基础。

4.【参考答案】C

【解析】会计电算化的内部管理制度主要包括岗位责任制、操作管理制度、计算机软件和硬件系统的维护管理制度、会计档案管理制度以及会计数据与软件管理制度等。

5.【参考答案】D

【解析】审核人不是记账凭证输入的项目。

6.【参考答案】D

【解析】会计软件的初始化功能包括：（1）输入会计核算所必须的期初数据及有关资料；（2）输入需要在本期进行对账的未达账项；（3）选择会计核算方法；（4）定义自动转账凭证；（5）用户设置。

7.【参考答案】B

【解析】财务会计子系统处理日常的财务作业，并以企业实体为单位对外出具按照规定格式生成的各种会计报表。

8.【参考答案】A

【解析】会计核算软件应当具有在机内会计数据被破坏的情况下，利用现有的数据恢复到最近状态的功能。

9.【参考答案】D

【解析】外存储器又称辅助存储器，一般用来存放大量暂时不用的程序、数据和中间结果，必要时，可成批地和内存储器进行信息交换。

10.【参考答案】C

【解析】手工会计核算的所有信息都以纸介质为会计数据的存储介质。

11.【参考答案】A

【解析】进入 20 世纪 90 年代后，企业开始将单项会计核算业务电算化统合、扩展为全面电算化。企业积极研究对传统会计组织和业务处理流程的重整，以实现企业内部以会计核算系统为核心的信息集成化。

12.【参考答案】B

【解析】第二代计算机主要特点是使用晶体管代替电子管作为基本元件。

13.【参考答案】B

【解析】会计核算软件应当提供按照规定的会计期间结账的功能。结账前，软件应当自动检查本期输入的会计凭证是否已全部记账，当期全部记账凭证均已记账后才能结账。

14.【参考答案】C

【解析】较小单位电算化岗位的设置，可由会计主管兼任电算主管和审核记账岗位，由会计人员任操作员和电算维护员，还应单设出纳员岗位。

15.【参考答案】C

【解析】专用计算机是为了解决一个或一类特定问题而设计的计算机。

16.【参考答案】D

【解析】运算速度是指计算机每秒钟能执行的指令数，一般以每秒所能执行的百万条指令数来衡量，单位为每秒百万条指令（MIPS）。

17.【参考答案】B

【解析】键盘、鼠标、扫描仪属于输入设备，显示器、打印机、绘图仪属于输出设备，外存储器（包括磁盘和硬盘）、触摸屏既是输入设备又是输出设备。

18.【参考答案】C

【解析】目前，微机的字长以 32 位、64 位为主。工作站、小型机以上机种的字长都在 64 位、128 位以上。

19.【参考答案】D

【解析】会计核算软件应当提供会计报表的自定义功能，包括定义会计报表的格式、项目、各项目的数据来源、表内和表间的数据运算和稽核关系等。

20.【参考答案】B

【解析】财政部在 1994 年发布的《会计核算软件基本功能规范》中详细规定了会计核算所应具备的功能模块及其内容。

21.【参考答案】C

【解析】会计电算化的内部管理制度主要包括岗位责任制、操作管理制度、计算机软件和硬件系统的维护管理制度、会计档案管理制度以及会计数据与软件管理制度等。

22.【参考答案】A

【解析】单位修改、升级正在使用的会计核算软件，改变会计核算软件运行环境，应当建立相应的审批手续。

23.【参考答案】A

【解析】在账务处理系统中，已登入账簿的数据将不再允许修改或删除，以保证账簿数据的安全和准确。

24.【参考答案】B

【解析】机器语言是最早期的语言。

25.【参考答案】C

【解析】在账务处理系统中进行科目设置时，需要设置的辅助核算都应设在最低一级明细科目。

26.【参考答案】D

【解析】应收/应付账款核算模块的主要功能有系统初始化、客户（或供应商）档案管理、技术凭证输入及审核等。

27.【参考答案】B

【解析】各种会计账簿的数据都来源于记账凭证。

28.【参考答案】A

【解析】在机内总分类账和明细分类账的直接登账依据完全相同的情况下，总分类账可以用总分类账户本期发生额对照表替代。

29.【参考答案】C

【解析】巨型机也称为超级计算机。

30.【参考答案】C

【解析】微型计算机的特点是体积小、灵活性大、价格便宜、使用方便。

31.【参考答案】A

【解析】Windows XP 操作系统是一个单用户多任务操作系统。

32.【参考答案】A

【解析】硬盘工作时如果遇到强烈震动，可能会使磁头接触到盘片，从而导致硬盘盘片的物理性损坏——轻则划伤盘片，重则毁坏磁头，导致硬盘损坏。

33.【参考答案】B

【解析】在用 Word 2003 编辑时，文字下面的红色波浪下划线表示可能存在拼写错误；文字下面出现绿色波浪下划线表示可能有语法错误。

34.【参考答案】A

【解析】在 Word 2003 的编辑状态下，执行"编辑"菜单中的"全选"命令后，将选中整个文档内容。

35.【参考答案】D

【解析】启动 Word 2003 应用程序后，可以新建文档的个数受内存空间的限制。

36.【参考答案】B

【解析】在 Excel 2003 中输入字符时，若该字符串的长度超过单元格的显示宽度，且右侧单元格为空时，则超过的部分将继续超格显示。

37.【参考答案】B

【解析】活动单元格的数目只能是一个。

38.【参考答案】B

【解析】选择会计软件时应选择原版产品。

39.【参考答案】D

【解析】在 Windows XP 中，任务栏的作用是实现窗口之间的切换。

40.【参考答案】C

【解析】在 Word 2003 中，"打开"文档的作用是将指定的文档从外存中读入，并显示出来。

41.【参考答案】D

【解析】用友报表系统中，可以用关键字来唯一标识一个表页。

42.【参考答案】B

【解析】在 Windows XP 中，"回收站"是硬盘上的一块区域。

43.【参考答案】B

【解析】在 Word 2003 文档中，出现在"文件"菜单底部列出的文件名该文档正在打印。

44.【参考答案】B

【解析】在 ASCII 码表中，按照 ASCII 码值从小到大排列的顺序是数字、英文大写字母、英文小写字母。因此，英文大写字母的 ASCII 码值一定比英文小写字母的 ASCII 码值小，而英文大写字母的 ASCII 码值又是按照 A，B，C，D……这样的顺序由小到大排列的，所以本题中 ASCII 码值最小的是 8。

45.【参考答案】B

【解析】计算机辅助设计的英文缩写是 CAD；计算机辅助制造的英文缩写是 CAM；计算机辅助教学的英文缩写是 CAI。计算机辅助测量的英文缩写是 CAT。

二、多项选择题

46.【参考答案】AB

【解析】凭证一旦保存，其凭证类别、凭证编号

不能修改。

47.【参考答案】AB

【解析】存档手续，主要是指各种审批手续，比如打印输出的账表，必须有会计主管、系统管理员签章才能存档保管。

48.【参考答案】ABCD

【解析】常用的对鼠标操作有移动、单击、双击、拖动、右击、双击右键、单击右键等。单击：按下鼠标左键后松开；双击：快速单击两下；拖动：选中，按住左键，移动，松开左键；单击右键：按下鼠标右键后松开。

49.【参考答案】ABC

【解析】会计电算化档案管理的主要任务是：监督和保证按要求生成各种档案，确保各种会计档案存储的安全性和保密性，保证各种会计档案得到合理有效的利用。

50.【参考答案】ACD

【解析】为了满足企事业单位的实际需要，应考虑如下几点：会计软件的行业特点；企事业单位会计核算的特殊性；适应会计工作发展的需要。

51.【参考答案】ABC

【解析】电算维护员的具体职责是：（1）定期检查电算化系统的软、硬件的运行情况；（2）及时对电算化系统运行中的软、硬件故障进行排除；（3）负责电算化系统升级换版的调试工作；（4）会计电算化人员变动或会计科目调整时，负责电算化系统的维护；（5）会计核算软件不满足需要时，与软件开发人员或开发商联系，进行软件功能的改进。

52.【参考答案】ABCD

【解析】本题考核会计核算软件打印输出要求。

53.【参考答案】ABC

【解析】固定资产核算软件具有三个显著的特点：（1）数据核算及存储量大；（2）日常数据输入量少；（3）输出内容多。

54.【参考答案】BC

【解析】软件、硬盘既属输入设备，又属输出设备，键盘是输入设备，显示器是输出设备。

55.【参考答案】ABCD

【解析】模拟手工记账的探索起步阶段的工作内容包括：设置会计科目电算化、填制会计凭证电算化、成本计算电算化、编制会计报表电算化等。

56.【参考答案】ABC

【解析】xls 文件是 Excel 2003 报表文件，mdb 是数据库文件，txt 是文本文件。用友软件中，报表数

据文件均可与它们进行转换。而 exe 是可执行文件，不能与用友的数据文件进行转换。

**57.【参考答案】ABCD**

【解析】这四项操作均可在数据状态下进行。

**58.【参考答案】ABCD**

【解析】这四项均为系统提供的默认关键字。

**59.【参考答案】ABCD**

【解析】这四项为用友报表系统的取数函数，这些取数函数保证了报表数据的自动生成。

**60.【参考答案】AB**

【解析】PTOTAL（ ）和 PMAX（ ）都是自本表本页取数函数。

**61.【参考答案】ABC**

【解析】在用友报表系统中，由于各种报表之间存在着密切的数据间的逻辑关系，所以报表中各种数据的采集、运算的钩稽关系的检测就用到了不同的公式。报表中，主要有计算公式、审核公式和舍位平衡公式，没有校验公式。

**62.【参考答案】ABC**

【解析】单击某公式单元表示选中该单元。

**63.【参考答案】ABCD**

【解析】文字处理软件、表格处理软件、游戏软件、会计核算软件都属于应用软件。

**64.【参考答案】ABCD**

【解析】报表格式定义主要包括设计报表的表格、输入报表的表间项目及定义项目的显示风格、定义单元属性等，通过设置报表的表样可以确定整张报表的大小和外观。报表格式设置的具体内容一般包括：设置报表尺寸、定义报表高列宽、画表格线、定义组合单元、输入表头表体表尾内容、定义显示风格、定义单元属性、设置关键字等。

**65.【参考答案】ABCD**

【解析】现代计算机已具有非常高的可靠性。可以长时间连续无故障地工作。它不仅可以用来进行科学计算、信息处理，还广泛用于工业过程控制、计算机辅助设计、计算机通信、人工智能等领域。总之，计算机已成为人类活动不可缺少的工具。

**66.【参考答案】AC**

【解析】账套一旦建成，账套号与启用期不能修改，若建错只能删除账套重新建立。

**67.【参考答案】AB**

【解析】辅助核算主要包括供应商核算、客户核算、项目核算、个人核算（比如备用金科目）、部门核算5个辅助核算。

**68.【参考答案】BC**

【解析】电算主管和电算维护员要求具备计算机知识和会计电算化中级水平才能担任。

**69.【参考答案】ABCD**

【解析】凭证录入时的控制性措施主要包括凭证类别和编号、凭证金额、制单日期和会计科目。

**70.【参考答案】ABCD**

【解析】银行对账的内容有录入银行存款初余额、录入银行对账单、银行对账和生成银行存款余额调节表。

**71.【参考答案】CD**

【解析】存储器分为外存储器和内存储器。

**72.【参考答案】ABD**

【解析】计算机账务系统处理的凭证来源主要有手工凭证（即手工填制的凭证）、机制凭证（计算机自动生成的凭证）、派生凭证（其他系统生成的凭证），这些都是计算机账务处理系统的记账凭证，而原始凭证是这些记账凭证的原始单据。

**73.【参考答案】BCD**

【解析】记账员已经开始记账就不可以删除该记账员。

**74.【参考答案】ABCD**

【解析】报表标题的构成内容有：报表名称、报表编制日期、编制单位和使用货币单位。

**75.【参考答案】CD**

【解析】系统初始化处理后，对会计科目的维护包括必要时增加新的会计科目和修改会计科目及名称的对立关系。

**三、判断题**

**76.【参考答案】√**

【解析】"会计电算化"一词是1981年在长春市召开的"财务、会计成本应用电子计算机专题讨论会"上正式提出的。

**77.【参考答案】×**

【解析】不是所有的实行会计电算化的单位必须要将会计档案打印出来保管，具备采用磁带、磁盘、光盘、微缩胶片等存储介质保存会计档案条件的，由国务院业务主管部门统一规定，并报财政部、国家档案局备案。

**78.【参考答案】×**

【解析】电算化会计档案的管理要做好防磁、防火、防潮、防尘等工作，重要的会计档案应有双备份，存放在不同的地点，最好在两个不同建筑物内。

**79.【参考答案】×**

【解析】固定资产核算模块中，增减方式包括增加方式和减少方式两类。

80.【参考答案】√

81.【参考答案】√

82.【参考答案】×

【解析】运算器又称算术逻辑单元（简称 ALU），是指在控制器控制下完成加减乘除运算和逻辑判断的计算机部件。

83.【参考答案】×

【解析】会计电算化与手工会计处理会计信息载体是不同的。

84.【参考答案】×

【解析】会计核算软件应当按照国家统一的会计制度的规定划分会计期间，分期结算账目和编制会计报表。所以会计核算软件不能随意划分会计期间。

85.【参考答案】√

**四、不定项选择题**

86.【参考答案】B

【解析】Ctrl + V 组合键是粘贴的操作指令。

87.【参考答案】

（1）CD

（2）B

（3）C

88.【参考答案】

（1）A

（2）D

# 会计从业资格考试《初级会计电算化》模拟试卷（六）

一、单项选择题（在每小题给出的四个备选答案中，只有一个正确答案，请将所选答案的字母填在题后的括号内。每小题1分，共45分）

1. 在会计电算化环境下，除（　　）由人工录入和审核外，其余各项工作都由计算机自动完成。

A. 会计凭证　　　　　B. 会计账簿

C. 会计报表　　　　　D. 会计科目

2. 进入20世纪90年代后，企业积极研究对传统会计组织和业务处理流程的重整，以实现企业内部以（　　）为核心的信息集成化。

A. 会计核算系统　　　B. 会计管理系统

C. 会计决策系统　　　D. 账务处理系统

3. 计算机与手工并行是指在会计软件使用的最初阶段，人工与计算机同时进行（　　）的过程。

A. 会计处理　　　　　B. 会计核算

C. 会计监督　　　　　D. 会计控制

4. 以下属于输出设备的是（　　）。

A. 鼠标　　　　　　　B. 键盘

C. 打印机　　　　　　D. 扫描仪

5. 对于数据，字长越长，运算精度（　　）。

A. 越低　　　　　　　B. 越高

C. 越小　　　　　　　D. 不确定

6. （　　）可直接访问内存。

A. 控制器　　　　　　B. 存储器

C. CPU　　　　　　　D. 运算器

7. 从域名 www.saah.edu.cn 可以看出，该站点属于中国的一个（　　）。

A. 政府部门　　　　　B. 军事部门

C. 工商部门　　　　　D. 教育部门

8. （　　）是计算机通信应用领域的典型代表。

A. 计算机辅助教学　　B. 计算机网络

C. 人工智能　　　　　D. 远程控制

9. 计算机显示器中，参数 640×480，1 024×768 等表示（　　）。

A. 显示器屏幕的大小

B. 显示器显示字符的最大列数和行数

C. 显示器的分辨率

D. 显示器的着色显示

10. 会计报表系统中，经过报表编制后，报表公式正确，那么表元中的数据（　　）。

A. 正确　　　　　　　B. 不正确

C. 不一定正确　　　　D. 当月正确

11. 下面关于表格的叙述，（　　）是正确的。

A. 文字、数字、图形都可以作为表格的数据

B. 只有文字、数字可以作为表格的数据

C. 只有数字可以作为表格的数据

D. 只有文字可以作为表格的数据

12. 将 Word 2003 文档中的一部分文本内容移动到其他位置时，先要进行的操作是（　　）。

A. 复制　　　　　　　B. 粘贴

C. 选定内容　　　　　D. 光标定位

13. 在计算机存储器中，存储英文字母"A"时，存储的是它的（　　）。

A. 输入码　　　　　　B. ASCII 码

C. 输出码　　　　　　D. 字形码

14. 会计报表系统中，无论是一次性定义一张完整的空表格式，还是分表头、表体、表尾三部分定义，最好采用（　　）。

A. 行编辑　　　　　　B. 列编辑

C. 全屏幕编辑　　　　D. 固定填列

15. 账龄分析是往来（　　）中一项十分重要的功能。

A. 核算　　　　　　　B. 预算

C. 管理　　　　　　　D. 报表

16. 会计核算软件中，会计报表的编制一般有报表定义和（　　）两个具体过程。

A. 报表实际编制　　　B. 报表审核

C. 报表制作　　　　　D. 报表打印

17. 报表汇总时，进行汇总的各个报表格式应（　　）。

A. 相同　　　　　　　B. 不相同

C. 近似　　　　　　　D. 相同或相似

18. 工资核算系统中，工资数据编辑的所有项目内容，来自（　　）定义。

A. 部门设置　　　　　B. 职工编号

C. 工资项目　　　　　D. 职工项目

19. 中央处理器的重要作用有两个，即（　　）和控制。

A. 运算　　　　　　　B. 存储程序

C. 显示　　　　　　　D. 打印

20. 电子计算机的诞生被誉为（　　）人类最伟大的发明之一。

A. 19 世纪　　　　　B. 20 世纪

C. 18 世纪　　　　　D. 21 世纪

21. 微机中，CAI 的含义是(　　)。

A. 计算机辅助设计　　B. 计算机辅助教学

C. 计算机辅助制造　　D. 计算机辅助测试

22. 在 Excel 2003 中，修改工作表名字的操作可以通过(　　)工作表标签中相应工作表名实现。

A. 用鼠标左键单击

B. 用鼠标右键单击

C. 按住 Ctrl 键同时用鼠标左键单击

D. 按住 Shift 键同时用鼠标左键单击

23. 企业为职工垫付医药费，从该职工的工资扣回时，应(　　)。

A. 借记"应付职工薪酬——福利费"

B. 贷记"其他应收款"

C. 借记"其他应收款"

D. 贷记"应付职工薪酬——工资"

24. 应收款项不包括(　　)。

A. 应收票据　　　　B. 应收账款

C. 其他应收款　　　D. 预付款项

25. 在 DOS 系统中，可以唯一确定一个文件的组成要素包括(　　)。

A. 文件名和扩展名

B. 盘符、路径、文件名和扩展名

C. 路径、文件名和扩展名

D. 盘符、文件名和扩展名

26. 用友报表系统中，关于报表的操作可以在(　　)状态下进行。

A. 格式　　　　　　B. 表格

C. 字符　　　　　　D. 表样

27. 下面一组均是可执行文件扩展名的是(　　)。

A. .com、.exe、.bat

B. .txt、.bat、.exe

C. .sys、.com、.exe

D. .bas、.bat、.com

28. 目前计算机正向着巨型化、(　　)、网络化、智能化方向发展。

A. 小型化　　　　　B. 自动化

C. 微型化　　　　　D. 多功能化

29. 在计算机中组成一个字节的二进制位数是(　　)。

A. 4　　　　　　　　B. 8

C. 12　　　　　　　　D. 16

30. 下列不属于操作系统软件的是(　　)。

A. Word 2003　　　　B. DOS

C. Windows XP　　　D. UNIX

31. 在有关计算机存储器的术语中，一个"Byte"包含 8 个(　　)。

A. 字母　　　　　　B. 字节

C. 字长　　　　　　D. 比特（bits）

32. 在计算机内部采用二进制，是因为(　　)。

A. 电路简单

B. 工作可靠并稳定

C. 二进制的运算法则简单

D. 上述三个原因

33. 微型计算机的内存储器比外存储器(　　)。

A. 存储容量大　　　B. 存储可靠性高

C. 读写速度快　　　D. 价格便宜

34. 计算机的软件系统可分为(　　)。

A. 程序和数据

B. 操作系统和语言处理系统

C. 程序、数据和文档

D. 系统软件和应用软件

35. 硬盘工作时，应特别注意避免(　　)。

A. 强烈震动　　　　B. 噪声

C. 光线直射　　　　D. 环境卫生不好

36. 资源共享包括(　　)。

A. 硬件共享

B. 数据共享

C. 软件共享

D. 硬件共享、软件共享和数据共享

37. 计算机会计核算系统主要包括(　　)。

A. 财务处理系统　　B. 报表系统

C. 工资核算系统　　D. 以上全部

38. 商业化会计核算软件开发经销单位在售出软件后应承担售后服务工作，在下列工作中，(　　)不是软件开发销售商必须提供的。

A. 对用户进行软件使用前的培训

B. 对用户的软件进行维护

C. 对用户的硬件进行维护

D. 对用户的软件版本进行更新

39. 将会计软件划分为通用会计软件和专用会计软件的依据是(　　)。

A. 按照会计信息系统的服务层次

B. 按照会计软件不同的适用范围

C. 按照会计信息的共享功能

D. 以上都不是

40. 财政部制定的《会计核算软件基本功能规范》是对会计软件的( )要求。

A. 最高      B. 较高

C. 最低      D. 较低

41. 在会计电算化信息系统的开发与应用中，( )是电算化系统的应用阶段。

A. 系统运行与维护    B. 系统调查

C. 系统实施      D. 系统设计

42. 1994年6月，《会计电算化管理办法》的颁布实施，标志着会计电算化管理工作纳入了( )管理的轨道。

A. 制度化      B. 法制化

C. 科学化      D. 现代化

43. 计算机网络的正确定义是( )。

A. 能够通信的计算机系统

B. 异地计算机连接在一起的系统

C. 连接在一起使用相同操作系统

D. 异地独立计算机系统通过通信设备连接在一起，用网络软件实现资源共享的系统

44. 下面有关计算机操作系统的叙述中，不正确的是( )。

A. 操作系统属于系统软件

B. 操作系统只负责管理内存储器，而不管理外存储器

C. UNIX 是一种操作系统

D. 计算机的处理器、内存等硬件资源也由操作系统管理

45. 局域网的简称是( )。

A. LAN      B. WAN

C. MAN      D. CN

**二、多项选择题（在每小题给出的四个备选答案中，有两个或两个以上正确答案，请将所选答案的字母填在题后的括号内。不选、多选、错选均不得分。每小题1分，共30分）**

46. 工资核算模块主要用于计算职工( )。

A. 应发工资      B. 福利

C. 个人所得税      D. 实发工资

47. 应收款系统的主要处理对象是( )。

A. 销售发票      B. 应收单

C. 发货单      D. 收款单

48. 会计电算化档案的管理应该做到( )。

A. 防磁      B. 防火

C. 防潮      D. 防尘

49. 计算机病毒的主要特点有( )。

A. 计算机病毒是一种具有感染性和破坏性的计算机程序

B. 计算机病毒在计算机内部能反复进行自我繁殖和扩散

C. 计算机病毒只以软盘、硬盘和光盘为媒介进行传播

D. 计算机病毒可能修改或删去系统程序和数据文件，使系统陷于瘫痪

50. 会计核算软件中，账簿记录错误可采用的更正方法有( )。

A. 划线更正法      B. 红字冲销法

C. 补充登记法      D. 重新登记法

51. ( )是指导会计工作的规范。

A. 会计法规      B. 会计准则

C. 会计制度      D. 《中华人民共和国会计法》

52. 凭证录入时的控制性措施主要包括( )几个方面。

A. 凭证类别和编号    B. 凭证金额

C. 制单日期      D. 会计科目

53. 计算机的发展阶段包括( )。

A. 电子管

B. 晶体管

C. 中小规模集成电路

D. 大规模和超大规模集成电路

54. 根据计算机中信息的表示形式和处理方式可以将计算机分为( )类。

A. 数字电子计算机

B. 模拟电子计算机

C. 数字模拟混合计算机

D. 合成计算机

55. 替代手工记账的主要任务是( )。

A. 完成数据整理     B. 初始化

C. 计算机与手工并行   D. 甩账

56. 高级语言的源程序需翻译成机器语言能执行的目标程序才能执行，这种翻译方式包括( )。

A. 汇编      B. 转换

C. 编译      D. 解释

57. 常见的打印机有( )。

A. 扫描打印机      B. 针式打印机

C. 喷墨打印机      D. 激光打印机

58. 计算机病毒的结构主要包括( )模块。

A. 传染      B. 触发

C. 破坏      D. 复制

59. 回收站中的内容可以是( )。

A. 文件 B. 文件夹

C. 快捷方式 D. 以上均错

60. 一个 Windows XP 窗口可以被( )。

A. 移动 B. 最大化

C. 最小化 D. 改变大小

61. 在 Word 2003 中，对选择的文字实现剪切可用以下( )方法实现。

A. 选择编辑菜单中的剪切

B. 选择工具栏中的剪切

C. Ctrl + X

D. 选择右键菜单中的剪切

62. Word 2003 的"字体"对话框中，可以设定文字的( )。

A. 字号、对齐方式 B. 字体、字号

C. 字体、首行缩进 D. 颜色、字形

63. Excel 2003 的主要功能是( )。

A. 电子表格处理 B. 图形处理

C. 数据库管理 D. 文字处理

64. 用友报表系统中，报表数据文件还能够被转换成的文件格式包括( )。

A. xls B. mdb

C. txt D. exe

65. 用友报表系统中，在数据状态下进行的操作是( )。

A. 舍位平衡 B. 插入表页

C. 输入关键字 D. 整表重算

66. 用友报表系统中，( )是系统提供的默认关键字。

A. 单位名称 B. 年

C. 月 D. 日

67. 用友报表系统中，取数函数包括( )。

A. 自总账取数函数

B. 自本表本页取数函数

C. 自本表他页取数函数

D. 自其他报表取数函数

68. 用友报表系统中，属于账务取数函数的有( )。

A. QM( ) B. Qc( )

C. PTOTAL( ) D. PMAX( )

69. 用友报表系统中，报表公式定义包括( )。

A. 计算公式 B. 审核公式

C. 舍位平衡公式 D. 校验公式

70. 用友报表系统中，可打开"定义公式"对话框的是( )。

A. 单击 fx 按钮 B. 双击某公式单元

C. 单击"Σ"按钮 D. 单击某公式单元

71. 下列判断 CPU 性能的指标有( )。

A. 体积大小 B. 倍速

C. 字长 D. 主频

72. 下列属于 RAM 的特点是( )。

A. 只读不写 B. 可读可写

C. 关机后信息丢失 D. 关机后信息不丢失

73. 下列属于软盘的特点有( )。

A. 存储容量大 B. 移动性好

C. 存储容量小 D. 移动性差

74. 下列属于移动存储设备的是( )。

A. U 盘 B. 移动硬盘

C. 扫描仪 D. 存储卡

75. 下列不能单独使用的控制键是( )。

A. Ctrl B. Alt

C. Del D. Enter

三、判断题（认为正确的，在题后的括号内写"√"；认为错误的，在题后的括号内写"×"。判断正确的得分，判断错误的扣分，不答不得分也不扣分。每小题 1 分，共 10 分。本类题最低分为零分）

76. 对同一张记账凭证，应当对审核功能与输入、修改功能的使用权限进行控制。( )

77. 账表查询可以进行往来总账、往来明细账、往来余额表的查询，不可以实现总账、明细账、单据之间的联查。( )

78. 应付账款核销就是指确定收款单与采购发票之间的对应关系的操作。( )

79. Internet 的中文意思是广域网。( )

80. 中央处理器本身不是计算机，它是计算机的控制和处理部分。( )

81. Excel 2003 属于系统软件。( )

82. 会计核算软件中采用的各级会计科目名称、编码方法，必须符合国家统一会计制度的规定。( )

83. 系统软件是计算机系统必备的软件。( )

84. 实行会计电算化单位的会计资料一般存储在主存储器中。( )

85. 任何计算机系统都存在着由于操作失误，硬件、软件、网络本身出现故障，而导致系统数据丢失甚至瘫痪的风险。( )

**四、不定项选择题（在每小题给出的四个备选答案中，有一个或一个以上正确答案，请将所选答案的字母填在题后的括号内。不选、多选、错选均不得分。共 3 小题，15 分）**

86.（Windows 操作题，3 分）在 C 盘两个不同的文件夹复制文件，若采用拖放操作，可先选定源文件中的文件，再（　　）目标文件夹即可。

A. 直接拖至　　　　　B. 按住 Ctrl 拖至

C. 按住 Alt 拖至　　　D. 单击到

87.（Word 操作题，共 3 小题，计 6 分）针对下面文字，按题目要求作答：

春天必然曾经是这样的：从绿意内敛的山头，一把雪再也撑不住了，噗嗤地一声，将冷脸笑成花面，一首渐渐的歌便从云端唱到山麓，从山麓唱到低低的荒村，唱入篱落，唱入一只小鸭的黄蹼，唱入软溶溶的春泥——软如一床新翻的棉被的春泥。那样娇，那样敏感，却又那样浑沌无涯。一声雷，可以无端地惹哭满天的云，一阵杜鹃啼，可以斗急了一城杜鹃花，一阵风起，每一棵柳都吟出一则则白茫茫、虚飘飘说也说不清、听也听不清的飞絮，每一丝飞絮都是一件柳的分号。反正，春天就是这样不讲理、不逻辑，而仍可以好得让人心平气和。

（1）（不定项选择题，2 分）在段首设置艺术字，内容为"春天"，艺术字式样选第 1 列第 3 行的样式；艺术字字体选"幼圆"，字号 32 磅。其操作方法是（　　）。

A. 将鼠标置于段首，单击"格式"—"图片"—"艺术字"菜单，弹出"艺术字库"对话框，选择合适的艺术字样式，单击"确定"按钮，弹出"编辑'艺术字库'文字"对话框，在对话框内输入文字内容为"春天"，设置字体为"幼圆"、字号为"32"，最后单击"确定"按钮

B. 将鼠标置于段首，单击"插入"—"图片"—"艺术字"菜单，弹出"艺术字库"对话框，选择合适的艺术字样式，单击"确定"按钮，弹出"编辑'艺术字库'文字"对话框，在对话框内输入文字内容为"春天"，设置字体为"幼圆"、字号为"32"，最后单击"确定"按钮

C. 将鼠标置于段首，单击"绘图"工具栏上的"插入艺术字"按钮，弹出"艺术字库"对话框，选择合适的艺术字样式，单击"确定"按钮，弹出"编辑'艺术字库'文字"对话框，在对话框内输入文字内容为"春天"，设置字体为"幼圆"、字号为"32"，最后单击"确定"按钮

D. 将鼠标置于段首，单击"图片"工具栏上的"插入艺术字"按钮，弹出"艺术字库"对话框，选择合适的艺术字样式，单击"确定"按钮，弹出"编辑'艺术字库'文字"对话框，在对话框内输入文字内容为"春天"，设置字体为"幼圆"、字号为"32"，最后单击"确定"按钮

（2）（不定项选择题，2 分）设置页脚：插入当前日期并居中。其操作方法是（　　）。

A. 单击"插入"菜单下的"页脚"菜单，选择"编辑页脚"菜单项，插入当前时间和日期，单击工具栏上的"≡"菜单

B. 单击"视图"菜单下的"页脚"菜单，选择"编辑页脚"菜单项，插入当前时间和日期，单击工具栏上的"≡"菜单

C. 双击页面下方空白处，打开页眉页脚编辑界面，把鼠标置于"页脚"区域，单击时间和日期菜单项，单击工具栏上的"≡"菜单

D. 单击页面下方空白处，打开页眉页脚编辑界面，把鼠标置于"页脚"区域，单击时间和日期菜单项，单击工具栏上的"≡"菜单

（3）（不定项选择题，2 分）首句设置为首字下沉，下沉位置为"下沉"。其操作方法是（　　）。

A. 选中第一句，单击"格式"菜单下的"首字下沉"菜单，系统弹出"首字下沉"对话框，在"位置"下方选中"下沉"，单击"确定"按钮

B. 选中第一句，单击"编辑"菜单下的"首字下沉"菜单，系统弹出"首字下沉"对话框，在"位置"下方选中"下沉"，单击"确定"按钮

C. 选中第一句，单击"视图"菜单下的"首字下沉"菜单，系统弹出"首字下沉"对话框，在"位置"下方选中"下沉"，单击"确定"按钮

D. 选中第一句，单击"工具"菜单下的"首字下沉"菜单，系统弹出"首字下沉"对话框，在"位置"下方选中"下沉"，单击"确定"按钮

88.（表格操作题，共 3 小题，计 6 分）请根据下面的"学生成绩表"，按题目要求作答：

| 学号 | 姓名 | 性别 | 数学 | 语文 | 外语 |
|------|------|------|------|------|------|
| 9901 | 高峰 | 男 | 98 | 87 | 88 |
| 9902 | 李文佳 | 女 | 88 | 84 | 86 |
| 9903 | 张京 | 女 | 75 | 82 | 94 |
| 9904 | 王敏 | 女 | 96 | 85 | 75 |
| 9905 | 周易 | 男 | 92 | 88 | 86 |
| 9906 | 李亮 | 男 | 81 | 76 | 99 |

（1）（不定项选择题，2分）在表格最后增加一列，在该列第二行输入"总分"两字的操作方法是(　　)。

A. 首先选中当前表格，然后点击菜单栏的"表格"菜单项中的"插入"菜单，选择"列（在右侧)"菜单，然后在已插入列的第二行输入"总分"

B. 将光标移到当前表格的第一行，然后点击菜单栏的"表格"菜单项中的"插入"菜单，选择"列（在右侧)"菜单，然后在已插入列的第二行输入"总分"

C. 将光标移到当前表格的最后一行，然后点击菜单栏的"表格"菜单项中的"插入"菜单，选择"列（在右侧)"菜单，然后在已插入列的第二行输入"总分"

D. 将光标移到当前表格的最后一列，然后点击菜单栏的"表格"菜单项中的"插入"菜单，选择"列（在右侧)"菜单，然后在已插入列的第二行输入"总分"

（2）（不定项选择题，2分）使用SUM函数计算每个学生的"总分"的操作方法是(　　)。

A. 将光标移动到"总分"列中需要计算的行，然后点击菜单栏的"表格"菜单项中的"公式"菜单，在弹出的"公式"对话框中的"公式"栏输入公式"＝SUM（ABOVE)"，然后单击"确定"按钮

B. 将光标移动到"总分"列中需要计算的行，然后点击菜单栏的"工具"菜单项中的"公式"菜单，在弹出的"公式"对话框中的"公式"栏输入公式"＝SUM（ABOVE)"，然后单击"确定"按钮

C. 将光标移动到"总分"列中需要计算的行，然后点击菜单栏的"表格"菜单项中的"公式"菜单，在弹出的"公式"对话框中的"公式"栏输入公式"＝SUM（LEFT)"，然后单击"确定"按钮

D. 将光标移动到"总分"列中需要计算的行，然后点击菜单栏的"工具"菜单项中的"公式"菜单，在弹出的"公式"对话框中的"公式"栏输入公式"＝SUM（LEFT)"，然后单击"确定"按钮

（3）（不定项选择题，2分）将第一行的各列合并单元格，并将内容居中，字体设为"黑体"的操作方法是(　　)。

A. 用鼠标选中表格的第一行，点击菜单栏的"表格"菜单项中的"合并单元格"，在工具栏的"格式"栏上点击"居中"菜单。完成合并单元格和内容居中操作；点击菜单栏的"编辑"菜单项中的"字体"菜单，在弹出的对话框中选择字体选项卡中的"黑体"，然后单击"确定"按钮

B. 点击菜单栏的"表格"菜单项中的"合并单元格"，在工具栏的"格式"栏点击"居中"菜单。完成合并单元格和内容居中操作；点击菜单栏的"编辑"菜单项中的"字体"菜单，在弹出的对话框中选择字体选项卡中的"黑体"，然后单击"确定"按钮

C. 用鼠标选中当前表格，点击菜单栏的"表格"菜单项中的"合并单元格"，在工具栏的"格式"栏上双击"居中"菜单。完成合并单元格和内容居中操作；点击菜单栏的"格式"菜单项中的"字体"菜单，在弹出的对话框中选择字体选项卡中的"黑体"，然后单击"确定"按钮

D. 用鼠标选中表格的第一行，点击菜单栏的"表格"菜单项中的"合并单元格"，在工具栏的"格式"栏上点击"居中"菜单。完成合并单元格和内容居中操作；点击菜单栏的"格式"菜单项中的"字体"菜单，在弹出的对话框中选择字体选项卡中的"黑体"，然后单击"确定"按钮

# 模拟试卷（六）参考答案与精讲解析

**一、单项选择题**

1.【正确答案】A

【解析】在会计电算化环境下，除会计凭证由人工录入和审核外，其余各项工作都由计算机自动完成。

2.【参考答案】A

【解析】进入20世纪90年代后，企业开始将单项会计核算业务电算化统合、扩展为全面电算化。企业积极研究对传统会计组织和业务处理流程的重整，以实现企业内部以会计核算系统为核心的信息集成化。

3.【参考答案】A

【解析】本题考核计算机与手工并行的概念。

4.【参考答案】C

【解析】ABD属于输入设备。

5.【参考答案】B

【解析】对于数据，字长越长，运算精度越高；对于指令，字长越长，则功能越强。

6.【参考答案】C

【解析】CPU 可直接访问内存。

7.【参考答案】D

【解析】edu 是二级域名，表示教育机构。

8.【参考答案】B

【解析】计算机网络是计算机通信应用领域的典型代表。

9.【参考答案】C

【解析】分辨率是显示器的重要技术指标。

10.【参考答案】C

【解析】会计报表系统中，经过报表编制后，报表公式正确，但表元中的数据不一定正确。

11.【参考答案】A

【解析】表格中的数据不仅可以是文字、数字，还可以是图形。

12.【参考答案】C

【解析】将 Word 2003 文档中的一部分文本内容移动到另一个位置时，先要进行的操作是选定文本内容。

13.【参考答案】B

【解析】在计算机内进行处理、存储的编码称为机内码（也称内码），而存储英文字母的机内码是 ASCII 码。

14.【参考答案】C

【解析】会计报表系统中，无论是一次性定义一张完整的空表格式，还是分表头、表体、表尾三部分定义，最好采用全屏编辑的方式。

15.【参考答案】D

【解析】应收/应付账款的账龄分析是往来管理的重要内容之一。账龄分析是往来报表中一项十分重要的功能，而预算、核算和管理都不是往来报表的功能。

16.【参考答案】D

【解析】会计核算软件中，会计报表的编制一般有报表定义和报表打印两个具体过程。报表定义需要在"格式"状态下进行，单击空白报表底部左下角的"格式/数据"按钮，使当前状态变为"格式"状态。

17.【参考答案】A

【解析】报表汇总时，进行汇总的各个报表格式应当是相同的。

18.【参考答案】C

【解析】工资核算系统中，工资数据编辑的所有项目内容，来自工资项目定义。工资项目设置即定义

工资项目的名称、类型、宽度、小数、增减项。系统中有一些固定项目，是工资账中必不可少的，包括"应发合计"、"扣款合计"、"实发合计"，这些项目不能删除和重命名。

19.【参考答案】A

【解析】运算器和控制器构成了中央处理器 CPU，CPU 的作用是运算和控制。

20.【参考答案】B

【解析】世界上第一台计算机诞生于 1946 年 2 月。当时设计这台计算机主要是为了解决第二次世界大战时军事弹道课题的大量计算问题。

21.【参考答案】A

【解析】计算机辅助设计的英文缩写是 CAD；计算机辅助教学的英文缩写是 CAI；计算机辅助制造的英文缩写是 CAM。

22.【参考答案】B

【解析】在 Excel 2003 中，修改工作表名字的操作可以通过用鼠标右键单击或者用鼠标左键双击工作表标签中相应工作表名实现。

23.【参考答案】B

【解析】该笔业务应借记"应付职工薪酬——工资"，贷记"其他应收款"。

24.【参考答案】D

【解析】应收款项包括应收票据、应收账款和其他应收款等。

25.【参考答案】B

【解析】唯一确定一个文件的组成要素包括盘符、路径、文件名和扩展名。

26.【参考答案】A

【解析】用友报表中，关于报表的操作可以在数据和格式状态下操作。

27.【参考答案】A

【解析】计算机中，可执行文件的扩展名有".bat"、".exe"、".com"。

28.【参考答案】C

【解析】目前计算机正向着巨型化、微型化、网络化、智能化方向发展。

29.【参考答案】B

【解析】8 个二进制位构成一个字节。

30.【参考答案】A

【解析】Word 2003 属于应用软件。

31.【参考答案】D

【解析】在计算机存储器的术语中，一个字节（英文为 byte）包含 8 个比特（bits）。

**32.【参考答案】D**

【解析】计算机内部采用二进制的原因有三个：一是电路简单，容易实现且稳定可靠；二是采用二进制数，算法简单，使硬件结构简化；三是便于运行逻辑运算。

**33.【参考答案】C**

【解析】微型计算机的内存储器与外存储器相比，其读写速度快、存储容量小，当然价格也更贵。

**34.【参考答案】D**

【解析】计算机的软件系统可分为系统软件和应用软件。

**35.【参考答案】A**

【解析】硬盘工作时，应特别注意避免强烈震动，以免损坏盘片。软盘使用时应注意避免强光照射和强磁场干扰；不要用手触摸读写孔处暴露的磁表面，以免沾污和划伤盘片。

**36.【参考答案】D**

【解析】资源共享包括硬件共享、软件共享和数据共享。

**37.【参考答案】D**

【解析】会计核算软件的功能模块一般可划分为账务处理、应收/应付款核算、工资核算、固定资产核算、存货核算、销售核算、成本核算、会计报表生成与汇总、财务分析等。

**38.【参考答案】C**

【解析】商业化会计核算软件开发经销单位在售出软件后应承担售后服务工作，其售后服务包括：会计软件的日常维护、用户培训、二次开发与相关技术支持，以及软件版本的升级换代。

**39.【参考答案】B**

【解析】按适用范围划分，会计核算软件可分为专用会计核算软件和通用会计核算软件。

**40.【参考答案】C**

【解析】财政部是具体负责各单位会计电算化工作的最高级单位，它所制定的各种文件将成为会计电算化工作的规范，而《会计核算软件基本功能规范》是对会计软件的最低要求。

**41.【参考答案】A**

【解析】在会计电算化信息系统的开发与应用中，系统的运行与维护是电算化系统的应用阶段。

**42.【参考答案】B**

【解析】1994年6月，随着《会计电算化管理办法》的颁布与实施，我国的会计电算化管理工作正式纳入法制化管理的轨道。

**43.【参考答案】D**

【解析】计算机网络是计算机技术与通信技术相结合而形成的一种通信方式，它将不同区域内具有独立功能的多台计算机或计算机网络、终端及其附属设备用通信线路连接起来，并配备相应的网络软件，从而实现通信过程中的资源共享。

**44.【参考答案】B**

【解析】操作系统是对计算机系统中的软件和硬件资源进行有效管理和控制的软件，它合理地组织计算机的工作流程。为用户提供一个使用计算机的工作环境，起到用户和计算机之间的接口作用。因此，操作系统不但要负责管理内存储器，也要管理外存储器。

**45.【参考答案】A**

【解析】局域网的简称是LAN，广域网的简称是WAN，城域网的简称是MAN。

## 二、多项选择题

**46.【参考答案】AD**

【解析】工资核算模块主要用于计算职工应发工资和实发工资，并根据工资用途进行分配。

**47.【参考答案】ABD**

【解析】应收款系统的主要处理对象是销售发票、应收单、收款单、付款单等。发货单是存货核算系统处理的对象。

**48.【参考答案】ABCD**

【解析】对电算化会计档案管理要做好防磁、防火、防潮、防尘、防盗、防虫蛀、防霉烂和防鼠咬等工作。

**49.【参考答案】ABD**

【解析】计算机病毒的特点有：隐蔽性、感染性、潜伏性、破坏性等。计算机病毒还可以通过计算机网络进行传播。

**50.【参考答案】BC**

【解析】会计核算软件中，账簿记录错误可采用的更正方法有红字冲销法和补充登记法。

**51.【参考答案】BC**

【解析】会计准则和会计制度是指导会计工作的规范。

**52.【参考答案】ABCD**

【解析】会计核算软件必须提供输入记账凭证的控制功能，输入内容包括填制凭证日期、凭证编号、业务摘要、会计科目名称或编号、金额、附件张数等。

**53.【参考答案】ABCD**

【解析】计算机的发展阶段包括电子管、晶体管、中小规模集成电路以及大规模和超大规模集成电路阶段。

54.【参考答案】ABC

【解析】根据计算机中信息的表示形式和处理方式可以将计算机分为：数字电子计算机、模拟电子计算机、数字模拟混合计算机。

55.【参考答案】ABCD

【解析】替代手工记账的主要任务是完成数据整理、初始化、计算机与手工并行和甩账等。

56.【参考答案】CD

【解析】高级语言编写的源程序需翻译成计算机可执行的机器语言程序（目标程序）。有两种方式可以实现高级语言程序的翻译，即：解释方式和编译方式。

57.【参考答案】BCD

【解析】选项 A 是错误的，没有扫描打印机。

58.【参考答案】ABC

【解析】计算机病毒的种类虽多，但对病毒代码进行分析、比较后可以看出，它们的主要结构是类似的，具有共同特点。计算机病毒主要包括三个部分：传染模块、破坏模块、触发模块。

59.【参考答案】ABC

【解析】被删除的文件、文件夹、快捷方式均可放入回收站中。

60.【参考答案】ABCD

【解析】此四项均是对窗口的操作。

61.【参考答案】ABCD

【解析】在 Word 2003 中，对于选中的文字能够实现"剪切"功能的操作方法包括：选择编辑菜单中的剪切、选择工具栏中的剪切、Ctrl + X、选择右键菜单中的剪切等。

62.【参考答案】BD

【解析】在中文 Word 2003 的"字体"对话框中，可以设定文字的字体、字号、颜色、字形等。而对齐方式、首行缩进等应在 Word 2003 的"段落"对话框中实现。

63.【参考答案】ABC

【解析】文字处理是 Word 2003 的主要功能。前三项是 Excel 2003 的主要功能。

64.【参考答案】ABC

【解析】xls 文件是 Excel 2003 报表文件，mdb 是数据库文件，txt 是文本文件。用友软件中，报表数据文件均可与它们进行转换。而 exe 是可执行文件，

不能与用友的数据文件进行转换。

65.【参考答案】ABCD

【解析】四项操作均可在数据状态下进行。

66.【参考答案】ABCD

【解析】四项均为系统提供的默认关键字。

67.【参考答案】ABCD

【解析】四项均为用友报表系统的取数函数，这些取数函数保证了报表数据的自动生成。

68.【参考答案】AB

【解析】PTOTAL（ ）和 PMAX（ ）都是自本表本页取数函数。

69.【参考答案】ABC

【解析】在用友报表系统中，由于各种报表之间存在着密切的数据间的逻辑关系，所以报表中各种数据的采集、运算的勾稽关系的检测就用到了不同的公式。报表中，主要有计算公式、审核公式和舍位平衡公式，没有校验公式。

70.【参考答案】ABC

【解析】单击某公式单元表示选中该单元，并不能打开"定义公式"对话框，故不选。

71.【参考答案】CD

【解析】CPU 的字长越长、主频越快，则 CPU 的性能就越高。

72.【参考答案】BC

【解析】RAM 中的信息可以随时读出和写入，用来存放计算机工作时所需要的程序和数据。由于 RAM 依靠计算机电源供电，当计算机掉电（停电）时，RAM 中的信息会完全丢失，并不可恢复。

73.【参考答案】BC

【解析】软盘便于携带，用户可以方便地通过软盘传递信息。但软盘容量较小，读写速度也较慢。

74.【参考答案】ABD

【解析】随着通用串行总线（USB）出现在 PC 机上并逐渐盛行，借助 USB 接口，移动存储产品也逐步成为现在存储设备的主要成员，并大有替代软盘作为随身携带的存储设备之趋势。常用的移动存储设备有 U 盘、活动硬盘、存储卡。

75.【参考答案】AB

【解析】Ctrl 和 Alt 两键不能单独使用。

### 三、判断题

76.【参考答案】√

【解析】对同一张记账凭证，应当具有权限控制功能。

77.【参考答案】×

【解析】账表查询可以进行往来总账、往来明细账、往来余额表的查询,并可以实现总账、明细账、单据之间的联查。

78.【参考答案】×

【解析】应付账款核销就是指确定付款单与采购发票之间的对应关系的操作。

79.【参考答案】×

【解析】Internet的中文意思是因特网。

80.【参考答案】√

【解析】中央处理器(Central Processing Unit,CPU)是计算机的心脏,其性能的好坏很大程度上决定了计算机的整体性能,通常由运算器和控制器组成。

81.【参考答案】×

【解析】Excel 2003属于应用软件。

82.【参考答案】×

【解析】一级科目的设置应该符合财政部和有关管理部门的规定,明细科目可由企业自行确定。

83.【参考答案】√

【解析】系统软件是控制和协调计算机及外部设备、支持应用软件开发和运行的系统,主要功能是调度、监控和维护计算机系统,管理各种独立的硬件,使得它们可以协调工作,故系统软件是一台计算机必不可少的软件。

84.【参考答案】×

【解析】实行会计电算化单位的会计资料一般存储在外存储器中。

85.【参考答案】√

【解析】系统故障风险,指由于操作失误,硬件、软件、网络本身出现故障,而导致系统数据丢失甚至瘫痪的风险。

**四、不定项选择题**

86.【参考答案】B

【解析】在C盘两个不同的文件夹复制文件,若采用拖放操作,可先选定源文件中的文件,再按住Ctrl键拖至即可。

87.【参考答案】

(1)BC

(2)AC

(3)A

88.【参考答案】

(1)D

(2)C

(3)D

# 会计从业资格考试《初级会计电算化》模拟试卷（七）

一、单项选择题（在每小题给出的四个备选答案中，只有一个正确答案，请将所选答案的字母填在题后的括号内。每小题1分，共45分）

1. 会计报表系统中，一个会计期间在任何条件均未改动的情况下报表一次编制和多次编制结果是（　　）。

A. 相同的　　　　　　　B. 不相同的

C. 不一定相同　　　　　D. 无法确定

2. 计算机账务处理中，当月结账后不能再输入（　　）凭证。

A. 当月　　　　　　　　B. 下月

C. 下年　　　　　　　　D. 下季度

3. （　　）负责电算化系统的维护，必须精通计算机程序设计和会计业务，熟悉系统并有一定的软件开发经验。

A. 数据分析员　　　　　B. 电算维护员

C. 系统管理员　　　　　D. 系统审核员

4. 会计报表系统中，运算公式应在（　　）之后完成。

A. 报表单元拆分　　　　B. 报表打印

C. 报表输出　　　　　　D. 报表编辑

5. 容量为1G的硬盘，最多可以储存的信息量是（　　）。

A. 1 024M 字节　　　　　B. 1 024K 字节

C. 1 000K 字节　　　　　D. 1 000M 字节

6. 在 DOS 系统中，可以唯一确定一个文件的组成要素包括（　　）。

A. 文件名和扩展名

B. 盘符、路径、文件名和扩展名

C. 路径、文件名和扩展名

D. 盘符、文件名和扩展名

7. 填制凭证后，计算机自动检查借贷双方是否平衡，不平衡的凭证（　　）。

A. 不能保存　　　　　　B. 可强行保存

C. 不能退出　　　　　　D. 不能放弃

8. 下列各项中，不属于账务处理系统初始设置的内容的是（　　）。

A. 设置账簿　　　　　　B. 登记账簿

C. 科目设置　　　　　　D. 科目余额输入

9. 计算机辅助教学的英文缩写是（　　）。

A. CAM　　　　　　　　B. CAD

C. CAI　　　　　　　　D. CAT

10. Internet 为每台主机都分配了唯一的地址，该地址由纯数字组成，它被称为（　　）。

A. WWW 服务器地址　　B. TCP 地址

C. IP 地址　　　　　　　D. WWW 客户机地址

11. 合法的电子邮件地址是（　　）。

A. Wan9. em. hxin9. com. cn

B. em. hxin9. com. cn. wang

C. em. hxin9. com. cn@ wang

D. wang@ em. hxi9. com. cn

12. 在 Word 2003 文档编辑中，可以用鼠标拖动的方法实现文本块的移动，那么应该先选定 Word 2003 文本块，然后（　　）。

A. 按住 Ctrl 键并拖动鼠标

B. 按住 Shift 键并拖动鼠标

C. 按住 Alt 键并拖动鼠标

D. 直接拖动鼠标

13. 选择会计软件时，应选择（　　）产品。

A. 原版或盗版　　　　　B. 原版

C. 原版或部分原版　　　D. 不一定

14. 打印页码为1，3~5，9表示打印（　　）。

A. 第1、3、5、9页

B. 第1页，第3页至第5页，第9页

C. 第1页至第3页，第5页至第9页

D. 第1页至第9页

15. （　　）模块的主要功能是对软件的各个子系统进行统一的操作管理和数据维护。

A. 总账　　　　　　　　B. 系统初始化

C. 系统管理　　　　　　D. UFO 报表

16. Excel 2003 的基本文档称为（　　）。

A. 工作簿　　　　　　　B. 宏表

C. 单元格　　　　　　　D. 工作表

17. 在 Excel 2003 中，重排窗口时，若想将同时打开的多个窗口均匀地分布在屏幕上，则应选择（　　）。

A. 平铺　　　　　　　　B. 水平并排

C. 垂直并排　　　　　　D. 层叠

18. 在 Excel 2003 中，要计算工作表指定区域数值的和应使用的函数是（　　）。

A. SUM（A1：A10）　　B. AVG（A1：A10）

C. MIN（A1：A10）　　D. COUNT（A1：A10）

19. Excel 2003 中，单元格中的数据自动（    ）。

A. 左对齐　　　　　B. 居中对齐

C. 右对齐　　　　　D. 无规则

20. 工资数据编辑操作完毕之后（    ），否则数据丢失。

A. 存盘退出　　　　B. 退出

C. 关机退出　　　　D. 按 Esc 键

21. 会计报表系统中，无论是一次性定义一张完整的空表格式，还是分表头、表体、表尾三部分定义，最好采用（    ）。

A. 行编辑　　　　　B. 列编辑

C. 全屏幕编辑　　　D. 固定填列

22. 账龄分析是往来（    ）中一项十分重要的功能。

A. 核算　　　　　　B. 预算

C. 管理　　　　　　D. 报表

23. 会计核算软件中，会计报表的编制一般有报表定义和（    ）两个具体过程。

A. 报表实际编制　　B. 报表审核

C. 报表制作　　　　D. 报表打印

24. 报表汇总时，进行汇总的各个报表格式应（    ）。

A. 相同　　　　　　B. 不相同

C. 近似　　　　　　D. 相同或相似

25. 工资核算系统中，工资数据编辑的所有项目内容，来自（    ）定义。

A. 部门设置　　　　B. 职工编号

C. 工资项目　　　　D. 职工项目

26. 使用往来业务管理时，在账务处理系统中的账簿只能反映（    ）科目的金额。

A. 应收款　　　　　B. 明细账

C. 往来总账　　　　D. 应付账

27. 打开一个 Word 2003 文档是指（    ）。

A. 把文档内容从内存中读入并显示

B. 启动 Word 2003 软件

C. 为指定文件开设一个空文档

D. 把文档内容从磁盘调入到内存并显示

28. 若要显示或打印汉字，将用到汉字编码中的（    ）。

A. 字形码　　　　　B. 输入码

C. 机内码　　　　　D. 交换码

29. 在 Windows XP 的"回收站"中，存放的（    ）。

A. 可以是硬盘或软盘上被删除的文件或文件夹

B. 只能是本机硬盘上被删除的文件或文件夹

C. 只能是软盘上被删除的文件或文件夹

D. 可以是所有外存储器中被删除的文件或文件夹

30. 对应于常用工具栏"粘贴"按钮的快捷键是（    ）。

A. Ctrl + F　　　　　B. Ctrl + U

C. Ctrl + X　　　　　D. Ctrl + V

31. 在 Windows XP 环境中，对磁盘文件进行管理的一个常用工具是（    ）。

A. 写字板　　　　　B. 我的公文包

C. 我的电脑　　　　D. 剪贴板

32. 运行记账后，电算化账务系统处理的一般过程是（    ）。

A. 选择要记账的凭证范围

B. 系统自动检验记账凭证

C. 数据保护

D. 以上均是

33. 使用计算机实现账务处理，首先要做（    ）。

A. 系统初始化　　　B. 输入凭证

C. 记账　　　　　　D. 转账

34. 会计核算系统中，编辑数据时，出现是否放弃本次操作（Y/N）？回答 Y 表示（    ）。

A. 操作无效，保留原值

B. 操作无效，不保留原值

C. 操作有效，保留原值

D. 操作有效，不保留原值

35. 未经审核的记账凭证（    ）记账。

A. 可以　　　　　　B. 不能

C. 有时可以　　　　D. 不确定是否可以

36. 《会计核算软件基本功能规范》中规定，会计核算软件中采用的总分类会计科目名称、编号方法，必须符合以下（    ）说法。

A. 编号必须为三位数字

B. 名称不得超过 4 个汉字

C. 名称及编号都必须符合国家统一会计制度的规定

D. 不能增加国家统一会计制度中未规定明细科目代码

37. 一般中、小企业实施会计电算化做法合理的是（    ）。

A. 购买商品化会计软件

B. 本单位定点开发软件

C. 使用国外会计软件

D. 从其他企业复制取得会计软件

38. 汉字在计算机内进行处理、存储的编码称为（　　）。

　A. 机内码　　　　　B. 输入码

　C. 交换码　　　　　D. 输出码

39. 在应用程序 Word 2003 中，要选取某个自然段，可将鼠标移到左侧选中区，然后（　　）。

　A. 单击鼠标左键　　B. 双击鼠标左键

　C. 三击鼠标左键　　D. 单击鼠标右键

40. 在 Word 2003 中，可以通过（　　）组合键的连续操作，切换不同的中文输入法。

　A. Ctrl + Shift　　　　B. Ctrl + 空格

　C. Ctrl + Enter　　　　D. Alt + Shift

41. 部门对应折旧科目设置的操作是在（　　）模块中进行的。

　A. 基础设置　　　　　B. 固定资产卡片管理

　C. 建立固定资产账套　D. 固定资产日常管理

42. （　　）负责数据软盘、系统软盘及各类账表、凭证的存档保管工作。

　A. 电算主管　　　　　B. 软件操作员

　C. 审核记账员　　　　D. 档案保管员

43. 财政部制定的《会计核算软件基本功能规范》是对会计软件的（　　）要求。

　A. 最高　　　　　　　B. 较高

　C. 最低　　　　　　　D. 较低

44. 以账套主管的身份注册系统管理时，不能进行的操作是（　　）。

　A. 建立账套　　　　　B. 修改账套

　C. 年度账清空　　　　D. 年度账引入

45. 报表系统的主要功能是（　　）。

　A. 报表初始化、数据处理

　B. 数据处理、打印输出

　C. 报表初始化、数据处理、打印输出

　D. 表样定义、数据处理、打印输出

二、多项选择题（在每小题给出的四个备选答案中，有两个或两个以上正确答案，请将所选答案的字母填在题后的括号内。不选、多选、错选均不得分。每小题 1 分，共 30 分）

46. 下列属于专用会计核算软件的特点是（　　）。

　A. 通用性强

　B. 受使用范围和时间限制

　C. 系统只适用于个别单位

　D. 软件开发水平较高

47. 选择会计核算软件时应注意的问题

是（　　）。

　A. 所选软件的技术指标是否能够满足需要

　B. 会计软件的功能是否能充分满足和保证企事业单位的特殊需求

　C. 售后服务的质量

　D. 是否有同类企业已成功地运用了该种软件

48. 会计核算软件的功能模块一般可以划分为（　　）。

　A. 账务处理　　　　　B. 工资核算

　C. 固定资产管理　　　D. 生产制造

49. 账务处理系统中，对于账簿中数据，说法不正确的是（　　）。

　A. 可以修改　　　　　B. 不可以修改或删除

　C. 可以删除　　　　　D. 可以增加

50. 计算机会计核算系统主要包括（　　）等。

　A. 账务处理系统　　　B. 报表系统

　C. 工资核算系统　　　D. 以上全不是

51. 《企业会计制度》规定，（　　）可以计提坏账准备。

　A. 应付账款　　　　　B. 应收账款

　C. 其他应收款　　　　D. 预付账款

52. 企业代购货单位垫付运杂费时，应（　　）。

　A. 借记"其他应收款"B. 贷记"银行存款"

　C. 借记"应收账款"　D. 借记"营业费用"

53. 下列可以采用"无痕迹修改"方法修改的凭证是（　　）。

　A. 未保存　　　　　　B. 已保存

　C. 已审核　　　　　　D. 已记账

54. 下列关于凭证审核和记账操作，说法错误的是（　　）。

　A. 凭证审核需先重新注册更换操作员，由具有审核权限的操作员来进行

　B. 凭证只能逐张审核，不能成批审核

　C. 记账操作每月可多次进行

　D. 上月未记账，本月同样可以记账

55. 基本会计核算账簿管理包括（　　）的查询及打印。

　A. 总账　　　　　　　B. 余额表

　C. 明细账　　　　　　D. 客户往来账

56. 日常业务处理的任务主要包括（　　）。

　A. 填制凭证　　　　　B. 审核凭证

　C. 记账　　　　　　　D. 结账

57. 下列属于银行对账功能的有（　　）。

　A. 录入银行对账期初

B. 录入银行对账单

C. 银行对账

D. 生成银行存款余额调节表

58. 在自动银行对账中，必选的银行对账条件是（    ）。

A. 方向相同　　　　B. 金额相同

C. 结算号相同　　　D. 日期相同

59. Windows XP 的鼠标操作有（    ）。

A. 单击左键　　　　B. 双击左键

C. 单击右键　　　　D. 双击右键

60. 一个 Windows XP 窗口可以被（    ）。

A. 移动　　　　　　B. 最大化

C. 最小化　　　　　D. 改变大小

61. 在 Word 2003 编辑状态下，通过（    ）操作可以进入扩展选取模式。

A. 按键盘上 F8 键

B. 按键盘上 F5 键

C. 单击状态栏上的"扩展"指示器

D. 双击状态栏上的"扩展"指示器

62. 在 Word 2003 文档中，可以用鼠标拖动的方法实现文本块的移动。具体操作是，先选定 Word 2003 文本块，然后（    ）。

A. 按住 Ctrl 键并拖动鼠标

B. 按住 Shift 键并拖动鼠标

C. 按住 Alt 键并拖动鼠标

D. 直接拖动鼠标

63. 在 Word 2003 中，对于选中的文字能够实现"剪切"功能操作的是（    ）。

A. 选择编辑菜单中的剪切

B. 选择工具栏中的剪切

C. Ctrl + X

D. 选择右键菜单中的剪切

64. 按照会计电算化的服务层次和提供信息的深度，可以分为（    ）不同的发展阶段。

A. 会计核算电算化　　B. 会计管理电算化

C. 会计决策电算化　　D. 会计智能电算化

65. 会计电算化宏观管理的基本任务包括（    ）。

A. 制定会计电算化发展规划并组织实施

B. 加强会计核算软件管理，对会计核算软件及生成的会计资料是否符合国家统一的会计制度情况实施监督

C. 加强会计软件电算化管理制度的建设

D. 组织和管理电算化人才培训工作

66. 我国会计电算化发展经历了（    ）。

A. 起步或称缓慢发展阶段

B. 自发发展阶段

C. 有组织、有计划的稳步发展阶段

D. 竞争提高阶段

67. 按硬件结构划分，会计核算软件可分为（    ）。

A. 单用户会计核算软件

B. 专用会计软件

C. 多用户（网络）会计核算软件

D. 通用会计软件

68. 计算机的应用领域包括（    ）。

A. 科学计算　　　　B. 数据处理

C. 过程控制　　　　D. 计算机辅助系统

69. 下列判断 CPU 性能的指标有（    ）。

A. 字长　　　　　　B. 倍速

C. 体积大小　　　　D. 主频

70. 下列属于 RAM 的特点是（    ）。

A. 只读不写　　　　B. 可读可写

C. 关机后信息丢失　D. 关机后信息不丢失

71. 下列属于软盘的特点有（    ）。

A. 存储容量大　　　B. 存储容量小

C. 移动性好　　　　D. 移动性差

72. 下列属于移动存储设备的是（    ）。

A. U 盘　　　　　　B. 移动硬盘

C. 扫描仪　　　　　D. 存储卡

73. 下列不能单独使用的控制键是（    ）。

A. Ctrl　　　　　　B. Alt

C. Del　　　　　　D. Enter

74. 下列属于操作系统的软件是（    ）。

A. Word 2003　　　B. DOS

C. Excel 2003　　　D. UNIX

75. Excel 2003 中（    ）操作可选用格式工具栏中的工具图标。

A. 左对齐　　　　　B. 跨列居中

C. 换行输入　　　　D. 以百分数表示

三、判断题（认为正确的，在题后的括号内写"√"；认为错误的，在题后的括号内写"×"。判断正确的得分，判断错误的扣分，不答不得分也不扣分。每小题 1 分，共 10 分。本类题最低分为零分）

76. 会计电算化不需要对账，因为原始会计数据在输入过程中要经过计算机的逻辑校验，所有的日记账、明细账、总账的数据都是由计算机对输入的会计凭证进行处理产生的，因此不会发生账证、账账不符的情况。（    ）

77. 对会计核算软件内产生的机内记账凭证经审核登账后，不得进行修改。（　　）

78. 日常固定资产数据输入量大，由于固定资产价值高，使用时间长，一经建造或购置，平时增减变动比较大。（　　）

79. 只有硬件没有软件的计算机通常称为"裸机"。（　　）

80. 对于机内会计账簿生成的会计报表数据，会计软件应当提供直接修改功能。（　　）

81. 会计核算软件中的文字输入、屏幕提示和打印输出必须同时采用中文和少数民族文字或者外国文字的对照的形式。（　　）

82. 外存储器又称为辅助存储器，用来永久地存放大量的程序和数据。（　　）

83. 在会计软件中，对数据查询功能有统一的格式和内容要求，必须符合国家统一的会计制度。（　　）

84. 在工资管理系统初始化时，可将有关工资原始数据按数据变动频率的不同划分为基本不变数据、变动数据两部分。（　　）

85. 在发生销售退货时，用户可以直接输入退货单，而无需调出原销售发票。（　　）

**四、不定项选择题（在每小题给出的四个备选答案中，有一个或一个以上正确答案，请将所选答案的字母填在题后的括号内。不选、多选、错选均不得分。共3小题，15分）**

86. （Windows操作题，3分）要求：（1）搜索K11文件夹中所有以A开头的文件并复制到文件夹L1中。（2）将K11文件夹中的所有文件进行平铺排列。

请按以上要求作答：

（1）下列不属于窗口排列方式的是（　　）。

A. 层叠 　　　　　B. 横向平铺

C. 纵向平铺 　　　D. 自定义排列

（2）可以快速选择出K11文件夹中所有以A开头的文件的操作是（　　）。

A. 在窗口空白处右键单击，选择排列图标——名称

B. 在窗口空白处右键单击，选择排列图标——类型

C. 在窗口空白处右键单击，选择排列图标——大小

D. 在窗口空白处右键单击，选择排列图标——修改时间

87. （Word操作题，共3小题，计6分）要求：（1）查找"经济全球化"一词，并全部替换为"全球化"。（2）为第一段设置为"阳文"，字体为"黑色"。（3）将第二段字体设置为"宋体"，字号设置为"五号"。（4）将第三段字体设置为"方正舒体"，字号设置为"四号"，加双横线下划线。（5）将第四段设置为首字下沉。

材料：

经济全球化

进入21世纪以来，经济全球化与跨国公司的深入发展，既给世界贸易带来了重大的推动力，同时也给各国经贸带来了诸多不确定因素，使其出现许多新的特点和新的矛盾。为此，研究和了解这一问题有着一定的现实意义。

"经济全球化"这个词，据说最早是由特莱维于1985年提出的。

经济全球化出现于20世纪80年代中期，90年代得到认可，但目前没有统一概念。国际货币基金组织（IMF）在1997年5月发表的一份报告中指出，"经济全球化是指跨国商品与服务贸易及资本流动规模和形式的增加，以及技术的广泛迅速传播使世界各国经济的相互依赖性增强"。

根据以上材料，按要求作答：

（1）在Word 2003中替换操作的快捷键是（　　）。

A. Ctrl + G 　　　　B. Ctrl + F

C. Ctrl + A 　　　　D. Ctrl + H

（2）下面的操作正确的有（　　）。

A. 在菜单栏里选择编辑—替换，出现替换窗口，在查找内容栏输入"经济全球化"，在替换栏里输入"全球化"，然后选择全部替换，即可完成替换操作

B. 使用鼠标选择第一段文字，单击右键，选择字体，出现字体窗口，在中文字体中，选择黑体，在效果中选择阳文，单击确定即可完成（2）操作

C. 使用鼠标选择第二段文字，单击右键，选择字体，出现字体窗口，在中文字体中，选择宋体，在字号中选择五号，单击确定即可完成（3）操作

D. 使用鼠标选择第三段文字，单击右键，选择字体，出现字体窗口，在中文字体中，选择方正舒体，在字号中选择四号，在下划线线形中选择双横线，单击确定即可完成（4）操作

（3）下列关于首字下沉的操作，正确的有（　　）。

A. 在首字下沉对话框中可以选择下沉的方式为"下沉"或"悬挂"

B. 在首字下沉对话框中可以设置要下沉的首字

的字体

C. 在首字下沉对话框中可以设置下沉的行数

D. 在首字下沉对话框中可以设置段前的距离

88.（Excel操作题，共3小题，计6分）要求：（1）将标题字体设为"宋体"粗体，置于表格正上方居中。（2）计算库存金额。（3）计算销售热度，公式为"库存数量小于300的★★★，大于等于300的★★★"。

请根据下表材料作答：

|   | A | B | C | D | E |
|---|---|---|---|---|---|
| 1 | 统计表 | | | | |
| 2 | 商品名 | 单价 | 库存商品 | 库存金额 | 销售热度 |
| 3 | 衬衫 | 205 | 300 | | |
| 4 | 毛衣 | 260 | 500 | | |
| 5 | 领带 | 158 | 400 | | |
| 6 | 皮鞋 | 169 | 200 | | |

（1）在 Excel 中，填充数据不包括(　　)。

A. 填充相同数据　　　B. 等差数列填充

C. 等比数列填充　　　D. 任意填充

（2）在 D3 单元格计算库存金额的公式可以是(　　)。

A. = B3 × C3　　　　B. = $ B3 × C3

C. = B3 × $ C $ 3　　D. = B $ 3 × C $ 3

（3）在 E3 单元格中输入公式"= If（C3 < 300,"★★★★","★★★"），则 E3 单元格显示的结果是(　　)。

A. ★★★★　　　　B. ★★★

C. #VALUE!　　　　D. ★★★★★

# 模拟试卷（七）参考答案与精讲解析

## 一、单项选择题

1.【参考答案】A

【解析】会计报表系统中，同一个会计期间在其他条件均未改动的情况下，报表一次编制和多次编制的结果是相同的。

2.【参考答案】A

【解析】在会计期末，对指定月份进行结账。如果该月有尚未记账的凭证，则不允许结账；上一个月未结账，下一个月不能记账；结账后，不能再输入当月的记账凭证。结账后，不能再输入上一会计期间的会计凭证。一般情况下，某会计期间的会计凭证只有在上个会计期间已结账的情况下才能输入，但年底可以例外。

3.【参考答案】B

【解析】电算维护员负责保证计算机硬件、软件的正常运行，管理机内会计数据。维护员一般不进行会计数据的实际操作。具体职责如下：（1）定期检查电算化系统的软件、硬件运行情况；（2）应及时排除电算化系统运行中出现的软件或硬件故障；（3）负责电算化系统升级换版的调试工作；（4）会计电算化系统人员变动或会计科目调整时，负责电算化系统的维护；（5）会计软件不能满足单位需要时，与本单位软件开发人员或商品化会计软件开发商联系，进行软件功能的改进。

4.【参考答案】D

【解析】会计报表系统中，运算公式应在报表编辑之后完成，在打印和输出之前完成。

5.【参考答案】A

【解析】存储量运算公式：1 024B = 1KB；1 024KB = 1MB；1 024MB = 1GB。1G 的硬盘最多可以储存的信息量是1 024M字节。

6.【参考答案】B

【解析】唯一确定一个文件的组成要素包括盘符、路径、文件名和扩展名。标准的 URL 由三部分组成：协议、主机名和路径及文件名。网络文件地址的表示格式如下：< 协议 >：// < 服务器类型 >. < 域名 > / < 目录 > / < 文件名 >

7.【参考答案】A

【解析】正在输入的记账凭证中的会计科目，当借贷双方金额不平衡或没有输入金额时，应提示并拒绝保存，但可以退出，可以放弃。

8.【参考答案】B

【解析】账务处理初始化的主要内容包括系统总体参数的设置（设置核算单位、启用日期、编码规则等）、设置凭证类别、设置会计科目、输入初始余额、设置自动转账分录以及其他初始设置等。"登记账簿"不是账务处理系统初始设置的内容。

9.【参考答案】C

【解析】计算机辅助系统是利用计算机帮助人们完成某项任务的系统。常用的计算机辅助系统有计算机辅助设计（CAD）、计算机辅助制造（CAM）、计算机辅助教学（CAI）等。

10.【参考答案】C

【解析】为明确区分 Internet 上的每一台主机，Internet 为每台主机都分配了唯一的地址，该地址由纯数字组成，称为 IP 地址。IP 地址由网络地址和主机地址两部分组成。IP 地址长度为 32 位二进制数，为了方便理解和记忆，通常采用 X. X. X. X 的格式来表示，每个 X 为 8 位二进制数，通常以十进制方式表示，如 202.113.29.119，每个 X 的取值范围为 0 ~255。

**11.【参考答案】D**

【解析】每个电子信箱都有一个邮箱地址，称为电子邮件地址。电子邮件地址的格式是固定的，并且在全球范围内是唯一的。电子邮件地址的格式为：用户名@主机名，其中@读作"at"，是由用户申请电子信箱时自己确定的。例如：邮件地址为 happygirl@cufe. edu. cn，表示在主机"cufe. edu. cn"上有一个名为"happygirl"的用户。

**12.【参考答案】D**

【解析】在 Word 2003 文档编辑中，可以用鼠标拖动的方法实现文本块的移动。具体操作是：首先选定要移动的文本，使之"反白"显示，再将鼠标指向被选中文本的任何位置上，按住鼠标左键，此时，光标指针的下方出现一个虚框，其左侧还有一条垂直虚线。拖动鼠标指针，把垂直虚线拖到要插入文本的新位置即可。

**13.【参考答案】B**

【解析】选择会计软件时，应选择原版产品。一方面是为了保护软件著作权；另一方面，购买原版软件还有以下优点：原版产品质量可靠、能得到厂商稳定的售后服务；原版产品后续开发能力强、可定期作版本升级；原版会计软件安全性强、性能稳定。

**14.【参考答案】B**

【解析】3~5 代表从第 3 页至第 5 页都需打印。1, 3~5, 9 表示打印第 1 页，第 3 页至第 5 页，第 9 页。

**15.【参考答案】C**

【解析】系统管理模块的主要功能对企业应用的各个子系统进行统一的操作管理和数据维护。UFO 报表主要用于财务报表的处理，UFO 还内置了 11 种套用格式和 19 个行业的标准财务报表模板，包括最新的现金流量表。

**16.【参考答案】A**

【解析】Excel 2003 的基本文档称为工作簿，一个工作簿为一个文件，它由若干张工作表组成。每张工作表又是由一系列单元格构成。一个 Excel 2003 工作簿中可以包含 1~255 个工作表。在系统默认状态下，一个 Excel 2003 工作簿含有 3 个工作表，分别被命名为 sheet1、sheet2 和 sheet3，这些工作表名出现

在工作簿窗口底部的工作表标签上。可以对工作表进行插入、删除、移动、复制和重命名等操作。工作表也称电子表格，它由若干单元格组成，是 Excel 2003 存储和处理数据最主要的形式。

**17.【参考答案】A**

【解析】在 Excel 2003 中，平铺可以将同时打开的多个窗口均匀地分布在屏幕上；水平并排可以将同时打开的多个窗口按水平方向一个挨着一个排列；垂直并排可以将同时打开的多个窗口按竖直方向一个挨着一个排列；层叠是将同时打开的多个窗口一个压一个放好，最前面的窗口完整显示，其后的每一个窗口依次露出窗口的标题栏。

**18.【参考答案】A**

【解析】AVG (number1, number2, …) 是求平均值函数，MIN (number1, number2, …) 是求最小值函数，COUNT (number1, number2, …) 是计算数字个数函数，SUM (number1, number2, …) 是求和函数。

**19.【参考答案】C**

【解析】Excel 2003 中，输入的数值型数据在单元格中自动右对齐；输入的字符型数据在单元格中自动左对齐；日期型数据的屏幕显示方式与数值型数据相同，在单元格中默认为右对齐。

**20.【参考答案】A**

【解析】工资数据编辑完毕，操作之后应当存盘退出，否则数据丢失。Esc 定义为终止（中断或退出）程序键。

**21.【参考答案】C**

【解析】会计报表系统中，无论是一次性定义一张完整的空表格式，还是分表头、表体、表尾三部分定义，最好采用全屏编辑的方式。

**22.【参考答案】D**

【解析】账龄分析是往来报表中一项十分重要的功能，而预算、核算和管理都不是往来报表的功能。

**23.【参考答案】D**

【解析】会计核算软件中，会计报表的编制一般有报表定义和报表打印两个具体过程。报表定义需要在"格式"状态下进行，单击空白报表底部左下角的"格式/数据"按钮，使当前状态变为"格式"状态。

**24.【参考答案】A**

【解析】报表汇总时，进行汇总的各个报表格式应当是相同的。

**25.【参考答案】C**

【解析】工资核算系统中，工资数据编辑的所有项目内容，来自工资项目定义。工资项目设置即定义工资项目的名称、类型、宽度、小数、增减项。系统中有一些固定项目，是工资账中必不可少的，包括"应发合计"、"扣款合计"、"实发合计"，这些项目不能删除和重命名。

26.【参考答案】C

【解析】账务处理模块是以会计凭证为原始数据，通过凭证的输入和处理，完成记账、算账、转账、结账、账簿查询及账务数据管理等功能。往来业务管理的账务处理系统的账簿，只能反映往来总账科目的金额。

27.【参考答案】D

【解析】所谓打开文档，就是在内存中开辟一块区域，将文档从磁盘调入到内存并显示在屏幕上。打开文档的常用方法是：直接单击"常用"工具栏的"打开"按钮，在"打开"对话框中首先找到文档所在的文件夹，在文件列表中选择要打开的文档，单击"打开"按钮即可。

28.【参考答案】A

【解析】若要显示或打印汉字，将用到汉字编码中的字形码（也称汉字输出码或汉字字模码）；若要从键盘上键入汉字，将用到汉字编码中的输入码（也称外码）；若要存储汉字，将要用到汉字编码中的机内码（也称内码或汉字存储码）；计算机若要与其他系统或设备交换汉字信息，则要用到交换码（也称国标码）。

29.【参考答案】B

【解析】在 Windows XP "回收站"中，存放的只能是本机硬盘上被删除的文件或文件夹。被用户删除的文件等对象会暂时存放其中，但未真正从硬盘上删除。如果发现某些被删除的文件还有用，可以双击"回收站"图标，打开"回收站"窗口，将它们"还原"恢复回去；当觉得这些文件确实没有用时，则选择"清空回收站"，彻底删除这些文件。

30.【参考答案】D

【解析】对应于常用工具栏里"剪切"按钮的快捷键是 Ctrl + X；"复制"按钮的快捷键是 Ctrl + C；"粘贴"按钮的快捷键是 Ctrl + V；文档编辑中的"查找"按钮的快捷键是 Ctrl + F。

31.【参考答案】C

【解析】在 Windows XP 环境中，对磁盘文件进行管理的常用工具是"资源管理器"和"我的电脑"。单击"我的电脑"窗口工具栏上的"文件夹"按钮，窗口分成左右两个窗格显示，称为"资源管理器"窗口。

32.【参考答案】D

【解析】选择要记账的凭证范围，系统自动检验记账凭证和数据保护均是运行记账后，电算化账务系统处理的一般过程。

33.【参考答案】A

【解析】使用计算机实现账务处理，首先要做系统初始化。系统初始化是指将通用会计软件转变成专用会计软件，并将手工会计业务数据移植到计算机中的一系列准备工作，这是使用财务软件的基础。系统初始化工作的好坏，直接影响到会计电算化工作的效果。

34.【参考答案】A

【解析】Y 表示操作无效，保留原值；N 表示操作有效，不保留原值。

35.【参考答案】B

【解析】未经审核的记账凭证不能记账。审核凭证是审核员按照财会制度，对制单员填制的记账凭证进行检查核对，主要审核记账凭证是否与原始凭证相符，会计分录是否正确等。

36.【参考答案】C

【解析】根据《会计核算软件基本功能规范》中的规定，会计核算软件中采用总分类会计科目名称、编号方法时，其名称及编号都必须符合国家统一会计制度的规定。

37.【参考答案】A

【解析】由于中小型企业在资金、业务和技术等方面均比不上大中型企业，故在具体实施会计电算化的过程中，比较合理的做法是购买商品化会计软件，把技术方面的问题交由软件公司来实现。实行会计电算化后的岗位划分，应根据实际需要进行适当合并，设置一些必需的岗位，一人可以兼任多个工作岗位。

38.【参考答案】A

【解析】汉字在计算机内进行处理、存储的编码称为机内码（也称内码或汉字存储码）；用户从键盘上键入汉字时所使用的汉字编码称为汉字输入码（也称外码）；计算机与其他系统或设备之间交换汉字信息的标准编码称为汉字交换码（也称国标码）；汉字输出码又称汉字字形码（或称汉字字模码），其作用是输出汉字。

39.【参考答案】B

【解析】在 Word 2003 应用程序中，要选取某个自然段，可将鼠标移到左侧选取区，然后当指针变为

"↗"箭头时双击鼠标左键，或者将光标定位到该自然段的任意位置，连续三击鼠标左键。

40.【参考答案】A

【解析】在 Word 2003 中输入文字时，Ctrl + Shift 组合键可切换不同的中文输入法；无论切换到哪种中文输入法，如果希望切换回英文输入法，均可按"Ctrl + 空格"组合键来实现。该组合键可以快速进行中英文输入法之间的切换。

41.【参考答案】A

【解析】部门对应折旧科目是指折旧费用的入账科目。资产计提折旧后必须把折旧归入成本或费用，根据不同企业的具体情况，有按部门归的，也有按类别归集的。部门时应折旧科目设置的操作是在基础设置模块中进行的。

42.【参考答案】D

【解析】电算主管负责协调计算机及会计软件系统的运行工作，电算化主管可由会计主管兼任；审核记账员负责在数据输入后复核记账；档案保管员负责数据软盘、系统软盘及各类账表、凭证的存档保管工作。

43.【参考答案】C

【解析】财政部是具体负责规范各单位会计电算化工作的最高级单位，它所制定的各种文件将成为会计电算化工作的规范，在 1994 年颁布的《会计核算软件基本功能规范》中，详细规定了会计核算软件所应该具备的功能模块及其内容，是对会计软件的最低要求。

44.【参考答案】A

【解析】账套主管负责所选账套的维护工作。主要包括对所选账套进行修改、对年度账进行管理（包括创建、清空、引入、输出以及各子系统的年末结转、所选账套的数据备份），以及该账套操作员权限的设置等。而账套建立只能以系统管理员身份进行。

45.【参考答案】D

【解析】报表系统主要是进行报表格式定义、报表生成及输出操作。报表格式定义主要包括设计报表的表格、输入报表的表间项目及定义项目的显示风格、定义单元属性等。

二、多项选择题

46.【参考答案】BC

【解析】一般来说，专用会计核算软件是指由使用单位根据自身会计核算与管理的需要，自行开发或委托其他单位开发，专供本单位使用的会计核算软件。专用会计核算软件也称为定点开发核算软件。其特点是把使用单位的会计核算规则，如会计科目、报表格式、工资项目、固定资产项目等编入会计软件，非常适合本单位的会计核算，使用起来简便易行。但其缺点是，受使用范围和时间限制，系统只适用于个别单位。

47.【参考答案】ABCD

【解析】选择会计核算软件时应注意的问题：（1）所选软件的技术指标是否能够满足需要；（2）会计软件的功能是否能充分满足和保证企事业单位的特殊需求；（3）售后服务的质量；（4）是否有同类企业已成功地运用了该种软件。

48.【参考答案】ABC

【解析】会计核算软件的功能模块，是指会计核算软件中能够相对独立完成会计数据输入、处理和输出功能的各个部分。会计核算软件的功能模块一般可以划分为账务处理、应收/应付款核算、工资核算、固定资产核算、存货核算、销售核算、成本核算、会计报表生成与汇总、财务分析等。生产制造模块不属于会计核算软件的功能模块。

49.【参考答案】BC

【解析】账务处理系统中，账簿中的数据可以修改、增加，不可以删除。

50.【参考答案】ABC

【解析】电算化会计核算系统通常由以下几个子系统组成：账务处理子系统，工资核算子系统，固定资产子系统，采购与应付账款子系统，存货核算子系统，成本核算子系统，销售与应收账款子系统和会计报表子系统。

51.【参考答案】BC

【解析】《企业会计制度》规定，应收账款、其他应收款应计提坏账准备；应付账款是负债，不用计提；预付账款也不需要计提坏账准备。

52.【参考答案】BC

【解析】企业代购货单位垫付运杂费时，应借记"应收账款"，贷记"银行存款"。

53.【参考答案】ABC

【解析】"无痕迹修改"是指修改前的内容在软件中是不保留的。对于已记账的凭证只能采用"红字冲销法"和"补充登记法"两种方法进行。

54.【参考答案】BD

【解析】在财务软件中，凭证审核需先重新注册更换操作员，由具有审核权限的操作员来进行；凭证既能逐张审核，也可成批审核；记账操作每月可多次进行；上月未记账，本月不能记账。

**55.【参考答案】ABC**

【解析】基本会计核算账簿管理包括总账、余额表、明细账、序时账、多栏账的查询及打印。客户往来账不属于基本会计核算账，属于辅助核算账。

**56.【参考答案】ABC**

【解析】在总账系统中，初始设置完成后，便能够进行日常业务处理。日常业务处理的任务主要包括填制凭证、审核凭证、记账，查询和打印输出各种凭证和账簿。结账属于期末业务处理的内容。

**57.【参考答案】ABCD**

【解析】银行对账功能有：录入银行对账期初、录入银行对账单、银行对账、生成银行存款余额调节表。

**58.【参考答案】AB**

【解析】会计核算软件通过对账检查是否账证相符、账账相符和账实相符。方向相同和金额相同是两笔金额能对上账的最基本条件，否则不能称为对账。

**59.【参考答案】ABC**

【解析】Windows XP 的基本操作中包括鼠标操作。在 Windows XP 中用户可以使用鼠标快速选择屏幕上的对象。鼠标的基本操作有：（1）单击左键（简称单击）；（2）双击左键（简称双击）；（3）拖放；（4）单击右键；（5）指向。

**60.【参考答案】ABCD**

【解析】窗口是 Windows XP 应用程序的工作方式，是随应用程序打开在桌面上的一个矩形区域。窗口可以关闭、被移动、最大化、最小化和改变大小。在 Windows XP 桌面上可以同时打开几个不同的窗口，但每一时刻只能有一个活动窗口，即用户正在处理的窗口。

**61.【参考答案】AD**

【解析】进入 Word 2003 扩展选取模式只有两种方式：一是按键盘上 F8 键，二是双击状态栏上的"扩展"指示器。可以利用扩展选取模式进行区域的选择。

**62.【参考答案】BD**

【解析】选定 Word 2003 文本块再按住 Ctrl 键并拖动鼠标是复制不是移动。而选定 Word 2003 文本块后按住 Alt 键并拖动鼠标并不起作用。

**63.【参考答案】ABCD**

【解析】Word 2003 中，实现操作命令的方法有四种：菜单法、工具栏法、快捷键法、快捷菜单法。Ctrl + X 是剪切的快捷键。

**64.【参考答案】ABC**

【解析】按照会计电算化的服务层次和提供信息的深度，可以分为三个不同的发展阶段，即会计核算电算化、会计管理电算化和会计决策电算化。会计核算电算化是会计电算化的初级阶段。会计管理电算化的主要任务是进行会计预测、编制财务计划、进行财务控制和开展会计分析等。会计决策电算化是会计电算化的高级阶段，它是在会计管理电算化系统提供信息的基础上，结合其他数据和信息，借助于决策支持系统的理论和方法，帮助决策者制定科学的决策方案。

**65.【参考答案】ABCD**

【解析】会计电算化工作的宏观管理是指各级财政部门和各级业务主管部门对全国和本地区会计电算化工作实行的综合管理。会计电算化宏观管理的基本任务是：（1）制定会计电算化发展规划并组织实施；（2）加强会计核算软件管理，对会计核算软件及生成的会计资料是否符合国家统一的会计制度情况实施监督；（3）加强会计软件电算化管理制度的建设；（4）加强会计电算化的组织、领导，引导基层逐步实现会计电算化，提高会计工作水平；（5）组织和管理电算化人才培训工作。

**66.【参考答案】ABCD**

【解析】简单来说，我国会计电算化的发展可以分为以下四个阶段：起步或称缓慢发展阶段（1983年以前）；自发发展阶段（1983~1987年）；有组织、有计划的稳步发展阶段（1987~1996年）；竞争提高阶段（1996年至今）。

**67.【参考答案】AC**

【解析】按照不同的划分标准，会计核算软件可分为不同的种类。如按硬件结构划分，会计核算软件可分为：单用户会计核算软件和多用户（网络）会计核算软件。按会计核算软件的通用范围划分，会计核算软件可分为专用会计核算软件和通用会计核算软件。

**68.【参考答案】ABCD**

【解析】现代计算机已具有非常高的可靠性，可以长时间连续无故障地工作。它不仅可以用来进行科学计算、信息处理，还广泛应用于工业过程控制、计算机辅助设计、计算机通信、人工智能等领域。总之，计算机已成为人类活动不可缺少的工具。

**69.【参考答案】AD**

【解析】运算器和控制器合称为中央处理器（在微机中也称为微处理器），简称CPU。它是计算机的核心部件，其性能高低直接决定一个计算机系统的档次。CPU 的性能是通过处理器在一秒钟内所能执行操作的数量来评估的，CPU 的速度由字长和主频两个指标来决定。字长是由 CPU 本身的硬件结构所决定的。CPU 的字长越长、主频越快，则 CPU 的性能就越高。

70.【参考答案】BC

【解析】内存按其功能，又可分为随机存取存储器 RAM、只读存储器 ROM 和高速缓冲存储器 Cache。RAM 中的信息可以随时读出和写入，用来存放计算机工作时所需要的程序和数据。由于 RAM 依靠计算机电源供电，当计算机掉电（停电）时，RAM 中的信息会完全丢失，并不可恢复。通常人们所说的内存就是指随机存储器 RAM，它有较高的读写速度，但存储容量小且价格较贵，不能永久地保存程序和数据。

71.【参考答案】BC

【解析】软盘存储器简称软盘，目前常用的软盘是容量为 1.44MB 的 3.5 英寸软盘。软盘便于携带，用户可以方便地通过软盘传递信息。但软盘容量较小，读写速度也较慢。

72.【参考答案】ABD

【解析】随着通用串行总线（USB）出现在 PC 机上并逐渐盛行，借助 USB 接口，移动存储产品也逐步成为现在存储设备的主要成员，并大有替代软盘作为随身携带的存储设备之趋势。常用的移动存储设备有 U 盘、活动硬盘、存储卡。

73.【参考答案】AB

【解析】＜Ctrl＞键和＜Alt＞键通常不单独使用，它们要与其他键配合使用，才能发生作用。如 Ctrl + Alt + Del 组合键在 Windows XP 中表示打开"任务管理器"。

74.【参考答案】BD

【解析】DOS 和 UNIX 属于操作系统软件。Word 2003 和 Excel 2003 属于应用软件。

75.【参考答案】ABD

【解析】Excel 2003 中，左对齐、跨列居中、以百分数表示既可通过格式工具栏进行快速操作，也可通过菜单进行。

三、判断题

76.【参考答案】×

【解析】会计电算化需要账证对账。会计核算软件的内部控制主要包括：管钱的不能同时管账，并通过对账检查是否账证相符、账账相符和账实相符，以及利用会计凭证、账簿、报表数据间的勾稽关系等，

来保证会计数据的正确性和合法性。

77.【参考答案】√

【解析】无论什么性质的记账凭证，一旦经过审核和登账之后，均不得进行修改。

78.【参考答案】×

【解析】日常固定资产数据输入量少，由于固定资产价值高，使用时间长，一经建造或购置，平时增减变动比较小。

79.【参考答案】√

【解析】只有硬件而没有软件的计算机通常称为裸机，什么也无法处理。普通用户所面对的一般都不是裸机，而是已经配置若干软件之后的计算机系统。

80.【参考答案】×

【解析】对于机内会计账簿生成的会计报表数据，会计软件不能提供直接修改功能。会计核算软件应提供对已经输入但未登记会计账簿的机内记账凭证（不包括会计核算软件自动产生的机内记账凭证）进行修改的功能，在修改过程中，应同样给出与输入记账凭证时规定的各项提示。

81.【参考答案】×

【解析】会计核算软件中的文字输入、屏幕提示和打印输出必须采用中文，可以同时提供少数民族文字或者外国文字对照。

82.【参考答案】√

【解析】外存储器又称为辅助存储器，简称外存，主要用来存储大量的暂不参加运算或处理但又需要长期保留的数据和程序，它是内存的后备和补充。与内存相比，外存容量较大，关机后信息不会丢失，但存取速度较慢。它只能与内存交换信息。常用的外存储器有磁盘存储器、磁带存储器和光盘存储器等。

83.【参考答案】×

【解析】在会计软件中，对于数据查询并不要求统一的格式和内容，但必须符合国家统一的会计制度。

84.【参考答案】√

【解析】工资核算功能模块主要用于计算职工应发工资和实发工资，并根据工资用途进行分配。根据工资数据的特点，一般可把工资数据分为基本不变和变动数据两大类，其中，基本不变数据（如姓名、部门、参加工作时间、基本工资等）在系统启用时一次输入，平时根据是否发生变化随时修改；变动数据（如出勤天数、加班天数等）则因每月变动需要每月输入，并据此计算职工的月工资。

85.【参考答案】×

【解析】在发生销售退货时，发票也要退回，因此要调出原销售发票。

**四、不定项选择题**

86.（1）【参考答案】D

【解析】窗口排列的方式主要有层叠、横向平铺和纵向平铺3种。层叠窗口：使所有打开的窗口层叠显示，正在使用的窗口显示在最前面。横向平铺窗口：使所有窗口横向平铺。纵向平铺窗口：使所有窗口纵向平铺。

（2）【参考答案】A

【解析】在窗口空白处右键单击，选择排列图标——名称，可以使K11中所有的文件按照A～Z字母的顺序排列，故以A开头的文件将排列在一起，选择起来较为便捷。

87.（1）【参考答案】D

【解析】常用快捷键有：Ctrl＋G是定位，Ctrl＋F是查找，Ctrl＋A是全选，Ctrl＋H是替换。此外还有Ctrl＋C是复制，Ctrl＋V是粘贴，Ctrl＋X是剪切等。

（2）【参考答案】ABCD

【解析】本题考核Word 2003基本操作，题干四项的操作都是正确的。

（3）【参考答案】ABC

【解析】首字下沉对话框可以设置下沉的方式为"下沉"或"悬挂"、下沉的字体、下沉的行数以及距正文的距离。

88.（1）【参考答案】D

【解析】Excel 2003中，可以填充相同的数据也可以填充等差或等比数列。可以填充文字序列和填充有规律的数值（自动填充等差数列、自动填充等比数列）。

（2）【参考答案】ABCD

【解析】相对地址的表示形式为列号在前，行号在后的一般地址，例如D6。若公式中含有相对地址，系统记录的是该地址单元与公式所处单元地址之间的相对位置关系，当公式被复制到目标位置后，公式中的相对地址会相应地发生变化。绝对地址的表示形式为在列号与行号的前面同时加上一个"＄"符号，如＄D＄6。若某公式中含有绝对地址，系统记录的就是该地址单元本身。不论公式被复制到什么位置，公式中的绝对地址不变。此处计算金额的公式用相对地址和绝对地址都可以，所以四个选项都能在D3单元格计算库存金额。

（3）【参考答案】B

【解析】If函数的格式为If（logical test，value_ if_ true，value_ if_ false），其功能为：首先执行条件表达式，根据不同的计算结果，函数返回不同的值。当条件表达式的值为"真"时，返回函数中第二个参数的计算结果；当条件表达式的值为"假"时，返回函数中第三个参数的计算结果，所以E3显示的值为★★★。

# 会计从业资格考试《初级会计电算化》模拟试卷（八）

**一、单项选择题（在每小题给出的四个备选答案中，只有一个正确答案，请将所选答案的字母填在题后的括号内。每小题1分，共45分）**

1. 用鼠标左键（　　）快捷方式图标、就可以启动该图标指向的相应的文件或文件夹。

A. 指向　　　　　　B. 拖动

C. 单击　　　　　　D. 双击

2. 在 Windows XP 中对任务栏的错误描述是（　　）。

A. 任务栏的位置、大小均不能改变

B. 任务栏的尾端可以添加图标

C. 任务栏内显示的是已打开的窗口或程序的标题按钮

D. 任务栏可以隐藏

3. 在写字板中，可以利用（　　）很直观地改变段落的缩进方式，调整左右边界。

A. 菜单栏　　　　　B. 工具栏

C. 格式栏　　　　　D. 标尺

4. 如果文档中的内容在一页未满的情况下需要强制换页时，最快捷的方法应是（　　）。

A. 不可以这样做

B. 插入分页符

C. 多按回车直到出现下一页

D. 多插入空格直到出现下一页

5. Excel 2003 的基本文档称为（　　）。

A. 工作簿　　　　　B. 宏表

C. 单元格　　　　　D. 工作表

6. 进行硬、软件配置，编制预算应按（　　）考虑。

A. 硬、软件市价

B. 硬、软件及辅件市价

C. B + 扩充费用

D. A + 扩充费用

7. 下列账户属于负债类账户的有（　　）。

A. 其他业务支出　　B. 应付福利费

C. 在建工程　　　　D. 坏账准备

8. 要设置屏幕保护程序，可以使用"控制面板"中的（　　）。

A. 添加/删除程序　　B. 系统

C. 显示器　　　　　D. 密码

9. 在 Windows XP 下将当前活动的屏幕窗口复制到剪切板的快捷键是（　　）。

A. Alt + F4　　　　B. PrintScreen

C. Alt + PrintScreen　D. Ctrl + Shift

10. 如果要删除一个 Windows XP 下的应用程序，可以通过"控制面板"中的（　　）实现。

A. 添加新硬件　　　B. 添加/删除程序

C. 文件检索　　　　D. 网络

11. 建立会计科目时，输入的基本内容不包括（　　）。

A. 会计科目编码　　B. 科目名称

C. 账簿格式　　　　D. 辅助账标记

12. 企业管理软件最早起源于制造业管理信息系统的研究与开发，并且经历了物料需求计划 MRP、制造资源计划 MRPⅡ和（　　）三个大的发展阶段。

A. 电子商务系统（EC）

B. 会计信息系统（AIS）

C. 企业生产计划（MPS）

D. 企业资源计划（ERP）

13. ERP 是在 MRPⅡ的基础上发展起来的一个管理信息系统。ERP 集成了企业物流、（　　）、信息流三大资源。

A. 资金流　　　　　B. 数据流

C. 加工流　　　　　D. 程序流

14. 不同程序设计语言编写的源程序无法直接执行，必须经过翻译才能被计算机所接受，这些翻译程序就是计算机语言处理程序，以下不属于翻译程序的是（　　）。

A. 编码程序　　　　B. 翻译程序

C. 解释程序　　　　D. 汇编程序

15. 下列不属于因特网的应用的是（　　）。

A. 文档处理　　　　B. 文件传输

C. 远程登录　　　　D. 新闻服务

16. 直接引起计算机病毒对大量数据或文件的损害的，由计算机病毒的（　　）决定。

A. 隐蔽性　　　　　B. 破坏性

C. 感染性　　　　　D. 触发性

17. （　　）不是会计核算软件中输入的数据的类型。

A. 初始数据　　　　B. 记账凭证数据

C. 处理数据　　　　D. 原始凭证数据

18. 在财务软件中，除了（　　），其他都是软件能提供的辅助核算功能。

A. 科目明细账核算　　B. 部门核算

C. 单位往来核算　　　D. 个人往来核算

19. 在会计软件初始设置中，录入期初余额时要求录入(　　)。

A. 各级科目的期初余额

B. 一级科目的期初余额

C. 中间级科目的期初余额

D. 最末级科目的期初余额

20. 文件系统阶段对数据的管理，彻底解决了(　　)。

A. 数据冗余度大

B. 程序和数据的分开存储

C. 数据的独立性

D. 管理机制的统一

21. 为了体现通用的特点，通用会计核算软件一般都设置(　　)模块。

A. 工资　　　　　B. 账务处理

C. 初始化　　　　D. 报表

22. 下列说法不正确的是(　　)。

A. 会计电算化的管理分为宏观管理和微观管理

B. 财政部从 1989 年起便先后为会计电算化制定了一系列具体的管理规章

C. 会计电算化工作必须有领导、有目标、有计划、有组织地向前推进

D. 宏观管理要求各个企业制定针对会计电算化工作的管理办法和规定

23. 具有连接范围窄、用户数少、配置容易、连接速率高等特点的一种网络是(　　)。

A. 广域网　　　　B. 无线网

C. 城域网　　　　D. 局域网

24. 构成计算机电子的或机械的物理实体被称为(　　)。

A. 计算机系统　　B. 主机

C. 计算机硬件系统　D. 外设

25. 第一代电子计算机主要电子元件是(　　)。

A. 电子管

B. 晶体管

C. 中小规模集成电路

D. 大规模或超大规模集成电路

26. 下列(　　)情况不能反映会计电算化系统进行数据备份和恢复的重要性。

A. 备份软盘存储不当引起数据丢失

B. 软件故障造成财务数据丢失

C. 计算机病毒造成财务数据丢失

D. 人为的误操作造成财务数据丢失

27. 会计软件试运行的时间，最好不要放在(　　)。

A. 月初　　　　　B. 年初

C. 月中　　　　　D. 年末

28. 固定资产核算系统中，执行(　　)操作后，才能开始处理下一个月的业务。

A. 生成凭证　　　B. 账簿输出

C. 结账　　　　　D. 对账

29. 在账务处理系统中，账簿中的数据(　　)。

A. 不可以修改或删除　B. 可以删除

C. 可以增加　　　D. 可以修改

30. 计算机账务处理系统中，记账后的凭证发现错误应采用(　　)进行修改。

A. 负数冲正和补充登记

B. 负数冲正

C. 补充登记

D. 删除凭证

31. 一个完整的会计核算软件必定包含(　　)模块。

A. 账务处理　　　B. 应收/应付

C. 工资　　　　　D. 成本

32. ERP 建立在(　　)基础之上，是以系统化的管理思想为基础，为企业决策层及员工提供决策运行手段的管理平台，其目的是整合并优化企业资源。

A. 管理信息　　　B. 信息技术

C. 会计核算　　　D. 计算机与会计

33. (　　)是用户与计算机的接口。

A. 硬件　　　　　B. 软件

C. CPU　　　　　D. 输入输出设备

34. 运算器又称(　　)。

A. 算术逻辑单元　B. CPU

C. 控制器　　　　D. 只读控制器

35. (　　)可直接访问内存。

A. 控制器　　　　B. 存储器

C. CPU　　　　　D. 运算器

36. 《会计核算软件基本功能规范》中规定，会计核算软件中采用的总分类会计科目名称、编号方法，必须符合以下(　　)的说法。

A. 编号必须为三位数字

B. 名称不得超过 4 个汉字

C. 名称及编号都必须符合国家统一会计制度的规定

D. 不能增加国家统一会计制度中未规定明细科目代码

37. 在计算机中，账簿文件或者数据库可以设置(    )。

  A. 一个        B. 多个

  C. 一个或多个    D. 999 个

38. 日记账的查询需通过(    )模块查询。

  A. 出纳管理      B. 银行存款

  C. 账务处理      D. 固定资产

39. 会计报表系统中，无论是一次性定义一张完整的空表格式，还是分表头、表体、表尾三部分定义，最好采用(    )。

  A. 行编辑        B. 列编辑

  C. 全屏幕编辑    D. 固定填列

40. 账套是用于存放核算单位会计数据的实体，一个账套代表一个(    )。

  A. 核算项目      B. 会计期间

  C. 数据文件      D. 核算单位

41. 关于会计核算软件与手工会计核算的异同，表述正确的是(    )。

  A. 会计数据处理流程大体一致

  B. 记账规则完全相同

  C. 账务处理流程类型相同

  D. 内部控制方式相同

42. (    )是会计电算化建立和发展的关键。

  A. 电脑        B. 会计软件

  C. 人才        D. 管理制度

43. 下列各项中，不能作为域名的是(    )

  A. www. aaedu. cm

  B. ftp. buaa. edu. cn

  C. www. bit. edu. cn

  D. www. Lnu. edu. cn

44. 通常所说的"资源"是指(    )。

  A. 网络中所有的硬件

  B. 网络中所有的软件

  C. 网络中所有的数据资源

  D. 网络中所有的软件、硬件和数据资源

45. 下面软件中，属于文字处理软件的是(    )。

  A. Word 2003    B. Excel 2003

  C. Windows XP    D. DOS

二、多项选择题（在每小题给出的四个备选答案中，有两个或两个以上正确答案，请将所选答案的字母填在题后的括号内。不选、多选、错选均不得分。每小题 1 分，共 30 分)

46. 安装完 Windows XP 后，桌面上通常出现的图标有(    )。

  A. 我的电脑

  B. 我的文档

  C. Word 2003 的快捷启动方式

  D. 回收站

47. 在 Word 2003 中，能实现首行缩进的操作是(    )。

  A. 选择格式菜单中的字体

  B. 选择格式菜单中的段落

  C. 利用水平标尺

  D. 选择插入菜单中的分隔符

48. Excel 2003 中(    )操作可选用格式工具栏中的工具图标。

  A. 左对齐        B. 跨列居中

  C. 换行输入      D. 以百分数表示

49. 用友报表系统中，关于报表操作是在(    )两个状态下进行的。

  A. 格式        B. 数据

  C. 字符        D. 表样

50. 用友报表系统中，报表的单元类型包括(    )。

  A. 数值单元      B. 表样单元

  C. 字符单元      D. 日期单元

51. 在 Excel 2003 中，通过(    )可以将整个工作表全部选中。

  A. 单击全选框

  B. Ctrl + A

  C. "编辑"菜单中的"全选"命令

  D. "视图"菜单中的"全选"命令

52. 以下(    )属于按结构分的微型机类型。

  A. 单片机        B. 多片机

  C. 单板机        D. 多板机

53. (    )是任何一台计算机的硬件系统都具有的部分。

  A. 控制器        B. 显示器

  C. 运算器        D. 电源

54. 计算机的发展趋势表现在多极化、网络化、(    )等几个方面。

  A. 多媒体        B. 智能化

  C. 巨型机        D. 单机化

55. 报表制作包括(    )两大部分。

  A. 格式与公式设计    B. 图表设计

  C. 文件管理      D. 数据处理

56. (    )是"我的电脑"中可以管理的计算

机资源。

A. 软盘　　　　　　　B. 打印机

C. 网上邻居　　　　　D. 控制面板

57. 下列属于期初额的函数形式的是(　　)。

A. QC　　　　　　　　B. sQC

C. wQC　　　　　　　D. mQC

58. 对于会计电算化信息系统功能结构的划分，一般要遵循(　　)等原则。

A. 可靠性　　　　　　B. 通用性

C. 专用性　　　　　　D. 高内聚低耦合

59. 会计核算和财务管理一体化形式的会计电算化信息系统功能结构可以分成(　　)等部分。

A. 账务、报表　　　　B. 管理分析

C. 购销存　　　　　　D. 财务

60. 一般，软件可分为(　　)。

A. 系统软件　　　　　B. 数据库管理软件

C. 应用软件　　　　　D. 操作系统软件

61. 在电算化会计信息系统中，对凭证进行审核的方式不包括(　　)。

A. 屏幕审核　　　　　B. 二次录入

C. 静态审核　　　　　D. 动态审核

62. 在会计电算化的实际工作中，在编制记账凭证这一环节，操作人员可以(　　)。

A. 直接在账务处理模块输入原始凭证数据，自动编制

B. 手工编制完成记账凭证后录入计算机

C. 根据原始凭证直接在计算机上编制记账凭证

D. 由账务处理模块外的其他业务子系统生成会计凭证数据

63. 在账务系统中，记账凭证的编号要(　　)。

A. 连续编号

B. 由计算机自动编号

C. 有分类时，分类编号

D. 人工输入编号

64. 在键盘控制键中，一般不能单独使用的是(　　)。

A. Ctrl 键　　　　　　B. Shift 键

C. Alt 键　　　　　　D. Tab 键

65. 计算机的存储器包括(　　)。

A. 内存储器　　　　　B. 外存储器

C. 主存储器　　　　　D. 辅助存储器

66. 下列不属于会计核算软件核心的有(　　)。

A. 报表系统　　　　　B. 采购系统

C. 账务处理系统　　　D. 成本核算系统

67. 商品化会计核算软件应具有(　　)特点。

A. 专业性强　　　　　B. 成本相对较高

C. 维护有保障　　　　D. 软件开发水平较高

68. Internet 地址表示不正确的是(　　)。

A. 199. 60. 103. 1

B. 12. 267. 34. 1

C. davinci. renaissoft. com

D. davinci. renaissoft. com. cn

69. 内部存储器和外部存储器相比的特点有(　　)。

A. 容量小　　　　　　B. 速度快

C. 容量大　　　　　　D. 速度慢

70. 运算器的主要功能有(　　)。

A. 完成字符串的连接、匹配运算

B. 完成加、减、乘、除等算术运算

C. 完成与、或、非等逻辑运算

D. 完成 <、>、=、<> 等比较运算

71. 电算化主管的主要职责有(　　)。

A. 协调计算机及会计软件系统的运行工作

B. 协调各岗位的工作关系

C. 负责电算化岗位设置

D. 人员分工和设置操作权限

72. 下列法规中属于财政部制定并发布的有(　　)。

A. 《会计电算化工作规范》

B. 《会计基础工作规范》

C. 《会计电算化管理办法》

D. 《会计核算软件基本功能规范》

73. 人员档案的输入内容包括(　　)。

A. 证件号码　　　　　B. 个人账号

C. 籍贯　　　　　　　D. 地址

74. 账务系统中，记账凭证的编号应(　　)。

A. 由计算机自动编号

B. 编号必须连续

C. 如果分类，应分类编号

D. 可以不从 1 开始

75. 下列功能属于账务系统初始化的有(　　)。

A. 建立账套　　　　　B. 设置会计科目

C. 设置辅助核算项目　D. 录入余额

三、判断题（认为正确的，在题后的括号内写"√"；认为错误的，在题后的括号内写"×"。判断正确的得分，判断错误的扣分，不答不得分也不扣分。每小题 1 分，共 10 分。本类题最低分为零分）

76. DOS 命令分为内部命令和外部命令。(　　)

77. 汉字系统也是计算机操作系统的一个组成部分。（　　）

78. 通过预览操作，能够从屏幕上查看到部分文档的实际输出效果。（　　）

79. 在 Excel 2003 中，当出现算术和关系的混合运算时，关系运算优先于算术运算。（　　）

80. 账户按用途和结构分类，"累计折旧"属于负债类账户。（　　）

81. 保障会计软件及计算机硬件的正常运行是软件编制人员的责任。（　　）

82. 磁盘的存储容量与其尺寸的大小成正比。（　　）

83. 企业资源计划（简称 ERP）软件中用于处理会计核算数据部分的模块不属于会计核算软件的范畴。（　　）

84. 填制凭证时，金额不能为"零"，红字以"一"号表示。（　　）

85. 用友报表系统中，只能生成报表数据，不能进行图表分析。（　　）

**四、不定项选择题（在每小题给出的四个备选答案中，有一个或一个以上正确答案，请将所选答案的字母填在题后的括号内。不选、多选、错选均不得分。共 3 小题，15 分）**

86.（Windows 操作题，3 分）将考生文件夹考试中的文件成绩单 .doc 删除的操作方法正确的是（　　）。

A. 在考生文件夹双击进入考试文件夹，用鼠标单击选中成绩单 .doc 文件，在键盘上按 Delete 键

B. 在考生文件夹双击进入考试文件夹，用鼠标单击选中成绩单 .doc 文件，在"文件"菜单中选择"删除"命令

C. 在考生文件夹双击进入考试文件夹，用鼠标右键单击被选择的对象，打开快捷菜单，然后选择"删除"命令

D. 在考生文件夹双击进入考试文件夹，用鼠标单击选中成绩单 .doc 文件，在工具栏上选择"删除"按钮

87.（Word 2003 操作题，共 3 小题，计 6 分）针对下面文字，请按题目要求作答：

激清音以感余，愿接膝以交言。欲自往以结誓，惧冒礼之为愆；待凤鸟以致辞，恐他人之我先。意惶惑而靡宁，魂须臾而九迁：愿在衣而为领，承华首之余芳；悲罗襟之宵离，怨秋夜之未央！愿在裳而为带，束窈窕之纤身；嗟温凉之异气，或脱故而服新！愿在发而为泽，刷玄鬓于颓肩；悲佳人之屡沐，从白水而枯煎！愿在眉而为黛，随瞻视以闲扬；悲脂粉之尚鲜，或取毁于华妆！愿在莞而为席，安弱体于三秋；悲文茵之代御，方经年而见求！愿在丝而为履，附素足以周旋；悲行止之有节，空委弃于床前！愿在昼而为影，常依形而西东；悲高树之多荫，慨有时而不同！愿在夜而为烛，照玉容于两楹；悲扶桑之舒光，奄灭景而藏明！愿在竹而为扇，含凄飙于柔握；悲白露之晨零，顾襟袖以缅邈！愿在木而为桐，作膝上之鸣琴；悲乐极而哀来，终推我而辍音！

（1）（不定项选择题，3 分）将正文内容分成"偏左"的两栏的操作方法是（　　）。

A. 单击"编辑"菜单中的"分栏"命令，打开"分栏"对话框，在"预设"框中选择"偏左"，单击"确定"按钮

B. 单击"视图"菜单中的"分栏"命令，打开"分栏"对话框，在"预设"框中选择"偏左"，单击"确定"按钮

C. 单击"格式"菜单中的"分栏"命令，打开"分栏"对话框，在"预设"框中选择"偏左"，单击"确定"按钮

D. 单击"工具"菜单中的"分栏"命令，打开"分栏"对话框，在"预设"框中选择"偏左"，单击"确定"按钮

（2）（不定项选择题，2 分）将正文的行距设置为"2 倍行距"的操作方法是（　　）。

A. 用鼠标选中正文，在"工具"菜单上单击"段落"，在弹出的对话框中选择行距设置为"2 倍行距"，然后单击"确定"按钮

B. 用鼠标选中正文，在"视图"菜单上单击"段落"，在弹出的对话框中选择行距设置为"2 倍行距"，然后单击"确定"按钮

C. 用鼠标选中正文，在"格式"菜单上单击"段落"，在弹出的对话框中选择行距设置为"2 倍行距"，然后单击"确定"按钮

D. 用鼠标选中正文，在"编辑"菜单上单击"段落"，在弹出的对话框中选择行距设置为"2 倍行距"，然后单击"确定"按钮

（3）（不定项选择题，2 分）插入一幅剪贴画，将环绕方式设置为"紧密型"的操作方法是（　　）。

A. 单击"插入"菜单，选择"图片"—"剪贴画"命令，插入一幅剪贴画，调整图片至适当位置；右键单击插入的剪贴画，选择"设置图片格式"对话框，选定"版式"选项卡，将环绕方式设置为

"紧密型"，单击"确定"按钮

B. 单击"插入"菜单，选择"图片"—"剪贴画"命令，插入一幅剪贴画，调整图片至适当位置；双击插入的剪贴画，打开"设置图片格式"对话框，选定"版式"选项卡，将环绕方式设置为"紧密型"，单击"确定"按钮

C. 单击"格式"菜单，选择"图片"—"剪贴画"命令，插入一幅剪贴画，调整图片至适当位置；单击插入的剪贴画，打开"设置图片格式"对话框，选定"版式"选项卡，将环绕方式设置为"紧密型"，单击"确定"按钮

D. 单击"格式"菜单，选择"图片"—"剪贴画"命令，插入一幅剪贴画，调整图片至适当位置；双击插入的剪贴画，打开"设置图片格式"对话框，选定"版式"选项卡，将环绕方式设置为"紧密型"，单击"确定"按钮

88. （Excel 操作题，共 2 小题，计 6 分）

根据下表，完成以下各题：

<table>
<tr><td colspan="5">各国在亚太地区电信投资表（单位：亿美元）</td></tr>
<tr><td>国家</td><td>1995 年投资额</td><td>1996 年投资额</td><td>1997 年投资额</td><td>合计</td></tr>
<tr><td>美国</td><td>200</td><td>195</td><td>261</td><td></td></tr>
<tr><td>韩国</td><td>120</td><td>264</td><td>195</td><td></td></tr>
<tr><td>中国</td><td>530</td><td>350</td><td>610</td><td></td></tr>
</table>

（1）（不定项选择题，3 分）分别计算各国三个年度的投资总额的操作方法为(      )。

A. 用鼠标将 E3 单元格选中，单击工具栏中自动求和按钮，在该单元格出现" = sum（a3：d3）"单击回车确定，选中 E3 单元格，拖动填充柄到 E4、E5

B. 用鼠标将第三行选中，单击工具栏中自动求和按钮，在该单元格出现" = sum（a3：d3）"单击回车确定，选中 E3 单元格，拖动填充柄到 E4、E5

C. 用鼠标将第三行选中，单击工具栏中自动求和按钮，在该单元格出现" = sum（b3：d3）"单击回车确定，选中 E3 单元格，拖动填充柄到 E4、E5

D. 用鼠标将 E3 单元格选中，单击工具栏中自动求和按钮，在该单元格出现" = sum（b3：d3）"单击回车确定，选中 E3 单元格，拖动填充柄到 E4、E5

（2）（不定项选择题，3 分）将各国三个年度的投资总额以人民币形式表现，并带两个小数点的操作方法是(      )。

A. 单击"格式"中"单元格"项，在数字卡中分类选货币符号为"￥"，小数位数为2，单击"确定"按钮

B. 单击"视图"中"单元格"项，在数字卡中分类选货币符号为"￥"，小数位数为2，单击"确定"按钮

C. 单击"编辑"中"单元格"项，在数字卡中分类选货币符号为"￥"，小数位数为2，单击"确定"按钮

D. 单击"工具"中"单元格"项，在数字卡中分类选货币符号为"￥"，小数位数为2，单击"确定"按钮

# 模拟试卷（八）参考答案与精讲解析

**一、单项选择题**

1. 【参考答案】D

【解析】常用双击鼠标左键启动程序、打开文档或窗口。

2. 【参考答案】A

【解析】任务栏的位置、大小均可以改变。

3. 【参考答案】D

【解析】在 Word 窗口中有水平标尺和垂直标尺两种，均带有度量刻度和标记，可以帮助用户在格式设计时进行定位。水平标尺可直接改变段落的缩进方式。

4. 【参考答案】B

【解析】如果文档中的内容在一页未满的情况下需要强制换页时，最快捷的方法应是插入分页符。

5. 【参考答案】A

【解析】Excel 2003 的基本文档称为工作簿，一个工作簿为一个文件，它由若干张工作表组成。每张工作表又是由一系列单元格构成。

6. 【参考答案】C

【解析】进行硬、软件配置，编制预算应考虑硬、软件市价和扩充费用。

7. 【参考答案】B

【解析】"其他业务支出"属于损益类账户，"在建工程"和"坏账准备"属于资产类账户。

8. 【参考答案】C

【解析】"控制面板"中的"显示"设置中，可以设置主题、桌面、屏幕保护程序、外观和设置等。

9. 【参考答案】C

【解析】A 选项是关闭窗口，B 选项是复制整个桌面，D 选项是设置输入法。

10.【参考答案】B

【解析】"控制面板"中有"添加/删除程序"选项，可以实现删除程序。

11.【参考答案】C

【解析】建立会计科目时，输入的基本内容包括：科目编码、科目名称、科目类型、账页格式、辅助账标记等项目。

12.【参考答案】D

【解析】管理信息系统的重要发展之一，就是 ERP 系统的推广和应用，该阶段被称为数据库系统阶段。

13.【参考答案】A

【解析】ERP 是大中型企业中使用的企业资源计划（Enterprise Resource Planning）系统的简称，是对企业物流、数据流和信息流的综合。

14.【参考答案】A

【解析】翻译程序，即计算机语言处理程序，包括汇编程序、编译程序和解释程序。

15.【参考答案】A

【解析】目前，因特网上的各种服务多达上万种，BCD 都属于其中，文档处理不需要联网操作，因而不属于因特网的应用。

16.【参考答案】C

【解析】ABD 所述特性都只描述了计算机病毒本身对系统影响的特征，只有感染性说明了计算机病毒在程序与程序，或文件与文件之间的复制过程。

17.【参考答案】C

【解析】ABD 是输入数据的三大类型，处理数据是这些数据输入之后，经软件处理所得。

18.【参考答案】A

【解析】辅助核算是对账务处理的一种补充，一般的账务软件提供的辅助核算功能包括部门核算、单位往来核算、个人核算、项目核算以及现金流量核算功能，但不包括科目明细账核算。

19.【参考答案】D

【解析】期初余额录入是将手工会计资料录入到计算机的过程之一。余额和累计发生额的录入要从最末级科目开始，上级科目的余额和累计发生数据由系统自动计算。

20.【参考答案】B

【解析】数据管理技术经历了人工管理、文件系统管理和数据库管理三个阶段。在文件系统阶段对数据的处理主要是把计算机中的数据组织成相互独立的被命名的数据文件，对文件中的记录进行存取的数据管理技术。它使数据与程序分开存储，但数据的共享性、独立性差，且冗余度大，管理和维护的代价也很大。

21.【参考答案】C

【解析】为了体现通用的特点，通用会计核算软件一般都设置初始化模块。

22.【参考答案】D

【解析】微观管理要求各个企业制定针对会计电算化工作的管理办法和规定。

23.【参考答案】D

【解析】具有连接范围窄、用户数少、配置容易、连接速率高等特点的一种网络是局域网。

24.【参考答案】C

【解析】计算机硬件系统是指组成一台计算机的各种物理装置，它们由各种具体的器件组成，是计算机进行工作的物质基础。

25.【参考答案】A

【解析】第一代电子计算机主要电子元件是电子管。

26.【参考答案】A

【解析】备份软盘存储不当引起数据丢失是备份的缺点，不是会计电算化系统进行数据备份和恢复的重要性。

27.【参考答案】C

【解析】会计软件的试运行的时间应选在年初、年末、季初、季末等特殊会计时期。

28.【参考答案】C

【解析】固定资产核算系统中，执行结账操作后，才能开始处理下一个月的业务。

29.【参考答案】A

【解析】在账务处理系统中，已登入账簿的数据将不再允许修改或删除，以保证账簿数据的安全和准确。

30.【参考答案】A

【解析】在计算机账务处理系统中，记账后的凭证发现错误时，应采用负数冲正或补充登记的方法进行修改。

31.【参考答案】A

【解析】一个完整的会计核算软件必定包含账务处理模块。

32.【参考答案】B

【解析】ERP 建立在信息技术基础之上，是以系统化的管理思想为基础，为企业决策层及员工提供决策运行手段的管理平台，其目的是整合并优化企业资源。

**33.【参考答案】B**

【解析】软件是用户与计算机的接口。

**34.【参考答案】A**

【解析】运算器又称算术逻辑单元。

**35.【参考答案】C**

【解析】CPU 可直接访问内存。

**36.【参考答案】C**

【解析】根据《会计核算软件基本功能规范》中的规定，会计核算软件中采用的总分类会计科目名称、编号方法时，其名称及编号都必须符合国家统一会计制度的规定。

**37.【参考答案】C**

【解析】在计算机中，账簿文件或者数据库可以设置一个或多个。

**38.【参考答案】A**

【解析】通过出纳管理能够进行日记账的查询。

**39.【参考答案】C**

【解析】会计报表系统中，无论是一次性定义一张完整的空表格式，还是分表头、表体、表尾三部分定义，最好采用全屏幕编辑的方式。

**40.【参考答案】D**

【解析】一个账套代表一个核算单位。

**41.【参考答案】A**

【解析】会计核算软件与手工核算的相同点有：目标一致，遵守共同的会计准则和会计制度，遵守共同的基本会计理论和会计方法，会计数据处理流程大体一致。

**42.【参考答案】C**

【解析】会计电算化人才的缺乏是制约我国会计电算化事业进一步发展的关键因素。

**43.【参考答案】A**

【解析】域名的格式为 WWW. <用户名>. <二级域名>. <一级域名>。A选项不符合一级域名规范。

**44.【参考答案】D**

【解析】通常所说的"资源"是指网络中所有的软件、硬件和数据资源。

**45.【参考答案】A**

【解析】文字处理软件用于文字输入、存储、修改、编辑和多种字体、字型输出。像WPS、四通利方、Word 2003 等。

**二、多项选择题**

**46.【参考答案】ABD**

【解析】安装完 Windows XP 后，Word 2003 的快捷启动方式不会出现在屏幕上，需要设置。

**47.【参考答案】BC**

【解析】段落缩进包括左缩进、右缩进、首行缩进和悬挂缩进，其操作方式主要有以下三种：方法一：利用水平标尺中的缩进标记设置。方法二：利用"格式"工具栏设置。"格式"工具栏有两个缩进的工具按钮，即"增加缩进量"和"减少缩进量"按钮。方法三：利用"段落"对话框设置。如果想取消缩进，可以在选定段落以后，在该选项卡的"特殊格式"框中选择"无"选项，再单击"确定"按钮即可。

**48.【参考答案】ABD**

【解析】Excel 2003 中，左对齐、跨列居中、以百分数表示即可通过格式工具栏进行快速操作，也可通过菜单进行。

**49.【参考答案】AB**

【解析】用友报表系统中，关于报表的操作主要是在数据和格式状态下进行的。

**50.【参考答案】ABC**

【解析】用友软件中，没有日期单元。

**51.【参考答案】AB**

【解析】编辑和视图菜单中均无全选命令。

**52.【参考答案】ACD**

【解析】微型机按结构可分为单片机、单板机、单芯机和多芯片机。

**53.【参考答案】AC**

【解析】任何一台计算机的硬件系统都是由控制器、运算器、存储器和输入输出设备组成的。

**54.【参考答案】AB**

【解析】随着技术的发展，计算机越来越趋于智能化、多极化、多媒体化、网络化等。

**55.【参考答案】AD**

【解析】报表制作分为两大部分来处理，即报表格式与公式设计以及报表数据处理工作。

**56.【参考答案】ABCD**

【解析】四个选项中所述内容都可以在"我的电脑"中进行管理，除此以外，硬盘也可在其中管理。

**57.【参考答案】ABC**

【解析】ABC 选项分别为金额式、数量式和外币式的期初额的函数形式。

**58.【参考答案】ABD**

【解析】对于会计电算化信息系统功能结构的划分，一般要遵循可靠性、通用性和高内聚低耦合的原则。

59. 【参考答案】BCD

【解析】账务和报表不属于会计核算与财务管理一体化的会计电算化信息系统功能结构的组成部分。

60. 【参考答案】AC

【解析】软件包括系统软件和应用软件。系统软件是用于对计算机软硬件资源进行管理、监控和维护，以及对各类应用软件进行解释和运行的软件；应用软件是在硬件和系统软件支持下，为解决各类具体应用问题而编制的软件。BD 属于系统软件。

61. 【参考答案】ABC

【解析】凭证审核是由具有审核权限的会计人员审核已由他人输入计算机的会计凭证，是动态审核。

62. 【参考答案】BCD

【解析】编制记账凭证是会计电算化实际工作的第一个环节，仍可采用手工编制的方式完成。另外，应注意的是，采用 C、D 方式时，应当在记账前打印出会计凭证并由经办人签章。

63. 【参考答案】ABC

【解析】在账务系统中，记账凭证的编号由计算机自动进行，要连续编号，且在有分类时，分类编号，以保证会计电算化工作的效果。

64. 【参考答案】AC

【解析】计算机中，通常"Ctrl"键和"Alt"键不单独使用，它们要与其他键配合使用，才能发生作用。

65. 【参考答案】ABC

【解析】按照存储器在计算机结构中所处的位置不同，可分为内存储器和外存储器两类，其中，内存储器又叫主存储器。

66. 【参考答案】ABD

【解析】会计核算软件中的用于会计核算的功能模块一般可以划分为：账务处理、应收/应付款核算、工资核算、固定资产核算、存货核算、销售核算、成本核算、会计报表生成与汇总、财务分析等，其中账务处理模块是会计核算软件的核心模块。

67. 【参考答案】CD

【解析】商品化会计核算具有如下特点：通用性强，成本相对较低，维护有保障，软件开发水平较高，开发者决定系统的扩充与修改，专业性差。

68. 【参考答案】BC

【解析】Internet 有三种表示方式，一个是 IP 地址，另一个是域名，还有一个是网络文件地址。IP 地址分成四组十进制表示，组间用圆点分隔，每一组中数据为 0~255。网络文件地址格式为 <协议>:// <服务器类型>.<域名>/<目录>/<文件名>。

69. 【参考答案】AB

【解析】内存储器的容量小、速度快。

70. 【参考答案】BC

【解析】运算器是指在控制器控制下完成加减乘除运算和逻辑判断的计算机部件。

71. 【参考答案】ABCD

【解析】电算化主管负责协调计算机及会计软件系统的运行工作，协调各岗位的工作关系，负责电算化岗位设置、人员分工和设置操作权限，落实岗位责任制。

72. 【参考答案】ABCD

【解析】财政部制定并发布了《会计电算化管理办法》、《会计核算软件基本功能规范》、《会计电算化工作规范》、《会计基础工作规范》和《会计档案管理办法》等。

73. 【参考答案】ABCD

【解析】人员档案的输入内容包括代码、名称、证件号码、地址、籍贯、个人账号等。

74. 【参考答案】ABC

【解析】账务处理系统中，记账凭证的编号应当实现：（1）由计算机自动编号；（2）如果分类，应分类编号；（3）编号必须连续等。

75. 【参考答案】ABCD

三、判断题

76. 【参考答案】√

【解析】在 DOS 中，其命令分为内部命令和外部命令。

77. 【参考答案】√

【解析】汉字操作系统是具有汉字处理能力的操作系统，它是计算机汉化软件的核心，它为用户提供了汉字输入，汉字编辑，汉字输出的界面，支持中文软件的运行。

78. 【参考答案】×

【解析】通过预览操作，能够从屏幕上查看到全部文档的实际输出效果。

79. 【参考答案】×

【解析】在 Excel 2003 中，当出现算术和关系的混合运算时，算术运算优于关系运算。

80. 【参考答案】×

【解析】账户按用途和结构分类，"累计折旧"

属于调整类账户。

**81. 【参考答案】**×

**【解析】**保障会计软件及计算机硬件的正常运行是电算维护人员的责任。

**82. 【参考答案】**×

**【解析】**存储容量指存储器可容纳的二进制信息量，磁盘的存储容量与其尺寸并无必然联系，随着技术的进步，存储设备正朝着外观越来越小，存储容量越来越大的方向发展。

**83. 【参考答案】**×

**【解析】**企业资源计划软件中用于处理会计核算数据部分的模块也属于会计核算软件的范畴。

**84. 【参考答案】**√

**【解析】**金额是指该笔分录的借方或贷方本币发生额，金额不能为零，但可以是红字，红字以负数形式输入。

**85. 【参考答案】**×

**【解析】**用友报表系统可以很方便地对数据进行图形组织和分析，制作包括直方图、立体图、圆饼图、折线图等多种分析图表，并能编辑图表的位置、大小、标题、字体、颜色、打印输出等。

## 四、不定项选择题

**86. 【参考答案】**ABCD

**【解析】**四种方法均可完成 Windows XP 的删除操作。

**87. 【参考答案】**

(1) C

(2) C

(3) AB

**88. 【参考答案】**

(1) D

(2) A

# 会计从业资格考试《初级会计电算化》模拟试卷（九）

**一、单项选择题（在每小题给出的四个备选答案中，只有一个正确答案，请将所选答案的字母填在题后的括号内。每小题1分，共45分）**

1. 下面一组均是可执行文件扩展名的应是（    ）。

A. COM、EXE、BAT

B. TXT、BAT、EXE

C. SYS、COM、EXE

D. BAS、BAT、COM

2. 目前计算机正向着巨型化，（    ），网络化，智能化方向发展。

A. 巨型化    B. 自动化

C. 微型化    D. 智能化

3. 要检查磁盘信息的正确性和完整性，并尝试修复磁盘的错误，应选用"附件"菜单下系统工具中的（    ）。

A. 磁盘空间管理系统    B. 磁盘扫描程序

C. 磁盘碎片整理程序    D. 系统监视器

4. 在 Windows XP 的资源管理器左窗口中，若显示的文件夹图标前带有加号（＋），意味着该文件夹（    ）。

A. 含有子文件夹    B. 仅含文件

C. 是空文件    D. 不含子文件夹

5. 把选定信息由源文件嵌入到目的文件的操作步骤是：选定要嵌入的内容，把选中的信息复制到剪贴板上，然后把剪贴板上的信息（    ）到目的文件中的指定位置。

A. 剪切    B. 粘贴

C. 编辑    D. 选择性粘贴

6. 下列账户属于负债类的账户有（    ）。

A. 其他业务支出    B. 应付福利费

C. 在建工程    D. 坏账准备

7. 完成系统的配置和安装，是开发会计信息系统全过程中的（    ）阶段。

A. 系统调试    B. 系统设计

C. 系统实施    D. 系统维护

8. 在 Word 2003 文档中，段落标记是在输入（    ）之后产生的。

A. 句号    B. Enter 键

C. 分页符    D. Shift + Enter

9. 在总账系统中，结账处理过程的顺序是（    ）。

A. 选择结账月份——结账前检验——结账处理——备份结前数据

B. 选择结账月份——结账前检验——备份结前数据——结账处理

C. 选择结账月份——备份结前数据——结账处理——结账前检验

D. 结账前检验——选择结账月份——备份结前数据——结账处理

10. 下面对 Excel 2003 的表格功能描述中，（    ）是错误的。

A. 在单元格中可以放置图形

B. 可以对表格中的数据进行排序

C. 不可以对表格中的数据进行计算

D. 可以用表格数据生成统计图表

11. 关于期初余额的描述，正确的是（    ）。

A. 所有科目都必须输入期初余额

B. 期初余额试算不平衡，不能记账，但可以填制凭证

C. 红字余额应输入正号

D. 如果已经记过账，则还可修改期初余额

12. 使用总账系统输入凭证表头部分时，不合理的要求是（    ）。

A. 类别必须输入已定义的类别代码或名称

B. 编号必须按类别按月顺序编号

C. 附件张数不能为0

D. 日期应随凭证号递增而递增

13. 使用总账系统填制凭证，输入方向和金额时，不正确的限制是（    ）。

A. 分录的每一条记录的金额方向唯一

B. 金额不能为"零"

C. 红字以"—"号表示

D. 不能有多借多贷的明细科目

14. 使用总账系统填制凭证后，计算机自动检查借贷双方是否平衡，不平衡的凭证（    ）。

A. 不能保存    B. 可强行保存

C. 不能退出    D. 不能放弃

15. 下列不能传播计算机病毒的是（    ）。

A. 光盘    B. 打印机

C. 磁盘    D. 网络

16. 成本核算的初始化过程不包括（    ）。

A. 部门设置

B. 产品目录代码

C. 输入期初在产品成本

D. 定额资料

17. 下列不属于辅助核算项目设置的是( )。

A. 部门辅助核算　　　B. 职员辅助核算

C. 往来单位辅助核算　D. 项目辅助核算

18. 商品化会计软件的基本功能模块中不包含( )。

A. 总账　　　　　　　B. 应收账款

C. 应付账款　　　　　D. 工资软件

19. 在账务处理过程中，最关键的环节是( )。

A. 数据输入　　　　　B. 数据管理

C. 数据传递　　　　　D. 数据输出

20. 用友报表系统里，进行( )操作不能打开"定义公式"对话框。

A. 单击"fx"按钮　　　B. 双击某公式单元

C. 按"＋"键　　　　　D. 按"＝"键

21. 目前开展会计电算化岗位培训主要形式包括( )。

A. 财政部组织　　　　B. 软件公司提供

C. 企业自己组织　　　D. 以上几项都是

22. 会计核算软件在( )允许使用的范围内，不得出现由于自身原因造成的死机或者非正常退出等情况。

A. 技术性能　　　　　B. 使用性能

C. 设计性能　　　　　D. 开发性能

23. 固定资产编码是资产管理者给固定资产所编制的编号，一般采用( )的形式。

A. 类别编号　　　　　B. 序号

C. 序号＋类别编号　　D. 类别编号＋序号

24. 如将科目级次输入为( )，则只查询一至三级科目。

A. 0　　　　　　　　B. 3

C. 0－3　　　　　　D. 1－3

25. 科目代码避免用( )表示。

A. 数字　　　　　　　B. 大写英文字母

C. 小写英文字母　　　D. 空格

26. 一般由专业软件公司研制，公开在市场上销售，能适应不同行业、不同单位会计核算与管理基本需要的会计核算软件称为( )。

A. 专用会计核算软件

B. 通用会计核算软件

C. 独立型会计核算软件

D. 非独立型会计核算软件

27. ERP 建立在( )基础之上，是以系统化的管理思想为基础，为企业决策层及员工提供决策运行手段的管理平台，其目的是整合并优化企业资源。

A. 管理信息　　　　　B. 信息技术

C. 会计核算　　　　　D. 计算机与会计

28. 1 024 个字节称为( )。

A. 1KB　　　　　　　B. 1MB

C. 1GB　　　　　　　D. 1byte

29. 时钟频率的单位是( )。

A. MIPS　　　　　　B. MHz

C. byte　　　　　　　D. GB

30. 下列各项，不属于微型计算机特点的是( )。

A. 体积小　　　　　　B. 灵活性大

C. 价格昂贵　　　　　D. 使用方便

31. 会计核算软件中，操作人员的操作权限是通过( )实现的。

A. 电算主管任命　　　B. 硬件使用制度

C. 软件使用制度　　　D. 口令控制

32. 在我国使用的会计核算软件中，文字输入、屏幕提示及打印输出可采用多种文字对照的形式，但必须包括( )。

A. 英文

B. 汉字

C. 少数民族文字

D. 软件版权所属国家的文字

33. 下列功能中，不属于工资管理系统的是( )。

A. 输入各种工资数据

B. 工资计算和发放

C. 工资费用的汇总和分配

D. 工资成本核算

34. 下列关于工资核算系统的特点中，表述错误的是( )。

A. 数据量大

B. 业务处理的时限性、准确性要求高

C. 处理业务重复性强，核算方法简单

D. 与存货核算子系统和账务处理系统存在数据传递关系

35. 录入凭证时，如果金额方向不对，可按( )键调整金额方向。

A. ＝　　　　　　　　B. Enter

C. Shift　　　　　　　D. 空格

36. 防病毒软件是一种常见的( )。

A. 工具软件　　　　B. 诊断程序

C. 调试程序　　　　D. 防病毒软件

37. 在键盘上的功能键 Alt 表示( )键。

A. 换档键　　　　B. 交替换档键

C. 控制键　　　　D. 切换键

38. 语言处理程序是一种翻译程序，其功能就是将汇编或高级语言编写的源程序编译为计算机可以识别的( )。

A. 可执行程序　　　　B. 目标程序

C. 智能程序　　　　D. 高级程序

39. IP 地址中的四组数中其中任何一组数都不可以大于( )。

A. 192　　　　B. 168

C. 256　　　　D. 255

40. 根据财政部规定，电算化会计核算信息系统必须提供( )和恢复功能。

A. 数据保存　　　　B. 数据转移

C. 数据备份　　　　D. 数据销毁

41. ( )功能不属于管理型电算化会计系统的功能。

A. 决策　　　　B. 控制

C. 预算　　　　D. 分析

42. 会计电算化的最终目的和表现形式就是用计算机( )替代手工操作。

A. 部分　　　　B. 全部

C. 一半　　　　D. 没有

43. 关于会计核算软件具备的初始化功能，下列( )是不正确的。

A. 输入会计核算所必需的期初数字及有关资料，包括：总分类会计科目和明细分类会计科目名称、编号、年初数、累计发生额及有关数量指标等

B. 输入需要在本期进行对账的未达账项

C. 选择会计核算方法，主要是记账方法，不包括固定资产折旧方法、存货计价方法、成本核算方法等

D. 输入操作人员岗位分工情况，包括：操作人员姓名、操作权限、操作密码等

44. ( )软件不属于会计软件。

A. 核算型　　　　B. 决策型

C. 管理型　　　　D. 实时控制

45. 操作系统是对计算机全部资源进行控制和管理的系统软件，这里的系统资源是指( )。

A. 软件、数据、硬件、存储器

B. 硬件资源和软件资源

C. 程序、数据、输入/输出设备、中央处理器

D. 主机、输入/输出设备、文件、外存储器

二、多项选择题（在每小题给出的四个备选答案中，有两个或两个以上正确答案，请将所选答案的字母填在题后的括号内。不选、多选、错选均不得分。每小题 1 分，共 30 分）

46. 如按硬件结构划分，会计核算软件可分为( )。

A. 单用户会计核算软件

B. 专用会计软件

C. 多用户（网络）会计核算软件

D. 通用会计软件

47. 根据计算机的规模划分，可将其分为( )。

A. 巨型机　　　　B. 大型机

C. 微型机　　　　D. 小型机

48. 在 Excel 2003 中可选取( )。

A. 单个单元格　　　　B. 多个单元格

C. 连续单元格　　　　D. 不连续单元格

49. 通用账务系统安装到计算机硬盘前需要进行的准备工作有( )。

A. 清理硬盘

B. 校准计算机系统时间

C. 重设 CONFIG. SYS 文件

D. 系统初始化

50. 在 Word 2003 中，能够实现"粘贴"功能的操作是( )。

A. 选择编辑菜单中的粘贴

B. 选择工具栏中的粘贴

C. Ctrl + V

D. 选择右键菜单中的粘贴

51. Excel 2003 工作窗口中，下列( )含有 Excel 2003 的工作命令。

A. 标题栏　　　　B. 菜单栏

C. 工具栏　　　　D. 编辑栏

52. 要在 Excel 2003 工作表区域 AL：A10 输入等比数列 2、4、8、16……可以在 A1 单元输入数字 2，在 A2 单元输入公式( )，然后选中 A2 单元，用鼠标拖动填充柄至 A10 单元即可。

A. =2×SA＄1　　　　B. =2×＄A1

C. =2×A＄1　　　　D. =2×A1

53. 使用总账系统开始建账时，以下说法正确的是( )。

A. 自由定义科目代码长度和科目级次

B. 可根据需要增加、删除或修改会计科目，并具有科目封存功能

C. 录入开始使用总账系统时各科目的余额

D. 要定义会计期间

54. 在总账系统的凭证管理中，提供( )以及查看最新余额等功能，加强对发生业务的及时管理和控制。

A. 奖金及往来赤字控制

B. 外币支出控制

C. 预算控制

D. 支票控制

55. 使用总账系统，下面叙述正确的是( )。

A. 启用日期不能在系统管理模块的启用日期之前

B. 已录入汇率后不能修改总账启用日期

C. 已录入期初余额则不能修改总账启用日期

D. 在其他系统中已制单的情况下，不能修改总账的启用日期

56. 账务处理模块的系统管理员负责( )。

A. 对年度账进行管理

B. 设置账套操作员的权限

C. 建立、引入和输出账套

D. 设置操作员

57. 总账系统的主要功能有建账及( )。

A. 填制和审核凭证与记账

B. 出纳管理

C. 输出各种日记账、明细账和分类账

D. 成本计算和编制报表

58. 科目编码可以是( )。

A. 数字　　　　　　B. 文字

C. 字母　　　　　　D. 符号

59. 内部存储器和外部存储器相比有( )特点。

A. 容量小　　　　　B. 速度快

C. 容量大　　　　　D. 速度慢

60. 在会计电算化模式下，不用设立的会计工作岗位是( )。

A. 基本会计岗位　　B. 会计档案管理岗位

C. 主管会计岗位　　D. 会计电算化岗位

61. 要将感兴趣的网址添加到收藏夹中，可以进行以下的操作是( )。

A. 将地址栏中的网页图标拖放到工具栏中"收藏"按钮处

B. 单击工具栏中的"收藏"按钮，将地址栏中的网页图标拖放到"收藏夹"窗口内

C. 在"收藏夹"窗口内单击"添加"按钮

D. 单击"收藏"菜单中的"添加到收藏夹"命令，直接添加

62. 关于在会计软件中建立账套的说法，正确的包括( )。

A. 账套建立以账套主管身份进行

B. 首次使用系统时要设置账套参数

C. 必须要确定分类信息

D. 新设置账套被启用的时间，即计算机方式下总账系统的起点

63. 会计软件的账务处理模块可以实现的操作包括( )。

A. 系统初始化　　B. 日常业务处理

C. 编制会计报表　　D. 结账

64. 下列关于操作员及其权限管理的说法，正确的是( )。

A. 只允许以系统管理员的身份注册进入系统管理

B. 操作员是只能登录系统并对系统进行操作的人员

C. 所设置的操作员一旦被引用，便不能被修改和删除

D. 操作员编号在不同账套中可以不同

65. 汉字的显示方式包括( )。

A. 字符　　　　　　B. 拼音

C. 图形　　　　　　D. 全角和半角

66. 手工会计下账务处理形式的缺陷有( )。

A. 数据大量重复　　B. 信息提供不及时

C. 准确性差　　　　D. 工作强度大

67. 属于会计电算化微观管理的内容主要包括( )。

A. 日常操作管理

B. 组织和管理电算化人才培训

C. 会计档案管理

D. 建立会计电算化岗位责任制

68. 按使用范围划分，计算机网络可分为( )。

A. 无线网　　　　　B. 有限网

C. 公用网　　　　　D. 专用网

69. 下列有关系统软件的说法中，正确的有( )。

A. 系统软件是计算机系统必备的软件

B. 系统软件可扩大计算机的功能

C. 系统软件可提高计算机的工作效率

D. 系统软件可方便用户使用计算机

70. 字节经常使用的单位有(　　)。

A. KB　　　　　　B. MB

C. GB　　　　　　D. TB

71. 对用磁性介质保存的电算化会计档案应采用下列(　　)方式进行保管。

A. 准备双重备份

B. 双重备份应放在不同地点，以防止同时损坏

C. 做好防磁、防尘、防潮工作

D. 双重备份应放在同一地点，以防止丢失

72. 下列(　　)情况可以反映会计电算化系统进行数据备份和恢复的重要性。

A. 备份软盘存储不当引起数据丢失

B. 软件故障造成财务数据丢失

C. 计算机病毒造成财务数据丢失

D. 人为的误操作造成财务数据丢失

73. 下列操作中，不能由计算机自动进行的有(　　)。

A. 结账过程　　　　B. 凭证审核

C. 凭证输入　　　　D. 记账过程

74. 下列关于会计科目代码的描述，正确的有(　　)。

A. 会计科目代码必须采用全编码

B. 一级会计科目代码由财政部统一规定

C. 设计会计科目代码应从明细科目开始

D. 科目编号可以不用设定

75. 下列关于会计科目的描述中，错误的有(　　)。

A. 要修改和删除某会计科目，应先选中该会计科目

B. 科目一经使用，即已经输入凭证，则不允许修改或删除该科目

C. 有余额的会计科目可直接修改

D. 删除会计科目应从一级科目开始

三、判断题（认为正确的，在题后的括号内写"√"；认为错误的，在题后的括号内写"×"。判断正确的得分，判断错误的扣分，不答不得分也不扣分。每小题 1 分，共 10 分。本类题最低分为零分）

76. 文件名中不能包括空格。(　　)

77. 所谓硬件就是指计算机设备的实体，它是计算机工作的物质基础。(　　)

78. 双击任务栏上的按钮，可以在不同窗口（任务）之间进行切换。(　　)

79. 对话框可以被改变大小，最大化，最小

化。(　　)

80. 在选择会计软件前，要确定电算化后的会计凭证格式。(　　)

81. 提取坏账准备的企业，确定发生坏账损失时应贷记"坏账准备"账户。(　　)

82. 建立账套时，如果选择"是否按行业预置科目"，则系统会自动建立企业所需的所有会计科目。(　　)

83. 职员档案主要用于本单位职员的个人信息资料，设置职员档案可以方便地进行个人往来核算和管理等操作。(　　)

84. 下载是指将文件从本地计算机传输到远程服务器的过程。(　　)

85. 对会计核算软件自动产生的机内记账凭证经审核登账后，不得进行修改。(　　)

四、不定项选择题（在每小题给出的四个备选答案中，有一个或一个以上正确答案，请将所选答案的字母填在题后的括号内。不选、多选、错选均不得分。共 3 小题，15 分）

86. （Windows 操作题，3 分）在考试文件夹下创建一个名为电算化的文件夹的操作步骤为(　　)。

A. 右键单击"开始"，在弹出的快捷菜单中选择"资源管理器"，点击 C 盘，找到考试文件夹并打开，然后在右窗口空白位置右击鼠标，在弹出的快捷菜单选择"新建—文件夹"，输入"电算化"

B. 左键单击"开始"，在弹出的快捷菜单中选择"资源管理器"，点击 C 盘，找到考试文件夹并打开，然后在右窗口空白位置右击鼠标，在弹出的快捷菜单选择"新建—文件夹"，输入"电算化"

C. 右键单击"开始"，在弹出的快捷菜单中选择"资源管理器"，点击 C 盘，找到考试文件夹并打开，然后在右窗口空白位置左击鼠标，在弹出的快捷菜单选择"新建—文件夹"，输入"电算化"

D. 左键单击"开始"，在弹出的快捷菜单中选择"资源管理器"，点击 C 盘，找到考试文件夹并打开，然后在左窗口空白位置右击鼠标，在弹出的快捷菜单选择"新建—文件夹"，输入"电算化"

87. （Word 操作题，共 3 小题，计 6 分）针对下面文字，请按题目要求作答：

水调歌头·中秋

丙辰中秋后，欢饮达旦，大醉，作此篇，兼怀子由。（序言）

明月几时有？把酒问青天。不知天上宫阙，今夕是何年。我欲乘风归去，又恐琼楼玉宇，高处不胜

寒。起舞弄清影，何似在人间？

转朱阁，低绮户，照无眠。不应有恨，何事长向别时圆？人有悲欢离合，月有阴晴圆缺，此事古难全。但愿人长久，千里共婵娟。

（1）（不定项选择题，3分）将正文的行距设置为"1.5倍行距"的操作方法是（　　）。

A. 用鼠标选中正文，在"工具"菜单上单击"段落"，在弹出的对话框中选择行距设置为"1.5倍行距"，然后单击"确定"按钮

B. 用鼠标选中正文，在"视图"菜单上单击"段落"，在弹出的对话框中选择行距设置为"1.5倍行距"，然后单击"确定"按钮

C. 用鼠标选中正文，在"格式"菜单上单击"段落"，在弹出的对话框中选择行距设置为"1.5倍行距"，然后单击"确定"按钮

D. 用鼠标选中正文，在"编辑"菜单上单击"段落"，在弹出的对话框中选择行距设置为"1.5倍行距"，然后单击"确定"按钮

（2）（不定项选择题，2分）将标题"水调歌头·中秋"的字体设置为"黑体"，字号设置为"三号"的操作方法是（　　）。

A. 在工具栏上的"字体"下拉列表框中选择"黑体"单击，再选择字号下拉列表框中选择"三号"单击

B. 用鼠标选中标题，在"编辑"菜单上单击"字体"，在弹出的对话框选择"字体"选项卡中的"黑体"和"三号"，然后单击"确定"按钮

C. 用鼠标选中标题，在工具栏上的"字体"下拉列表框中选择"黑体"单击，再选择字号下拉列表框中选择"三号"单击

D. 用鼠标选中标题，在"格式"菜单上单击"字体"，在弹出的"字体"对话框中选择字体选项卡中的"黑体"和"三号"，然后单击"确定"按钮

（3）（不定项选择题，2分）选择一幅图片，设置为文档背景图片的操作步骤为（　　）。

A. 单击"工具"菜单，选择"背景"中的"填充效果"命令，打开"填充效果"对话框，在"图片"选项卡中选择一幅图片，单击"确定"按钮

B. 单击"编辑"菜单，选择"背景"中的"填充效果"命令，打开"填充效果"对话框，在"图片"选项卡中选择一幅图片，单击"确定"按钮

C. 单击"视图"菜单，选择"背景"中的"填充效果"命令，打开"填充效果"对话框，在"图片"选项卡中选择一幅图片，单击"确定"按钮

D. 单击"格式"菜单，选择"背景"中的"填充效果"命令，打开"填充效果"对话框，在"图片"选项卡中选择一幅图片，单击"确定"按钮

88.（Excel操作题，共2小题，计6分）下表是"小华商场销售额分类统计表"，请按题目要求作答：

| 季度 | 副食品 | 日用品 | 电器 | 服装 |
| --- | --- | --- | --- | --- |
| 1季度 | 56722 | 44753 | 34567 | |
| 2季度 | 23456 | 34235 | 45355 | 89657 |
| 3季度 | 34561 | 34534 | 56456 | 55678 |
| 4季度 | 11234 | 87566 | 78755 | 96546 |
| 合计 | 114888 | 213057 | 228100 | 276448 |

（1）（不定项选择题，3分）以"服装"为关键字，递增排序的操作方法是（　　）。

A. 单击"数据"中的"排序"命令项，在对话框中的"主关键字"处选"服装"并选升序按钮，单击"确定"按钮

B. 单击"工具"中的"排序"命令项，在对话框中的"主关键字"处选"服装"并选升序按钮，单击"确定"按钮

C. 单击"格式"中的"排序"命令项，在对话框中的"主关键字"处选"服装"并选升序按钮，单击"确定"按钮

D. 单击"视图"中的"排序"命令项，在对话框中的"主关键字"处选"服装"并选升序按钮，单击"确定"按钮

（2）（不定项选择题，3分）在B4单元格内键入数据"45637"。数据格式与其他相应数据格式都为0.00的操作方法为（　　）。

A. 将鼠标定位在B2单元格，录入45637，选中所有数据，单击"编辑"中"单元格"项，在数字卡中分类为数值处，选小数位数为2，单击"确定"按钮即操作完毕

B. 将鼠标定位在B2单元格，录入45637，选中所有数据，单击"格式"中"单元格"项，在数字卡中分类为数值处，选小数位数为1，单击"确定"按钮即操作完毕

C. 将鼠标定位在B2单元格，录入45637，选中所有数据，单击"格式"中"单元格"项，在数字卡中分类为数值处，选小数位数为2，单击"确定"按钮即操作完毕

D. 将鼠标定位在B2单元格，录入45637，选中所有数据，单击"工具"中"单元格"项，在数字卡中分类为数值处，选小数位数为2，单击"确定"按钮即操作完毕

# 模拟试卷（九）参考答案与精讲解析

## 一、单项选择题

**1.【参考答案】**A

**【解析】**其他答案中有对有错，不完全正确。

**2.【参考答案】**C

**【解析】**计算机正向着巨型化，微型化，网络化，智能化方向发展。

**3.【参考答案】**B

**【解析】**磁盘空间管理系统对各个磁盘空间进行管理，其他均不符合要求。

**4.【参考答案】**A

**【解析】**通过"Windows XP 的资源管理器"，可以按阶梯式层次结构查看本计算机和网络驱动器的内容，可以在窗口中浏览计算机资源。"资源管理器"的左窗格包含驱动器和文件夹列表，左窗格中驱动器或文件夹旁的"＋"号标记是折叠标记，表示该驱动器或文件夹中含有子文件夹，单击该项目图标可以阶梯式展开该项目，同时标记变为"－"号，称为展开标记。

**5.【参考答案】**B

**【解析】**剪切，复制，粘贴是很重要的内容。

**6.【参考答案】**B

**【解析】**"其他业务支出"属于损益类账户，"在建工程"和"坏账准备"属于资产类账户。

**7.【参考答案】**C

**【解析】**系统实施阶段是完成系统的配置和安装，在此阶段，经过系统调试（测试），反复查错，排错写出使用手册，使系统能正常运行。

**8.【参考答案】**B

**【解析】**Word 2003 文档里，Enter 表示换行，并产生段落标记。

**9.【参考答案】**B

**【解析】**在总账系统中，结账依据选择结账月份、进行结账前检验、备份结账前数据、最后处理结账的顺序进行。

**10.【参考答案】**C

**【解析】**Excel 2003 表格提供了很多函数，可以对数据进行计算。

**11.【参考答案】**B

**【解析】**根据总账余额期初余额的录入规则，B选项所述正确。

**12.【参考答案】**C

**【解析】**总账系统中凭证可以没有附件。

**13.【参考答案】**D

**【解析】**明细科目数额的大小并未受到限制，只要借贷平衡即可。

**14.【参考答案】**A

**【解析】**当凭证不平衡时，会计系统不能保存。

**15.【参考答案】**B

**【解析】**计算机病毒常常通过网络、磁盘、光盘等传播。

**16.【参考答案】**A

**【解析】**部门设置属于账务处理模块系统初始化的内容。

**17.【参考答案】**D

**【解析】**辅助核算项目的设置包括两个方面：一是辅助核算种类，二是具体的核算项目。系统一般预设了往来、部门、职员等常用的核算类别。

**18.【参考答案】**D

**【解析】**目前国外商品化会计软件已经比较成熟，主要功能模块是总账和应收/应付账款。

**19.【参考答案】**A

**【解析】**在计算机环境下，账务处理分为输入、处理、输出三个环节，从输入凭证到输出账表，机内所有处理工作基本都由计算机自动完成，只有数据输入正确了，才能保证后续环节的正常进行。

**20.【参考答案】**C

**【解析】**由用友软件等的实际操作可得。

**21.【参考答案】**D

**【解析】**目前开展会计电算化岗位培训主要有三种形式：（1）财政部组织全国开展的初级、中级和高级电算化培训；（2）软件公司提供的针对购买的会计软件的培训；（3）由企业自行组织的培训。

**22.【参考答案】**C

**【解析】**会计核算软件在设计性能允许使用的范围内，不得出现由于自身原因造成的死机或者非正常退出等情况。

**23.【参考答案】**D

**【解析】**固定资产编码是资产管理者给固定资产所编制的编号，一般采用类别编号＋序号的形式。

**24.【参考答案】**D

**【解析】**输入 1－3 时，可以查询到三级明细科目。

**25.【参考答案】**D

【解析】科目代码用数字、英文字母等表示，避免用空格、@等其他字符。

**26.【参考答案】B**

【解析】通用会计核算软件是指一般由专业软件公司研制，公开在市场上销售，能适应不同行业、不同单位会计核算与管理基本需要的会计核算软件。

**27.【参考答案】B**

【解析】ERP建立在信息技术基础之上，是以系统化的管理思想为基础，为企业决策层及员工提供决策运行手段的管理平台，其目的是整合并优化企业资源。

**28.【参考答案】A**

【解析】1KB = 1 024B。

**29.【参考答案】B**

【解析】时钟频率的单位是兆赫（MHz）。

**30.【参考答案】C**

【解析】微型计算机的特点是体积小、灵活性大、价格便宜、使用方便。

**31.【参考答案】A**

【解析】电算主管负责电算化岗位设置、人员分工和设置操作权限。

**32.【参考答案】B**

【解析】会计核算软件中的文字输入、屏幕提示和打印输出必须采用中文，可以同时提供少数民族文字或者外国文字对照。

**33.【参考答案】D**

【解析】工资管理系统可以根据初始设置的工资项目和工资计算公式等设置，在输入各种工资数据后，进行工资的计算和发放、工资费用的汇总和分配等，但无法核算工资成本。

**34.【参考答案】D**

【解析】工资核算系统与存货核算子系统不存在数据传递关系。

**35.【参考答案】D**

【解析】凭证录入时，可使用空格键调整金额方向。

**36.【参考答案】A**

【解析】工具软件提供一种工具以方便用户进行软件开发或者帮助解决一些应用中的普通问题。病毒防治软件是常见的工具软件。

**37.【参考答案】B**

【解析】按键的功能可将键盘的键分为5类：功能键、打字键、控制键、编辑键区、副键盘区。Shift为换档键，同时按下，输入上档字符。除此之外，其他键还有：Ctrl为控制键，与其他键组合成控制命令；Esc为放弃键，取消当前操作；Tab为制表定位键；Capslock为大写锁定键，对应指示灯亮时，输入大写字母；Alt为转换键，与其他键组合成转换命令；Backspace为退格键，删除光标左边的字符；Enter为回车键，命令确认或换到下一行。

**38.【参考答案】B**

【解析】语言处理程序主要是指各种计算机程序设计语言及其编译系统。例如汇编语言和汇编程序，高级语言有C语言、Basic语言、Pascal语言等，数据库管理系统有FoxPro、Fox—Base等。先用它们编写源程序，经编译后生成计算机可执行的二进制目标程序。

**39.【参考答案】D**

【解析】IP地址中的四组数中其中任何一组数都不可以大于255。

**40.【参考答案】C**

【解析】根据财政部规定，会计年度终了进行结账时，会计核算软件应当提供在数据磁带、可装卸硬磁盘或者软磁盘等存储介质的强制备份功能。

**41.【参考答案】A**

【解析】会计电算化本身的分类有3种：核算型会计电算化、管理型会计电算化、决策型会计电算化。管理型电算化会计系统的主要功能有：会计预测与预算、编制财务计划、进行财务控制、开展会计分析。由此可见，决策功能不属于管理型会计系统的主要功能。

**42.【参考答案】B**

【解析】会计电算化的最终目的和表现形式是用计算机全部代替手工操作。它实现了会计工作方式的变革和人的解放，是会计发展史上的一次重大变革。它不仅减轻了财务人员的劳动强度，提高了工作效率、工作质量，还促进了会计工作的规范化和会计理论、技术的不断发展。

**43.【参考答案】C**

【解析】会计核算软件具备的初始化功能，主要应当包括以下内容：（1）输入会计核算所必需的期初数字及有关资料，包括总分类会计科目和明细分类会计科目名称、编号、年初数、累计发生额及有关数量指标等；（2）输入需要在本期进行对账的未达账项；（3）选择会计核算方法，包括记账方法、固定资产折旧方法、存货计价方法、成本核算方法等；（4）定义自动转账凭证，包括会计制度允许的自动冲回凭证等；（5）输入操作人员岗位分工情况，包括操作人员姓名、操作权限、操作密码等。故C项表述错误。

44.【参考答案】D

【解析】会计软件主要包括核算型软件、决策型软件和管理型软件。故D项错误。

45.【参考答案】B

【解析】操作系统是对计算机全部资源进行控制和管理的系统软件，这里的系统资源是指硬件资源和软件资源。

二、多项选择题

46.【参考答案】AC

【解析】按照不同的划分标准，会计核算软件可分为不同的种类。如按硬件结构划分，会计核算软件可分为单用户会计核算软件和多用户（网络）会计核算软件。

47.【参考答案】ABCD

【解析】根据计算机的规模划分，又可将计算机分为巨型机、大型机、中型机、小型机、微型机五大类。

48.【参考答案】ABCD

【解析】在Excel 2003中可选取连续单元格（按住Shift键）和不连续单元格（按住Ctrl键）。

49.【参考答案】ABC

【解析】通用账务系统安装到计算机硬盘前需要进行的准备工作有：清理硬盘、重设CONFIG. SYS文件、校准计算机系统时间。

50.【参考答案】ABCD

【解析】"复制"、"粘贴"功能，通过工具栏、菜单栏、鼠标快捷键、Ctrl键加相应字母的模式均可以实现。

51.【参考答案】BC

【解析】菜单栏中含有Excel 2003的几乎全部操作命令，工具栏中以图标的形式给出Excel 2003的常用操作。

52.【参考答案】BD

【解析】此操作是列不变化、行变化，所以行标必须用相对地址，而列标即可用相对地址，也可用绝对地址。

53.【参考答案】ABCD

【解析】题中选项所述均正确。

54.【参考答案】CD

【解析】预算和支票控制可以实现对业务的管理与控制。

55.【参考答案】ABCD

【解析】在总账系统中，其基本核算功能之一即为凭证管理，即通过严密的制单控制保证制单的正确

性，并提供资金及往来赤字控制、支票控制、外币折算以及预算控制等功能，加强对发生业务的及时管理和控制。

56.【参考答案】CD

【解析】系统管理员负责整个系统的总体控制和维护工作，可以管理该系统中所有的账套。除了CD外，还可以设置和修改操作员的密码及其权限等。

57.【参考答案】ABC

【解析】总账系统的主要功能在于凭证编制、凭证处理、会计账表的编制三个功能，D选项中的成本计算不在其功能范围之内。

58.【参考答案】AC

【解析】根据会计电算化科目编码规则，编码可使用数字和文字。

59.【参考答案】CD

【解析】内部存储器又称内存，外部存储器包括软盘、硬盘、光盘等，相比于外部存储器，内存的容量小，但运算速度更快。

60.【参考答案】BC

【解析】会计电算化后的岗位可以分为基本会计岗位和电算化会计岗位，其中，基本会计岗位包括如出纳、稽核等，后者包括如电算主管、软件操作员等。

61.【参考答案】ABC

【解析】在D操作中，单击该项命令后，会先弹出个对话框，然后用户在确定要收藏的网页名称后，单击"确定"按钮，才是确定添加到收藏夹中。

62.【参考答案】BD

【解析】建立账套时，只能以系统管理员身份进行；如果用户的存货、客户、供应商相对较少时，可以不对其进行分类核算，故AC不正确。

63.【参考答案】ABCD

【解析】系统初始化是使用财务软件的基础，是将通用会计软件转变成专用会计软件的过程。

64.【参考答案】BC

【解析】系统允许以两种身份注册进入系统管理，一个是系统管理员，另一个是以账套主管身份进入；操作员编号在不同账套中要唯一。

65.【参考答案】ACD

【解析】字符方式直接用内码传送和处理；图形方式是直接把汉字的字模点阵信息传送到输出设备；全角半角是不同类型的字符，它们都属于汉字的显示方式，拼音不在此范畴。

66.【参考答案】ABCD

【解析】手工会计下账务处理形式存在数据大量重复、信息提供不及时、准确性差、工作强度大等缺陷。

67.【参考答案】ACD

【解析】本题考核电算化微观管理的内容。选项B是电算化宏观管理的内容。

68.【参考答案】CD

【解析】计算机网络按使用范围划分，可分为：公用网和专用网。

69.【参考答案】ABCD

【解析】系统软件是计算机系统必备的软件。它的作用是扩大计算机的功能，提高计算机的工作效率，方便用户使用计算机的软件。

70.【参考答案】ABCD

【解析】字节经常使用的单位有B、KB、MB、GB、TB等。

71.【参考答案】ABC

【解析】根据会计电算化档案的基本要求，对用磁性介质保存的电算化会计档案应采用的保管方式包括：（1）准备双重备份；（2）双重备份应放在不同地点，以防止同时损坏；（3）做好防磁、防尘、防潮等工作。

72.【参考答案】ABCD

【解析】会计电算化系统进行数据备份和恢复对防止由于软件故障、计算机病毒、人为误操作等造成的账务数据丢失具有重要作用。

73.【参考答案】BC

【解析】凭证的审核必须由具有审核权限的操作员注册进入系统审核录入员录入的凭证，而凭证的输入则需要录入员根据原始凭证进行手工输入，计算机也可以在总账以外的其他子系统中根据输入的原始凭证自动生成部分记账凭证。

74.【参考答案】AB

【解析】选项C涉及会计科目代码应从一级会计科目开始。选项D在财务软件中，科目代码须设定，而且非常重要，在填制凭证、账簿查询、编制报表过程中均会用到会计科目代码。

75.【参考答案】CD

【解析】删除会计科目应遵循"自下而上"的原则，先删除下一级科目，然后再删除本级科目。有余额的会计科目，必须先删除本级及其下级科目的余额，才能修改或删除该科目。

三、判断题

76.【参考答案】×

【解析】文件名中可以包括空格。

77.【参考答案】√

【解析】计算机硬件系统是指为了组成计算机，而将它们有机组织起来的那些电子的、机械的、电磁的和光学的各种元件、部件和设备的总体，它们一般是有形的物理实体。

78.【参考答案】×

【解析】单击任务栏上的按钮，可以在不同窗口（任务）之间进行切换。

79.【参考答案】×

【解析】对话框是临时性的，不提供改变大小、最大化、最小化等操作。

80.【参考答案】×

【解析】在选择会计软件前，要按硬软件支持环境选择会计软件。

81.【参考答案】×

【解析】提取坏账准备的企业，确定发生坏账损失时应借记"坏账准备"账户。

82.【参考答案】×

【解析】选择"是否按行业预置科目"选项，系统会自动建立所属行业的标准一级科目，而不是自动建立企业所需的所有会计科目。

83.【参考答案】√

【解析】职员档案的主要信息为本单位职员的个人信息资料，方便对职员进行管理。

84.【参考答案】×

【解析】文件传输分为上载（Upload）和下载（Download）两种方式。所谓下载文件就是将所连接系统中的文件传输到用户系统的磁盘中。上载文件是下载文件的逆操作，就是把文件从用户系统的磁盘上传送到所连接的系统中。

85.【参考答案】√

【解析】无论什么性质的记账凭证，一旦经过审核和登账之后，均不得进行修改。

四、不定项选择题

86.【参考答案】A

87.【参考答案】

（1）C

（2）CD

（3）D

88.【参考答案】

（1）A

（2）C

# 会计从业资格考试《初级会计电算化》模拟试卷（十）

**一、单项选择题**（在每小题给出的四个备选答案中，只有一个正确答案，请将所选答案的字母填在题后的括号内。每小题 1 分，共 45 分）

1. ERP 是（    ）的简称。

A. 管理信息系统　　　B. 制造资源规划

C. 企业资源计划　　　D. 专家系统

2. 会计软件是由（    ）组成的。

A. 计算机程序

B. 文档资料

C. 计算机程序和文档资料

D. 计算机程序和会计数据

3. 在 Word 2003 编辑状态下，当前输入的文字显示在（    ）。

A. 插入点　　　　　B. 鼠标光标处

C. 文件尾部　　　　D. 当前行尾部

4. 鼠标器在屏幕上产生的标记符号变为一个"沙漏"状的图标，表明（    ）。

A. Windows 正在执行某一处理任务，用户请稍候

B. Windows 执行的程序出错，终止其执行

C. 等待用户键入"Y"或"N"，以便继续工作

D. 提示用户注意某个事项，并不影响计算机继续工作

5. 在 Windows 中，如果要将当前窗口存入剪贴板中，可以按（    ）。

A. Alt + Printscreen　　　B. Ctrl + Printscreen

C. Printscreen　　　　　D. Shift + Printscreen

6. 在用 Word 2003 编辑时，文字下面的红色波浪下划线表示（    ）。

A. 可能有语法错误

B. 可能有拼写错误

C. 自动对所输入文字的修饰

D. 对输入的确认

7. 关于记账操作，下列说法中错误的是（    ）。

A. 记账工作由计算机自动进行数据处理

B. 记账一般采用向导方式，使记账过程更加明确

C. 未经审核的凭证也可记账

D. 第一次记账时，若期初余额试算不平衡，不能记账

8. 在缺省方式下，新打开的 Excel 2003 工作簿中含有（    ）张工作表。

A. 2　　　　　　　　B. 3

C. 1　　　　　　　　D. 5

9. 要在 Excel 2003 工作表区域 AL：A10 输入等比数列 2、4、8、16……1 024，可以在 A1 单元输入数字 2，在 A2 单元输入公式（    ），然后选中 A2 单元，用鼠标拖动填充柄至 A10 单元即可。

A. = 2 × $ A $ 1　　　B. = 2 × A1

C. = 2 + $ A $ 1　　　D. = 2 + A1

10. 在 Excel 2003 工作表中，以下四种选定单元格区域的方法中，错误的是（    ）。

A. 单击选定区域的左上角单元格，再单击该区域的右下角单元格

B. 单击选定区域的左上角单元格，按住 Shift 键，再单击该区域的右下角单元格

C. 将鼠标指针指向选定区域的左上角单元格，拖动鼠标到该区域的右下角单元格

D. 在名字框中输入该单元格区域的名称或地址并按回车键

11. 下列（    ）不能对数据表排序。

A. 单击数据区中任一单元格，然后单击工具栏中的"序"或"降序"按钮

B. 选定要排序的区域，然后单击工具栏中的"升序"或"降序"按钮

C. 选定要排序的区域，然后单击"编辑"菜单中的"排序"命令

D. 选定要排序的区域，然后单击"数据"菜单中的"排序"命令

12. 在 Excel 2003 表中 A1 单元格键入 80，在 B1 单元格输入条件函数 = IF（A1≥80，"GOOD"，IF（A1≥60，"PASS"，"FAIL"）），则 B1 单元中显示（    ）。

A. FAIL　　　　　　B. PASS

C. GOOD　　　　　D. IF

13. 计算机最主要的工作特点是（    ）。

A. 存储程序与自动控制

B. 高速度与高精度

C. 可靠性与可用性

D. 有记忆能力

14. 在资源管理器的文件夹窗口中，带"+"的文件夹图标表示该文件夹（    ）。

A. 是根目录

B. 包含文件

C. 包含子文件夹

D. 包含更多的文件和子文件夹

15. 下列关于存储器 CPU 的叙述中正确的是(　　)。

A. CPU 能直接访问存储在内存的数据，也能直接访问存储在外存中的数据

B. CPU 不能直接访问存储在内存的数据，能直接访问存储在外存中的数据

C. CPU 只能直接访问存储在内存的数据，不能直接访问存储在外存中的数据

D. CPU 既不能直接访问存储在内存的数据，也不能直接访问存储在外存中的数据

16. 存储器容量 1G、1M、1K 分别表示 2 的(　　)次方字节。

A. 10、20、30　　　　B. 30、20、10

C. 20、30、10　　　　D. 30、10、20

17. 微机中使用的鼠标器一般连接在计算机主机的(　　)上。

A. 并行接口　　　　B. 串行接口

C. 显示器接口　　　D. 打印机接口

18. 进行键盘输入的大小写转换的控制键是(　　)。

A. Capslock　　　　B. Shift

C. Numlock　　　　D. Alt

19. 以下设备中，只能作为输出设备的是(　　)。

A. 键盘　　　　　　B. 打印机

C. 鼠标　　　　　　D. 磁盘和硬盘

20. 计算机病毒可以使整个计算机瘫痪，危害极大。计算机病毒是(　　)。

A. 一条命令　　　　B. 一段特殊的程序

C. 一种生物病毒　　D. 一种芯片

21. 账务处理模块与其他模块之间的联系主要表现为(　　)。

A. 原始凭证的审核

B. 记账凭证数据的传递

C. 总账、明细账的等级

D. 原始凭证的汇总

22. (　　)模块的主要功能是对软件的各个子系统进行统一的操作管理和数据维护。

A. 总账　　　　　　B. 系统初始化

C. 系统管理　　　　D. UFO 报表

23. 下列不属于固定资产核算子系统功能的是(　　)。

A. 固定资产的增减变动

B. 计提折旧

C. 月末结账

D. 凭证的审核与记账

24. 下列属于会计核算软件与手工会计核算的不同点的是(　　)。

A. 目标

B. 遵守的会计准则和会计制度

C. 遵守基本会计理论和会计方法

D. 会计核算工具

25. 工资核算系统中，系统维护和管理主要包括系统备份、(　　)、操作人员权限的分配和口令的设置等。

A. 数据修改　　　　B. 数据输入

C. 恢复　　　　　　D. 存盘

26. 填制凭证时，输入的会计科目编码应当是(　　)科目编码。

A. 一级　　　　　　B. 二级

C. 总账　　　　　　D. 末级

27. 一般账簿按年打印，业务量较大的，如电子账记录满一个整页，可先打印输出(　　)。

A. 整页账册　　　　B. 每月账册

C. 每季度账册　　　D. 半年度账册

28. 在 Windows 中，若系统长时间不响应用户的要求，为了结束该任务，应使用的组合键是(　　)。

A. Shift + Esc + Tab　　B. Ctrl + Shift + Enter

C. Alt + Shift + Enter　　D. Ctrl + Alt + Del

29. 在应用程序 Word 中，要选取某个自然段，可将鼠标移到左侧选中区，然后(　　)。

A. 单击鼠标左键　　B. 双击鼠标左键

C. 三击鼠标左键　　D. 单击鼠标右键

30. 下列工作中，(　　)一定是录入员的工作。

A. 录入凭证　　　　B. 汇总账簿

C. 审核凭证　　　　D. 打印账簿

31. 关于会计核算软件与手工会计核算的异同，表述正确的是(　　)。

A. 会计数据处理流程大体一致

B. 记账规则完全相同

C. 账务处理流程类型相同

D. 内部控制方式相同

32. (　　)是会计电算化建立和发展的关键。

A. 电脑　　　　　　B. 会计软件

C. 人才　　　　　　D. 管理制度

33. 下列各项中，不能作为域名的是(　　)。

A. www. aaedu. cm　　　　B. ftp. buaa. edu. cn

C. www. bit. edu. cn　　　　D. www. Lnu. edu. cn

34. 通常所说的"资源"是指(　　)。

A. 网络中所有的硬件

B. 网络中所有的软件

C. 网络中所有的数据资源

D. 网络中所有的软件、硬件和数据资源

35. 下面软件中，属于文字处理软件的是(　　)。

A. Word 2003　　　　B. Excel 2003

C. Windows　　　　D. DOS

36. 目前开展会计电算化岗位培训主要形式包括(　　)。

A. 财政部组织　　　　B. 软件公司提供

C. 企业自己组织　　　　D. 以上几项都是

37. 会计核算软件在(　　)允许使用的范围内，不得出现由于自身原因造成的死机或者非正常退出等情况。

A. 技术性能　　　　B. 使用性能

C. 设计性能　　　　D. 开发性能

38. 固定资产编码是资产管理者给固定资产所编制的编号，一般采用(　　)的形式。

A. 类别编号　　　　B. 序号

C. 序号 + 类别编号　　　　D. 类别编号 + 序号

39. 如将科目级次输入为(　　)，则只查询一至三级科目。

A. 0　　　　B. 3

C. 0 - 3　　　　D. 1 - 3

40. 科目代码避免用(　　)表示。

A. 数字　　　　B. 大写英文字母

C. 小写英文字母　　　　D. 空格

41. 《会计核算软件基本功能规范》中规定，会计核算软件中采用的总分类会计科目名称、编号方法，必须符合以下(　　)说法。

A. 编号必须为三位数字

B. 名称不得超过 4 个汉字

C. 名称及编号都必须符合国家统一会计制度的规定

D. 不能增加国家统一会计制度中未规定明细科目代码

42. 在计算机中，账簿文件或者数据库可以设置(　　)。

A. 一个　　　　B. 多个

C. 一个或多个　　　　D. 999 个

43. 日记账的查询需通过(　　)模块查询。

A. 出纳管理　　　　B. 银行存款

C. 账务处理　　　　D. 固定资产

44. 会计报表系统中，无论是一次性定义一张完整的空表格式，还是分表头、表体、表尾三部分定义，最好采用(　　)。

A. 行编辑　　　　B. 列编辑

C. 全屏幕编辑　　　　D. 固定填列

45. 账套是用于存放核算单位会计数据的实体，一个账套代表一个(　　)。

A. 核算项目　　　　B. 会计期间

C. 数据文件　　　　D. 核算单位

**二、多项选择题（在每小题给出的四个备选答案中，有两个或两个以上正确答案，请将所选答案的字母填在题后的括号内。不选、多选、错选均不得分。每小题 1 分，共 30 分）**

46. 以下各项属于计算机辅助工作内容的是(　　)。

A. CAD　　　　B. CAM

C. CAI　　　　D. CAE

47. 一个完整的计算机系统包括(　　)。

A. 硬件　　　　B. 软件

C. 扩展设备　　　　D. 用户

48. 计算机的主机是指(　　)。

A. CPU　　　　B. 输入设备

C. 输出设备　　　　D. 内存

49. 微机的主要性能指标有(　　)。

A. 主频　　　　B. 字长

C. 内存　　　　D. 外设配置

50. 以下选项中关于各种打印机的特点，说法正确的是(　　)。

A. 针式打印机打出的汉字字形美观，但打印速度较慢

B. 喷墨式打印机印字质量较高，打印速度较快，体积小，价格低廉

C. 静电式打印机印字速度快质量好，结构简单但操作复杂

D. 激光打印机打印速度快，分辨率高，印字质量高

51. 计算机感染病毒后会产生各种现象，以下属于计算机感染病毒现象的是(　　)。

A. 文件占用的空间变大

B. 机器一小时内死机 3 次，不能正常启动

C. 屏幕显示异常图形

D. 机内的电扇不转

52. 下列操作中，选定文本可用于( )。
   A. 移动或复制文本　　B. 插入文本
   C. 设置字符格式　　　D. 查找或替换

53. 汉字输出码又被称为汉字( )。
   A. 字形码　　　　　B. 国标码
   C. 字模码　　　　　D. 内码

54. 在 Word 2003 编辑状态下，通过( )可以选中整个文档内容。
   A. Ctrl + A
   B. 在选取区内双击
   C. 按住 Ctrl 键的同时单击选取区内任意位置
   D. 按住 Ctrl 键的同时在选取区单击鼠标

55. 在 Word 2003 中，下列叙述中正确的是( )。
   A. 在 Word 2003 中，为选定文本定义字号时，阿拉伯字号值（如 89，95 等）越大，实际显示的字将越小
   B. 在 Word 2003 编辑环境中，若要取消选定文本的反白显示，使其恢复正常文本显示，只能用鼠标再次单击选定文本的任何位置
   C. 在 Word 2003 编辑环境中，通过键盘输入文档内容行至行末时，不必按回车键换行
   D. 在 Word 2003 编辑状态下，可以通过键盘上的 Delete 键将已选中的文本块删除

56. 一般的账务处理系统主要由初始设置和( )模块组成。
   A. 凭证处理　　　　B. 月末处理
   C. 账簿输出　　　　D. 编制报表

57. Excel 2003 的主要功能是( )。
   A. 电子表格处理　　B. 图形处理
   C. 数据库管理　　　D. 文字处理

58. 在 Excel 2003 中，通过( )可以修改单元格内容。
   A. 选中该单元，重新输入新内容
   B. 选中该单元，对编辑栏中出现的原内容进行编辑修改
   C. 单击该单元，并直接在单元格中进行内容的修改
   D. 双击该单元，并直接在单元格中进行内容的修改

59. 在 Excel 2003 中，通过( )可以将整个工作表全部选中。
   A. 单击全选框
   B. Ctrl + A

   C. "编辑"菜单中的"全选"命令
   D. "视图"菜单中的"全选"命令

60. 在 Excel 2003 中，修改工作表名字的操作可以从( )工作表标签开始。
   A. 用鼠标左键单击
   B. 用鼠标右键单击
   C. 用鼠标左键双击
   D. 按住 Ctrl 键同时用鼠标左键单击

61. 下列属于对话框中的元素有( )。
   A. 文本框　　　　　B. 单选框
   C. 工具栏　　　　　D. 状态栏

62. 下面属于会计核算软件的是( )。
   A. 固定资产核算软件　B. 存货核算软件
   C. ERP 软件　　　　D. 报表生成与汇总

63. 在会计核算软件中，银行对账功能通常包括( )。
   A. 银行对账期初录入
   B. 录入银行对账单
   C. 银行对账
   D. 输出银行存款余额调节表

64. 企业选择商品化会计软件时必须考虑到( )。
   A. 应从本单位的实际需求出发
   B. 软件开发单位的规模、声誉和发展能力
   C. 软件功能的适用性、完备性及易用性
   D. 软件的售后服务和维护保障

65. 窗口有两种类型，下列描述中对两类窗口描述正确的是( )。
   A. 应用程序窗口和文档窗口是 Windows 所指的两类窗口
   B. 不同类型的窗口均出现在屏幕上
   C. 文档窗口是出现在应用程序窗口内的一个窗口
   D. 文档窗口有菜单，而应用程序窗口无菜单

66. 下列有关会计软件的叙述中，正确的有( )。
   A. 会计软件以会计理论和会计方法为核心，以会计制度为依据
   B. 会计软件以管理和控制计算机系统资源的运行为任务
   C. 会计软件以计算机技术为基础，以会计数据为处理对象
   D. 会计软件以提供会计信息为目标

67. 属于会计电算化微观管理的内容主要包

括(　　)。

A. 日常操作管理

B. 组织和管理电算化人才培训

C. 会计档案管理

D. 建立会计电算化岗位责任制

68. 若发现软盘中文件染上病毒,可用(　　)法清除。

A. 将磁盘重新格式化　　B. 使用清洗盘

C. 用 CIS 命令　　　　D. 使用杀毒软件

69. 下列措施可以防范计算机病毒的有(　　)。

A. 用"写保护"来保护软盘

B. 不使用盗版或来历不明的软件

C. 注意关机以防病毒入侵

D. 经常用杀毒软件检查硬盘和外来盘

70. 计算机网络的主要功能有(　　)。

A. 资源共享　　　　B. 信息传送

C. 分布处理　　　　D. 协同商务

71. 通用会计核算软件应当提供会计报表的自定义功能,包括(　　)。

A. 定义会计报表的格式

B. 定义会计报表的项目

C. 定义会计报表的项目的数据来源

D. 稽核关系

72. 凭证在审核时需注意(　　)。

A. 不能审核自己填制的凭证

B. 已经审核过的凭证不能再审核

C. 不能取消其他人审核的凭证

D. 已经记账的凭证可以再审核

73. 系统提供的凭证限制类型包括(　　)。

A. 借方必有　　　　B. 借方或贷方必有

C. 贷方必有　　　　D. 借方和贷方必无

74. 会计科目的辅助核算包括(　　)。

A. 往来核算　　　　B. 部门核算

C. 项目核算　　　　D. 明细账核算

75. 建立账套时需设置的信息包括(　　)。

A. 账套号　　　　　B. 核算单位名称

C. 账套路径　　　　D. 账套名称

**三、判断题**（认为正确的,在题后的括号内写"√";认为错误的,在题后的括号内写"×"。判断正确的得分,判断错误的扣分,不答不得分也不扣分。每小题 1 分,共 10 分。本类题最低分为零分）

76. 当 Excel 2003 屏幕底部状态栏中显示"CAPS"时,表示系统处于小写状态。(　　)

77. 自行编制的会计软件,程序编制人员可以进行凭证录入工作。(　　)

78. 在任何情况下,都可以用总分类账户本期发生额对照表替代总分类账。(　　)

79. 使用计算机处理会计业务,原有手工条件下采用复式记账的方法登记有关账簿,并根据明细数据汇总生成总账这一数据处理方式和程序随之发生变化。(　　)

80. 在会计核算软件中,指定会计科目就是指定出纳专管的科目。指定科目后,才能执行出纳签字,也才能查看现金或银行存款日记账。(　　)

81. Windows 2003 提供了一个基于图形的多任务、多窗口的环境。(　　)

82. 在计算机总账系统中,银行对账的科目在科目设置时应定义为"银行账"辅助账类的科目性质。(　　)

83. 银行对账只能采用自动对账的方式。(　　)

84. 与银行对账后,计算机自动生成"银行存款余额调节表"。(　　)

85. 计算机病毒传播是指病毒从一个程序或数据文件侵入另一个程序或数据文件的过程。(　　)

**四、不定项选择题**（在每小题给出的四个备选答案中,有一个或一个以上正确答案,请将所选答案的字母填在题后的括号内。不选、多选、错选均不得分。共 3 小题,15 分）

86.（Windows 操作题,3 分）利用菜单,创建"我的练习"文件夹的快捷方式到窗口中的操作步骤为(　　)。

A. 右击"我的练习"文件夹选择"创建快捷方式"

B. 左击"我的练习"文件夹选择"创建快捷方式"

C. 双击"我的练习"文件夹选择"创建快捷方式"

D. 右键双击"我的练习"文件夹选择"创建快捷方式"

87.（Word 操作题,共 3 小题,计 6 分）针对下面文字,请按题目要求作答:

归去来兮,请息交以绝游。世与我而相遗,复驾言兮焉求悦亲戚之情话,乐琴书以消忧。农人告余以春兮,将有事乎西畴。或命巾车,或棹孤舟。既窈窕以寻壑,亦崎岖而经丘。木欣欣以向荣,泉涓涓而始流。羡万物之得时,感吾生之行休。

已矣乎! 寓形宇内复几时? 何不委心任去留? 胡为惶惶欲何之? 富贵非吾愿,帝乡不可期。怀良辰以孤往，或执杖而耘籽。登东皋以舒啸，临清流而赋诗。聊乘化以归尽，采夫天命复奚疑？

（1）（不定项选择题，3分）设置第一段首字下沉，下沉行数为2行的操作方法是(　　)。

A. 选定第一段，单击"视图"—"首字下沉"，在"首字下沉"对话框中选定"下沉"，在"下沉行数"中设定为2，单击"确定"按钮

B. 选定第一段，单击"工具"—"首字下沉"，在"首字下沉"对话框中选定"下沉"，在"下沉行数"中设定为2，单击"确定"按钮

C. 选定第一段，单击"格式"—"首字下沉"，在"首字下沉"对话框中选定"下沉"，在"下沉行数"中设定为2，单击"确定"按钮

D. 选定第一段，单击"编辑"—"首字下沉"，在"首字下沉"对话框中选定"下沉"，在"下沉行数"中设定为2，单击"确定"按钮

（2）（不定项选择题，2分）将第一段（除首字）字体设置为"仿宋体"，字号设置为"五号"的操作方法是(　　)。

A. 用鼠标选中正文，在"工具"菜单上单击"段落"，在弹出的对话框中选择行距设置为"2倍行距"，然后单击"确定"按钮

B. 用鼠标选中正文，在"视图"菜单上单击"段落"，在弹出的对话框中选择行距设置为"2倍行距"，然后单击"确定"按钮

C. 用鼠标选中正文，在"格式"菜单上单击"段落"，在弹出的对话框中选择行距设置为"2倍行距"，然后单击"确定"按钮

D. 用鼠标选中正文，在"编辑"菜单上单击"段落"，在弹出的对话框中选择行距设置为"2倍行距"，然后单击"确定"按钮

（3）（不定项选择题，2分）将第二段字体设置为"楷体"，字号设置为"四号"，加双横线下划线的操作方法是(　　)。

A. 选定第二段，单击"格式"菜单中的"字体"命令，打开"字体"对话框。将"中文字体"下拉框设置为"楷体"，"字号"选择框设置为"四号"，单击"格式"工具栏上的"下划线"按钮右端的下拉按钮，打开下拉列表，选择双横线

B. 选定第二段，将字体设置为"楷体"，字号设置为"四号"，单击"格式"工具栏上的"下划线"按钮右端的下拉按钮，打开下拉列表，选择双横线

C. 选定第二段，单击"编辑"菜单中的"字体"命令，打开"字体"对话框。将"中文字体"下拉框设置为"楷体"，"字号"选择框设置为"四号"，单击"格式"工具栏上的"下划线"按钮右端的下拉按钮，打开下拉列表，选择双横线

D. 选定第二段，将字体设置为"楷体"，字号设置为"四号"，单击"编辑"工具栏上的"下划线"按钮右端的下拉按钮，打开下拉列表，选择双横线

88.（Excel操作题，共3小题，计6分）要求：（1）将标题字体设为"宋体"20磅，粗体，置于表格正上方居中。（2）计算每名参加者的每日小计，并设置单元格底纹为"细逆对角线条纹"，线条为红色。（3）将每日小计低于1 300的数据用红色显示。（4）将日期设置为年月日的格式，例如"2012年3月1日"。

根据下表材料，按要求作答：

| 跳绳统计表 | | | | | | |
|---|---|---|---|---|---|---|
| 姓名 | 星期一 | 星期二 | 星期三 | 星期四 | 星期五 | 统计日期 |
| 王欣欣 | 260 | 263 | 267 | 271 | 280 | 2012 - 3 - 1 |
| 刘安阳 | 258 | 261 | 265 | 270 | 278 | 2012 - 3 - 2 |
| 李正滋 | 261 | 269 | 275 | 279 | 285 | 2012 - 3 - 3 |
| 陈志刚 | 255 | 260 | 263 | 268 | 272 | 2012 - 3 - 4 |
| 周荣辉 | 259 | 263 | 267 | 271 | 277 | 2012 - 3 - 5 |
| 每日小计 | | | | | | 2012 - 3 - 6 |

（1）在Excel 2003中可选取(　　)。

A. 单个单元格　　　　B. 多个单元格

C. 连续单元格　　　　D. 不连续单元格

（2）设置操作要求（2）中底纹正确的操作是(　　)。

A. 在"格式"菜单中选择"边框和底纹"，然后在弹出的对话框中选择"底纹"标签，然后选择底纹为"细逆对角线条纹"，线条颜色选择红色，最后单击"确定"按钮

B. 在"格式"菜单中选择"单元格"，然后在弹出的对话框中选择"边框和底纹"标签，然后选择底纹为"细逆对角线条纹"，线条颜色选择红色，最后单击"确定"按钮

C. 在"格式"菜单中选择"单元格"，然后在弹出的对话框中选择"图案"标签，然后选择图案为"细逆对角线条纹"，线条颜色选择红色，最后单击"确定"按钮

D. 在"格式"菜单中选择"边框和底纹"，然后在弹出的对话框中选择"图案"标签，然后选择图案为"细逆对角线条纹"，线条颜色选择红色，最

后单击"确定"按钮

（3）完成操作要求（4）正确的方式有(　　)。

A. 选择日期单元格，点击鼠标右键，在弹出菜单中选择"设置单元格格式"，然后在弹出的对话框中选择"数字"标签，在分类中选择"日期"，在类型中选择"2001 年 3 月 14 日"，单击"确定"按钮

B. 选择日期单元格，点击鼠标右键，在弹出菜单中选择"设置单元格格式"，然后在弹出的对话框中选择"数字"标签，在分类中选择"自定义"，在类型中选择 yyyy"年"m"月"d"日"，单击"确

定"按钮

C. 选择日期单元格，在菜单栏上选择菜单中"格式"—"单元格"，然后在弹出的对话框中选择"数字"标签，在分类中选择"日期"，在类型中选择"2001 年 3 月 14 日"，单击"确定"按钮

D. 选择日期单元格，在菜单栏上选择菜单中"格式"—"单元格"，然后在弹出的对话框中选择"数字"标签，在分类中选择"自定义"，在类型中选择 yyyy"年"m"月"d"日"，单击"确定"按钮

# 模拟试卷（十）参考答案与精讲解析

## 一、单项选择题

1. 【参考答案】C

【解析】企业资源计划或称企业资源规划，简称 ERP（Enterprise Resource Planning），是由美国著名管理咨询公司（Gartner Group Inc.）于 1990 年提出，最初被定义为应用软件，但迅速被全世界商业企业所接受，现已经发展成为现在企业管理理论之一。

2. 【参考答案】C

【解析】计算机程序和文档资料组成会计软件。

3. 【参考答案】A

【解析】在 Word 2003 编辑状态下，当前输入的文字显示在插入点处。

4. 【参考答案】A

【解析】当鼠标在屏幕上产生的标记符号变为一个"沙漏"形状时，表明 Windows 正在执行某一处理任务，请用户稍等。

5. 【参考答案】A

【解析】在 Windows 操作中，若要将当前窗口存入剪贴板，可以按 Alt + Printscreen 键。若要将整个屏幕存入剪贴板，可以按 Printscreen 键。

6. 【参考答案】B

【解析】在用 Word 2003 编辑时，文字下面的红色波浪下划线表示可能有拼写错误，绿色波浪下划线表示可能有语法错误。

7. 【参考答案】C

【解析】未经审核的凭证不能记账。故 C 选项符合题意。

8. 【参考答案】B

【解析】在缺省方式下，新打开的 Excel 2003 工作簿中含有 3 张工作表。

9. 【参考答案】B

【解析】单元格地址有相对地址和绝对地址之分。相对地址的表示是列号与行号左侧不加"＄"符号，如 A1、C6 等；绝对地址的表示是列号与行号左侧用"＄"作为引导符，如 ＄A＄1、＄C＄6 等。绝对地址在公式复制过程中不会改变，而相对地址在公式复制过程中会发生相应变化。如果 A2 单元格里的公式中用的是绝对地址，那么选中 A2 单元，用鼠标拖动填充柄至 A10 单元这一操作，将使 A2 至 A10 的公式都为"＝2×＄A＄1"，显然这个公式设置是错误的。如果 A2 单元格里的公式中用的是相对地址，那么选中 A2 单元，用鼠标拖动填充柄至 A10 单元这一操作，将使 A2 至 A10 的公式分别为 2×A1、2×A2、2×A3……2×A9，所以应输入"＝2×A1"。

10. 【参考答案】A

【解析】在四种选定单元格区域的方法中，错误的是 A 选项，单击选定区域的左上角单元格，再单击该区域的右下角单元格，选定结果并不是一个区域，而只是选中了该区域的右下角单元格。其他三项都选定了单元格区域。

11. 【参考答案】C

【解析】"编辑"菜单中没有"排序"命令，所以 C 选项说法错误。其他三项都可以对数据表排序。

12. 【参考答案】C

【解析】如果将 IF 函数表示为 IF（P，T，F），则其功能可描述为：若 P 为真，则取 T 表达式的值，否则取 F 表达式的值。所以此题答案为 C。

13. 【参考答案】A

【解析】1946 年，著名美籍匈牙利数学家冯·诺依曼提出并论证了计算机体系结构的基本思想，其中最核心的内容可总结为"存储程序"和"自动控

制"。因此，计算机最主要的工作特点是存储程序与自动控制。

14.【参考答案】C

【解析】在资源管理器的文件夹窗口中，带"+"的文件夹图标表示该文件夹包含子文件夹。

15.【参考答案】C

【解析】CPU 只能直接访问存储在内存中的数据，不能直接访问存储在外存中的数据。当 CPU 需要访问外存的数据时，需要先将数据读入到内存中，然后 CPU 再从内存中访问该数据，当 CPU 要输出数据时，也是先写入内存，然后再由内存写入到外存中。

16.【参考答案】B

【解析】存储器的最小存储单位是字节（BYTE，简称 B）。描述存储器容量通常用的单位有 KB、MB、GB，它们之间的换算关系如下：1GB = 1 024MB = 1 024 × 1 024KB = 1 024 × 1 024 × 1 024B，由于 1 024 $= 2^{10}$，所以：$1GB = 2^{30}B$，$1MB = 2^{20}B$，$1KB = 2^{10}B$。

17.【参考答案】B

【解析】微机中使用的鼠标器一般连接在计算机主机的串行接口上，但笔记本电脑多采用 USB 接口连接鼠标。

18.【参考答案】A

【解析】控制键 Capslock 的功能是进行键盘输入的大小写转换。Shift 也称转换键，但它必须与字母键同时配合，才能进行大、小写字母的转换。Alt 键通常不能单独使用，要与其他键配合使用，才能发生作用。Numlock 键用于控制小键盘中双符号键的状态转换。

19.【参考答案】B

【解析】键盘、鼠标、扫描仪属于输入设备，显示器、打印机、绘图仪属于输出设备，外存储器（包括磁盘和硬盘）、触摸屏既是输入设备又是输出设备。

20.【参考答案】B

【解析】计算机病毒是一种人为蓄意编制的能够侵入计算机系统并可导致计算机系统故障的具有自我复制能力的计算机程序。

21.【参考答案】B

【解析】账务处理子系统以会计凭证为数据处理对象，而会计凭证包含的会计信息相对比较全面、标准，因此账务处理子系统与其他子系统之间的联系也主要表现为凭证数据的传递。

22.【参考答案】C

【解析】用友软件设立了一个独立的系统管理模块，由该模块为各子系统提供统一的环境，对整个系列产品的公共任务进行统一管理。

23.【参考答案】D

【解析】固定资产核算功能模块主要用来反映单位固定资产增减变动及折旧计提情况。与手工处理类似，软件也通过固定资产卡片来管理固定资产的增减变动情况。对于折旧计提则是通过设置自定义转账凭证的方式每月由计算机自动完成。

用户可根据固定资产分类及管理要求设计建立固定资产卡片，确定固定资产计提折旧的方法，随时登记固定资产增减变动情况，按规定时间（期间）进行汇总计算固定资产原值、计提的累计折旧额及净值；按预先设计的自动转账凭证自动编制资产增减变动与计提折旧等会计凭证，并自动转入账务处理功能模块；定期生成和输出固定资产明细账和资料卡片，详细反映固定资产的价值状况及变动内容。

24.【参考答案】D

【解析】会计核算软件与手工会计核算的不同点包括：会计核算工具不同；会计信息载体不同；记账规则不完全相同；账务处理流程存在差别；内部控制方式不同；会计机构及人员分工不同。A、B、C 选项为两者的共同点。

25.【参考答案】C

【解析】工资核算系统中，系统维护和管理主要包括系统备份、恢复、操作人员权限的分配和口令的设置等。

26.【参考答案】D

【解析】填制凭证时，输入的会计科目编码应当是末级科目编码。

27.【参考答案】A

【解析】一般账簿按年打印，业务量较大的，如电子账记录满一个整页，可先打印输出整页账册。

28.【参考答案】D

【解析】在 Windows 中，若系统长时间不响应用户的要求，为了结束该任务。应使用的组合键是 Ctrl + Alt + Del。

29.【参考答案】B

【解析】在应用程序 Word 中，要选取某个自然段，可将鼠标移到左侧选中区，然后双击鼠标左键。

30.【参考答案】A

【解析】录入员的主要工作就是录入凭证，包括修改本人录入的凭证。其他工作视具体情况而定，但必须遵循岗位牵制的有关规定。故选 A。

31.【参考答案】A

【解析】会计核算软件与手工核算的相同点有：目标一致，遵守共同的会计准则和会计制度，遵守共同的基本会计理论和会计方法，会计数据处理流程大体一致。

32.【参考答案】C

【解析】会计电算化人才的缺乏是制约我国会计电算化事业进一步发展的关键因素。

33.【参考答案】A

【解析】域名的格式为 WWW. <用户名>. <二级域名>. <一级域名>。选项 A 不符合规范，应该是 www. aa. edu. com。

34.【参考答案】D

【解析】通常所说的"资源"是指网络中所有的软件、硬件和数据资源。

35.【参考答案】A

【解析】文字处理软件用于文字输入、存储、修改、编辑和多种字体、字型输出。像 WPS、四通利方、Word 2003 等。

36.【参考答案】D

【解析】目前开展会计电算化岗位培训主要有三种形式：（1）财政部组织全国开展的初级、中级和高级电算化培训；（2）软件公司提供的针对购买的会计软件的培训；（3）由企业自行组织的培训。

37.【参考答案】C

【解析】会计核算软件在设计性能允许使用的范围内，不得出现由于自身原因造成的死机或者非正常退出等情况。

38.【参考答案】D

【解析】固定资产编码是资产管理者给固定资产所编制的编号，一般采用类别编号＋序号的形式。

39.【参考答案】D

【解析】输入 1－3 时，可以查询到三级明细科目。

40.【参考答案】D

【解析】科目代码用数字、英文字母等表示，避免用空格、@等其他字符。

41.【参考答案】C

【解析】根据《会计核算软件基本功能规范》中的规定，会计核算软件中采用的总分类会计科目名称、编号方法时，其名称及编号都必须符合国家统一会计制度的规定。

42.【参考答案】C

【解析】在计算机中，账簿文件或者数据库可以设置一个或多个。

43.【参考答案】A

【解析】通过出纳管理能够进行日记账的查询。

44.【参考答案】C

【解析】会计报表系统中，无论是一次性定义一张完整的空表格式，还是分表头、表体、表尾三部分定义，最好采用全屏幕编辑。

45.【参考答案】D

【解析】一个账套代表一个核算单位。

**二、多项选择题**

46.【参考答案】ABCD

【解析】CAD 是计算机辅助设计，CAM 是计算机辅助制造，CAI 是计算机辅助教学，CAE 是计算机辅助工程，这几项均是计算机辅助工作的内容。

47.【参考答案】ABD

【解析】一个完整的计算机系统是由硬件、软件及用户等三部分组成的人机系统。

48.【参考答案】AD

【解析】通常把 CPU 和内存一起称为计算机的主机，而把输入、输出设备和外存储器称为外部设备，简称外设，正确答案为 AD。

49.【参考答案】ABCD

【解析】微型计算机的主要性能指标有：（1）主频，主频越多运算速度越快；（2）字长，字长越长性能越好；（3）内存，内存容量越大，运算速度越快；（4）外设配置；（5）软件配置。ABCD 均为正确答案。

50.【参考答案】BCD

【解析】针式打印机打字速度慢，打出的汉字字形不太美观，其他选项说法正确。答案为 BCD。

51.【参考答案】ABC

【解析】计算机感染病毒后会产生各种现象，比如：（1）机器不能正常启动，加电后机器根本不能启动，或者可以启动，但所需的时间比原来的启动时间变长了，有时会突然出现黑屏现象。（2）运行速度降低，如果发现在运行某个程序时，读取数据的时间比原来长，存文件或调文件的时间都增加了，那就可能是由于病毒造成的。（3）磁盘空间迅速变小，内存空间变小甚至变为"0"，用户什么信息也进不去。（4）文件内容和长度有所改变，由于病毒的干扰，文件长度可能改变，文件内容也可能出现乱码，有时文件内容无法显示或显示后又消失了。（5）经常出现"死机"现象。（6）外部设备工作异常。以上仅是一些较常见的病毒表现形式，还有一些其他的特殊现象。

52.【参考答案】ACD

【解析】选定文本可用于移动或复制文本、设置字符格式、查找或替换。

53.【参考答案】AC

【解析】汉字输出码又称汉字字形码，或称汉字字模。国标码是指1980年中国制定的用于不同的具有汉字处理功能的计算机系统间交换汉字信息时使用的编码。内码是指整机汉字系统中使用的二进制字符编码，是沟通输入、输出与系统平台之间的交换码，通过内码可以达到通用和高效率传输文本的目的。

54.【参考答案】AD

【解析】选取整个文档的方法有3种：（1）将鼠标移动到文档正文左侧选取区，当指针变为箭头时，三击鼠标；（2）按住 Ctrl 键的同时在选取区单击鼠标；（3）按 Ctrl + A。

55.【参考答案】CD

【解析】A项阿拉伯字号值（如78，79）越大，实际显示的字将越大。B项在 Word 2003 编辑环境中，若要取消选定文本的反白显示，使其恢复正常文本显示，只要用鼠标单击文本的任何位置即可。在 Word 2003 编辑环境，通过键盘输入文档内容行至行末时，可自动换行，不必按回车键换行。也可以通过键盘上的 Delete 键将已选中的文本块删除。

56.【参考答案】ABC

【解析】一般的账务处理系统主要由初始设置、凭证处理、月末处理、账簿输出四个模块组成。

57.【参考答案】ABC

【解析】文字处理是 Word 2003 的主要功能。电子表格处理、图形处理和数据库管理是 Excel 2003 的主要功能。

58.【参考答案】ABD

【解析】C项单击该单元，只是选中了该单元格。选中该单元格，重新输入新内容与选中该单元格，对编辑栏中出现的原内容进行编辑修改以及双击该单元格，并直接在单元格中进行内容的修改，都可以修改单元格的内容。

59.【参考答案】AB

【解析】在 Excel 2003 中，单击全选框，按 Ctrl + A 都可以将整个工作表全部选中。C项"编辑"菜单中没有"全选"命令。D项"视图"菜单中也没有"全选"命令。

60.【参考答案】BC

【解析】修改工作表名字用鼠标右键单击工作表名，弹出快捷菜单，选择"重命名"进行修改。用鼠标左键双击工作表名，可直接修改。

61.【参考答案】AB

【解析】文本框和单选框属于对话框中的元素，工具栏和状态栏都属于窗口的内容。

62.【参考答案】ABD

【解析】固定资产核算软件、报表生成与汇总和存货核算软件属于会计核算软件。

63.【参考答案】ABCD

【解析】会计核算软件中，银行对账通常包括银行对账期初录入、录入银行对账单、银行对账和输出银行存款余额调节表等功能。

64.【参考答案】ABCD

【解析】四个选项都是企业选择商品化会计软件时必须考虑到的内容。

65.【参考答案】ABC

【解析】应用程序窗口和文档窗口是 Windows 所指的两类窗口，不同类型的窗口均出现在屏幕上，文档窗口是出现在应用程序窗口内的一个窗口，ABC三项正确。

66.【参考答案】ACD

【解析】会计软件以会计理论和会计方法为核心，以会计制度为依据，以计算机技术为基础，以会计数据为处理对象，并以提供会计信息为目标。

67.【参考答案】ACD

【解析】本题考核电算化微观管理的内容。选项B是电算化宏观管理的内容。

68.【参考答案】AD

【解析】检测和消除病毒的方法有：人工检测和消除，软件检测和消除，对磁盘进行格式化来消除。

69.【参考答案】ABD

【解析】防范计算机病毒最有效的方法是切断病毒的传播途径，主要应注意：（1）不用非原始软盘或其他介质引导机器，对系统等原始盘实行写保护；（2）不随便使用外来软盘或其他介质，对外来软盘或其他介质必须先检查后使用；（3）做好系统软件、应用软件的备份，并定期进行数据文件备份，供系统恢复使用；（4）计算机系统要专机专用，要避免使用其他软件，如游戏软件，以减少病毒感染机会；（5）接收网上传送的数据要选择检查后使用，接收邮件的计算机要与系统用计算机分开；（6）定期对计算机进行病毒检查，对于联网的计算机应安装实时检测病毒软件，以防止病毒传入；（7）如发现有计算机感染病毒，应立即将该台计算机从网上撤下，以防止病毒蔓延。

**70.【参考答案】ABC**

【解析】计算机网络的主要功能有：资源共享、信息传送、分布处理。

**71.【参考答案】ABCD**

【解析】会计核算软件应当提供会计报表的自定义功能，包括定义会计报表的格式、项目、各项目的数据来源、表内和表间的数据运算和稽核关系等。

**72.【参考答案】ABC**

【解析】已经记账的凭证在记账前已经审核，不需要再审核。

**73.【参考答案】ABCD**

【解析】在制单时，凭证类别对科目有一定的限制，包括：借方必有，贷方必有，借方或贷方必有，借方和贷方必有，借方必无和贷方必无。

**74.【参考答案】ABC**

【解析】会计科目的辅助核算内容有个人往来、客户往来、供应商往来、部门核算、项目核算等；另外，还有外币核算、数量核算、银行账和日记账辅助核算。

**75.【参考答案】ABCD**

【解析】本题考核建立账套需要设置的信息。

**三、判断题**

**76.【参考答案】×**

【解析】当 Excel 2003 屏幕底部状态栏中显示"CAPS"时，表示系统处于大写状态。

**77.【参考答案】×**

【解析】自行编制的会计软件，程序编制人员只负责程序的编制，凭证录入属于会计工作的事情，程序编制人员不可以进行凭证录入工作。

**78.【参考答案】×**

【解析】题干说得过于绝对，本题可用到绝对和相对的判断。判断题中含有绝对概念的词，这道题很可能是错的，表示绝对概念的词有"总是"、"决不"等，大部分带有绝对概念词的问题，"对"的可能性小于"错"的可能性。判断题中含有相对概念的词，这道题很可能是对的。表示相对概念的词有"通常"、"一般来说"、"多数情况下"等。了解这一点，将为你确定正确答案提供帮助。

**79.【参考答案】√**

【解析】根据计算机处理会计业务的特点，结合计算机编程的某些方法，电算化后的系统与原有手工

条件的方法相比，在采用复式记账的方法登记有关账簿，并根据明细数据汇总生成总账这一数据处理方式和程序等，随之发生变化。

**80.【参考答案】√**

【解析】指定会计科目是指定出纳专管的科目。指定科目后，才能执行出纳签字，从而实现现金、银行账管理的保密性，也才能查看现金或银行存款日记账。

**81.【参考答案】√**

【解析】Windows 2003 提供了一个基于图形的多任务、多窗口的环境。

**82.【参考答案】√**

【解析】银行对账是货币资金管理的主要内容。在计算机总账系统中，银行对账科目的科目性质在科目设置时应定义为"银行账"辅助账类。

**83.【参考答案】×**

【解析】银行对账可采用自动对账与手工对账相结合的方式。题中说法片面。

**84.【参考答案】√**

【解析】在对银行账进行勾对后，计算机自动整理汇总未达账项和已达账项，生成"银行存款余额调节表"，以便检查对账是否正确。

**85.【参考答案】√**

【解析】计算机病毒传播是指病毒从一个程序或数据文件侵入另一个程序或数据文件的过程。

**四、不定项选择题**

**86.【参考答案】A**

**87.【参考答案】**

(1) C

(2) C

(3) AB

**88.**

(1)【参考答案】ABCD

【解析】在 Excel 2003 中可以选取连续单元格（按住 Shift 键）和不连续单元格（按住 Ctrl 键），也可选择单个和多个单元格。

(2)【参考答案】C

【解析】Excel 2003 中设置单元格底纹的操作是在"格式"菜单，"单元格"对话框中的"图案"标签。

(3)【参考答案】ABCD

【解析】选项 ABCD 均能完成操作（4）。